HERMANN SABEL

Die Grundlagen der Wirtschaftlichkeitsrechnungen

Abhandlungen aus dem
Industrieseminar der Universität zu Köln

Herausgegeben von Professor Dr. Dr. h. c. Theodor Beste

Heft 20

Die Grundlagen der Wirtschaftlichkeitsrechnungen

Von

Dr. Hermann Sabel

Diplom-Kaufmann

DUNCKER & HUMBLOT / BERLIN

Gedruckt 1965 bei Berliner Buchdruckerei Union GmbH., Berlin 61
Printed in Germany

Vorwort

Wirtschaftlichkeitsrechnungen stehen seit einigen Jahren im Mittelpunkt des wissenschaftlichen Interesses der Betriebswirtschaftslehre. Man mag dafür verschiedene Gründe angeben können. Zwei Tatsachen verdienen besondere Beachtung.

Die Ausweitung der Nachfrage durch eine Vergrößerung der Märkte und eine Erhöhung der Einkommen führten ebenso wie der technische Fortschritt zu marktlichen und innerbetrieblichen Problemen der wachsenden Unternehmungen, die nur mit Hilfe einer diesen Problemen angepaßten Planung gelöst werden können. Um wirksam zu sein, muß sich die Planung des Rechnens als Hilfsmittel bedienen. Dieses Instrument muß so gestaltet sein, daß es den differenzierten Anforderungen gerecht wird.

Das daraus erwachsende Bedürfnis nach verfeinerten Wirtschaftlichkeitsrechnungen hätte allein noch nicht jene umfangreiche Literatur hervorgebracht, die heute bereits vorliegt, wäre nicht zu dem Bedarf nach neuen Methoden das Streben getreten, ihnen gerecht zu werden. Die besonders in den angelsächsischen Ländern entwickelten und dort unter dem Namen Operations Research oder Operational Research bekannten Verfahren erlauben eine erhebliche Differenzierung des Planungsvorgangs und ermöglichen Lösungen von Problemen, die mit den bisher bekannten Rechenverfahren nicht oder nur unvollständig lösbar sind.

Der Herausgeber der Schriftenreihe, Herr Professor Dr. Dr. h. c. Theodor Beste, hat diese Dissertation angeregt. Der Verfasser dankt ihm für ihre Förderung und ihre Aufnahme in diese Schriftenreihe. Sein Dank gilt auch Herrn Professor Dr. Dr. h. c. Erich Gutenberg für wertvolle Hinweise zu dieser Arbeit. Dank statten Verfasser und Herausgeber auch der Rudolf Siedersleben'schen Otto Wolff-Stiftung ab, durch deren Hilfe die Veröffentlichung der Arbeit möglich geworden ist.

Hermann Sabel

Inhaltsverzeichnis

Abkürzungen

a.a.O.	=	am angegebenen Orte
Aufl.	=	Auflage
Bd.	=	Band
bes.	=	besonders
BFuP	=	Betriebswirtschaftliche Forschung und Praxis
ff.	=	folgende
Jg.	=	Jahrgang
NF	=	Neue Folge
o. J.	=	ohne Jahr
Vol.	=	Volume
ZfB	=	Zeitschrift für Betriebswirtschaft
ZfbF	=	Schmalenbachs Zeitschrift für betriebswirtschaftliche Forschung
ZfhF	=	Zeitschrift für handelswissenschaftliche Forschung

Vorbemerkung

Betrachtet man einen einfachen Rechenvorgang, etwa „1+2=3", so kann man sagen, daß er durch vier Merkmale gekennzeichnet ist. Zunächst ist eine *Frage* da, in dem Beispiel: „Wie groß ist die Summe zweier Zahlen?" Zweitens sind bestimmte Zahlen, hier 1 und 2, als *Rechengrößen* gegeben. Man bedient sich nun drittens eines rechnerischen *Verfahrens,* hier der Addition, und erhält so viertens meist das gewünschte Ergebnis, im Beispiel die Zahl 3. *Fragestellung, Rechengrößen, Verfahren* können als die Pfeiler angesehen werden, auf denen Rechnungen ruhen.

A. Die Fragestellung für die Wirtschaftlichkeitsrechnungen

I. Der wirtschaftliche Ursprung der Fragestellung

1. Zum Formalismus des Rechnens

Rechnen ist abstraktes Denken und formales Operieren. Der menschliche Geist verknüpft unter Beachtung von Rechenregeln Zahlen miteinander.

Das abstrakte Denken wird bereits im Zählen als der ältesten rechnerischen Tätigkeit des Menschen deutlich, in der die Anfänge des Rechnens mit denen des Denkens überhaupt zusammenfallen. Zählend sieht der Mensch von den vielfältigen Eigenschaften einer Gruppe von Gegenständen ab, er abstrahiert von der Mannigfaltigkeit der Merkmale der Objekte und betrachtet nur ein einziges Merkmal, ihre Anzahl[1].

Die Tätigkeit des Zählens von Wertobjekten hat ohne Zweifel in praktischen Bedürfnissen des Menschen ihren Ursprung. Allein reicht sie zu einer quantifizierenden Umweltbeherrschung nicht aus. Um die

---

[1] Vgl. Löffler, Eugen, Ziffern und Ziffernsysteme, I. Teil: Die Zahlzeichen der alten Kulturvölker, 3., durchgesehene Aufl., Band 1 der Mathematisch-Physikalischen Bibliothek, Leipzig und Berlin 1928, S. 11; vgl. auch Stichwort „Zahl", in: Wörterbuch der philosophischen Begriffe, historisch-quellenmäßig bearbeitet von Rudolf Eisler, 4. völlig neubearbeitete Aufl., 3. Band SCI-Z, weitergeführt und vollendet durch Karl Roretz, Berlin 1930, S. 611 ff., hier S. 611.

Erscheinungen im menschlichen Sein quantitativ erfassen und bewältigen zu können, bedarf der Mensch höherer Formen des Messens und Rechnens als der des einfachen Abzählens. Alle jene aus einer reinen Meß- und Berechnungskunst entsprungenen rechnerischen Operationen verdeutlichen aber zunächst nur den abstrakten, nicht den formalen Charakter des Rechnens.

Betrachtet man, daß eine sinnvolle Anwendung der vier Grundrechnungsarten im praktischen Leben erst möglich war, als über die Bildung von Zahlwörtern in der Sprache hinaus für die Zahlen eigene Schriftsymbole geschaffen waren, so ist in eben jenen Ziffern bereits der Formalismus des Rechnens zu erkennen. An den Ziffern fällt zunächst die Kürze und Präzision ihrer Ausdrucksweise auf. Zahlzeichen erfüllen die Anforderung, einen Begriff befreit von nebensächlichem Beiwerk unzweideutig und kurz zu bezeichnen. Sie ermöglichen damit eine Ökonomie des Denkens, die nirgends so groß ist wie eben im Rechnen. Gesteigert wird diese Wirkung der Symbolisierung durch den spezifischen Aufbau unseres arabischen Ziffernsystems als eines dekadischen Positionssystems[2]. Jede Ziffer erhält ihren jeweiligen Wert nach ihrer Stellung zugewiesen. Anders ausgedrückt: Bei einer bestimmten Ziffernordnung entscheidet die Stellung innerhalb dieser über den Wert der Ziffer. So zeigt etwa in der Ziffer 111 die zweite Stelle von rechts an, daß es sich bei dieser 1 um einen Zehnerwert handelt. Durch das Positionssystem wird den Zahlen eine inhaltliche Eindeutigkeit verliehen, die bei Worten kaum erreicht werden kann[3]. Die auffallenden Vorteile jener Zahlsymbolik entspringen nun aus dem formalen Charakter dieser Zeichen im Rahmen des Rechnens. Von Formalismus spricht man, wenn man von jeder Bedeutung der gebrauchten Zeichen absieht und die Zeichen ausschließlich ihrer graphischen Form nach betrachtet, etwa nur auf ihre Stellung in einer Ziffernanordnung achtet[4].

---

[2] Vgl. Wieleitner, H., Der Begriff der Zahl in seiner logischen und historischen Entwicklung, 3. durchgesehene Aufl., Band 2 der Mathematisch-Physikalischen Bibliothek, Leipzig und Berlin 1927, S. 1 und Fettweis, Ewald, Wie man einstens rechnete, Band 49 der Mathematisch-Physikalischen Bibliothek, Leipzig und Berlin 1923, S. 7 ff.

[3] Vgl. Manfras, Walfried, Möglichkeiten und Durchführung der Zentralisierung von Rechenarbeiten, in: Bürowirtschaftliche Forschung, herausgegeben von Erich Kosiol, Band 13 der Veröffentlichungen des Instituts für Industrieforschung der Freien Universität Berlin, Berlin 1961, S. 197 ff., hier S. 202; vgl. dazu auch die Aussage Sommers: „Der geniale Gedanke unseres Zahlensystems beruht ... darauf, die Basis Zehn nicht durch die zehnte Ziffer 0, sondern durch eine Position darzustellen und ebenso die Potenzen dieser Basis, wie Hundert, Tausend usw.“ Sommer, Friedrich, Einführung in die Mathematik für Studenten der Wirtschaftswissenschaften, Berlin—Göttingen—Heidelberg 1962, S. 2.

[4] Vgl. Bochénski, I. M., Die zeitgenössischen Denkmethoden, Band 304 der Dalp-Taschenbücher, 2. neubearbeitete Aufl., München 1959, S. 42 und 47.

Das Wesen des Formalismus läßt sich am leichtesten an einer einfachen rechnerischen Operation, etwa der Multiplikation, verdeutlichen[5]. Soll z. B. 28 mit 45 multipliziert werden, so kann das Problem zunächst einmal in seine Teile aufgespalten und die Teilprobleme dann Schritt für Schritt gelöst werden. Man könnte etwa „im Kopf" multiplizieren 20×40, dann 8×40, 5×20 und 5×8, um schließlich die Einzelergebnisse zu addieren. Von einem formalen Vorgehen ist noch keine Rede.

Nimmt man die Multiplikation aber schriftlich vor, dann geschieht dies in einem rein formalen Operieren, etwa so:

```
28×45
-----
  140
 112
-----
 1260
```

Warum man die 2 der zweiten Zeile unter die 4 des ersten Teilergebnisses setzt, müßte man, danach befragt, erst überlegen. Die Antwort lautete: Die 2 hat einen Zehnerwert und gehört damit unter die Zehnerstelle des ersten Teilergebnisses; denn unser Ziffernsystem ist ein Positionssystem, das den Wert einer Ziffer nach ihrer Stellung bemißt.

Im Rahmen der rechnerischen Operation überlegt man diese Frage nicht. Man wendet einfach die Rechenregel an: Jedes Ergebnis einer Einzelmultiplikation muß um eine Stelle weiter nach links verschoben unter die höhere Ziffernzeile gesetzt werden.

Ein solches formales Vorgehen, das die Zahlzeichen ausschließlich nach ihrer graphischen Gestalt, ihrer Anordnung auf dem Papier beurteilt, bringt nun für das Rechnen eine Reihe von Vorteilen, die für seine Anwendung von entscheidender Bedeutung sind.

Zunächst verleiht der Formalismus dem Rechnen Sicherheit. Richtiges Rechnen ist möglich, ohne zu wissen, warum man in einer bestimmten Weise verfahren soll. Allein die Kenntnis der einschlägigen Rechenregeln reicht aus[6].

Die Reduktion der Denkarbeit auf die Anwendung formaler Regeln gibt dem Rechnen nicht nur Sicherheit, sondern erleichtert es auch. Darüber hinaus bildet der Formalismus oft erst die Voraussetzung zur Lösung von Problemen[7].

Häufig überfordern die zu klärenden Fragen unsere unmittelbare Einsicht. Während es ohne Mühe einleuchtet, daß 2 mal 2 gleich 4 ist, gibt es wohl wenige Menschen, die sofort einsehen, daß 2/73 von 410 479 gleich 11 246 sind. Hier hilft der Formalismus. Er klärt die verwickelte

[5] Ebd., S. 43 ff.
[6] Ebd., S. 44.
[7] Ebd., S. 44 und 48.

Sachlage, indem er lediglich die Anwendung der Divisions- und Multiplikationsregeln fordert.

Da über den Formalismus die Rechenarbeiten auf einfache Denkakte zurückgeführt werden können, läßt sich die rechnerische Denkarbeit auch auf Maschinen übertragen. Welche Bedeutung diese Tatsache für die Anwendung des Rechnens besitzt, wird später zu zeigen sein.

Die Anwendungsmöglichkeit des Rechnens auf Probleme des praktischen Lebens oder der Wissenschaft ergibt sich grundsätzlich bereits aus unserem Ziffernpositionssystem. Aufgrund ihres formalen Charakters gibt eine Zahl zunächst nur einen Wert im Zahlensystem an. Für ein konkretes Problem werden Zahlen erst aussagefähig, wenn man sie mit Maßeinheiten verbindet, die je nach den zugrundeliegenden Fragen z. B. physikalische, chemische oder auch ökonomische sein können. Maßeinheiten können frei gewählt werden, sind jedoch so bestimmt, daß sich Zahlenwerte von der Größenordnung „1" ergeben[8]. Dann besteht die Möglichkeit, das Zahlsystem mit jeder beliebigen Maßeinheit zu verbinden und gegebene Probleme rechnerisch zu lösen.

Der Formalismus des Rechnens bezieht sich aber nicht nur auf einfache Zahlzeichen, sondern auf alle denkbaren Zahl- und Operationszeichen der Mathematik, insbesondere auf die Buchstabensymbole der veränderlichen Zahlen, deren Einführung wir Vieta verdanken, der der Logistica numerosa, der Zahlenrechnung, die Logistica speciosa, die Buchstabenrechnung, gegenüberstellte[9].

Soweit nun der Formalismus des Rechnens auf der Schaffung von Zahl- und Operationssymbolen beruht, liefert die moderne Sprachanalyse einen entscheidenden Beitrag in der Analyse dieser Zeichen. Nach der modernen Semiotik hat jedes Zeichen einen sogenannten eidetischen und einen sogenannten operativen Sinn. Ein Zeichen hat in einem gegebenen System einen eidetischen Sinn, wenn man weiß, was es bezeichnet, was es bedeutet[10]. So können wir etwa festsetzen, in der Gleichung $K = m \cdot p$ möge K die Kosten, m die Menge und p den Preis bedeuten. Dann hat das Zeichen m eben die Bedeutung Menge, es meint Dinge.

Neben diesem eidetischen Sinn eignet jedem Zeichen in einem bestimmten System ein operativer Sinn. Der operative Sinn besteht darin, daß man weiß, wie man mit den Zeichen operieren kann[11]. Von dem Buchstabensymbol m ist bekannt, daß man auf dieses Zeichen im System einer algebraischen Gleichung z. B. die Operationsregel anwen-

[8] Vgl. Späth, Wilhelm, Zahl — Maß — Bild. Grundfragen der Meßtechnik, Stuttgart 1960, S. 14.

[9] Vgl. Günther, Sigmund, Geschichte der Mathematik, I. Teil: Von den ältesten Zeiten bis Cartesius, Leipzig 1908, S. 358.

[10] Vgl. Bochénski, I. M., a.a.O., S. 45.

[11] Ebd., S. 45.

den darf, nach der man einen Multiplikationsfaktor auf die andere Seite der Gleichung bringen kann, indem man ihn dort als Divisor einsetzt. Daß ein solches Vorgehen in der Division beider Seiten der Gleichung durch den Faktor und einer anschließenden Kürzung auf der ursprünglichen Seite seine Berechtigung findet, ist im Augenblick des Rechnens unerheblich. Völlig unerheblich ist aber, was die Zeichen bedeuten.

Denn Rechnen ist eine Operation mit Zeichen, nicht mit Dingen[12]. Mathematische Operationen betreffen immer nur den operativen Sinn der Zeichen. Der eidetische Sinn wird den Zeichen von dem zu lösenden Problem her beigelegt und ist von dem operativen Sinn meist unabhängig. Dies wird besonders deutlich bei den Buchstabensymbolen. So kann man in obiger Gleichung K, m und p auch folgenden, eidetischen Sinn beilegen: K = Arbeit, m = Kraft, p = Weg. Dieses Beispiel ist der Physik entnommen. Im ursprünglichen Beispiel kam der eidetische Sinn aus dem ökonomischen Bereich.

Die Anwendungsmöglichkeit des Rechnens auf Sachprobleme liegt also in dem eidetischen und operativen Sinn der Zeichen begründet, und zwar derart, daß etwa Buchstabensymbole die unterschiedlichsten Bedeutungen aufweisen können, aber den gleichen Operationsregeln gehorchen. Auf diese Weise ist es möglich, die verschiedenartigsten Fragestellungen mit Hilfe derselben Rechnungen zu lösen.

Inwieweit die Anwendungsmöglichkeit vom zu lösenden Problem her eingeengt wird, muß später untersucht werden. Hier gilt es festzustellen, daß im Formalismus des Rechnens und der damit verbundenen vielfältigen eidetischen Deutbarkeit der Zahlzeichen von der rechnerischen Seite her grundsätzlich der Weg zur Anwendung des Rechnens auf Sachprobleme offen steht.

Letztlich ist der Formalismus und mit ihm das Rechnen als eine Anwendung des Formalismus auf die Sprache der Zahlen, soweit nicht die rein formalen Überlegungen der schöpferischen Mathematik in Frage stehen, nie Selbstzweck, sondern immer Instrument. Zweck des Rechnens ist immer ein Wissen[13]. Gegebene Fragen, seien sie nun praktischer oder wissenschaftlicher Art, sollen mit Hilfe von Rechnungen beantwortet werden. Die Fragen selbst stellt nie das Rechnen[14]. Sie beziehen

---

[12] Ebd., S. 45.

[13] Ebd., S. 47.

[14] Vgl. dazu auch Schams, der den entsprechenden Tatbestand für die Wirtschaftslogik herausgestellt hat: „Wenn wir nun fragen, wann wir Relationen als Wirtschaftsrelationen anzusprechen haben, so kann die formale Logik auf diese Frage keine Antwort geben. In der Wortsprache wird der Relator eines Satzes durch das finite Verb ausgedrückt. Dieses Verb muß offenbar ein wirtschaftsdispositives Verb sein, wenn die Wirtschaft zum Ausdruck gebracht werden soll." Schams, Ewald, Wirtschaftslogik, in: Schmollers Jahrbuch für Gesetzgebung, Verwaltung und Volkswirtschaft im Deutschen Reiche, 58. Jg. 1934, II. Halbband, S. 513 ff., hier S. 520/521.

sich immer auf die reale Welt und sind aus praktischen Bedürfnissen oder als Erkenntnisproblem der Realwissenschaften vorgegeben.

Soweit es also wirtschaftliche Rechnungen gibt, muß der Ursprung solcher Rechnungen, der Anstoß zu einer Frage, immer im ökonomischen Bereich liegen. Ökonomische Fragen rechnerisch zu beantworten, werden immer diejenigen anstreben, die den Siegeszug der Mathematik in den Naturwissenschaften und der Technik vor Augen haben[15]. Verständlich wird ein solches Streben, wenn man sich die Vorteile des Rechnens noch einmal vergegenwärtigt. Die Erfassung und Behandlung von Quantitäten, Größen, Mengen in Zahlen[16] bedeutet für den menschlichen Geist Exaktheit, Genauigkeit und ist mit Hilfe abstrakter rechnerischer Operationen präzise, kurz, sicher und leicht möglich. Der rechnerische Formalismus ermöglicht die Lösung verschiedenartigster Probleme mit Hilfe derselben Operationen und bildet darüber hinaus oft erst die Voraussetzung zur Beantwortung von Fragen, die eben auch ökonomische sein können.

2. Wirtschaftlichkeitsrechnungen als Bestandteil unternehmerischen Wirtschaftens

Wirtschaftliche Fragen betreffen das *Was* oder das *Wie* des Wirtschaftens.

Alles Wirtschaften als zweckgerichtetes menschliches Handeln läßt sich zunächst durch eine letzte gemeinsame Zielsetzung kennzeichnen. Wirtschaftend sucht der Mensch zur Erreichung von Zwecken, zur Erfüllung von Wünschen und Bedürfnissen, Mittel aus der ihn umgebenden Umwelt bereitzustellen, sich mit Gütern zu versorgen. Die Versorgung mit Gütern, ganz allgemein die Bedarfsdeckung[17], bildet die Antwort auf die Frage nach dem *Was* des Wirtschaftens. Sie ist das materiale Ziel oder Sachziel des Wirtschaftens[18]. Dieses Sachziel des Wirt-

---

[15] Vgl. dazu etwa die Ausführungen im Vorwort Krelles zu seiner Preistheorie. Krelle, Wilhelm, Preistheorie, Band 13 der St. Galler Wirtschaftswissenschaftlichen Forschungen, Tübingen—Zürich 1961, S. VIII.

[16] Über den Zusammenhang von Quantität und Zahl vgl. Stichwort: „Quantität", in: Wörterbuch der philosophischen Begriffe, a.a.O., 2. Band L-SCH, Berlin 1929, S. 573 ff., hier S. 573.

[17] „Das Problem der Sozialökonomik ist nicht das Bedürfnis, sondern der Bedarf." Schmölders, Günter, Vorlesung „Allgemeine Volkswirtschaftslehre", Wintersemester 1958/59, zitiert nach Scherhorn, Gerhard, Bedürfnis und Bedarf. Sozialökonomische Grundbegriffe im Lichte der neueren Anthropologie, Heft 1 der Beiträge zur Verhaltensforschung, herausgegeben von Günter Schmölders, Berlin 1959.

Bei Scherhorn ist auch eine genaue Gegenüberstellung von Bedürfnis und Bedarf zu finden, auf die jedoch hier nicht eingegangen werden kann.

[18] Vgl. Kosiol, Erich, Erkenntnisgegenstand und methodologischer Standort der Betriebswirtschaftslehre, in: ZfB, 31. Jg. 1961, S. 129 ff., hier S. 130.

schaftens betrifft aber nur die naturale, technische Seite des Wirtschaftens und reicht zur Kennzeichnung des Wirtschaftens nicht aus.

Vielmehr muß die Antwort auf die Frage nach dem *Wie* des Wirtschaftens einbezogen werden. Die Art und Weise des Wirtschaftens aber erfährt ihre erste Bestimmung aus der Tatsache, daß Wirtschaften menschliches Handeln[19] ist. „Es ist nun aber für *alles menschliche Schaffen* und Handeln charakteristisch, daß es sich *in der Zweck-Mittel-Relation vollzieht*[20]". Indem sich Wirtschaften in seinem Kern auf Zweck-Mittel-Relationen erstreckt, wird die Rationalität zum Grundelement[21]. Rationales Handeln meint zunächst nur ein zweckorientiertes, zielgerichtetes Handeln, das vom Verstande kontrolliert wird und frei ist von emotionalen und intuitiven Elementen[22]. Damit aber ist die dem Wirtschaften immanente Art der Rationalität noch nicht hinreichend gekennzeichnet und die Frage nach dem *Wie* des Wirtschaftens noch nicht voll beantwortet.

Die Art und Weise des Wirtschaftens wird entscheidend geprägt von der räumlich-zeitlichen Begrenztheit alles menschlichen Tuns. Die Spannung zwischen unbegrenztem Wollen und beschränktem Können, die von Gottl-Ottlilienfeld als Lebensnot bezeichnete, bildet das Grundverhältnis alles wirtschaftlichen Handelns[23].

Dieses Grundverhältnis läßt sich näher durch einige elementare Voraussetzungen kennzeichnen, die in besonderer Klarheit Hans Mayer herausgearbeitet hat[24]. Nach Mayer ist Wirtschaften als besondere Form

---

[19] Der Begriff der Handlung beinhaltet bereits eine zweckvolle Betätigung. Vgl. Stichwort: „Handlung", in: Eisler, Rudolf, Wörterbuch der philosophischen Begriffe, historisch-quellenmäßig bearbeitete, vierte, völlig neubearbeitete Aufl., 1. Band, Berlin 1927, S. 620 ff., hier S. 620.

Forker möchte anstatt von Handeln lieber von Verhalten sprechen, weil er das Verbum „verhalten" für umfassender hält, da darin sowohl ein Tun als auch ein Unterlassen zum Ausdruck kommt. Vgl. Forker, Hans-Joachim, Das Wirtschaftlichkeitsprinzip und das Rentabilitätsprinzip, ihre Eignung zur Systembildung, Band 6 der Reihe „Die Unternehmung im Markt", Berlin 1960, S. 13.

[20] Gutenberg, Erich, Die Unternehmung als Gegenstand betriebswirtschaftlicher Theorie, Berlin—Wien 1929, S. 30.

[21] Ebd., S. 29.

[22] Vgl. Stichwort: „Ratio", in: Wörterbuch der philosophischen Begriffe, herausgegeben von Johannes Hoffmeister, 2. Auflage, Hamburg 1955, S. 506.

[23] Vgl. von Gottl-Ottlilienfeld, Fr., Wirtschaft und Technik, 2. neubearbeitete Auflage, II. Teil der II. Abteilung des Grundrisses der Sozialökonomik, Tübingen 1923, S. 10 ff.

[24] Der Aufsatz von Hans Mayer (Mayer, Hans, Untersuchung zu dem Grundgesetz der wirtschaftlichen Wertrechnung, Zeitschrift für Volkswirtschaft und Sozialpolitik, Wien 1921 und 1922), in dem diese Gedanken entwickelt wurden, ist heute schwer zugänglich. Wir stützen uns deshalb auf ein Resümee der Ansichten Mayers, das Mahr in dem folgenden Aufsatz gegeben hat: Mahr, Alexander, Hans Mayer — Leben und Werk, in: Zeitschrift für Nationalökonomie, Band XVI 1956, S. 3 ff.

menschlichen Handelns immer dann und nur dann gegeben, wenn folgende Bedingungen erfüllt sind:

„erstens eine Mehrheit von gegebenen Zielen;

zweitens die quantitative Unzulänglichkeit der verfügbaren Mittel zur Realisierung aller gegebenen Ziele;

drittens die Eingliederung aller Ziele in ein Zielsystem, innerhalb dessen eine Rangordnung der Ziele besteht;

viertens die Verbundenheit aller Zielrealisierungen durch die gleichen Mittel"[25].

Liegen diese Voraussetzungen vor, so ergibt sich mit Notwendigkeit eine bestimmte Art des Handelns, eben das Wirtschaften. Mit Mitteln, die in bezug auf die Ziele zwar qualitativ geeignet, quantitativ aber unzulänglich sind, ist eine Mehrheit rangmäßig geordneter Ziele möglichst weitgehend zu erreichen.

Die relative Knappheit der Güter fordert so eine Beachtung des Prinzips der Rationalität in besonderer Ausprägung[26]. Es handelt sich nicht um einfach rationelles Handeln, das verschiedene Mittel im Blick auf ein einziges Ziel beurteilt und daher nur eines orientierten Verstandes[27] bedarf. Es stehen auch nicht nur Ziele im Widerstreit, die es nach Rangstufen zu ordnen gilt. Vielmehr bezieht sich die wirtschaftliche Fragestellung immer auf eine Mehrheit von Zielen und Mitteln und ruft so nach der höheren Geistesfähigkeit der Vernunft, der „Fähigkeit umfassender, auf höchste Einheit der Erkenntnis und des Handelns gerichteter Geistestätigkeit"[28]. Wirtschaften ist „nicht nur rationales, sondern sozusagen potenziertes rationales oder einfach vernünftiges Verhalten"[29].

Die Anwendung einer höheren Form von Rationalität ergibt sich zwingend aus den vier Voraussetzungen des Wirtschaftens. Weder ist ein einziges Ziel gegeben, noch sind die Mittel eindeutig bestimmten Zwecken zugeordnet. Vielmehr können alle Ziele durch alle Mittel erreicht werden. Diese vierte Voraussetzung der Verbundenheit aller

[25] Ebd., S. 7.

[26] Vgl. auch Koch, Helmut, Betriebliche Planung. Grundlagen und Grundfragen der Unternehmungspolitik, Beitrag Nr. 4 der Reihe A der Reihe „Die Wirtschaftswissenschaften", Wiesbaden 1961, S. 23:

„Begründet wird das Rationalprinzip letztlich durch das Axiom der Knappheit an Mitteln, d. h. aus den Grundannahmen der Unermeßlichkeit der menschlichen Ziele und der Begrenztheit der zur Realisierung der Zwecke verfügbaren Mittel."

[27] Vgl. Stichwort: „Verstand", in: Wörterbuch der philosophischen Begriffe, herausgegeben von Johannes Hoffmeister, 2. Auflage, Hamburg 1958, S. 646. Verstand wird dort im Gegensatz zur Vernunft als einfachere Geistesfähigkeit, als Mittel zur Lösung bestimmter theoretischer und praktischer Aufgaben angesehen.

[28] Vgl. Eisler, Rudolf, a.a.O., 3. Band, Berlin 1930.

[29] Vgl. Forker, Hans-Joachim, a.a.O., S. 17.

Zielrealisierungen durch die gleichen Mittel läßt sich in der empirischen Wirtschaft am einfachsten im Geld als allgemeinem Tauschmittel aufzeigen[30]. Können aber die Mittel für verschiedene Ziele eingesetzt werden, so ist nicht nur zu entscheiden über Mittel oder Ziele, sondern über Mittel und Ziele. Es ist anzustreben, die nach ihrem Gewicht gestuften Zwecke durch die quantitativ unzulänglichen Mittel möglichst weitgehend zu erfüllen.

Ein solches Handeln wird als ein Handeln nach dem wirtschaftlichen oder ökonomischen Prinzip bezeichnet. Das sogenannte ökonomische Prinzip[31] ist als besondere Ausformung des Vernunftsprinzips zunächst ein reines Formalprinzip, das heißt, es ist inhaltlich unbestimmt und kann mit Inhalten verschiedenster Art gefüllt werden[32]. Das Attribut des „Ökonomischen" trägt dieses Prinzip vernünftigen Handelns wohl deshalb, weil die Voraussetzungen des Wirtschaftens geradezu nach einem solchen Regulativ[33] der ökonomischen Zweck-Mittel-Relationen verlangen.

Daß dem Rationalprinzip in anderen menschlichen Bereichen Folge geleistet werden muß, erklärt sich von selbst. Wo immer Mittel für Zwecke eingesetzt werden, wird man um ein Bestverhältnis bemüht sein. Deshalb ist auch die Ansicht Winters richtig, daß es sich bei dem wirtschaftlichen Prinzip nur um eine Umschreibung des allgemeinen Rationalprinzips handelt, das in der Wirtschaft ebenso wie in der Technik oder der Logik zu Hause sei. Die Schlußfolgerung aber, daß es deshalb das Attribut wirtschaftlich nicht verdiene, vielmehr ein Vorurteil sei[34], ist nicht unbedingt notwendig; denn es gibt eben einen Bereich, in dem, wie von Nell-Breuning es sagt, „die Dringlichkeit der Zweckverwirklichung und zugleich die Knappheit der Mittel sich unablässig und besonders empfindlich fühlbar" macht[35]. Und das ist eben der Sachbereich der Wirtschaft. Dort muß dann auch jene besondere Ausformung des Rationalprinzips bevorzugt beachtet werden, was wohl dazu

---

[30] Vgl. Mahr, Alexander, a.a.O., S. 8; vgl. auch Gutenberg, Erich, Die Unternehmung als Gegenstand betriebswirtschaftlicher Theorie, a.a.O., S. 33.

[31] Das ökonomische Prinzip läßt sich bekanntlich in der sogenannten Minimal- und der Maximalformulierung darstellen. Einmal besagt es, ein bestimmtes Ergebnis mit möglichst geringem Einsatz zu erreichen, zum anderen meint es ein möglichst großes Ergebnis aus einem gegebenen Einsatz zu erzielen. Auf den umfangreichen literarischen Streit um die logische Priorität der einen oder anderen Formulierung und die Problematik einer Formulierung, nach der das ökonomische Prinzip mit geringstem Einsatz ein größtes Ergebnis anstrebt, soll hier nicht eingegangen werden.

[32] Vgl. Gutenberg, Erich, Zur neueren Entwicklung der Wirtschaftlichkeitsrechnung, in: Zeitschrift für die gesamte Staatswissenschaft, 108. Band 1952, S. 630 ff., hier S. 630.

[33] Ebd., S. 630.

[34] Vgl. Winter, Arno, Das wirtschaftliche Prinzip — ein Vorurteil, Jena 1931.

[35] Vgl. von Nell-Breuning, Oswald, Wirtschaft und Gesellschaft, Band I Grundfragen, Freiburg 1956, S. 198.

verleitet hat, die genannte Handlungsmaxime als wirtschaftliches oder ökonomisches Prinzip zu bezeichnen.

Eine Aussage über den rationalen Grad der Zweckerfüllung wirtschaftlichen Handelns bezeichnet man deshalb auch ganz allgemein als die Wirtschaftlichkeit jenes Handelns[36]. Wirtschaftlichkeit bildet so das Formalziel des Wirtschaftens und gibt die Antwort auf die Frage nach dem Wie des ökonomischen Handelns. Mit welchen Inhalten die Wirtschaftlichkeit im einzelnen gefüllt werden kann, wird später zu zeigen sein. Grundsätzlich kann sie „auf die verschiedensten Zweckinhalte und Materiale bezogen werden“[37].

Wenn von Wirtschaftlichkeit die Rede ist, meint man zunächst die Frage nach dem Wie, nicht nach dem Was des Wirtschaftens. Andererseits interpretiert aber das Was das formale Prinzip. Je nachdem, welche Zweckinhalte und Materialien es zu betrachten gilt, läßt die Frage nach dem Wie des wirtschaftlichen Handelns sowohl qualitative Antworten in Form des „Schlechter“ oder „Besser“ als auch quantitative in Gestalt des „Mehr“ oder „Weniger“ zu[38].

„Nunmehr wird auch verständlich“, wie Gutenberg sagt, „daß jene betriebswirtschaftlich so wichtige Besonderheit des wirtschaftlichen Prinzips, nämlich im Bereich der Meßbarkeit und nicht nur des tastenden Abwägens zu liegen, nicht aus seiner Natur als Rationalem, sondern aus seinem Material stammt, auf das es als wirtschaftliches Prinzip bezogen ist. Die Möglichkeit zur größeren Exaktheit der Berechnung voraussichtlicher oder bereits eingetretener Wirkungen von betriebswirtschaftlichen Maßnahmen kommt durch den Inhalt in das Rationalprinzip hinein, nicht aber ist das mengenmäßige Veranschlagenkönnen, das Bemessen, Nachmessen oder das Berechnenkönnen des Erfolges, also der Zweckerreichung wesensnotwendiges Merkmal des Rationalprinzips überhaupt“[39].

---

[36] Vgl. z. B. Kosiol, Erich, Erkenntnisgegenstand und methodologischer Standort der Betriebswirtschaftslehre, a.a.O., S. 130.
Die Abgrenzung zwischen ökonomischem Prinzip und Wirtschaftlichkeitsprinzip wird in der Literatur unterschiedlich vorgenommen. Obwohl es keinen Zweifel darüber gibt, daß das Wirtschaftlichkeitsprinzip auf das ökonomische Prinzip zurückgeht, sehen nur einige beide als identisch an, während andere unter dem Wirtschaftlichkeitsprinzip eine Interpretation des allgemeingültigen ökonomischen Prinzips mit wirtschaftlichen Größen verstehen.
Vgl. auch Forker, Hans-Joachim, a.a.O., S. 24.

[37] Gutenberg, Erich, Die Unternehmung als Gegenstand betriebswirtschaftlicher Theorie, a.a.O., S. 33.

[38] Vgl. dazu die Auffassung über Quantitäten bei Boulding: „I use the word ‚quantity‘ here in the broadest possible sense to include any concept which has a quantitative aspect, ... any concept which can be said to be ‚more or less‘ may be said to be quantitative.“ Boulding, Kenneth E., Samuelson's Foundations: The Role of Mathematics in Economics, in: The Journal of Political Economy, Vol. 56 1948, S. 187 ff., hier S. 187.

[39] Gutenberg, Erich, Die Unternehmung als Gegenstand betriebswirtschaftlicher Theorie, a.a.O., S. 33.

Daß aber ein quantitatives Urteil über das Wie des wirtschaftlichen Handelns aus den wirtschaftlichen Gegebenheiten heraus möglich und erforderlich ist, wird deutlich, wenn man betrachtet, daß die quantitative Unzulänglichkeit der Mittel zu einer quantitativen Aussage über die Wirtschaftlichkeit jenes Handelns drängt.

Damit ist dann aber auch der Ansatzpunkt jeder Wirtschaftlichkeitsrechnung gegeben; denn quantitative, d. h. zahlenmäßig faßbare Zweck-Mittel-Verhältnisse bedürfen zur Beantwortung der Frage nach ihrer Ergiebigkeit des Werkzeugs des Rechnens. Inwieweit ökonomische Mittel und Zwecke quantitativ faßbar sind, wird später zu zeigen sein. Hier gilt es festzuhalten, daß zahlenmäßig bestimmbare, wirtschaftliche Mittel- und Zweckgrößen denkbar sind und die Ermittlung des Grades ihrer Ergiebigkeit das Hilfsmittel Rechnen erfordert. Damit wird die enge Verbindung von rationalem Handeln und Rechnen deutlich, eine Tatsache, die die gemeinsamen ethymologischen Wurzeln der Worte *„ratio"* und *„rechnen"* unterstreichen und die auch die folgende Geschichte Adam Riesens aus der Vorrede seines Rechenbüchleins illustriert:

„Auch obgenandter Plato zu einer zeit gefragt ward / wodurch ein Mensch andere Thier übertreff? geantwort hat / Daß er rechnen kann / und verstandt der zale hab"[40].

Wirtschaftlichkeitsrechnung kann Bestandteil jedes Wirtschaftens sein. Der Formalismus des Rechnens ist Instrument zur Beantwortung der Frage nach dem Formalziel des Wirtschaftens sowohl für das wirtschaftliche Handeln der Haushalte als auch das der Unternehmungen.

Verständlicherweise wird die quantitative Beurteilung ökonomischer Zweck-Mittel-Relationen und damit die Wirtschaftlichkeitsrechnung für den Konsumenten nicht diejenige Bedeutung haben, die ihr in den Unternehmungen[41] zukommt. Von der unternehmerischen Seite erfährt allerdings der sachliche Ausgangspunkt für die Fragestellung der Wirtschaftlichkeitsrechnung eine Einengung. Der Betriebswirt braucht sich nicht um alle Fragen zu bemühen, die mit der Bedarfsdeckung zusammenhängen[42]. Er kann davon ausgehen, daß die Bedarfsdeckung im

---

[40] Riesen, Adam, Rechenbuch / Auff Linien und Ziphern / in allerley Handthierung / Geschäfften und Kauffmanschafft, 1574, Vorrede.

[41] Indem von Unternehmungen gesprochen wird, ist die Frage des Wirtschaftssystems bewußt ausgeklammert. Auch für die Wirtschaftseinheiten zentral geplanter Wirtsschaftssysteme gilt die Wirtschaftlichkeit in ihrer formalen Gestalt. Doch sind die sachlichen Inhalte aufgrund der andersartigen Zielsetzung der Wirtschaft von denen der Unternehmungen verschieden. Vgl. Gutenberg, Erich, Grundlagen der Betriebswirtschaftslehre, Erster Band, Die Produktion, 8./9. Aufl., Berlin—Göttingen—Heidelberg 1963, S. 351 ff.

[42] Vgl. von Kortzfleisch, Gert, Die Grundlagen der Finanzplanung, Heft 5 der Abhandlungen aus dem Industrieseminar der Universität zu Köln, Berlin 1957, S. 15.

unternehmerischen Handeln als Einkommenserzielung oder, wie Koch es umschreibt, als das Ziel eines höheren Wohlstandes bzw. des Besitzes einer Existenzgrundlage oder kurz als Erwerbsstreben in Erscheinung tritt[43]. Alle übrigen Sachziele unternehmerischer Tätigkeit, wie etwa Selbständigkeit beim Einkommenserwerb, höhere soziale Stellung, größere wirtschaftliche Machtstellung, Sicherheitsstreben, Unterstützung von Verwandten, Pflege der Familientradition, Wohlergehen der Belegschaft, Förderung des Staatsganzen oder was sonst immer Ziel unternehmerischen Wirtschaftens sein mag, können für die theoretische Betrachtung außer Acht gelassen werden[44].

Bildet die Erzielung von Einkommen das Sachziel unternehmerischen Wirtschaftens, so ist die Frage für den Betriebswirt dann nur noch, wie dem Zweck der Einkommenserzielung am besten gedient werden kann. Das Formalziel rückt in den Vordergrund. Für den Betriebswirt ist Wirtschaften dann, wie Beste es sagt, „Wählen von Zwecken und Mitteln, ist die Möglichkeit und das Recht, frei zu entscheiden, welchen von mehreren, vielleicht vielen Zwecken die Arbeit zugewendet und mit welchen von mehreren, vielleicht zahlreichen Mitteln sie vollzogen werden soll"[45].

Und Wirtschaftlichkeitsrechnung ist notwendig, „wenn der Unternehmer vor der Wahl von Mitteln oder Zwecken steht, wenn er sich deshalb entscheiden muß, welches von mehreren, vielleicht zahlreichen Mitteln er anzuwenden hat, z. B. welches Anlagegut, welches Produktionsverfahren, welche Absatz- und Finanzierungsmethode, damit er einen bestimmten Zweck erfüllt, welchem von mehreren, vielleicht vielen Zwecken er seine Arbeit zuwenden muß, z. B. einem engen oder breiten Produktionssortiment, um eine bestimmte Wirkung zu erzielen"[46].

So stellt das Wirtschaften in dem Suchen nach einer Aussage über den Erfüllungsgrad des Formalzieles wirtschaftlichen Handelns die Frage für die Wirtschaftlichkeitsrechnung. Wirtschaftlichkeitsrechnung hat ihren Ursprung in der Möglichkeit und Notwendigkeit quantitativer Aussagen über das Formalziel des Wirtschaftens. Wegen des Umfanges und der Wichtigkeit quantitativer Zweck-Mittel-Relationen in den Unternehmungen ist sie notwendiger Bestandteil unternehmerischen Wirtschaftens, Ausdruck rationaler Unternehmensführung.

---

[43] Vgl. Koch, Helmut, Betriebliche Planung, a.a.O., S. 15.

[44] Ebd., S. 17; vgl. auch Schneider, Dieter, Die wirtschaftliche Nutzungsdauer von Anlagegütern als Bestimmungsgrund der Abschreibungen, Band 14 der Beiträge zur betriebswirtschaftlichen Forschung, Köln und Opladen 1961, S. 42 ff.

[45] Beste, Theodor, Über die echten Wege der Rationalisierung, in: Festschrift der Arbeitsgemeinschaft für Forschung des Landes Nordrhein-Westfalen für Carl Arnold, S. 395 ff., hier S. 395.

[46] Beste, Theodor, Die kurzfristige Erfolgsrechnung, 2. erweiterte Aufl., Köln und Opladen 1962, S. 12.

II. Der Inhalt der Fragestellung

1. Der sachliche Inhalt der Fragestellung

Wirtschaftlichkeit unternehmerischer Maßnahmen bildet den Inhalt der Fragestellung für die Wirtschaftlichkeitsrechnungen. Als Ausdruck des Formalziels des Wirtschaftens aber ist die Wirtschaftlichkeit inhaltlich zunächst unbestimmt. Ganz allgemein kann man Wirtschaftlichkeit fassen als Ergiebigkeitsrelation wirtschaftlicher Handlungen, als Verhältnis von Einsatz und Ergebnis bzw. von Mitteln und Zwecken ökonomischer Tätigkeit. Mit welchen Größen Einsatz und Ergebnis inhaltlich auszufüllen sind und welcher Ergiebigkeitsgrad dann als wirtschaftlich[47] anzusehen ist, bleibt primär offen.

So impliziert der formale Charakter des Begriffes der Wirtschaftlichkeit die Möglichkeit, diesen Begriff mit den unterschiedlichsten sachlichen Inhalten zu füllen. Das mag erklären, warum es in der Betriebswirtschaftslehre eine Vielzahl von Wirtschaftlichkeitsbegriffen gibt und weshalb von der Wirtschaftlichkeit als einem „schillernden" Begriff[48] gesprochen wird, dies, obwohl doch die Wirtschaftlichkeit einen der Grundbegriffe dieser Wissenschaft darstellt[49].

Eben weil es sich um einen Grundbegriff der Betriebswirtschaftslehre handelt, spiegeln sich in den einzelnen sachlichen Interpretationen des Wirtschaftlichkeitsbegriffes dann auch die unterschiedlichen Auffassungen über die wissenschaftliche Grundkonzeption der Betriebswirtschaftslehre wider und machen so gleichzeitig die Entwicklung innerhalb der Grundlagenprobleme der Betriebswirtschaftslehre deutlich. Da die Wirtschaftlichkeit sogar als Auswahlprinzip[50] für die wissenschaftliche Systembildung[51] herangezogen wurde und wird, erklären

[47] Wirtschaftlichkeit wird hier verstanden als ein Werturteil über ökonomisches Handeln, nicht im Sinne von „der Wirtschaft eigen".

[48] Beste, Theodor, Die kurzfristige Erfolgsrechnung, a.a.O., S. 35.

[49] Zur Frage einer inhaltlichen Begriffsbestimmung der Wirtschaftlichkeit vgl. Castan, Edgar, Wirtschaftlichkeit und Wirtschaftlichkeitsrechnung industrieller Betriebe, Diss. Hamburg 1956, S. 25; Forker, Hans-Joachim, a.a.O., S. 24; Knopik, Heinrich, Die Wirtschaftlichkeit des Betriebes und die Rentabilität der Unternehmung, Diss. Erlangen 1948, S. 24; Linke, Wolfgang, Über den Begriff der Wirtschaftlichkeit, Diss. Köln 1928, S. 2 und viele andere mehr.

[50] Vgl. Moxter, Adolf, Methodologische Grundprobleme der Betriebswirtschaftslehre, Band 4 der Beiträge zur betriebswirtschaftlichen Forschung, Köln und Opladen 1957, S. 63 ff. und Wöhe, Günter, Methodologische Grundprobleme der Betriebswirtschaftslehre, Meisenheim am Glan 1959, S. 185 ff.

[51] Vgl. Forker, Hans-Joachim, a.a.O., S. 170 ff.

sich die ausgiebigen Diskussionen über diesen Begriff im Rahmen der Grundlagenforschung von selbst.

Aber nicht nur in der allgemeinen betriebswirtschaftlichen Literatur gehen die Meinungen über den Inhalt der Wirtschaftlichkeit weit auseinander. Auch im Rahmen der Diskussion um die Wirtschaftlichkeitsrechnungen selbst besteht über den Inhalt der Wirtschaftlichkeit keine Klarheit, wird die Frage für die Wirtschaftlichkeitsrechnungen mit den unterschiedlichsten Inhalten gestellt.

a) Die sachlichen Interpretationen der Wirtschaftlichkeit in der Literatur

Immer determiniert die Zwecksetzung die Art der Zwecke und Mittel, insofern als einerseits der Zweck in der Zwecksetzung bereits vorgegeben ist und sämtliche Unterzwecke sich aus ihm ableiten lassen und als andererseits Mittel ihrem Wesen nach immer teleologisch auf den Zweck bezogen sind, ihr Mittelcharakter nur vom Zweck her gesehen werden kann. Ökonomische Zwecksetzungen aber erwachsen aus dem subjektiven Wollen des Menschen und sind deshalb mannigfaltig wie dessen Wünsche. Sie erfahren eine unterschiedliche Bestimmung, je nachdem, ob man sie von den einzelnen Wirtschaftseinheiten, vom volkswirtschaftlichen Standpunkt oder außerwirtschaftlich betrachtet. Entsprechend vielfältig sind die sachlichen Interpretationen der Zweck- und Mittelgrößen im Wirtschaftlichkeitsbegriff.

Um einen im Rahmen dieser Untersuchung ausreichenden Überblick über die unterschiedlichen Interpretationen des zur Erörterung stehenden Begriffes zu geben, soll auf die Systematisierungen Castans[52] und Forkers[53] zurückgegriffen werden[54]. Geht Forker aus von dem Bereich, aus dem die Maßstäbe entnommen sind, so wählt Castan die Maßstäbe selbst als Einteilungskriterium. Die Gruppierungen entsprechen sich.

Castan unterscheidet technische, kostenmäßige, gemeinwirtschaftliche, volkswirtschaftliche und ethische Wirtschaftlichkeitsauffassungen[55]. Forker spricht von Wirtschaftlichkeit als güterlich-technischer, einzelwirtschaftlicher, gesamtwirtschaftlicher oder außerwirtschaftlicher Aussage[56].

---

[52] Castan, Edgar, Artikel: „Wirtschaftlichkeit und Wirtschaftlichkeitsrechnung", in: Handwörterbuch der Betriebswirtschaft, 3. völlig neubearbeitete Aufl., IV. Band, Stuttgart 1961, Spalte 6366 ff., bes. Spalte 6368—6372; derselbe, Wirtschaftlichkeit und Wirtschaftlichkeitsrechnung industrieller Betriebe, Diss. Hamburg 1956.

[53] Forker, Hans-Joachim, a.a.O., S. 29—53.

[54] Auf frühere Versuche einer Systematik, wie etwa bei Linke, Wolfgang, a.a.O., soll nicht eingegangen werden.

[55] Castan, Edgar, Artikel: „Wirtschaftlichkeit und Wirtschaftlichkeitsrechnung", a.a.O., Spalte 6368 ff.

[56] Forker, Hans-Joachim, a.a.O., S. 29—53.

Technische Wirtschaftlichkeit wird als Maß der mengenmäßigen Ergiebigkeit beim Gütereinsatz angesehen. Die aus der Minimalformulierung des ökonomischen Prinzips stammende Interpretation der Wirtschaftlichkeit als möglichst geringer Faktoreinsatz je Faktorertrag wird als Produktivität bezeichnet.

Kostenmäßige Wirtschaftlichkeitskonzeptionen nehmen in der betriebswirtschaftlichen Literatur wohl den breitesten Raum ein[57]. Einmal wird der Maßstab in den Kosten je Leistungseinheit, den Stückkosten gesehen. Das Streben geht dahin, die Stückkosten zu minimieren. Zum anderen sucht man das Maß der Wirtschaftlichkeit in geplanten Kosten, den Plankosten, die man zu den effektiven Kosten in Beziehung setzt, um so einen Wirtschaftlichkeitsgrad zu erhalten[58].

Mit Plan-, Soll- oder Normkosten als Maß der Wirtschaftlichkeit ist das Problem aufgeworfen, ob es eine absolute oder nur eine relative Wirtschaftlichkeit gibt[59]. Plankosten werden nämlich als Ausdruck der Wirtschaftlichkeit schlechthin angesehen und stellen somit ein absolutes Maß dar. Soweit die Istkosten die Plankosten übersteigen, heißt das Urteil Unwirtschaftlichkeit. In einem bestimmten Zeitpunkt mögen die Plankosten Maß des höchsten erreichbaren Ergiebigkeitsgrades sein, den man dann auch absolut als die Wirtschaftlichkeit schlechthin bezeichnen kann. Mit den Änderungen der technischen und ökonomischen Bedingungen ändert sich aber dieser erreichbare Ergiebigkeitsgrad und es bleibt nur eine relative Wirtschaftlichkeit[60]. Sie setzt ihrem Wesen nach den Vergleich voraus und zeigt als Ergebnis nicht „wirtschaftlich“ oder „unwirtschaftlich“, sondern „wirtschaftlicher“ oder „unwirtschaftlicher“.

Indem die relative Wirtschaftlichkeit wesensnotwendig den Vergleich fordert, macht sie Schmalenbachs Konzeption des Wirtschaftens als eines Wählens[61] deutlich. Jede Wahl bedient sich des Vergleichs[62]. Zugleich gibt dies einen Hinweis auf die Grundstruktur aller Verfahren, die der Errechnung der Wirtschaftlichkeit dienen: Sie müssen Vergleichsverfahren sein.

---

[57] Vgl. Forker, Hans-Joachim, a.a.O., S. 37.
[58] Vgl. Castan, Edgar, a.a.O., Spalte 6368.
[59] Vgl. Forker, Hans-Joachim, a.a.O., S. 28/29.
[60] Vgl. dazu auch den Satz Halberstädters: „Es gibt kein absolutes Maß von Wirtschaftlichkeit; der Wirtschaftlichkeitsbegriff gibt nur eine relative Vergleichung zwischen verschiedenen Wahlmöglichkeiten“. Halberstädter, H., Die Problematik des wirtschaftlichen Prinzips, Berlin und Leipzig 1925, S. 35.
[61] Schmalenbach hat diese Konzeption schon sehr früh entwickelt. Vgl. z. B. Schmalenbach, E., Selbstkostenrechnung I, in: ZfhF, 13. Jg. 1919, S. 257 ff. und S. 321 ff., bes. S. 274 ff.
[62] Vgl. dazu auch die Charakteristik des betriebswirtschaftlichen Handelns als eines „Ermitteln(s) und Vergleichen(s) von Aufwand und Ertrag sowie Entscheiden(s) und Handeln(s) auf Grund dieses Vergleichs“ bei Hill, W., Betriebswirtschaftslehre als Wissenschaft, Zürich und St. Gallen 1957, S. 183.

Neben die kostenmäßigen Wirtschaftlichkeitsauffassungen treten solche, die die Wirtschaftlichkeit in irgendeiner Form am Gewinn in einer seiner vielfältigen Varianten messen, sei es am Unternehmensgewinn, am Betriebsgewinn, am bereinigten Betriebsgewinn oder ähnlichem[63].

Gewinnorientierten Wirtschaftlichkeitskonzeptionen verwandt, jedoch von ihnen wohl zu unterscheiden sind rentabilitätsmäßige Wirtschaftlichkeitsauffassungen, denen die Rentabilität als Verhältnis von bestimmten Gewinngrößen zu bestimmten Bezugsgrößen Maßstab der Wirtschaftlichkeit ist. Dabei kommen sowohl Rentabilitäten mit Strömungs- als auch mit Bestandsgrößen als Bezugsgrundlagen in Frage, d. h. sowohl Umsatzrentabilitäten als auch Kapitalrentabilitäten in ihren verschiedensten Erscheinungsformen[64].

Technische, kostenmäßige, gewinnorientierte und rentabilitätsbezogene Wirtschaftlichkeitsinterpretationen gehen aus von sachlichen Zielen der einzelnen Wirtschaftseinheit. Betrachtet man die ökonomische Zwecksetzung von einem gemeinwirtschaftlichen Standpunkt her, so kann wirtschaftlich (besser: wirtschaftlicher) nur das sein, was der Gemeinwirtschaft nützt (besser: mehr nützt). Wegen der mangelnden Eindeutigkeit und fehlenden Quantifizierbarkeit eines gemeinwirtschaftlichen Nutzens bzw. Zweckes läßt sich kein eindeutiger Maßstab für eine gemeinwirtschaftliche Wirtschaftlichkeit finden, der Grundlage der Wirtschaftlichkeitsrechnungen sein kann. Die umfangreiche Diskussion um Schmalenbachs gemeinwirtschaftliche Wirtschaftlichkeit hat dies deutlich gemacht[65]. Schmalenbach selbst suchte die gemeinwirtschaftliche Wirtschaftlichkeit dann ja auch ersatzweise an einem modifizierten Jahresgewinn zu messen[66].

Gemeinwirtschaftlichen Wirtschaftlichkeitskonzeptionen sind solche ethischer Art verwandt. Wirtschaftlichkeit bedeutet dann ein Werturteil über ökonomisches Handeln unter ethischen Normen. Vertreter dieser Auffassung finden sich besonders im Kreise derer, die eine normative Betriebswirtschaftslehre betreiben.

---

[63] Vgl. Castan, Edgar, a.a.O., Spalte 6369 und Forker, Hans-Joachim, a.a.O., S. 30.

[64] Vgl. Pack, Ludwig, Maximierung der Rentabilität als preispolitisches Ziel, in: Zur Theorie der Unternehmung, Festschrift zum 65. Geburtstag von Erich Gutenberg, herausgegeben von Helmut Koch, Wiesbaden 1962, S. 73 ff., bes. S. 78 ff. und Kosiol, Erich, Artikel: „Rentabilität“, in: Handwörterbuch der Betriebswirtschaft, Band III, Stuttgart 1960, Spalte 4641 ff.

[65] Auf die Diskussion kann hier verständlicherweise im einzelnen nicht eingegangen werden. Vgl. Beste, Theodor, Eugen Schmalenbach, Gedenkrede gehalten bei der Akademischen Trauerfeier der Universität zu Köln am 10. Mai 1955, in: ZfhF, NF, 7. Jg. 1955, S. 203—217, hier S. 211/12. Daß gemeinwirtschaftliche Wirtschaftlichkeitsvorstellungen auf die Idee eines angemessenen Gewinnes zurückzuführen sind, hat Preiser zu zeigen versucht. Vgl. Preiser, Erich, Gestalt und Gestaltung der Wirtschaft, Tübingen 1934, S. 34 ff.

[66] Schmalenbach, Eugen, Dynamische Bilanz, 4. Aufl., Leipzig 1926, S. 93 ff.

Völlig aus dem mikroökonomischen Rahmen fällt eine volkswirtschaftliche Wirtschaftlichkeitsauffassung, wie sie etwa Cassel vertritt, der in der Wirtschaftlichkeit ein Urteil über die Erreichung des volkswirtschaftlichen Gleichgewichts sieht, was nach seiner Ansicht dann gewährleistet ist, wenn die Preise die Nachfrage derart begrenzen, daß weniger wichtige Bedürfnisse nicht befriedigt und die Güter zu den Stellen optimaler Verwendung geleitet werden[67].

Darüber hinaus findet man auch Auffassungen, die die Wirtschaftlichkeit als reines Formalprinzip betrachten, ohne sie zunächst mit irgendwelchen sachlichen Größen auszufüllen, so etwa, wenn Koch das Wirtschaftlichkeitsprinzip formuliert: *„Disponiere so, daß ein bestimmter Bedarfsdeckungseffekt mit geringstmöglichem Mitteleinsatz erzielt wird oder daß mit gegebenen Mitteln ein größtmöglicher Bedarfsdekkungseffekt erreicht wird“*[68]*!*

Die Vielfalt der Wirtschaftlichkeitskonzeptionen findet auch in der Literatur über die Wirtschaftlichkeitsrechnungen ihren Niederschlag. Weil diese Literatur[69] historisch aus verschiedenen Wurzeln gewachsen ist, sind auch ihre Wirtschaftlichkeitsbegriffe verschieden. Technische Planungen pflegen von Berechnungen über den Wirkungsgrad der technischen Abläufe begleitet zu sein. Dabei mag es sich um mechanische oder thermische Wirkungsgrade handeln, deren Messung mit den verschiedenartigsten physikalischen oder chemischen Maßgrößen möglich ist. Untersuchungen über den Wirkungsgrad von Maschinen, Einrichtungen, Produktionsprozessen, Materialien, Werkzeugen usw. sind für Ingenieure selbstverständlich. Sie werden oft als Wirtschaftlichkeitsrechnungen bezeichnet und beinhalten dann eine technische Wirtschaftlichkeitsgröße[70].

Selbst den Technikern reichten diese Untersuchungen der mengenmäßigen Ergiebigkeit betrieblicher Prozesse nicht aus. Was lag näher, als die mengenmäßigen Faktoreinsatzgrößen mit Geldwerten zu belegen, sie zu bewerten und dann mit Kosten zu rechnen. So entwickelten die Ingenieure des Vereins deutscher Eisenhüttenleute um Rummel in ihrem betriebswirtschaftlichen Ausschuß Wirtschaftlichkeitsrechnungen, die in ihrem Kern Kostenvergleiche darstellen und auf einer

---

[67] Vgl. Gutenberg, Erich, Die Produktion, a.a.O., S. 348 ff.

[68] Koch, Helmut, Das Wirtschaftlichkeitsprinzip als betriebswirtschaftliche Maxime, in: ZfhF, NF, 3. Jg. 1951, S. 160 ff., hier S. 163.

[69] Vgl. etwa Schindler, Heinz, Investitionsrechnungen in Theorie und Praxis, Meisenheim/Glan 1958, Seite 16—37; Heister, Matthias, Rentabilitätsanalyse von Investitionen. Ein Beitrag zur Wirtschaftlichkeitsrechnung, Band 17 der Beiträge zur betriebswirtschaftlichen Forschung, Köln und Opladen 1962, S. 6—8.

[70] Vgl. etwa Gerbel, B. M., Die Rentabilität industrieller Anschaffungen. Fehlinvestitionen, ihre Ursache und ihre Verhütung, Wien 1947. S. 13.

kostenmäßigen Wirtschaftlichkeit aufbauen[71]. Sie beinhalten in etwa das, was man auch in der Praxis unter Wirtschaftlichkeitsrechnungen versteht. Wenn Gutenberg sagt, daß die Methoden, mit denen die Beiträge dieser Techniker vertraut machen, an einem Material dargestellt werden, „welches alle Vorzüge ingenieurmäßigen Denkens zu voller Entfaltung bringt, ohne daß ökonomische Überlegungen zu kurz kommen"[72], so wird der technische und kostenmäßige Inhalt des Wirtschaftlichkeitsbegriffes dieser Beiträge zur Wirtschaftlichkeitsrechnung verständlich.

Als die zweite Quelle der Literatur zur Wirtschaftlichkeitsrechnung können die Beiträge der Nationalökonomie zu Investitionsfragen angesehen werden. Sie finden sich entweder in der mikroökonomischen Analyse des Wirtschaftsplans des Unternehmers im Rahmen einer langfristigen Produktionstheorie[73] oder sind Teil der Kapitaltheorie, die sich mit den Zusammenhängen zwischen Kapital, Zins und Zeit beschäftigt[74]. Ihr Ziel ist es, vorwiegend mit Hilfe finanzmathematischer Methoden eine Aussage darüber zu machen, unter welchen Bedingungen ein Unternehmer Investitionen vornimmt oder sie unterläßt, eine Frage, die für die Analyse eines makroökonomischen Gleichgewichts sowohl in statischer als auch in dynamischer Sicht von entscheidender Bedeutung ist.

Erkennt man den instrumentalen Charakter der dem Gewinnmaximierungsprinzip in der Volkswirtschaftslehre zur Erreichung des volkswirtschaftlichen Gleichgewichts beigemessen wird[75], so muß die Mes-

---

[71] Rummel, Kurt, Wirtschaftlichkeitsrechnung, in: Archiv für das Eisenhüttenwesen, 10. Jg. 1936/37, S. 73 ff.; Euler, Hans und Hans Diercks, Beispiele für Wirtschaftlichkeitsrechnungen, in: Archiv für das Eisenhüttenwesen, 10. Jg. 1936/37, S. 275 ff., S. 327 ff. und S. 525 ff.; Müller, Herbert, Beitrag zur Schematisierung von Wirtschaftlichkeitsrechnungen, in: Archiv für das Eisenhüttenwesen, 11. Jg. 1938, S. 345 ff.; Wesemann, Friedrich, Grundsätzliche Betrachtungen zur Durchführung vergleichender Wirtschaftlichkeitsrechnungen für die Verarbeitung eisenarmer Inlandserze, in: Archiv für das Eisenhüttenwesen, 12. Jg. 1939, S. 223 ff. Einen ähnlichen eigenständigen Beitrag lieferte Gerbel, B. M., a.a.O.

[72] Gutenberg, Erich, Zur neueren Entwicklung der Wirtschaftlichkeitsrechnung, a.a.O., S. 635.

[73] Vgl. etwa Schneider, Erich, Einführung in die Wirtschaftstheorie, II. Teil: Wirtschaftspläne und wirtschaftliches Gleichgewicht in der Verkehrswirtschaft, 6. verbesserte Aufl., Tübingen 1960, Abschnitt 6: Der langfristige Wirtschaftsplan der Unternehmung, S. 230 ff.

[74] Vgl. dazu die Literaturangaben bei Schindler, Heinz, a.a.O., S. 29.

[75] Gutenberg hat dies wie folgt formuliert:

„Volkswirtschaftlich gesehen bilden also die Sach- und Dienstleistungen, die in den Betrieben erstellt oder bereitgestellt werden, den Primäreffekt des gesamtwirtschaftlichen Vollzuges, Gewinnmaximierung dagegen nur den Sekundäreffekt eben dieses Geschehens, insofern es sich bei der Gewinnmaximierung nur um ein Mittel zum Zweck, nicht um einen Endzweck handelt. Privatwirtschaftlich liegen die Dinge anders. Gewinnmaximierung stellt den Primäreffekt betrieblicher Betätigung dar, die Leistungserstellung dagegen den Sekundäreffekt, insofern Leistungserstellung Mittel zum Zweck maximaler Gewinnerzielung ist." Gutenberg, Erich, Die Produktion, a.a.O., S. 352.

sung der Wirtschaftlichkeit von Investitionen in der nationalökonomischen Literatur an Gewinngrößen oder an Rentabilitätsgrößen erfolgen.

Das wohl am weitesten ausgebaute Werk[76,77] der Nationalökonomie über Investitionstheorie widmet denn auch ein besonderes Kapitel den Wirtschaftlichkeitsmaßstäben bei Investitionsrechnungen. Friedrich und Vera Lutz unterscheiden unter anderem als Maßstäbe den Kapitalwert, den internen Zinsfuß, die Eigenkapitalrentabilität und die Gesamtrentabilität von Investitionen. Es wird untersucht, inwieweit und unter welchen Bedingungen sich die einzelnen Maßstäbe entsprechen[78]. Darauf kann hier nicht eingegangen werden. Denn es kommt hier nicht auf die einzelnen Maßstäbe des Gewinnes oder der Rentabilität an, sondern es gilt nur aufzuzeigen, daß es sich in jedem Falle um eine gewinnorientierte oder rentabilitätsmäßige Wirtschaftlichkeitsauffassung handelt.

Erich Schneider, der nach seinen eigenen Worten versucht, „die in der Praxis zur Anwendung kommenden Methoden mit denjenigen der modernen Theorie der Investition zu koordinieren", der alle Wirtschaftlichkeitsrechnungen von einem gemeinsamen Standpunkt aus behandeln will[79], umschreibt Wirtschaftlichkeit ganz allgemein als Vorteilhaftigkeit[80] und mißt diese ohne nähere Begründung am Kapitalwert oder am internen Zinsfuß[81], interpretiert Wirtschaftlichkeit also auch als Gewinn- oder Rentabilitätsgröße.

Als dritte Quelle der Literatur zur Wirtschaftlichkeitsrechnung können die Veröffentlichungen über Operations Research angesehen werden. Wie Wittmann[82] an Hand eines Vergleichs der Forschungsauf-

---

[76] Lutz, Friedrich und Vera, The Theory of Investment of the Firm, Princeton 1951.

[77] Boulding sagt in einer Buchkritik von dieser Arbeit, „that there is practically nowhere else to go on this particular road".
Boulding, Kenneth E., A Note on the Theory of Investment of the Firm, in: Kyklos, Band 6 1953/54, S. 77.

[78] Eine Darstellung dieses Kapitels findet sich auch bei Schindler, Heinz, a.a.O., S. 59 ff.

[79] Schneider, Erich, Wirtschaftlichkeitsrechnung, Berlin—Tübingen 1951, Vorwort.

[80] Ebd., S. 7.

[81] Ebd., S. 10 ff.

[82] Wittmann, Waldemar, Betriebswirtschaftslehre und Operations Research, in: ZfhF, NF, 10. Jg. 1958, S. 285 ff.
Daß Operations Research für die Betriebswirtschaftslehre nichts grundsätzlich Neues ist, betont auch Angermann, wenn er ausführt: „In der Betriebswirtschaftslehre hat man sich von jeher mit jenen Problemen beschäftigt, die von ihrer Aufgabenstellung her in den Forschungsbereich von Operations Research fallen. Die Entwicklung von geeigneten methodischen Hilfsmitteln, die der Betriebsführung bei der Entscheidungsbildung, dem sogenannten ‚Decision Making', dienlich sein sollen, ist ein Grundanliegen der betriebswirtschaftlichen Forschung. Der Begriff Operations Research ist nur ein neuer Name für eine in der Betriebswirtschaftslehre altbekannte Sache. Schmalenbachs Konzeption von der pretialen Betriebslenkung,

gaben, Forschungsgebiete und Forschungsmethoden von Betriebswirtschaftslehre und Operations Research nachgewiesen hat, läßt sich die sogenannte Verfahrensforschung zwanglos in die Betriebswirtschaftslehre einordnen und zwar speziell in den Bereich der Wirtschaftlichkeitsrechnung. Die Verfahrensforschung beschäftigt sich nämlich nach Wittmann besonders mit jenem Teil der Betriebswirtschaftslehre, „den wir als Unternehmenspolitik bezeichnen, also jene Disziplin, die sich mit der Frage beschäftigt, wie die Entscheidungen des Unternehmers aussehen sollen, und in der die verschiedenen Mittel und Maßnahmen zur Erreichung der unternehmerischen Ziele beschrieben werden. Sie wird dieses Gebiet allerdings bei weitem nicht ausfüllen, da sie bisher nur Einzelteile daraus behandelt, speziell solche der Wirtschaftlichkeitsrechnung im weitesten Sinne; denn bei Operations Research steht ja in den meisten Fällen die rechnerische Ermittlung der Wirtschaftlichkeit alternativer Lösungen im Vordergrund"[83]. In ähnlicher Weise hat sich Riebel im Rahmen der Umfrage der Zeitschrift für Betriebswirtschaft zum Terminus „Operations Research" und seinen deutschen Übersetzungen geäußert, indem er für Operations Research die Bezeichnungen „Mathematische Wirtschaftlichkeitsrechnung", „Mathematische Optimumrechnung" oder auch „Mathematische Wirtschaftlichkeitsforschung" mit der folgenden Begründung vorschlug: „Der Problemstellung nach handelt es sich um nichts Neues, nämlich um nichts anderes als um Wirtschaftlichkeitsrechnungen und Verfahrensoptimumbestimmungen, die lediglich, dank der mathematischen Verfahren und der Elektronenrechenmaschinen, jetzt auch auf komplizierte Zusammenhänge angewandt werden können"[84]. Doch ist in der Operations-Research-Literatur von Wirtschaftlichkeit nicht die Rede. Vielmehr spricht man in der anglo-amerikanischen Literatur in ganz allgemeiner Weise von *efficiency* oder *effectiveness*[85], was im Deutschen im allge-

---

Schmidts Lehre von der organischen Tageswertbilanz oder Schärs Satz vom toten Punkt waren genauso als Instrumente der betrieblichen Entscheidungsbildung gedacht wie etwa die Lineare Programmierung oder die Netzwerkmethode. Neu an Operations Research gegenüber den früheren Bestrebungen in der Betriebswirtschaftslehre ist lediglich der Versuch, mit Hilfe höherer und spezieller Formen der Mathematik kompliziertere Entscheidungsprobleme zu lösen."

Angermann, Adolf, Entscheidungsmodelle, Frankfurt am Main 1963, S. 9.

[83] Wittmann, Waldemar, Betriebswirtschaftslehre und Operations Research, a.a.O., S. 295.

[84] Löffelholz, Der Terminus „Operations Research" und seine deutschen Übersetzungen. Eine Umfrage der Zeitschrift für Betriebswirtschaft, in: ZfB, 32. Jg. 1962, S. 363 ff., hier S. 368.

[85] Bowman, Edward H. and Robert B. Felter, Analysis for Production management, Homewood, Illinois 1957, S. 24. McCloskey, Joseph and Florence N. Trefethen, Operations Research for Management, Baltimore 1954, passim; Morse, Philip M. and George E. Kimball, Methods of Operations Research, London 1951, S. 38 ff.; Churchman, C. West, Phases of Operations Research, in: Research Operations in Industry, Papers delivered at the third annual Conference on Industrial Research, June 1952, New York 1953, S. 337 ff.; Church-

meinen mit Wirksamkeit[86] oder Leistungsstärke[87] übersetzt wird. Die Wahl eines solch allgemeinen Begriffes wie des der Wirksamkeit läßt sich wohl darauf zurückführen, daß man den Aufgabenbereich von Operations Research nicht allein in der Analyse von Unternehmungen sieht, vielmehr auch technische Fragen, Probleme der Verwaltung und des Militärs — hier lag ja der historische Ausgangspunkt — in das Anwendungsgebiet von Operations Research einbezieht. Insofern ist sicherlich das von Operations Research erfaßbare Gebiet größer als das Feld der Wirtschaftlichkeitsrechnungen.

Operations Research meint immer die Untersuchung von Organisationssystemen, seien sie nun kommerzieller oder nicht kommerzieller Art. Wie die moderne amerikanische Organisationstheorie aber zeigt, sind Organisationssysteme nicht alleine von ökonomischen Gesichtspunkten bestimmt und daher einer letzten Zielsetzung, etwa einer Gewinnmaximierung, gegenüber nicht nur ausführend. Vielmehr gestalten alle Mitglieder der Organisation eben diese Organisation aktiv mit und treffen dabei ihre Entscheidungen möglicherweise nach anderen als den angegebenen letzten ökonomischen Zielsetzungen[88]. Eine Untersuchung des Gesamtsystems einer Organisation kann deshalb nicht allein auf ihre Ergiebigkeit hinsichtlich einer ökonomischen Zielsetzung erfolgen, vielmehr muß ihre Wirksamkeit in Bezug auf alle anderen Zielsetzungen geprüft werden. Der Begriff der Wirksamkeit ist dann „ein repräsentativer Ausdruck für den Zustand eines Systems, ähnlich wie ‚Gesundheit', ein repräsentativer Ausdruck ist für den Zustand einer Person"[89].

Soweit der Begriff der „efficiency" auf ökonomische Probleme bezogen wird, entspricht er in etwa dem formalen Wirtschaftlichkeitsbegriff, wie die Definition der Encyclopaedia of Social Sciences erkennen läßt: „Efficiency in the sense of a ratio between input and output, effort and results, expenditure and income, cost and the resulting plaesure, is a relatevly recent term. In this specific sense it became current in engineering only during the latter half of the nineteenth century and in business and in economics only since the beginning of the twen-

man, C. West, Russel L. Ackoff and E. Leonard Arnoff, Introduction to Operations Research, New York — London 1957, S. 13; Eddison, M. A., K. Pennycuick and B. N. P. Rivelt, Operational Research in Management, London 1962, S. 30 ff.

86 Vgl. etwa die deutsche Übersetzung von Sasieni, Maurice, Arthur Yaspan und Lawrence Friedman, Methoden und Probleme der Unternehmensforschung. Operations Research durch H. P. Künzi, Würzburg 1962, S. 1.

87 Vgl. etwa die deutsche Übersetzung von Simon, Herbert A., Das Verwaltungshandeln. Eine Untersuchung der Entscheidungsvorgänge in Behörden und privaten Unternehmen, durch Helmut Ridder, Stuttgart 1955, S. 11 und S. 111 ff.

88 Vgl. etwa Albach, Horst, Zur Theorie der Unternehmensorganisation, in: ZfhF, NF 11. Jg. 1959, S. 238 ff., bes. S. 255.

89 Sasieni, Maurice, Arthur Yaspan und Lawrence Friedman, a.a.O., S. 1.

tieth"[90]. Sofern in der Operations Research Literatur von Wirksamkeit unternehmerischer Maßnahmen gesprochen wird, mißt man sie an Kosten oder Gewinnen.

b) Die sachlichen Interpretationen der Wirtschaftlichkeit für die Wirtschaftlichkeitsrechnungen

Jede Einengung des Wirtschaftlichkeitsbegriffs auf eine bestimmte sachliche Interpretation, wie sie sowohl in der allgemeinen betriebswirtschaftlichen Literatur als auch in den Beiträgen zur Wirtschaftlichkeitsrechnung mit geringen Ausnahmen immer wieder unternommen wird, muß für die Formulierung der Fragestellung für die Wirtschaftlichkeitsrechnungen zunächst abgelehnt werden. Sowohl eine lediglich mengenmäßige als auch eine nur kostenmäßige als auch eine allein gewinnorientierte oder rentabilitätsmäßige Wirtschaftlichkeitsauffassung oder auch eine sonstige ausschließliche Wirtschaftlichkeitskonzeption würde die möglichen Fragestellungen der Wirtschaftlichkeitsrechnungen unnötig beschränken und damit die Fülle der Wirtschaftlichkeitsrechnungen, die uns heute entgegentritt, nicht erfassen[91]. Die Vielfalt eben dieser Erscheinungsformen der Wirtschaftlichkeitsrechnungen zeigt aber gerade, daß unterschiedliche Wirtschaftlichkeitsinterpretationen nicht nur möglich, sondern gegeben sind und daß deshalb nur ein formaler Wirtschaftlichkeitsbegriff, der, etymologisch aus dem Wirtschaften abgeleitet, eine Aussage über die Rationalität dieses Handelns meint, tragender Pfeiler der Wirtschaftlichkeitsrechnungen sein kann[92].

---

[90] Vgl. Stichwort „efficiency" in der Encyclopaedia of Social Sciences, 5, 437, zitiert nach Simon, Herbert A., a.a.O., S. 117.

[91] Vgl. dazu auch den weiten Begriff der Wirtschaftlichkeit im Rahmen der Wirtschaftlichkeitsrechnung bei Albach, Horst, Artikel: „Wirtschaftlichkeitsrechnung", in: Handwörterbuch der Sozialwissenschaften, Bd. 12, Stuttgart—Tübingen—Göttingen 1962, S. 73 ff., hier S. 73; Beste, Theodor, Die Kurzfristige Erfolgsrechnung, a.a.O., S. 12 und Gutenberg, Erich, Zur neueren Entwicklung der Wirtschaftlichkeitsrechnung, a.a.O., S. 630.

[92] Eine solche Wirtschaftlichkeitskonzeption gewinnt heute immer mehr an Raum, wie auch methodologische Untersuchungen der jüngsten Zeit zeigen. Vgl. von Wissmann, Claus H., Das Erkenntnisobjekt der Lehre von Betrieb und Unternehmung im historischen Licht, in: Festschrift zum 70. Geburtstag von Carl Ruberg, Beiträge zur Betriebswirtschaftslehre, zusammengestellt aus Dissertationen seiner Schüler, Bern, o. J., S. 9 ff., bes. S. 11, oder auch Engelmann, Konrad, Die Lehre von der Einzelwirtschaft. Ein Beitrag zur Entwicklung neuer theoretischer Grundlagen, Köln und Opladen 1962, S. 49: „Da Ursprung und Wesen des Wirtschaftlichkeitsstrebens in einem Naturtrieb des Menschen beruhen, — dem ‚Grundgesetz', nach dem der Mensch seine Zwecke stets mit dem geringstmöglichen Aufwand an Kräften zu erreichen sucht, — ergibt es sich von selbst, daß die anderen Leistungsmaßstäbe diesem Prinzip nicht entgegenstehen können und untergeordnet sein müssen. Rentabilität und Produktivität sind spezifische Formen der Wirtschaftlichkeit, — erstere als Maßstab der Wirtschaftlichkeit im Einsatz finanzieller Mittel, — die zweite in der Verwendung der eingesetzten Arbeits- und Material-Quantitäten."

Wenn die sachliche Interpretation des formalen Wirtschaftlichkeitsbegriffes in irgendeiner Weise näher determiniert werden muß, so kann dies nur von zwei Seiten her erfolgen. Einmal können die sachlichen Zielsetzungen des Unternehmens verschiedene Wirtschaftlichkeitskonzeptionen verlangen. Zum anderen ist von der rechnerischen Seite her die Forderung zu stellen, für die Wirtschaftlichkeit quantitative, zahlenmäßig faßbare Maßstäbe zu finden.

Wirtschaftlichkeit meint formal eine bestimmte Relation zwischen Zwecken und Mitteln ökonomischer Handlungen. Häufig, nicht ausschließlich, wird diese Relation durch den Quotienten von Zweckerfolg und Mitteleinsatz[93] beschrieben. Gehen wir zunächst einmal davon aus, der Quotient aus Zweckerfolg und Mitteleinsatz sei die einzig mögliche Relation zwischen diesen Größen, so gilt es nur die einzelnen sachlichen Ziele zu bestimmen und die Maßstäbe für Zweckerfolg und Mitteleinsatz anzugeben, wenn von den verschiedenen sachlichen Interpretationen der Wirtschaftlichkeit die Rede ist.

Zur Erfüllung der letzten Zielsetzung, die als Erwerbsstreben bzw. Einkommenserzielung bezeichnet wurde, stellt sich den Wirtschaftenden zunächst eine technische und dann eine ökonomische Aufgabe. Man kann auch sagen, „daß in erwerbswirtschaftlichen Systemen der Vorgang der Leistungserstellung stets in zwei Erscheinungsformen gesehen werden kann. Einmal als gütermäßiger und zum anderen als kapitalmäßiger Vorgang. Deshalb kann das Rationalprinzip für die betriebliche Leistungserstellung auf zwei Arten formuliert werden“[94]. Die Wirtschaftlichkeit als Ergiebigkeitsverhältnis von Ergebnis und Einsatz ist daher doppelschichtig[95].

Die technische Aufgabe besteht darin, einen bestimmten Gütertrag mit einem Minimum an Güterverbrauch zu erreichen. Zweck und Mittel sind technische Größen, Stoffe und Kräfte, die sich in physikalischen oder chemischen Maßeinheiten, etwa Gewichten, Zeiten, Energien usf., messen lassen[96]. Das Streben nach Minimierung des mengenmäßigen Gütereinsatzes ist Ausdruck der technischen Rationalität, die sich durch die Objektivität ihrer Größen auf Grund reiner Objekt-Objekt-Beziehungen auszeichnet. Die technische Rationalität, die Produktivität, trägt noch nicht den Stempel wirtschaftlicher Größen und läßt sich nur insofern als mengenmäßige oder technische Wirtschaftlichkeit bezeichnen,

---

93 Die Ausdrücke „Zweckerfolg“ und „Mitteleinsatz“ stammen von Pack. Pack, Ludwig, Rationalprinzip und Gewinnmaximierungsprinzip, in: ZfB, 31. Jg. 1961, S. 207 ff. und S. 283 ff., hier S. 210.

94 Ebd., S. 211.

95 Vgl. Kosiol, Erich, Erkenntnisgegenstand und methodologischer Standort der Betriebswirtschaftslehre, a.a.O., S. 131.

96 Vgl. von Kortzfleisch, Gert, Betriebswirtschaftliche Arbeitsvorbereitung, Heft 15 der Abhandlungen aus dem Industrieseminar der Universität zu Köln, Berlin 1962, S. 15 ff.

als sie die untere Schicht der Ergiebigkeit von Wirtschaftsprozessen charakterisiert[97]. Aus den technisch minimierten Gütereinsätzen werden später die ökonomisch sinnvollen ausgewählt[98].

Da Wirtschaften menschliches Handeln ist, sind im Rahmen der eigentlich ökonomischen Ergiebigkeit Zwecke und Mittel nicht in der objektiven Objekt-Objekt-Relation gegeben. Vielmehr tritt der Mensch als Subjekt den Mitteln als Objekten gegenüber und formt so die Beziehungen zu Subjekt-Objekt-Relationen um[99]. Indem er Zwecken und Mitteln gegenübertritt, wertet er, und so wird aus der mengenmäßigen Wirtschaftlichkeit eine wertmäßige, die eigentlich *ökonomische*[100]. Sie mißt Zwecke und Mittel im Maßstab des ökonomischen Wertes, in Geldeinheiten.

Mit der Einbeziehung der subjektiven, wertenden Sphäre des Menschen ist die ökonomische Problematik des teleologischen Aspektes[101], unter dem der Wert der Mittel immer nur in Relation zu den Zwecken und damit bei wechselnden Zwecken unterschiedlich gesehen wird, in ihrer ganzen Komplexität aufgerissen. Soweit es sich um Unternehmungen handelt, die von der sachlichen Zielsetzung des Erwerbsstrebens ausgehen, und nur von ihnen soll die Rede sein, kann allerdings eben diese Wertproblematik zunächst auf die Frage der Preise auf dem Beschaffungsmarkt für Produktionsfaktoren und dem Absatzmarkt für Erzeugnisse reduziert werden.

Äußert sich das Erwerbsstreben in der Ausnutzung des Wertgefälles[102] zwischen den das Unternehmen umgebenden Märkten, so ist der Grad der Rationalität dieses Handelns um so größer, je besser das Verhältnis von erzielten zu eingesetzten Werten ist. Wirtschaftlichkeit meint dann das Verhältnis der bewerteten gütermäßigen Ergebnisse zu den

---

[97] Vgl. Kosiol, Erich, Erkenntnisgegenstand und methodologischer Standort der Betriebswirtschaftslehre, a.a.O., S. 131.

[98] Vgl. etwa die Minimalkostenkombination. Siehe dazu Gutenberg, Erich, Die Produktion, a.a.O., S. 205 ff.

[99] Vgl. etwa Weber, Wilhelm, Hans Albert und Gerhard Kade, Artikel: „Wert“, in: Handwörterbuch der Sozialwissenschaften, 11. Bd., Stuttgart—Tübingen—Göttingen 1961, S. 637 ff., hier S. 648.

[100] Vgl. Kosiol, Erich, Artikel: „Rentabilität“, a.a.O., Spalte 4643.

[101] Kolbinger stellt bewußt diesen teleologischen Aspekt dem technologischen gegenüber. Vgl. Kolbinger, Josef, Leistungs- und kostentheoretische Korrelationen, in: Gegenwartsfragen der Unternehmung. Offene Fragen der Betriebswirtschaftslehre, Festschrift zum 70. Geburtstag von Fritz Henzel, herausgegeben von Bernhard Bellinger, Wiesbaden 1961, S. 107 ff., hier S. 109/110.

[102] Vgl. Schmalenbach, E., Selbstkostenrechnung I, a.a.O., S. 274 ff. Man kann auch in anderer Blickrichtung von Wertauftrieb sprechen. Vgl. Seischab, Hans, Über Wirtschaftlichkeit und Wirtschaftlichkeitsrechnung, in: Aktuelle Betriebswirtschaft, Festschrift zum 60. Geburtstag von Konrad Mellerowicz, Berlin 1962, S. 103 ff.

bewerteten gütermäßigen Einsätzen, eine Aussage über das Wie des Erreichens des ökonomischen Sachzieles. Veränderungen einer solchen wertmäßigen Wirtschaftlichkeit können einmal zurückzuführen sein auf Veränderungen der mengenmäßigen Zweckerfolg- und Mitteleinsatzgrößen, zum anderen auf die Verschiebungen der Wertrelationen auf den das Unternehmen umschließenden Märkten.

So findet sich in der wertmäßigen Wirtschaftlichkeit die mengenmäßige wieder, Verbesserungen der mengenmäßigen Wirtschaftlichkeit erhöhen ceteris paribus die wertmäßige Wirtschaftlichkeit. Doch kann letztere eben jene Produktivität überlagern. Deshalb ist die technische Wirtschaftlichkeit weder notwendige noch hinreichende Bedingung der wertmäßigen, sondern deren Komponente[103].

Sofern sich die technische Wirtschaftlichkeit nicht verändert, bedeuten Schwankungen der wertmäßigen Wirtschaftlichkeit nur Variationen der preismäßigen Ergiebigkeit. Die Reduktion der Wirtschaftlichkeit auf eine rein preismäßige Ergiebigkeit stößt bei vielen auf Widerstand, wohl vorwiegend deshalb, weil in einer lediglich auf Preisspannen beruhenden Wirtschaftlichkeit die im Wirtschaftlichkeitsbegriff mitschwingenden Vorstellungen eines bewußten, mit Anstrengungen verbundenen Bessermachens nicht enthalten seien. Sieht man aber, daß das Sachziel unternehmerischen Wirtschaftens in der Ausnutzung des Wertgefälles zwischen den Märkten zur Erzielung von Einkommen in der Form des Gewinnes besteht, so muß eine derartige sachliche Interpretation des formalen Wirtschaftlichkeitsbegriffes nicht nur möglich, sondern sogar sinnvoll erscheinen.

Mit der Wahl der Preise der das Wertgefälle der Unternehmung bildenden Märkte ist allerdings das Wertproblem erneut gestellt, ist die wertmäßige Wirtschaftlichkeit näher zu bestimmen. Denn sowohl die subjektive Zuordnung der Mittel zu Zwecken als auch der Maßstab des Wertes, der Wert der Geldeinheit, unterliegen Schwankungen und sind bei wechselnden örtlichen, zeitlichen und persönlichen Bedingungen verschieden.

Letztlich wird die Wahl der Wertkategorie teleologisch vom Sachziel unternehmerischen Wirtschaftens, der Einkommenserzielung über den Gewinn, her bestimmt. Doch ist auch der Begriff des Gewinnes infolge der Vielfalt der Wertkategorien zunächst nur formal als Differenzgröße umrissen. Von den möglichen Gewinnkonzeptionen sind die eines nominellen und die eines realen Gewinnes die wesentlichen. Je nachdem von welcher Gewinnkategorie ausgegangen wird, führt der Weg zu paga-

---

103 Vgl. Kosiol, Erich, Artikel: „Rentabilität", a.a.O., Spalte 4643 und denselben, Grundlagen der Organisationsanalyse, in: Grundlagen und Methoden der Orgnisationsforschung, Band 3 der Veröffentlichungen des Instituts für Industrieforschung der Freien Universität Berlin, Berlin 1959, S. 13 ff., hier S. 21/22.

torischen oder kalkulatorischen Wertkategorien und damit zu einer pagatorischen oder kalkulatorischen wertmäßigen Wirtschaftlichkeit.

Sieht man als technische Mittel des Unternehmens die Faktoreinsätze der Produktionsfaktoren und als technischen Zweck die Faktorerträge, die Produkte an, so ergibt sich bei pagatorischer Bewertung die wertmäßige Wirtschaftlichkeit je nach Behandlung des Zeitproblems als Quotient aus Einnahmen und Ausgaben oder Erträgen und Aufwendungen. Bei kalkulatorischer Bewertung erhält man Leistung-Kosten-Relationen. Man kann die sachliche Aufgabe des Unternehmens auch sehen als Gewinnerzielung durch Einsatz von Kapital. Die wertmäßige Wirtschaftlichkeit beinhaltet dann eine Gewinn-Kapital-Beziehung. Gewinn-Kapital-Koeffizienten aber sind Rentabilitätsgrößen. So ist die Rentabilität eine spezifische Erscheinungsform der wertmäßigen Wirtschaftlichkeit.

Damit ist die sachliche Interpretation des formalen Wirtschaftlichkeitsbegriffs zur Formulierung der Fragestellung für die Wirtschaftlichkeitsrechnung insoweit hinreichend gegeben, als nun mengenmäßige und wertmäßige Wirtschaftlichkeit, letztere in den Erscheinungsformen der pagatorischen und kalkulatorischen und der Sonderform der Rentabilität, der Fülle der empirischen und theoretischen Erscheinungsformen der Wirtschaftlichkeitsrechnungen gerecht werden.

Von der rechnerischen Seite her kann allerdings der sachliche Inhalt der Fragestellung für die Wirtschaftlichkeitsrechnung noch präzisiert werden. Dabei sei wie bisher weiterhin unterstellt, die besondere Art der Relation von Zweck- und Mittelgrößen könne nur als Quotient der Größen, nicht dagegen als deren Differenz verstanden werden.

Wirtschaftlichkeit ist, wie gezeigt, eine relative Größe insofern, als es immer nur Grade aber keine absolute Wirtschaftlichkeit ökonomischer Handlungen gibt. Ziel der Wirtschaftlichkeitsrechnung kann es deshalb einmal sein, die Wirtschaftlichkeitsgrade zweier, dreier oder mehrerer aber endlich vieler Handlungsweisen zu errechnen, um dann vergleichend diejenige unter den Handlungsweisen mit dem günstigsten Wirtschaftlichkeitsgrad zu ermitteln. Zum anderen kann es Ziel der Wirtschaftlichkeitsrechnung sein, unter unendlich vielen Handlungsmöglichkeiten diejenige mit dem optimalen Wirtschaftlichkeitsgrad von vornherein zu errechnen, was mathematisch auf ein Maximierungs- bzw. Minimierungsproblem hinausläuft, unabhängig davon, ob nun Methoden der Differentialrechnung oder sonstige mathematische Verfahren zur Bestimmung von Maxima und Minima angewandt werden[104].

Sowohl beim Vergleich unter endlich vielen Alternativen als auch bei der Optimumbestimmung mit unendlich vielen Möglichkeiten, läßt sich

[104] Da der Unterschied in der Art der Modelle liegt und diese bei den rechnerischen Verfahren besprochen werden, soll dieser Hinweis hier genügen.

die Fragestellung für die Wirtschaftlichkeitsrechnungen dann vereinfachen, wenn entweder die Zweckerfolgs- oder die Mitteleinsatzgrößen konstant bleiben. Im Falle der Konstanz der Mitteleinsatzgrößen ist es nur nötig, die Zweckerfolgsgrößen, also Faktorerträge, Einnahmen, Erträge, Leistungen, Gewinne zu vergleichen bzw. zu maximieren. Sind die Zweckerfolge konstant, so beschränkt sich die Fragestellung der Wirtschaftlichkeitsrechnung auf die Errechnung oder Minimierung der Mitteleinsatzgrößen Faktoreinsatz, Ausgaben, Aufwendungen, Kosten oder Kapital. In jedem Falle wird die Wirtschaftlichkeit nur an einer der sie bildenden Größen gemessen. Man kann deshalb auch mit Hertlein von einseitig gebundener Wirtschaftlichkeit sprechen[105].

Eine Maximierung des Quotienten aus Zweckerfolg- und Mitteleinsatzgrößen ist dann möglich, wenn funktionale Abhängigkeiten bestehen[106]. Einmal können Zweckerfolg und Mitteleinsatz direkt funktional miteinander verbunden sein. Es kann etwa der Faktorertrag eine Funktion des Faktoreinsatzes sein, eine Beziehung, die bekanntlich als Produktions- oder Ertragsfunktion bezeichnet wird, oder umgekehrt können die Kosten eine Funktion der ausgebrachten Menge sein. Im Falle der Kostenfunktionen ergibt sich der zu minimierende Quotient aus Kosten und ausgebrachter Menge. Es handelt sich um nichts anderes als die bekannten Stückkosten, die von vielen als wichtigste Kennzahl der Wirtschaftlichkeit bezeichnet werden[107]. Optimale Wirtschaftlichkeit bedeutet dann minimale Stückkosten. Die Stückkosten selbst stellen eine besondere Form der Leistung-Kosten-Beziehungen dar, bei der die Leistung mengenmäßig angesetzt wird und man von dem reziproken[108] Zweckerfolg-Mitteleinsatz-Quotienten ausgeht.

Eine Maximierung von Wirtschaftlichkeitsquotienten ist auch dann sinnvoll, wenn die Zweck- und Mittelgrößen indirekt über eine dritte Größe miteinander funktional verbunden sind, wie etwa in dem nationalökonomischen Preisbildungsmodell Kosten und Erlöse in Abhängigkeit von der Produktmenge[109]. Die Maximierungsbedingungen werden

---

[105] Vgl. Hertlein, Adolf, Die Kapital- und Erfolgsrechnung als Grundlage der Wirtschaftlichkeitsmessung, Stuttgart 1929; derselbe, Zur Problematik der Wirtschaftlichkeit, in: Fragen der Technik in Einzeldarstellungen. Festschrift zum 25jährigen Bestehen des Oskar v. Miller-Polytechnikums, herausgegeben von Fritz Westrick, München 1949, S. 71 ff.

[106] Vgl. Pack, Ludwig, Rationalprinzip und Gewinnmaximierungsprinzip, a.a.O., S. 219.

[107] Vgl. etwa die so geäußerte Ansicht von Heinen, Edmund, Betriebswirtschaftliche Kostenlehre, Band I: Grundlagen, Wiesbaden 1959, S. 33.

[108] Lehmann spricht in diesem Falle von Ausbring-Wirtschaftlichkeiten im Gegensatz zum Verhältnis von $\frac{\text{Leistung oder Ertrag}}{\text{Aufwand}}$ als einer Einsatzwirtschaftlichkeit. Vgl. Lehmann, M. R., Wirtschaftlichkeit, Produktivität und Rentabilität (I), in: ZfB, 28. Jg. 1958, S. 537 ff. und S. 614 ff., hier S. 541.

[109] Vgl. Pack, Ludwig, Rationalprinzip und Gewinnmaximierungsprinzip, a.a.O., S. 273 ff. und denselben, Maximierung der Rentabilität als preispolitisches Ziel, a.a.O.

ebenso wie für den Fall direkter funktionaler Abhängigkeit bei der Behandlung der Verfahren der Wirtschaftlichkeitsrechnung aufzuzeigen sein. Hier gilt es lediglich festzustellen, daß die Fragestellung für die Wirtschaftlichkeitsrechnung dann als Maximierungsproblem des Quotienten aus Zweckerfolg- und Mitteleinsatzgrößen gestellt werden kann, wenn funktionale Abhängigkeiten bestehen.

Bisher wurde unterstellt, die Wirtschaftlichkeitsrelation zwischen Zweckerfolg- und Mitteleinsatzgrößen meine den Quotienten dieser beiden Größen. Bekanntlich wird aber auch der Gewinn als Maßstab der Wirtschaftlichkeit angesehen. Gewinne sind jedoch Differenzgrößen, und zwar positive Differenzen zwischen Einnahmen und Ausgaben, Erträgen und Aufwendungen, Leistungen und Kosten. Kann nun auch eine Differenzgröße als Maßstab der Wirtschaftlichkeit angesehen werden? Anders gefragt: Ist der Gewinn ein Maßstab der Wirtschaftlichkeit?

Die Diskussion um dieses Problem ist so alt wie die Betriebswirtschaftslehre und seiner Zeit in heftiger Form zwischen Schmalenbach und Nicklisch geführt worden. In jüngster Zeit ist sie wieder aufgelebt. Doch sind die Ausgangspunkte des literarischen Gespräches verschieden. Ging es damals mehr oder weniger versteckt um die moralische Wertung des Gewinnstrebens, so stehen heute Fragen einer im modernen Sinne normativen Theorie im Vordergrund[110]. Pack und Hans-Jürgen Böhm haben die Beziehungen zwischen Rationalprinzip, Gewinnmaximierung und Rentabilitätsmaximierung untersucht[111]. Pack ist dabei zu dem Ergebnis gekommen, daß die Maximierung der Eigenkapitalrentabilität „das eigentliche Ziel des erwerbswirtschaftlich orientierten Betriebes" sei[112]. Herbert Hax insbesondere hat kritisch dazu Stellung genommen[113].

Die Diskussion um einen ausschließlich dividitiven oder ausschließlich differentiellen oder einen sowohl divitiven als auch differentiellen

---

[110] Hax, Herbert, Rentabilitätsmaximierung als unternehmerische Zielsetzung, in: ZfhF, NF, 15. Jg. 1963, S. 337 ff., hier S. 339.

[111] Zur Diskussion siehe Pack, Ludwig, Rationalprinzip und Gewinnmaximierungsprinzip, a.a.O.; derselbe, Maximierung der Rentabilität als preispolitisches Ziel, a.a.O.; Böhm, Hans-Jürgen, Die Maximierung der Kapitalrentabilität, in: ZfB, 32. Jg. 1962, S. 489 ff.; Böhm, Hans-Hermann, Was soll maximiert werden: Gewinn, Rentabilitätskoeffizient oder kalkulatorischer Betriebserfolg? in: ZfB, 32. Jg. 1962, S. 669 ff.; Böhm, Hans-Jürgen, Schlußwort zum Thema „Rentabilitätsmaximierung", in: ZfB, 32. Jg. 1962, S. 674 ff.; Vormbaum, H., Die Zielsetzung der beschäftigungsbezogenen Absatzpolitik erwerbswirtschaftlich orientierter Betriebe, in: ZfhF, NF, 11. Jg. 1959, S. 624 ff.; Hax, Herbert, Rentabilitätsmaximierung als unternehmerische Zielsetzung, a.a.O.

[112] Vgl. Pack, Ludwig, Maximierung der Rentabilität als preispolitisches Ziel, a.a.O., S. 105 ff.

[113] Hax, Herbert, Rentabilitätsmaximierung als unternehmerische Zielsetzung, a.a.O.

Wirtschaftlichkeitsbegriff[114], also der Streit um die Frage, ob man nur Quotient oder Differenz oder sowohl Quotient als auch Differenz ökonomischer Einsatz- und Ergebnisgrößen als Maßstab der Wirtschaftlichkeit ansehen kann, spezieller die Erörterungen des Problems, ob Gewinnmaximierung oder Rentabilitätsmaximierung oder beide Ausdruck des Rationalprinzips sind, wäre dann überflüssig, wenn Maximierung des Quotienten und Maximierung der Differenz zu demselben Ergebnis führten.

Wie Pack und Hans-Jürgen Böhm im einzelnen für die Bestimmung der Angebotsmenge eines Einproduktunternehmens nachgewiesen haben[115], stimmen dividitive und differentielle Wirtschaftlichkeitsmaßstäbe aber nur in folgenden Fällen überein. Einmal führt die Maximierung des Quotienten aus Zweckerfolgs- und Mitteleinsatzgrößen, z. B. des Verhältnisses von Erträgen zu Aufwendungen, dann zum gleichen Ergebnis wie die Maximierung der Differenz, also des Gewinnes, wenn entweder die Ergebnis- oder die Einsatzgrößen konstant sind und außerdem die gleiche Dimension, den Geldwert, aufweisen[116]. Im besonderen Gewinnmaximierung und Rentabilitätsmaximierung als wichtigste mögliche Interpretationen der Wirtschaftlichkeit stimmen dann überein, wenn man den Gewinn als das durch den Einsatz von Kapital erzielte Ergebnis ansieht und Konstanz des Kapitaleinsatzes unterstellt[117,118].

Nun muß man aber beachten, daß bei den meisten unternehmerischen Maßnahmen Konstanz der Einsätze oder Ergebnisse Sonderfälle darstellen. Folglich sind Bedingungen denkbar, unter denen Gewinnmaximierung und Rentabilitätsmaximierung zu unterschiedlichen Ergebnissen führen. Herbert Hax hat dafür einige Zahlenbeispiele angegeben, in denen die Maximierung von Rentabilitäten, speziell der Umsatzrentabilität, der Rentabilität des Gesamtkapitals und der Rentablität des Eigenkapitals zu Resultaten führen, die von denen der Gewinnmaximierung derart abweichen, daß von den zu vergleichenden Handlungsalternativen eine zu einem höheren Gewinn, die andere zu einer höhe-

---

[114] Zu diesen Termini vgl. Schindler, Heinz, a.a.O., S. 32 und S. 59 ff.

[115] Pack, Ludwig, Rationalprinzip und Gewinnmaximierungsprinzip, a.a.O., S. 220 und S. 289 und Böhm, Hans-Jürgen, Die Maximierung der Kapitalrentabilität, a.a.O., S. 509 ff. Zur mathematischen Beweisführung muß auf die beiden Autoren verwiesen werden.

[116] Vgl. Pack, Ludwig, Rationalprinzip und Gewinnmaximierungsprinzip, a.a.O., S. 220 und S. 289.

[117] Ebd., S. 289 und Böhm, Hans-Jürgen, Die Maximierung der Kapitalrentabilität, a.a.O., S. 509 ff.

[118] Die zweite Möglichkeit, eine Übereinstimmung zwischen Rentabilitäts- und Gewinnmaximierung durch Einbeziehung eines rentabilitätsorientierten Zinsfußes in die Überlegungen der Gewinnmaximierung zu erreichen, wird von Böhm selbst als „Manipulation“ bezeichnet und kann deshalb außer Acht gelassen werden. Böhm, Hans-Jürgen, Die Maximierung der Kapitalrentabilität, a.a.O., S. 511/512.

ren Rentabilität führt[119]. Dann erhebt sich aber die Frage, welches die richtige Interpretation der Wirtschaftlichkeit sei oder ob beide Interpretationen gleichermaßen Gültigkeit haben. Pack hat nachzuweisen versucht, daß nicht die Gewinnmaximierung, vielmehr nur die Rentabilitätsmaximierung dem Rationalprinzip entspricht und damit alleine sie eine sinnvolle Auslegung der Wirtschaftlichkeit darstellt; denn für Pack ist dem Rationalprinzip generell nur dann entsprochen, „wenn das Verhältnis aus Zweckerfolg und Mitteleinsatz maximiert wird, denn nur dann wird immer der Zweckerfolg pro Einheit Mitteleinsatz maximal bzw. der Mitteleinsatz pro Einheit Zweckerfolg minimal"[120].

Pack hat diese seine Ansicht mit zwei weiteren Argumenten zu belegen versucht. Einmal weist er darauf hin, daß die Annahme, eine Maximierung der Differenz von Zweck- und Mittelgrößen entspreche dem Rationalprinzip, zur Folge hätte, „daß je nach der Dimension der in Beziehung zu einander stehenden Größen unter ‚rational' bzw. ‚wirtschaftlich' etwas anderes zu verstehen wäre. Für Größen mit verschiedenen Dimensionen müßte man nämlich, weil für sie eine Differenz nicht ermittelt werden kann, an der Maximierung ihres Quotienten festhalten; für dimensionsgleiche Größen würde man ihre Differenz maximieren". Zum anderen zieht er einen Vergleich aus der Technik heran: „In der Technik können z. B. Wirkungsgrade dann ermittelt werden, wenn Faktoreinsatz und Faktorertrag gleiche Dimension haben. Entspräche die Maximierung der Differenz aus Faktorertrag und Faktoreinsatz dem Rationalprinzip, dann wäre die ‚wirtschaftlichste' Leistung nicht diejenige, für welche der Wirkungsgrad — als das Verhältnis Faktorertrag zu Faktoreinsatz — ein Maximum wird, sondern eben die Leistung, für welche die Differenz zwischen Faktorertrag und Faktoreinsatz ein Maximum wird; für jeden Techniker ein unmöglicher Sachverhalt"[121].

Hax hat dieser Argumentation die ganz einfache Frage entgegengestellt: „Warum aber soll eigentlich nur die Maximierung dieses Quotienten dem Rationalprinzip entsprechen. Man kann doch ebenso gut die Differenz zwischen Zweckerfolg und Mitteleinsatz maximieren. *Pack* wendet hiergegen ein ..., die Maximierung einer Differenz zwischen Größen unterschiedlicher Dimension sei nicht sinnvoll; das ist richtig, aber der Gewinn ist die Differenz zwischen Aufwand und Ertrag, also zwei Größen gleicher Dimension. Man kann natürlich rationales Verhalten einfach so definieren, daß es stets Maximierung eines Quotienten

[119] Vgl. Hax, Herbert, Rentabilitätsmaximierung als unternehmerische Zielsetzung, a.a.O.

[120] Pack, Ludwig, Maximierung der Rentabilität als preispolitisches Ziel, a.a.O., S. 92.

[121] Ebd., S. 92, Fußnote 30.

beinhaltet. Es ist dann aber fraglich, ob sich dieser Rationalitätsbegriff noch als Grundlage einer normativen Theorie eignet"[122].

Das Rationalprinzip und mit ihm die Wirtschaftlichkeit wurde im Vorherigen in Übereinstimmung mit der modernen Auffassung als Formalprinzip verstanden[123]. Als Formalprinzip ist Rationalität aber mit jeder sachlichen Zielsetzung kompatibel, hieße sie nun Maximierung des Gewinnes oder Maximierung der Rentabilität; denn eine Zielsetzung als solche kann nicht als rational bezeichnet werden, vielmehr nur das Wie ihrer Erreichung. Vorausgesetzt werden muß allerdings, daß es sich bei den genannten Maximen um echte sachliche Zielsetzungen handelt. Ob sie es sind und welche von ihnen in den konkreten Unternehmungen am häufigsten angestrebt werden, kann nur die empirische Forschung klären. Es sind zwar in letzter Zeit Anstrengungen in dieser Richtung unternommen worden, doch sind die Erfahrungen noch spärlich[124].

Das Streben nach Erwerb kann sicherlich in vielen Fällen als die entscheidende letzte Zielsetzung unternehmerischen Wirtschaftens angesehen werden. Ist dieses Erwerbsstreben als Gewinnerzielung durch Einsatz von Kapital — wohl weniger von unternehmerischer Arbeit — zu verstehen, dann könnte als sachliche Zielsetzung die Rentabilitätsmaximierung des gesamten Eigenkapitals des Unternehmers angesehen werden. Sie entspricht aber, wenn die Eigenkapitalgröße Konstanz aufweist, der Gewinnmaximierung. Doch kann die Konstanz des Eigenkapitaleinsatzes nur für die gesamte unternehmerische Tätigkeit, nicht dagegen für einzelne Maßnahmen unterstellt werden. Für einzelne Aktionen muß empirisch geklärt werden, ob maximaler Gewinn oder maximale Rentabilität sachliches Ziel ist[125].

Zieht man den Kreis der sachlichen Zielsetzungen so weit, als in der Wirklichkeit Zielsetzungen auftreten können, dann kommen alle genannten Interpretationen der Wirtschaftlichkeit für die Wirtschaftlichkeitsrechnung in Betracht. Nur muß bei jeder Fragestellung genau angegeben werden, von welcher sachlichen Zielsetzung ausgegangen wird.

---

[122] Hax, Herbert, Rentabilitätsmaximierung als unternehmerische Zielsetzung, a.a.O., S. 339, Fußnote 5.

[123] Auch Hax geht von dem formalen Charakter der Rationalität aus und bezieht sich dabei auf Gäfgen, Gérard, Theorie der wirtschaftlichen Entscheidung. Untersuchungen zur Logik und ökonomischen Bedeutung des rationalen Handelns, Tübingen 1963, S. 23; vgl. Hax, Herbert, Rentabilitätsmaximierung als unternehmerische Zielsetzung, a.a.O., S. 337.

[124] Vgl. dazu Gümbel, Rudolf, Nebenbedingungen und Varianten der Gewinnmaximierung, in: ZfhF, NF, 15. Jg. 1963, S. 12 ff. und Bidlingmaier, Johannes, Die Ziele der Unternehmer. Ein Beitrag zur Theorie des Unternehmerverhaltens, in: ZfB, 33. Jg. 1963, S. 409 ff. und S. 519 ff. und die dort angegebene Literatur.

[125] Vgl. Hax, Herbert, Rentabilitätsmaximierung als unternehmerische Zielsetzung, a.a.O., S. 342 ff.

2. Der zeitliche Inhalt der Fragestellung

„Es gehört zu den Prämissen der Wirtschaftstheorie, daß der Wirtschaftsprozeß der Haushalte und Unternehmungen in den drei Phasen Planung, Realisation und Kontrolle abläuft, ...“[126] Alle drei Phasen sind notwendiger Bestandteil ökonomischer Handlungen. Wenn sie sich auch im Einzelfalle nicht immer äußerlich erkennbar voneinander abheben, so sind sie doch gedanklich klar gegeneinander abzugrenzen.

Jede ökonomische Tätigkeit muß zunächst in Gedanken erwogen, ausgeführt und beurteilt werden. Die planerische Geistesarbeit liegt zeitlich vor der Realisation. Der zeitliche Abstand kann größer oder kleiner sein, fehlen darf er nie[127]. Planend werden die potentiellen Handlungsalternativen in ihrer möglichen zukünftigen Struktur erwogen und auf ihre wirtschaftliche Bedeutung hin untersucht, also daraufhin geprüft, wie sie dem Sachziel des unternehmerischen Handelns dienen, letztlich, welchen Wirtschaftlichkeitsgrad sie aufweisen. Die im planenden Vorgang eingeschlossene Beurteilung der Wirtschaftlichkeit zukünftiger Handlungen bedient sich nun als Ausdruck rationaler Überlegungen des Hilfsmittels der Rechnung. Denn die Rationalität ist neben der Zukunftsbezogenheit das entscheidende Merkmal der Planung[128] und Rechnen, wie wir zeigten, die exakteste Form rationalen Denkens. So ist die Wirtschaftlichkeitsrechnung immanenter Bestandteil der Planungsphase ökonomischer Tätigkeit. Mit der Ermittlung oder Optimierung des Wirtschaftlichkeitsgrades bildet die Wirtschaftlichkeitsrechnung die Grundlage des ökonomischen Wahlaktes und damit der ökonomischen Entscheidung[129], die die Planungsphase abschließt[130].

Die Entscheidung leitet über zur Verwirklichung, indem aus ihr die Anordnung und damit die Realisation entspringt. Im Rahmen der Reali-

---

[126] Grochla, Erwin, Das Problem der optimalen Unternehmungsplanung, in: Gegenwartsfragen der Unternehmung, a.a.O., S. 65 ff., hier S. 66.

[127] Vgl. von Kortzfleisch, Gert, Die Grundlagen der Finanzplanung, a.a.O., S. 11.

[128] Vgl. dazu etwa Grochla, Erwin, Artikel: „Planung, betriebliche“, in: Handwörterbuch der Sozialwissenschaften, 8. Band, Stuttgart—Tübingen—Göttingen 1962, S. 314 ff., hier S. 315.

[129] Zum Begriff der Entscheidung sei erläuternd die Definition von Aristoteles angegeben: „Mit der Entscheidung (wörtlich: mit der Vorzug gebenden Wahl) scheint es so zu stehen, wie es schon mit ihrem Namen steht, welcher besagt, daß wir, indem wir eine Wahl treffen, diesem oder jenem den Vorzug geben, z. B. dem Besseren vor dem Schlechteren.“ Vgl. Aristoteles, Magna Moralia, 1189, zitiert bei Kade, Gerhard, Die Grundannahmen der Preistheorie. Eine Kritik an den Ausgangssätzen der mikroökonomischen Modellbildung, Berlin und Frankfurt a. M. 1962, S. 46. Vgl. dazu auch: „Die Entscheidung kann als der erstrebte Abschluß von Wahlhandlungen zwischen Zielen und/oder Mitteln, die zur Erreichung bestimmter Ziele eingesetzt werden können, angesehen werden.“ Kloidt, Heinrich, Hans-Achim Dubberke und Jürgen Göldner, Zur Problematik des Entscheidungsprozesses, in: Organisation des Entscheidungsprozesses, Berlin 1959, S. 9 ff., hier S. 11.

[130] Vgl. dazu die interessanten Ausführungen bei Virkkunen, Henrik, Das Rechnungswesen im Dienste der Leitung, Helsinki 1956, S. 50 ff.

sation selbst ist eine Beurteilung des ökonomischen Ergiebigkeitsgrades logisch ausgeschlossen. Da sich die Wirtschaftlichkeit immer auf die ganze Handlung bezieht, kann ihre Ermittlung nur außerhalb der eigentlichen Verwirklichung, also vorzugsweise vor Beginn oder nach Abschluß der Handlung erfolgen.

In der Kontrollphase wird eben jene nachträgliche Beurteilung der geschehenen Handlung vorgenommen. Da jede wirtschaftliche Handlung ökonomisch nach dem Kriterium der Wirtschaftlichkeit beurteilt wird, muß auch in der Phase der Kontrolle die Wirtschaftlichkeitsrechnung als Instrument eingesetzt werden. Sie ermittelt dann den realisierten Wirtschaftlichkeitsgrad, die Ist-Wirtschaftlichkeit. Dieses Ist wird dem geplanten Soll gegenübergestellt. In der Feststellung der Abweichung zwischen beiden bildet die Kontrolle den Ausgangspunkt für eine neue Planung und so schließt sich der Kreis der Phasen, der in Anlehnung an die moderne Kybernetik auch oft als ein Regelkreis bezeichnet wird[131].

Die Gliederung ökonomischer Handlungen in Phasen[132] führt zu einer weiteren Präzisierung der Fragestellungen für die Wirtschaftlichkeitsrechnungen, insofern als auf Grund des Gesagten die Fragen einen unterschiedlichen zeitlichen Inhalt haben, je nachdem, ob sie nach der Wirtschaftlichkeit zukünftiger, noch zu realisierender Tätigkeit fragen (Ex-ante-Rechnungen) oder ob sie auf die Wirtschaftlichkeit vergangener, schon geschehener Handlungen abzielen (Ex-post-Rechnungen). Inwieweit nun ihrerseits solche Wirtschaftlichkeitsplanungs- und Wirtschaftlichkeitskontrollrechnungen[133] eine weitere Verfeinerung der Fragestellung erforderlich machen, wird zu prüfen sein.

---

[131] Vgl. Wiener, Norbert, Cybernetics, New York and London 1961; Ducrocq, Albert, Die Entdeckung der Kybernetik. Eine Einführung in die Regelungstechnik, Frankfurt a. M. 1959; Poletajew, J. A., Kybernetik. Kurze Einführung in eine neue Wissenschaft, Berlin 1962; Guilbaud, What is Cybernetics?, London—Melbourne—Toronto 1959.

[132] Virkkunen hat auf dieser Gliederung aufbauend eine neue Einteilung des Rechnungswesens im Dienste der Leitung vorgenommen, die auch bereits in die deutsche Literatur Eingang gefunden hat. Vgl. Virkkunen, Henrik, a.a.O., S. 46 ff. und Schneider, Dieter, Die wirtschaftliche Nutzungsdauer von Anlagegütern, a.a.O., S. 4 ff.

[133] Vgl. diese Unterscheidung auch bei Albach, Horst, Artikel: „Wirtschaftlichkeitsrechnung“, a.a.O., S. 73/74. Castan meint mit Wirtschaftlichkeitsuntersuchung und Wirtschaftlichkeitskontrolle eine ähnliche Unterteilung, sieht allerdings den Unterschied „zwischen einmaligen (sporadischen) und regelmäßigen, in das System des Rechnungswesens eingebauten Rechnungen“. Der dabei auftretende Begriff Wirtschaftlichkeitsuntersuchung ist wenig glücklich gewählt. Denn sowohl in der Planungs- als auch in der Kontrollphase wird die Wirtschaftlichkeit der Handlung untersucht. Vgl. Castan, Edgar, Wirtschaftlichkeit und Wirtschaftlichkeitsrechnung, a.a.O., Spalte 6374 ff. Vgl. auch die Unterteilung von Wirtschaftlichkeitsvorrechnungen und Wirtschaftlichkeitsnachweis bei Müller, Herbert, Beitrag zur Schematisierung von Wirtschaftlichkeitsrechnungen, a.a.O., S. 346.

a) *Wirtschaftlichkeitsplanungsrechnungen und das Problem der Ungewißheit*

Planung zielt auf Zukünftiges. Um künftiges Handeln sinnvoll gestalten zu können, muß man die Bedingungen kennen, unter denen sich das Handeln vollziehen wird. Die Zukunft erschließt sich dem Menschen aber nur beschränkt. Sein zum Handeln notwendiges zweckgerichtetes Wissen, seine Information[134], ist immer unvollkommen, seine Planung damit stets von Ungewißheit[135] belastet. Wie muß nun die Fragestellung für die Wirtschaftlichkeitsrechnung lauten, wenn das Wissen um die Komponenten dieser Wirtschaftlichkeit unsicher ist?

Die modernen Ungewißheitstheorien[136], die auch als Risiko-, Unsicherheits-, Erwartungs- und Entscheidungstheorien bezeichnet werden[137], haben versucht, dem Problem der Ungewißheit dadurch näher zu kommen, daß sie den komplexen Tatbestand differenzierten. Da Antworten auf die gestellte Frage nur auf der Basis einer unterschiedlichen

---

[134] Der so geprägte Begriff der Information stammt von Wittmann, der sich in sehr eingehender Weise mit dem Problem der Ungewißheit beschäftigt hat. Vgl. Wittmann, Waldemar, Unternehmung und unvollkommene Information. Unternehmerische Voraussicht — Ungewißheit und Planung, Köln und Opladen 1959, S. 13 ff., bes. S. 14.

[135] Ungewißheit bringt nach Wittmann „Mangel an Überzeugung zum Ausdruck, daß ein Zustand oder eine Veränderung in einer bestimmten Weise auftreten werden resp. aufgetreten sind. Grund ist ‚unsicheres Wissen', das sich in einer Unbestimmtheit des Urteils ausdrückt; in der extremen Form ist Ungewißheit die Bewußtheit über das Fehlen von Urteilsmöglichkeit." Wittmann, Waldemar, Unternehmung und unvollkommene Information, a.a.O., S. 28.

[136] Als Literatur über die Ungewißheitstheorie wären an deutschen Werken, die einen Gesamtüberblick bieten, die von Albach und Wittmann zu nennen: Albach, Horst, Wirtschaftlichkeitsrechnung bei unsicheren Erwartungen, Band 7 der Beiträge zur betriebswirtschaftlichen Forschung, Köln und Opladen 1959; Wittmann, Waldemar, Unternehmung und unvollkommene Information, a.a.O. Sie führen beide in einem umfangreichen Literaturverzeichnis die vorwiegend amerikanischen Gesamtdarstellungen und Einzelbeiträge auf. Einen kurzen Überblick erhält man aus den folgenden Beiträgen in Sammelwerken: Weber, Wilhelm und Erich Streißler, Artikel: „Erwartungen, Unsicherheit und Risiko", in: Handwörterbuch der Sozialwissenschaften, 3. Band, Stuttgart—Tübingen—Göttingen 1961, S. 330 ff.; Seidenfus, Hellmuth Stefan, Zur Theorie der Erwartungen, in: Schmölders, Günter, Rudolf Schröder und Hellmuth Stefan Seidenfus, John Maynard Keynes als „Psychologe", Berlin 1956, S. 97 ff.; Weber, Wilhelm, Hans Albert und Gerhard Kade, Artikel: „Wert", a.a.O., S. 637 ff.; von Kempski, Jürgen, Artikel: „Mathematische Theorie (II). Mathematische Sozialtheorie", in: Handwörterbuch der Sozialwissenschaften, 7. Band, Stuttgart—Tübingen—Göttingen 1961, S. 252 ff. Einzelbeiträge zur Ungewißheitstheorie werden, soweit erforderlich, im folgenden noch genannt werden.

[137] Zur Uneinheitlichkeit der Terminologie vgl. etwa Engels, Wolfram, Betriebswirtschaftliche Bewertungslehre im Licht der Entscheidungstheorie, Band 18 der Beiträge zur betriebswirtschaftlichen Forschung, Köln und Opladen 1962, S. 2.

Behandlung einzelner Grade der Ungewißheit[138] gegeben werden können, ist ein kurzer Überblick über die Ergebnisse der modernen Ungewißheitstheorien unumgänglich. Eine Beschränkung auf die grundlegenden Aussagen erscheint dabei um so eher gerechtfertigt, als einmal das Werk Wittmanns und mit besonderer Ausrichtung auf die Wirtschaftlichkeitsrechnung das Werk Albachs einen sehr ausführlichen Überblick[139] über die vorwiegend amerikanische Literatur bieten und zum anderen die Forschungen noch längst nicht ihren Abschluß gefunden haben, ihn von der Sache her auch nie finden werden und ihre Ergebnisse deshalb sehr umstritten sind[140].

Der Gesamtbereich der Ungewißheit läßt sich, wie Grochla es bezeichnet, quantitativ und qualitativ aufschließen[141]. Eine quantitative Differenzierung geht aus von dem Begriff der Information und sucht die jeweilige Ungewißheitssituation durch Bildung von Informationsgraden zu kennzeichnen. Als solche Informationsgrade werden von Wittmann mehrere „rein formale Verhältnisbildungen" angegeben, die etwa technisch oder individuell mögliche Information zur notwendigen Information in Beziehung setzen oder mit Verhältnissen von individuell möglicher zu technisch möglicher bzw. tatsächlich vorhandener zu individuell möglicher Information operieren. Für die allgemeine Beurteilung wird nach Wittmann die Beziehung von tatsächlich vorhandener zu notwendiger Information, der sog. tatsächliche Informationsgrad oder Informationsstand am aussagefähigsten sein[142].

Geht man von den irrealen Grenzfällen einer vollkommenen Information und einer vollkommenen Ignoranz[143] aus, so liegt zwischen beiden das weite Feld der unvollkommenen Information, dem die Unternehmungen bei ihren Planungen gegenüberstehen und das sich möglicherweise mit Hilfe von Informationsgraden näher charakterisieren läßt. Zwar sollen jene Informationsgrade nicht zu ziffernmäßigen Ausdrücken führen. Doch muß es möglich sein, für verschiedene Informationslagen „ein Größer und ein Kleiner anzugeben"[144].

Der derart durch Informationsgrade zu kennzeichnende Bereich unvollkommener Information wirft nun für die unternehmerischen Pla-

---

[138] Über die Problematik der Bildung von Ungewißheitsgraden vgl. Wittmann, Waldemar, Unternehmung und unvollkommene Information, a.a.O., S. 28 ff.

[139] Vgl. das Geleitwort Gutenbergs zu Albach, Horst, Wirtschaftlichkeitsrechnung bei unsicheren Erwartungen, a.a.O.

[140] Vgl. eben das genannte Geleitwort Gutenbergs.

[141] Vgl. Grochla, Erwin, Artikel: „Planung, betriebliche", a.a.O., S. 316; vgl. dazu auch Weber, Wilhelm und Erich Streißler, Artikel: „Erwartungen, Unsicherheit und Risiko", a.a.O., S. 331.

[142] Vgl. Wittmann, Waldemar, Unternehmung und unvollkommene Information, a.a.O., S. 23—26, bes. S. 24/25.

[143] Ebd., S. 18. ff.

[144] Ebd., S. 26.

nungen zwei Probleme auf[145]. Angesichts gegebener Unvollkommenheiten der Information werden die Planenden zunächst einmal bestrebt sein, mit Hilfe von Studien aller Art weitere Informationen über die für sie relevanten Zweck- und Mittelgrößen zu erhalten, um so ihren Informationsstand zu verbessern. Soweit dies geschieht, beeinflußt das Ungewißheitsphänomen die Fragestellung für die Wirtschaftlichkeitsrechnung zunächst nicht und können die Probleme der Methoden der Informationsverbesserung in den Bereich der Ermittlung der Rechengrößen für die Wirtschaftlichkeitsrechnung verwiesen werden.

Alle auf Verbesserung der Information gerichteten Maßnahmen vermögen zwar den Bereich unvollkommener Information einzuengen. Doch ist Gewißheit wegen der begrenzten menschlichen Voraussicht grundsätzlich ausgeschlossen. „Der Abstand zwischen erreichbarer und absoluter Voraussicht ist unaufhebbar."[146] Deshalb läßt sich die zweite Stufe des Ungewißheitsproblems für die unternehmerischen Planungen dahingehend fassen, wie denn nun der Rest an Unsicherheit in die Planungen einzubeziehen sei.

Um zu prüfen, inwieweit durch die Einbeziehung der Ungewißheit die Fragestellung für die Wirtschaftlichkeitsrechnung tangiert wird, soll von der qualitativen Differenzierung des Ungewißheitsproblems ausgegangen werden. Die für die Planung maßgebenden zukunftsorientierten Ungewißheitssituationen lassen sich in sogenannte Erwartungsstrukturen überführen[147]. „Ökonomische Erwartungen sind mit unterschiedlicher Sicherheit gehegte Vorstellungen über relevante zukünftige Wirtschaftsdaten, also auf Phantasie und Erfahrung beruhende psychische Phänomene."[148] Obwohl der Begriff der Erwartungen stark angegriffen wurde[149], ist die Behandlung des Ungewißheitsproblems auf seiner Basis immer noch die vorherrschende[150].

---

145 Zu der folgenden, von der Sache her vorgegebenen Einteilung vgl. Gutenberg, Erich, Unternehmensführung. Organisation und Entscheidungen, Reihe A, Beitrag Nr. 2 der Reihe „Die Wirtschaftswissenschaften", Wiesbaden 1962, S. 77; derselbe, Grundlagen der Betriebswirtschaftslehre, Zweiter Band: Der Absatz, 4., neubearbeitete Aufl., Berlin—Göttingen—Heidelberg 1962, S. 50 ff.; Koch, Helmut, Betriebliche Planung, a.a.O., S. 107 ff.; Grochla, Erwin, Artikel: „Betriebliche Planung", a.a.O., S. 316 und Wittmann, Waldemar, Unternehmung und unvollkommene Information, a.a.O., S. 19.

146 Gutenberg, Erich, Der Absatz, a.a.O., S. 53.

147 Grochla, Erwin, Artikel: „Planung, betriebliche", a.a.O., S. 316.

148 Weber, Wilhelm und Erich Streißler, Artikel: „Erwartungen, Unsicherheit und Risiko", a.a.O., S. 330. Zum Erwartungsbegriff vgl. auch Albach, Horst, Wirtschaftlichkeitsrechnung bei unsicheren Erwartungen, a.a.O., S. 1/2; Grochla, Erwin, Artikel: „Planung, betriebliche", a.a.O., S. 316; Seidenfus, Hellmuth Stefan, a.a.O. und Wittmann, Waldemar, Unternehmung und unvollkommene Information, a.a.O., S. 30 ff.

149 Wittmann wendet sich dagegen, die „aus der Ungewißheit resultierenden Probleme in eine Theorie der Erwartung fassen zu wollen". „Einmal würden nicht alle Fragen behandelt werden können, weil der Charakter der Erwartung zukunftsbezogen ist, zum anderen wären sprachlogische Einwendungen zu machen." Der Begriff der mehrwertigen Erwartungen wider-

Im Rahmen der Ungewißheitstheorien werden die Erwartungen eingeteilt nach dem Grade der Sicherheit, mit dem sie gehegt werden[151]. Als sichere Erwartungen werden solche angesehen, die keinen Zweifel an der Richtigkeit der Zukunftsvorstellung aufkommen lassen. Sie entsprechen nach der quantitativen Klassifikation dem Fall vollkommener Information und sind so ein irrealer Grenzfall[152]. Doch arbeitete bis vor einigen Jahren die ökonomische Theorie fast ausschließlich mit der Prämisse sicherer Erwartungen und dementsprechend sind ihre Rechenmodelle, auch die der Wirtschaftlichkeitsrechnungen, auf dieser Basis entwickelt und gestaltet worden.

Sicheren Erwartungen sind risikobehaftete verwandt. Von Risikoerwartungen spricht man, wenn zwar eine Abweichung zwischen erwarteten und tatsächlich eingetretenen Ereignissen nicht ausgeschlossen ist, diese Abweichung aber in einer statistischen, d. h. empirischen und objektiven Wahrscheinlichkeitsverteilung erfaßt werden kann. Die Errechnung statistischer Wahrscheinlichkeiten der Abweichung zwischen erwarteten und eingetretenen Größen ist dann möglich, wenn die Bedingungen der Wahrscheinlichkeitsrechnung hinreichend erfüllt sind, wenn also eine Gesamtheit von verhältnismäßig gleichartigen und sich wiederholenden Ereignissen in einer sehr langen Serie unabhängiger Realisationen vorliegt. Es strebt nämlich, wie die statistische Wahrscheinlichkeitstheorie zeigt, bei unendlich großer Zahl der beobachteten Ereignisse die relative Häufigkeit gegen einen Grenzwert, der Wahrscheinlichkeit genannt wird. Die Bedingung der unendlich großen Zahl kann praktisch durch die einer sehr langen Serie unabhängiger Realisationen ersetzt werden[153].

---

spricht nämlich der Tatsache, daß es sich bei der Erwartung „zwar unter Umständen um eine ungewisse, aber im ganzen doch eindeutige Vorstellung ... einer zukünftigen Situation handelt". Wittmann, Waldemar, Unternehmung und unvollkommene Information, a.a.O., S. 33 und 34. Ähnliche Bedenken erhebt Koch, der den Begriff der Erwartung durch den der Zukunftsvorstellung ersetzen möchte. Koch, Helmut, Betriebliche Planung, a.a.O., S. 107 und 108 und derselbe, Zur Diskussion der Ungewißheitstheorie, in: ZfhF, NF, 12. Jg. 1960, S. 49 ff., hier S. 54.

[150] Dies insofern, als der Begriff der Erwartungen im Rahmen nationalökonomischer Untersuchungen in der neueren Zeit eine besondere Rolle spielt und die Ungewißheitstheorie vorwiegend von Nationalökonomen entwickelt wird.

[151] Vgl. Weber, Wilhelm und Erich Streißler, a.a.O., S. 331. Vgl. auch Luce, Duncan R., and Howard Raiffa, Games and Decisions, introduction and critical survey, third printing, New York 1958, S. 13.

[152] Über die logischen Bedenken gegen die Prämisse sicherer Erwartungen vgl. Albach, Horst, Wirtschaftlichkeitsrechnung bei unsicheren Erwartungen, a.a.O., S. 15 und Wittmann, Waldemar, Unternehmung und unvollkommene Information, a.a.O., S. 18 ff.

[153] Vgl. dazu Pfanzagl, Johann, Artikel: „Wahrscheinlichkeitstheorie", in: Handwörterbuch der Sozialwissenschaften, 11. Band, Stuttgart—Tübingen—Göttingen 1961, S. 485 ff., hier S. 485/486 und Gutenberg, Erich, Der Absatz, a.a.O., S. 52.

Möglichkeiten, solche Wahrscheinlichkeiten zu bestimmen und damit die Unsicherheit in Risikoerwartungen zu überführen, „bestehen zum Beispiel in gewissen Grenzen bei der Ermittlung der Rückstellungen für Inanspruchnahme aus übernommenen Garantien, Delkredere — Rückstellungen für die Ermittlung von Ausschußquoten u. ä."[154]. Der auf derartige Ungewißheiten eingeengte Begriff des Risikos stammt von F. H. Knight[155], einem „der Klassiker der Ungewißheitstheorie"[156], und steht im Gegensatz zu dem weiteren betriebswirtschaftlichen Begriff des Risikos, der ganz allgemein die bei Unsicherheit stets bestehende Gefahr des Mißlingens meint[157]. Nach Ansicht von Gutenberg setzt sich allerdings die Terminologie von Knight in jüngster Zeit mehr und mehr durch[158].

Die Umformung der Ungewißheit in eine eindeutige Wahrscheinlichkeitsverteilung bedeutet letztlich eine Ausschaltung der Unsicherheit. Lassen sich statistisch objektive Wahrscheinlichkeiten errechnen, so „hören die Ereignisse oder Vorgänge in ihrer Gesamtheit auf, ungewiß zu sein, da sie berechenbar sind"[159]. Man kann deshalb bei Risikoerwartungen auch von unecht unsicheren Erwartungen sprechen[160].

Mit den sicheren Erwartungen haben sie gemeinsam, daß sie in einem einzigen Wert ausgedrückt werden können. Man bezeichnet beide daher auch als einwertige Erwartungen[161]. Mehrwertigkeit der Erwartungen bedeutet dagegen, daß die Zukunftsvorstellungen mehrere Werte annehmen können, die aber alle unsicher sind[161].

Im Rahmen der Theorie der Erwartungen hat man nun versucht, die in der Mehrwertigkeit der Erwartungen liegende Unsicherheit weiter zu differenzieren. Unternehmerische Planungen, etwa die Planung einer Sortimentsänderung, sind im Sinne der Wahrscheinlichkeitstheorie einmalige Ereignisse und damit der Berechnung objektiver Wahrscheinlichkeitsverteilungen unzugänglich[162]. Doch hat der Unternehmer auf Grund der Erfahrungen Vorstellungen darüber, welche Faktoren in welchen Werten seine Maßnahmen beeinflussen werden. Zwar kennt er nur die möglichen Werte. Doch verbindet er mit jedem dieser Werte eine subjektive Wahrscheinlichkeit des Eintritts. Sofern solche subjek-

---

[154] Gutenberg, Erich, Der Absatz, a.a.O., S. 52.

[155] Knight, Frank H., Risk, Uncertainty, and Profit, 8th edition, London 1957.

[156] Gutenberg, Erich, Der Absatz, a.a.O., S. 52.

[157] Vgl. dazu etwa die Literaturübersicht über die Risikobegriffe bei Stadler, Max, Studien aus der Theorie des Risikos, Wien 1932, S. 9 f. und S. 25 ff.

[158] Gutenberg, Erich, Der Absatz, a.a.O., S. 52 und Krelle, Wilhelm, Unsicherheit und Risiko in der Preisbildung, in: Zeitschrift für die gesamten Staatswissenschaften, Band 113 1957, S. 632 ff., hier S. 633.

[159] Gutenberg, Erich, Der Absatz, a.a.O., S. 52.

[160] Vgl. etwa Grochla, Erwin, Artikel: „Planung, betriebliche", a.a.O., S. 317.

[161] Ebd., S. 317 oder auch Albach, Horst, Wirtschaftlichkeitsrechnung bei unsicheren Erwartungen, a.a.O., S. 3.

[162] Vgl. dazu die Ausführungen v. Gutenberg, Erich, Der Absatz, a.a.O., S. 52/53.

tiven Wahrscheinlichkeitsvorstellungen gegeben sind, spricht man von subjektiv unsicheren Erwartungen.

Lassen sich für die als möglich erwarteten Werte keine Vorstellungen über die Wahrscheinlichkeit ihres Eintritts bilden, müssen vielmehr alle als gleich wahrscheinlich angesehen werden, so spricht man von objektiv unsicheren Erwartungen. Solche informationsarmen Situationen werden meist für oligopolistische Märkte angenommen[163].

So stehen sich sichere, risikobehaftete, subjektiv und objektiv unsichere Erwartungen gegenüber. Sie lassen sich wie folgt kurz gegeneinander abgrenzen. Bei sicheren Erwartungen ist die Zukunftsvorstellung einwertig, bei allen anderen Erwartungsstrukturen werden mehrere Werte der relevanten Größen als möglich angesehen. Risikobehaftete Erwartungen zeichnen sich dadurch aus, daß über die mehreren zu erwartenden Werte eine objektive Wahrscheinlichkeitsverteilung vorliegt, deren Parameter, etwa die mathematische Erwartung, der häufigste Wert, die Varianz, die Schiefe und die sonstigen statistischen Maße zur Kennzeichnung von Wahrscheinlichkeitsverteilungen, eindeutig sind, womit die Mehrwertigkeit auf eine einwertige Erwartung reduziert werden kann. Bei subjektiv unsicheren Erwartungen bestehen über die objektive Wahrscheinlichkeitsverteilung der zu erwartenden Werte nur subjektive Vorstellungen, so daß nicht nur die eigentlichen Zukunftsvorstellungen, sondern auch die Parameter der Wahrscheinlichkeitsverteilungen derselben mehrere Werte annehmen können. Objektiv unsichere Erwartungen schließlich liegen dann vor, wenn die Parameter der Wahrscheinlichkeitsverteilung völlig unbekannt sind[164].

Unter der Voraussetzung sicherer Erwartungen lautete die Fragestellung für die Wirtschaftlichkeitsrechnung Ermittlung oder Optimierung des Wirtschaftlichkeitsgrades der zu beurteilenden Handlungsalternativen, gemessen an den aufgezeigten Maßstäben der Wirtschaftlichkeit.

Risikobehaftete Erwartungen lassen sich einmal dadurch in die Rechnung einbeziehen, daß man die erwarteten Größen um die Höhe der wahrscheinlichen Abweichung gemäß der objektiven Wahrscheinlichkeitsdistribution korrigiert, indem man bei den erwarteten Mittelgrößen Risikozuschläge und bei den erwarteten Zweckgrößen Risikoabschläge vornimmt[165]. Das Rechnen mit solchen Sicherheitsäquivalenten verändert nur die relevanten Einsatz- und Ergebnisgrößen, indem

---

[163] Vgl. Albach, Horst, Wirtschaftlichkeitsrechnung bei unsicheren Erwartungen, a.a.O., S. 166.

[164] Vgl. Albach, Horst, Wirtschaftlichkeitsrechnung bei unsicheren Erwartungen, a.a.O., S. 122 und Grochla, Erwin, Artikel: „Planung, betriebliche", a.a.O., S. 317.

[165] Vgl. dazu etwa Albach, Horst, Wirtschaftlichkeitsrechnung bei unsicheren Erwartungen, a.a.O., S. 75—92.

es durch die Einführung des Korrekturfaktors die risikobehafteten zukünftigen Werte in sicher erwartete umformt. Die Fragestellung für die Wirtschaftlichkeitsrechnung wird von der Einbeziehung risikobehafteter Erwartungen nicht berührt. Denn es bleibt die Ermittlung oder Optimierung des Wirtschaftlichkeitsgrades, gemessen an den möglichen Maßstäben der mengen- oder wertmäßigen Wirtschaftlichkeit, ihr Inhalt.

Die zweite Möglichkeit, Risikoerwartungen in die Rechnung aufzunehmen, besteht darin, mit wahrscheinlichen Werten zu rechnen[166]. Dann lautet die Fragestellung nicht mehr auf die Ermittlung oder Maximierung bzw. Minimierung der relevanten Maßstäbe der Wirtschaftlichkeit, etwa des Gewinnes oder der Kosten. Vielmehr wird die sogenannte mathematische Erwartung der relevanten Größen zum Maßstab. Unter der mathematischen Erwartung versteht man bekanntlich das Produkt aus wahrscheinlichstem Wert und der Wahrscheinlichkeit dieses Wertes. Mit der Ausrichtung auf die mathematische Erwartung etwa des Gewinnes oder der Kosten wird zwar die Fragestellung für die Wirtschaftlichkeitsrechnung verändert, doch bleiben letztlich die Maßstäbe der Wirtschaftlichkeit bei sicheren Erwartungen ihr einziger Inhalt.

Die Annahme von Risikoerwartungen und damit verbunden ein Rechnen mit Sicherheitsäquivalenten und Wahrscheinlichkeitswerten läßt sich nur rechtfertigen, wenn für die Planenden das Gesetz der großen Zahl gilt. Dessen Gültigkeit ist aber, wie gezeigt, lediglich für sehr wenige der relevanten Planungsfaktoren gegeben. So bilden subjektiv und objektiv unsichere Erwartungen häufig den Ausgangspunkt der Planung. Daß man der Unsicherheit durch eine elastische Planung[167] mit Hilfe von Ausweichplänen[168] am besten Rechnung tragen kann, muß zunächst unberücksichtigt bleiben. Für uns ist hier nur von Interesse, wie im Rahmen der modernen Erwartungstheorien unsichere Erwartungen in den Planungsvorgang einbezogen werden und ob die Fragestellung für die Wirtschaftlichkeitsrechnung dadurch beeinflußt wird. Soweit subjektiv unsichere Erwartungen unterstellt werden, ist bei allen Unterschieden zwischen den jeweiligen Ungewißheitstheorien im einzelnen eine gleiche Grundstruktur des Vorgehens zu erkennen[169]. Angenommen, ein Unternehmen plane eine Investition. Dann stehen ihm verschiedene Handlungsmöglichkeiten offen, die jeweils durch unterschiedliche Einnahmen und Ausgaben gekennzeichnet sind und die der Unternehmer subjektiv für unterschiedlich wahrscheinlich hält. Die

[166] Ebd., S. 92 ff.

[167] Vgl. Beste, Theodor, Planung in der Unternehmung, in: Kongreß-Archiv 1938 des Internationalen Prüfungs- und Treuhandkongresses, Band B, Fachthema 2, S. 63 ff., hier S. 68.

[168] Vgl. Gutenberg, Erich, Unternehmensführung, a.a.O., S. 85 ff.

[169] Vgl. Weber, Wilhelm und Erich Streißler, a.a.O., S. 334.

Ungewißheitstheorien spalten nun den Vorgang der Entscheidung in zwei Stufen auf. Zunächst wird der Wirtschaftlichkeitsgrad der einzelnen Alternativen errechnet, also etwa der Gewinn in Form des Kapitalwertes oder die Rentabilität in Form des internen Zinsfußes ermittelt. Ergebnis dieses ersten Schrittes ist die Kennzeichnung der für möglich gehaltenen Situationen durch unterschiedliche Wirtschaftlichkeitsgrade.

In einem zweiten Schritt wird der unterschiedlichen Sicherheit der zu erwartenden Ergebnisse Rechnung getragen. Da keine objektiven Wahrscheinlichkeitsverteilungen vorliegen, kommt es für die Entscheidung auf die subjektive Einstellung des Planenden gegenüber der Unsicherheit an[170]. Waghalsige werden hohe Wirtschaftlichkeitsgrade, etwa hohe Gewinne, mit geringer Wahrscheinlichkeit solchen Aktionen vorziehen, deren Eintritt sie zwar für wahrscheinlicher halten, deren Gewinne aber geringer sind. Anders werden sich nach Sicherheit strebende Unternehmer verhalten.

Sieht man von der irrealen Annahme „vollkommener Risikoneutralität und Gleichwertigkeit jeder Gewinn- oder Verlustgeldeinheit" ab[171], für die sich wie bei Risikoerwartungen die Unsicherheitsverteilungen durch einen einzigen Wert ausdrücken lassen[172], bei kardinalen Wahrscheinlichkeiten durch den Mittelwert und bei ordinalen, wie sie Shackle[173] in seinem Maß der potentiellen Überraschung wünscht, durch

[170] Das gilt auch für den Fall, daß zwar grundsätzlich objektive Wahrscheinlichkeitsverteilungen gegeben sind, diese jedoch nicht für das planende Unternehmen gelten. So ist etwa für Diebstahl, Feuer, Betriebsunterbrechung usw. für eine große Zahl von Unternehmen eine objektive Wahrscheinlichkeitsverteilung gegeben, die die Existenz von Versicherungen ermöglicht. Für das einzelne Unternehmen aber sind die genannten Ereignisse einmalig im Sinne der Wahrscheinlichkeitstheorie und so wird auch hier eine Berücksichtigung subjektiver Risikoneigung erforderlich, weshalb diesbezügliche Entscheidungen sich nicht von solchen bei subjektiv unsicheren Erwartungen unterscheiden. Vgl. Albach, Horst, Wirtschaftlichkeitsrechnung bei unsicheren Erwartungen, a.a.O., S. 95 ff. und Schneider, Dieter, Zur Theorie unternehmerischer Investitionsentscheidungen bei unsicheren Erwartungen, Rezension zu Albach, Horst, Wirtschaftlichkeitsrechnung bei unsicheren Erwartungen, a.a.O., in: ZfhF, NF, 12. Jg. 1960, S. 85 ff., hier S. 87.

[171] Weber, Wilhelm und Erich Streißler, a.a.O., S. 334.

[172] So möchte etwa Hicks mit Hilfe eines Risikoabschlages (allowance for risk) den unsicheren Wert in einen sicheren überführen, während Hart mit dem Wert der mathematischen Erwartung rechnet. Auch Langes umstrittene Konstruktion von Gewißheitsäquivalenten geht in diese Richtung. Hicks, J. R., Value and Capital, 2. Aufl., Oxford 1946, S. 124; Hart, Gilbert Gailord, Anticipations, Uncertainty, and Dynamic Planning, Chicago 1940; Lange, Oscar, Price Flexibility and Employment, Bloomington 1944. Zu Hicks und Hart vgl. die Ausführungen bei Gutenberg, Erich, Der Absatz, a.a.O., S. 54/55; zu Lange vgl. Wittmann, Waldemar, Unternehmung und unvollkommene Information, a.a.O., S. 56 ff.

[173] Shackle, G. L. S., Expectation in Economics, Cambridge 1949, 2. Aufl., Cambridge 1952; derselbe, Uncertainty in Economics and other Reflections, Cambridge 1955; derselbe, Expectations in Economics, in: Carter, C. F., G. P. Meredith, and G. L. S. Shackle, Uncertainty and Business Decision, Liverpool 1957; derselbe, Decision, Order, and Time in Human Affairs, Cambridge 1961;

den dichtesten Wert[174], so erfolgt die Einbeziehung der Unsicherheit formal über das Modell von Risiko-[175] oder Chancenpräferenzfeldern.

Ein Risiko- oder Chancenpräferenzfeld ordnet erwartete Wirtschaftlichkeitsgrade mit der jeweilig erwarteten Sicherheit in einem Koordinatensystem an. Es wird dann unterstellt, daß der Planende sich gegenüber bestimmten erwarteten niedrigen Wirtschaftlichkeitsgraden mit geringer Unsicherheit und passend gewählten höheren Wirtschaftlichkeitsgraden mit höherer Unsicherheit indifferent verhält. So erhält man Kombinationen von Wirtschaftlichkeits- und Sicherheitsgraden, denen gegenüber der Planende indifferent ist. Unter all diesen Kombinationen gibt es eine, die den mit völliger Sicherheit zu erwartenden Wirtschaftlichkeitsgrad ausdrückt. Über eben diese Kombination sind alle übrigen miteinander vergleichbar und können so der Entscheidung unterzogen werden[176].

Abgesehen davon, daß die Praxis ein „so gewundenes Verfahren" „natürlich nicht anwenden" wird[177], so wird doch aus dem formalen Vorgehen der Ungewißheitstheorien bei subjektiv unsicheren Erwartungen deutlich, daß immer „bei der Wahl zwischen zwei oder mehreren Aktionen eine Angabe über das Risikoverhalten des Entscheidenden gemacht sein" muß, „wenn die Resultate der Aktionen unsicher sind. Die Lösung des Entscheidungsproblems unter Unsicherheit kann also nie auf Grund objektiv gegebener Entscheidungsdaten allein gefunden werden. Vielmehr müssen Angaben über die besondere betriebswirtschaftliche und betriebstechnische Lage des Unternehmens[178] und die hieraus und aus persönlichen Umständen resultierende Risikobereitschaft vorliegen"[179]. Indem aber jene objektiven und subjektiven Momente der Risikobereitschaft in den Planungsvorgang einbezogen werden, erhält der Planungsvorgang eine Zweistufigkeit. Diese Zweistufigkeit gibt die Antwort auf unsere Frage. Die Modelle der modernen Entscheidungstheorien verändern die Fragestellung für die Wirtschaftlichkeitsrechnung nicht. Denn es wird zunächst der Wirtschaftlichkeitsgrad der Handlungsalternativen errechnet und anschließend der Sicherheits-

---

vgl. auch die Kritik am System Shackles bei Niehans, Jürg, Ein neues Werk über ungewisse Erwartungen, in: Schweizerische Zeitschrift für Volkswirtschaft und Statistik, 86. Jg. 1950, S. 365 ff. und Krelle, Wilhelm, Preistheorie, a.a.O., S. 615 ff. und Gutenberg, Erich, Der Absatz, a.a.O., S. 55 ff.

[174] Vgl. Weber, Wilhelm und Erich Streißler, a.a.O., S. 334.

[175] Geht man von dem Knight'schen Risikobegriff aus, so handelt es sich hier nicht um Risiko- sondern Unsicherheitspräferenzen. Der Terminus „Risikopräferenzfeld" hat sich allerdings eingebürgert.

[176] Vgl. Weber, Wilhelm und Erich Streißler, a.a.O., S. 334.

[177] Ebd., S. 334.

[178] Als solche werden etwa Betriebsgröße, Bilanzstruktur, Marktform, Elastizität und dergl. angesehen. Vgl. dazu Albach, Horst, Wirtschaftlichkeitsrechnung bei unsicheren Erwartungen, a.a.O., S. 133 ff.

[179] Gutenberg, Erich, Unternehmensführung, a.a.O., S. 89.

grad als eine Zusatzbedingung eingeführt[180]. Dagegen kann von einer Einbeziehung des Sicherheitsgrades in die Fragestellung für die Wirtschaftlichkeitsrechnung selbst keine Rede sein.

Die Zweistufigkeit des Entscheidungsprozesses wird aber nicht nur aus jenen Modellen der modernen Entscheidungstheorie deutlich, die für praktische Belange wohl kaum geeignet sind, sondern auch aus dem Vorschlag Gutenbergs, der es erlaubt, den Entscheidungsprozeß unter Unsicherheit für die praktische Betriebsführung geeignet zu gestalten[181].

Wenn Albach, der sich eingehend mit den Fragen der Ungewißheit bei Investitionsüberlegungen befaßt hat, sein Buch „Wirtschaftlichkeits*rechnung* bei unsicheren Erwartungen" nennt, so darf man sich dadurch nicht irritieren lassen. Denn in seinen Ausführungen betont er selbst für diese Unsicherheit: „Die Bedeutung der Rechnung tritt ... notwendigerweise hinter der Entscheidung zurück."[182] Dem Rezensenten des Werkes ist deshalb zuzustimmen, wenn er sagt: „Aus diesem Grunde wäre es vielleicht besser gewesen, im Titel von ‚Investitionsentscheidung' an Stelle von ‚Wirtschaftlichkeitsrechnung' zu sprechen, denn das Hauptanliegen ist doch die Herausarbeitung der Bedingungen für rationale Investitionsentscheidungen unter unsicheren Erwartungen."[183]

Im Interesse einer klaren Analyse der Planungsphase halten wir die Trennung der Wirtschaftlichkeitsrechnung von der eigentlichen Entscheidung für unbedingt notwendig. Die Wirtschaftlichkeitsrechnung will Instrument der Planung sein und Unterlagen für die Entscheidung liefern[184]. Die eigentliche Entscheidung selbst als eine vorzuggebende Wahl entspringt immer der subjektiven Sphäre des Entscheidenden, also auch und gerade bei Unsicherheit. Für die Entscheidung sind die Ergebnisse der Wirtschaftlichkeitsrechnung nur Grundlagen, auf denen sie aufbaut, die aber niemals schon die Entscheidung als solche bilden.

In besonderem Maße gilt dies für die echten Führungsentscheidungen. Nach Gutenberg kann man echte Führungsentscheidungen daran erkennen, daß sie immer ein besonderes Maß an Bedeutung „für die

---

[180] Vgl. Kosiol, Erich, Modellanalyse als Grundlage unternehmerischer Entscheidungen, in: ZfhF, NF, 13. Jg. 1961, S. 318 ff., hier S. 326.

[181] Vgl. Gutenberg, Erich, Unternehmensführung, a.a.O., S. 79—91.

[182] Albach, Horst, Wirtschaftlichkeitsrechnung bei unsicheren Erwartungen, a.a.O., S. 130.

[183] Schneider, Dieter, Zur Theorie unternehmerischer Investitionsentscheidungen bei unsicheren Erwartungen, a.a.O., S. 86.

[184] Vgl. dazu auch die von den Technikern in ihren Beispielen zur Wirtschaftlichkeitsrechnung vorgenommene Trennung in Aufgabe, Rechnung, Ergebnis und Entscheidung. Euler, Hans und Hans Diercks, Beispiele für Wirtschaftlichkeitsrechnungen; a.a.O.; desweiteren die Ansicht Müller-Merbachs über Operations Research: „Als viertes Kriterium sei schließlich genannt, daß mit Operations Research nicht bereits Entscheidungen getroffen, sondern nur vorbereitet werden." Müller-Merbach, H., Operations Research als Optimalplanung, in: ZfhF, NF, 15. Jg. 1963, S. 191 ff., hier S. 195.

Vermögens- und Ertragslage und damit für den Bestand eines Unternehmens" besitzen, nur aus der „besonderen Verantwortung für das Ganze des Unternehmens" und aus der „Kenntnis des Gesamtzusammenhanges heraus" gefällt werden können und deshalb nicht delegierbar sind[185].

Für eben diese Führungsentscheidungen liefern die Wirtschaftlichkeitsrechnungen entscheidende Unterlagen, aber eben nur Unterlagen. Die darin zum Ausdruck kommende naturgegebene Trennung von Wirtschaftlichkeitsrechnung und Entscheidung wird auch in der organisatorischen Gestaltung offenbar[186]. Mit der Durchführung von Wirtschaftlichkeitsrechnungen betraut man meist sogenannte Stabstellen[187], also organisatorische Einheiten, denen normalerweise Anordnungsbefugnis aus mangelnder Entscheidungsbefugnis fehlt. Die Stabsstellen leiten ihre Ergebnisse an die Führungsorgane der jeweiligen Unternehmensebene und dort wird die Entscheidung gefällt[188].

Darf somit die subjektive Unsicherheit nicht in die Fragestellung für die Wirtschaftlichkeitsrechnung einbezogen werden, so gilt dies in gesteigertem Maße auch von objektiv unsicheren Erwartungen. Die von der modernen Ungewißheitstheorie entwickelten formalen Entscheidungskriterien bei objektiv unsicheren Erwartungen, wie etwa die Minimax-Regel von Wald, die Minimax-Risiko-Regel von Savage, das Pessimismus-Optimismus-Kriterium von Hurwicz oder die Laplace-Regel als Kriterium des unzureichenden Grundes[189], stellen „eine Mi-

---

185 Vgl. Gutenberg, Erich, Unternehmensführung, a.a.O., S. 59—61.

186 Vgl. dazu das Kapitel über Planungsorganisation bei Grochla, Erwin, Das Problem der optimalen Unternehmensplanung, a.a.O., S. 71 ff.

187 Der Stab steht im Gegensatz zur Organisationsform der Linie. „Im Gegensatz zur Linie besitzt der Stab keine Befehlsgewalt. Seine Aufgabe liegt in der Beratung und Information der Führung, in der Vorbereitung ihrer Entscheidungen". Höhn, Reinhard, Die Führung mit Stäben in der Wirtschaft, Band 1 der Buchreihe „Menschenführung und Betriebsorganisation", Bad Harzburg o. J., S. 1; vgl. auch Petry, Wolfgang, Stabsstellen in industriellen Großunternehmen, Diss. Köln 1959, S. 29 ff. und Schmalenbach, Eugen, Über Dienststellengliederung im Großbetriebe, Köln und Opladen 1959, S. 22 ff.

188 Gutenberg hat diesen Vorgang für die Absatzplanung wie folgt gekennzeichnet: „Die Untersuchungen der in diesem Fall als Stabsabteilung fungierenden Verkaufsabteilung haben also zur Aufgabe, jedem verlangten langfristigen Absatzziel bestimmte Indifferenzsysteme absatzpolitischer Instrumente zuzuordnen und diese Systeme mit Angaben darüber zu versehen, welche Vertriebskosten voraussichtlich im Zusammenhang mit dem für erforderlich gehaltenen Mitteleinsatz entstehen. Mit dieser, fast möchte man sagen, gutachtlichen Stellungnahme der Vertriebsleitung sind wichtige Unterlagen für die Entscheidungen geschaffen, die die Unternehmensleitung später zu treffen hat". Gutenberg, Erich, Die Absatzplanung als Mittel der Unternehmungspolitik, in: Absatzplanung in der Praxis, herausgegeben von Erich Gutenberg, Wiesbaden 1962, S. 285 ff., hier S. 313.

189 Vgl. dazu das besondere Kapitel „Individual decision making under Uncertainty", bes. den Abschnitt „Some decision criteria" bei Luce, Duncan R., and Howard Raiffa, a.a.O., S. 275 ff., bes. S. 278—286 und die ausführlichen

schung aus Gewinnstreben und Risikoeinstellung im Hinblick auf eine ungewisse Einflußgröße"[190] dar. Abgesehen von der Fragwürdigkeit[191] solcher Entscheidungsregeln, bliebe auch für sie die Errechnung des Wirtschaftlichkeitsgrades Voraussetzung. Die Entscheidung hebt sich auch hier deutlich von der Rechnung ab.

So wird die Fragestellung für die Wirtschaftlichkeitsrechnung weder durch subjektiv noch objektiv unsichere Erwartungen beeinflußt. Die Einbeziehung von Risikoerwartungen stellt ein rechnerisches Problem dar und tangiert die Fragestellung für die Wirtschaftlichkeitsrechnung ebenso wenig.

b) Wirtschaftlichkeitskontrollrechnungen

Wirtschaftlichkeitskontrollrechnungen sind Instrumente der Kontrolle[192]. Als solche fragen sie nach dem Wirtschaftlichkeitsgrad realisierter Handlungen. Ihr Interesse gilt der einzelnen vollzogenen Handlung. Die Fragestellung für die Wirtschaftlichkeitskontrollrechnung lautet deshalb von der rechnerischen Seite her immer nur auf Ermittlung, nicht auf Optimierung der Wirtschaftlichkeit.

Wegen des relativen Charakters der Wirtschaftlichkeit liefert die Ermittlung des Wirtschaftlichkeitsgrades der durchgeführten Tätigkeit nur eine Komponente zur ökonomischen Beurteilung der getanen Arbeit. Urteilen aber heißt vergleichen. Im Rahmen der Wirtschaftlichkeitsplanungsrechnungen sind die Maßstäbe der Beurteilung in den zur Auswahl stehenden Handlungsalternativen selbst gegeben. In der Kontrollphase geht es um eine einzige abgeschlossene Handlung, für die nicht zwangsläufig von vornherein Beurteilungsmaßstäbe vorliegen. Damit stellt sich das Problem der Vergleichsgrößen. M. R. Lehmann, der

---

Besprechungen der einzelnen Kriterien bei Albach, Horst, Wirtschaftlichkeitsrechnung bei unsicheren Erwartungen, a.a.O., S. 172—183 und Wittmann, Waldemar, Unternehmung und unvollkommene Information, a.a.O., S. 148 bis 158.

[190] Schneider, Dieter, Die wirtschaftliche Nutzungsdauer von Anlagegütern, a.a.O., S. 121.

[191] Engels etwa lehnt die genannten Entscheidungskriterien mit folgender Begründung ab: „Unter vollkommener Unsicherheit, d. h., wenn man auch die Hypothesen nicht mehr mit Wahrscheinlichkeitswerten belegen kann, ist das Entscheidungsproblem — im Sinne einer rationalen Entscheidung — prinzipiell nicht lösbar. Man stelle einen Mann vor ein Schaltbrett mit Hebeln und stelle ihm die Aufgabe, einen dieser Hebel zu betätigen. Wenn der Betreffende über keine Informationen in bezug auf die Folgen seiner Handlung verfügt, so ist es offensichtlich unsinnig, von ihm eine rationale Wahl des zu ziehenden Hebels zu verlangen. Wir halten deshalb die teilweise scharfsinnigen Erläuterungen, die dem Problem der Unsicherheitskriterien gewidmet werden, für im Ansatz verfehlt". Engels, Wolfram, a.a.O., S. 53.

[192] Vgl. dazu auch Danert, Günter, Betriebskontrollen. Ein Beitrag zur Erhöhung der Wirtschaftlichkeit industrieller Betriebe, Band VI der Reihe A der Betriebswirtschaftlichen Bibliothek, Essen 1957, S. 82 und Virkkunen, Henrik, a.a.O., S. 87 ff.

sich sehr eingehend mit dem Komplex der Wirtschaftlichkeit beschäftigte, unterscheidet verschiedene Arten sogenannter Wirtschaftlichkeits-Soll-Zahlen oder Wirtschaftlichkeitsmaßgrößen. Als große Gruppen trennt er vorgegebene, ernannte und vorrechnerisch ermittelte Maßgrößen. Vorgegeben sind solche Wirtschaftlichkeits-Soll-Zahlen, die anderen als dem betriebswirtschaftlichen Bereich entnommen werden, etwa technisch maximale Wirkungsgrade oder volkswirtschaftliche Zinsfüße des Kapital- oder Geldmarktes. Bei den ernannten Maßgrößen lassen sich Basiswerte der Indexrechnung und Mittelwerte aus den Wirtschaftlichkeitsgraden der Vergangenheit oder anderer Betriebe (Zeit- und Betriebsvergleich) unterscheiden. Vorrechnerisch ermittelte Maßgrößen sind auf Grund von Planungsrechnungen errechnete Wirtschaftlichkeitsgrade[193]. Geht man vom Regelkreis des betrieblichen Geschehens aus, so bilden letztere die wichtigsten Vergleichsmaßstäbe zur Beurteilung der Wirtschaftlichkeit realisierter Handlungen.

Dehnt man die Fragestellung für die Wirtschaftlichkeitskontrollrechnung auf den Vergleich von Ist-Wirtschaftlichkeiten mit den oben skizzierten Norm- oder Plangrößen aus, so liegt darin eine Stufung der Fragestellung. Zunächst ist der Wirtschaftlichkeitsgrad der vollzogenen Aktion zu errechnen. Dann wird in einem zweiten Schritt nach der Übereinstimmung von Ist-Wirtschaftlichkeit und Soll-Wirtschaftlichkeit gefragt.

Der Vergleich von tatsächlich erzielter Wirtschaftlichkeit mit irgendwelchen Norm- oder Planwirtschaftlichkeitsgrößen, die Ausdruck der unter den jeweiligen Bedingungen geltenden absoluten Wirtschaftlichkeit, d. h. des optimalen Wirtschaftlichkeitsgrades sein sollen, bedeutet letztlich als Vergleich von tatsächlichen Größen mit Maßstäben eine Messung. Deshalb kann man für die zweite Stufe von Wirtschaftlichkeitskontrollrechnungen auch den Ausdruck „Wirtschaftlichkeitsmessung" verwenden[194]. Der Vergleich von Soll- und Istzahlen ist selbstverständlich unabhängig von der betrieblichen Zielsetzung, die Formen der Wirtschaftlichkeitsmessung deshalb bei allen zu beurteilenden Handlungen gleich[195].

Eine Wirtschaftlichkeitsmessung wird im Falle eines Vergleichs von Planwirtschaftlichkeiten mit Istwirtschaftlichkeiten dann schwierig, wenn in den Einflußgrößen der Wirtschaftlichkeit zwischen dem Zeitpunkt der Planung und der Kontrolle der Handlung Veränderungen eingetreten sind, die die Vergleichbarkeit ausschließen. Um Vergleichbarkeit zu erzielen, gibt es dann zwei Wege. Einmal können für die

---

193 Vgl. Lehmann, M. R., Wirtschaftlichkeit, Produktivität und Rentabilität (II), in: ZfB, 28. Jg. 1958, S. 671 ff. und S. 746 ff., hier S. 673—675.

194 Albach, Horst, Artikel: „Wirtschaftlichkeitsrechnung", a.a.O., S. 74.

195 Ebd., S. 74; vgl. auch Lehmann, M. R., Wirtschaftlichkeit, Produktivität und Rentabilität (II), a.a.O., S. 671.

möglicherweise gültigen Einflußgrößen gesonderte Pläne erstellt werden. Den Vergleichsmaßstab bildet dann die Planwirtschaftlichkeit, für deren Ermittlung die gleichen Einflußgrößen galten wie für die tatsächlich erzielte Wirtschaftlichkeit. Zum anderen ist es denkbar, die Istwerte auf die Einflußgrößen des Planes umzurechnen. Als Beispiel für den ersten Weg nennt Albach die flexible Plankostenrechnung, während die Kontrolle der Wirtschaftlichkeit von Investitionen auf die zweite Art erfolgt[196].

Mit der Nennung der Plankostenrechnung als einer Wirtschaftlichkeitskontrollrechnung ist die Basis, von der bisher ausgegangen wurde, verlassen. Es war angenommen worden, daß Wirtschaftlichkeitsrechnung, sei sie nun Instrument der Planung oder der Kontrolle, immer eine Aussage über die Rationalität einzelner ökonomischer Handlungen machen wolle, etwa über eine Investition, eine Programmänderung, eine Verfahrenswahl oder dergleichen. Plankostenrechnung aber will die Wirtschaftlichkeit des gesamten Geschehens der Leistungserstellung ermitteln und ist damit nicht auf einzelne Handlungen, sondern auf die gesamte Tätigkeit einzelner Abteilungen gerichtet[197].

Obwohl die Wirtschaftlichkeitsrechnung im Sinne der modernen Betriebswirtschaftslehre meist die einzelne ökonomische Maßnahme meint, gibt es in der Literatur ein Fülle von Beispielen dafür, daß man unter Wirtschaftlichkeitsrechnung auch die Ermittlung des Wirtschaftlichkeitsgrades der gesamten unternehmerischen Tätigkeit versteht. Castan unterscheidet für diese Rechnungen eine summarische und eine analytische Form[198].

Unter summarischen Wirtschaftlichkeitskontrollrechnungen sind solche zu verstehen, die den ökonomischen Ergiebigkeitsgrad der betrieblichen Gesamttätigkeit an einer einzigen Größe, meist dem Gewinn oder den Kosten, messen wollen[199]. In erster Linie wäre dabei an die Jahresbilanz zu denken. Das Anliegen Schmalenbachs, mit Hilfe der dynamischen Bilanz die gemeinwirtschaftliche Wirtschaftlichkeit zu messen, ist bekannt. Auch die Deutung des betriebswirtschaftlichen Erfolges als einer Maßgröße der *„marktwirtschaftlichen Produktivität“*[200] durch Hax geht in diese Richtung. Selbst Fritz Schmidt sah in

---

[196] Ebd., S. 74.

[197] „In diesem Sinne ist die Plankostenrechnung Wirtschaftlichkeitskontrollrechnung oder auch Abteilungs- und damit Verantwortlichkeits-Kontrollrechnung“. Gutenberg, Erich, Einführung in die Betriebswirtschaftslehre, 1. Beitrag der Reihe A der Reihe „Die Wirtschaftswissenschaften“, Wiesbaden 1958, S. 152/153.

[198] Castan, Edgar, Artikel: „Wirtschaftlichkeit und Wirtschaftlichkeitsrechnung“, a.a.O., Spalte 6377 ff.

[199] Ebd., Spalte 6377.

[200] Hax, Karl, Betriebswirtschaftlicher Erfolg und Wirtschaftlichkeitsmessung, in: Die Wirtschaftsprüfung, 1. Jg. 1948, S. 4 ff., hier S. 8.

seiner organischen Tageswertbilanz ein Kontrollmittel der Wirtschaftlichkeit.

Soweit es sich um die Jahresbilanz in Form der Handels- und Steuerbilanz handelt, wird man wegen der rechtlichen Anforderungen an diese Rechnungen von einer Wirtschaftlichkeitskontrolle nicht sprechen können. Die Forderung Schmalenbachs: „Die Gewinnrechnung muß so gestaltet werden, daß sich aus ihr eine möglichst richtige und eindringende Vorstellung der Wirtschaftlichkeit der Unternehmungen ergibt“[201], mag nach Beste „für die Jahresrechnung bestritten werden können. Die Kurzfristige Erfolgsrechnung aber, die sie nicht erfüllt, taugt nichts“[202].

Was von der Kurzfristigen Erfolgsrechnung gilt, muß auch von ihrem Teilstück, der Kostenrechnung gelten, besonders dann, wenn sie als Plankostenrechnung geführt wird. Gutenberg drückt das so aus: „Die Plankostenrechnung in ihrer modernen Form kann man als Wirtschaftlichkeitsrechnung bezeichnen, obwohl sich dieser Ausdruck für sie nicht eingebürgert hat“[203].

Neben den genannten summarischen Wirtschaftlichkeitskontrollrechnungen versucht eine Reihe von Betriebswirten sogenannte analytische Wirtschaftlichkeitsrechnungen zur Kontrolle der Gesamtwirtschaftlichkeit des Betriebsgeschehens heranzuziehen. Unter solchen Rechnungen werden diejenigen zusammengefaßt, „die die Wirtschaftlichkeit eines Betriebes nicht mit einer, sondern mit mehreren Ziffern ausdrücken wollen“[204].

So hat etwa Seischab, ausgehend von seiner sogenannten Wertauftriebsformel „Leistung — Kosten = Wertauftrieb“[205], eine Reihe von Kennzahlen entwickelt, die einen Vergleich von Norm- und Istwerten darstellen, indem Leistungs-, Kosten- und Wertauftriebsnormen mit tatsächlichen Leistungen, Kosten und tatsächlichem Wertauftrieb verglichen werden. So erhält Seischab etwa einen Wirtschaftlichkeitsgrad der Leistungserstellung, einen Wirtschaftlichkeitsgrad des Kosteneinsatzes, einen Wertauftriebsgrad, einen Kostspieligkeits- oder einen Ergiebigkeitsgrad[206]. Ähnliche Kennziffern sind von Lehmann[207] und Viel[208] entwickelt worden. Auch das Rationalisierungskuratorium der

---

[201] Schmalenbach, Eugen, Dynamische Bilanz, 4. Aufl., Leipzig 1926, S. 93, zitiert nach Beste, Theodor, Die Kurzfristige Erfolgsrechnung, a.a.O., S. 35.

[202] Beste, Theodor, Die Kurzfristige Erfolgsrechnung, a.a.O., S. 35.

[203] Gutenberg, Erich, Zur neueren Entwicklung der Wirtschaftlichkeitsrechnung, a.a.O., S. 633.

[204] Castan, Edgar, Artikel: „Wirtschaftlichkeit und Wirtschaftlichkeitsrechnung“, a.a.O., Spalte 6377.

[205] Seischab, Hans, Über Wirtschaftlichkeit und Wirtschaftlichkeitsrechnung, a.a.O., S. 107.

[206] Ebd., S. 122.

[207] Lehmann, M. R., a.a.O.

[208] Viel, Jakob, Betriebs- und Unternehmungsanalyse, 2., vollständig neu bearbeitete Aufl., Köln und Opladen 1958, S. 71—87.

Deutschen Wirtschaft versucht neuerdings Kennzahlen für Zwecke der Wirtschaftlichkeits- und Produktivitätskontrolle zu entwickeln[209].

Ohne im einzelnen auf diese Kennziffernrechnungen einzugehen, wollen wir zur Charakterisierung ihrer Bedeutung Gutenberg sprechen lassen: „Wenn sich der Ausdruck Wirtschaftlichkeitsrechnung für die Verwendung von betrieblichen Kennziffern noch nicht eingebürgert hat, so wird man gleichwohl die Anwendung betrieblicher Kennziffern zu Zwecken der Wirtschaftlichkeitskontrolle in gewisser Weise als Form möglicher Wirtschaftlichkeitsrechnung bezeichnen können. Jedem Kenner ist allerdings die begrenzte Reichweite der Kennziffern bekannt und die Vorbehalte, die man in der Praxis dieser Rechnung gegenüber macht, bestehen weitgehend zu Recht (ganz besonders dann, wenn es sich um Kennziffern handelt, die aus zwischenbetrieblichem Vergleich gewonnen werden). Es wird deshalb heute vor allem Aufgabe der betriebswirtschaftlichen Forschung sein, die betrieblichen und rechnungstechnischen Grundlagen der Kennziffernrechnung bis in ihre feinste Problematik hinein zu durchforschen. Wenn man überhaupt mit einem gewissen Anspruch auf Vollständigkeit und Genauigkeit Kennziffern als Kontrollmittel der Wirtschaftlichkeit betrieblicher Vorgänge und Maßnahmen verwenden will, dann sollte man zugleich auf die sehr engen Grenzen hinweisen, die jeder Kennziffernrechnung als Wirtschaftlichkeitsrechnung gesetzt sind“[210].

Der Fragestellung für die Wirtschaftlichkeitskontrollrechnungen wird nur kursorische Behandlung gewidmet, weil im folgenden im Anschluß an die Übung der modernen Betriebswirtschaftslehre allein von Wirtschaftlichkeitsplanungsrechnungen ausgegangen wird. Denn unter Wirtschaftlichkeitsrechnung wird heute meist eine zukunftsgerichtete Rechnung verstanden, wie die folgenden Ausführungen Bestes[211] zeigen: „Seit einer Anzahl von Jahren hat es sich eingebürgert, unter ihr eine Rechnung zu verstehen, die sich nicht mit einer Rechnungsperiode und nicht mit der Vergangenheit, sondern mit einer einzigen Maßnahme der Zukunft und ihren wirtschaftlichen, in Werten ausdrückbaren Folgen befaßt. Diese Folgen in Zahlen festzustellen, ist der Zweck der Rechnung, die gewöhnlich als Wirtschaftlichkeitsrechnung bezeichnet wird“.

Eine Beschränkung auf Wirtschaftlichkeitsplanungsrechnungen muß umso leichter fallen, als die Struktur der Wirtschaftlichkeitskontrollrechnungen, sofern sie sich auf eine einzige ökonomische Handlung beziehen, dem Aufbau der Planungsrechnungen entspricht. Soweit Kon-

---

[209] Vgl. Gutenberg, Erich, Zur neueren Entwicklung der Wirtschaftlichkeitsrechnung, a.a.O., S. 634.
[210] Ebd., S. 634/35.
[211] Beste, Theodor, Die Kurzfristige Erfolgsrechnung, a.a.O., S. 12.

trollrechnungen für die Gesamtwirtschaftlichkeit unternehmerischer Tätigkeit in Frage stehen, können sie deshalb ausgeklammert werden, weil sie sich als Teilstück des herkömmlichen periodischen Rechnungswesens ganz anderer Verfahren bedienen und zudem bereits in ihren feinsten Verästelungen durchdacht sind. Im übrigen ist die Frage, ob im Rahmen der Wirtschaftlichkeitsrechnungen eine einzige Maßnahme oder die Gesamttätigkeit des Betriebes untersucht werden soll, ein Problem des Umfanges der Fragestellung für die Wirtschaftlichkeitsrechnung und im folgenden zu behandeln.

III. Der Umfang der Fragestellung

1. Der sachliche Umfang der Fragestellung

a) Der sachliche Umfang der Fragestellung in Abhängigkeit vom quantitativen Modellcharakter der Wirtschaftlichkeitsrechnungen

Der sachliche Umfang der Fragestellung für Wirtschaftlichkeitsrechnungen wird sowohl von der rechnerischen als auch von der ökonomischen Seite her bestimmt. Ökonomisch determinieren die zu beurteilenden Maßnahmen die Weite der Problemstellung. Methodisch liegt eine Begrenzung des sachlichen Umfanges der Fragestellung im quantitativen Modelldenken.

Quantitatives Modelldenken hat seine Wurzeln in der Abstraktion. Will man die Komplexität der realen Welt erfassen, so muß man abstrahieren. „Abstraktion ist die mit einer Fixierung eines Erkenntnisinhalts durch aktive Aufmerksamkeit (‚Attention‘) einem Heraussondern und Festhalten bestimmter (interessierender) Merkmale verbundene Vernachlässigung anderer Merkmale. Es werden Teilinhalte, die unter einem bestimmten Gesichtspunkt als ‚wesentlich‘ für einen Gegenstand oder eine Mehrheit von Gegenständen erscheinen, aus Vorstellungsinhalten herausgehoben und zu einer Einheit zusammengefaßt, für deren Verwertung im Denken die nicht beachteten und gewählten Teilinhalte des Vorgestellten nicht in Betracht kommen; von ihnen wird abgesehen, ‚abstrahiert‘ “[212].

Welche Bedeutung der Abstraktion für die wissenschaftliche Analyse in der Betriebswirtschaftslehre zukommt, wird aus der methodischen Grundeinstellung Schmalenbachs deutlich, die Beste im Rahmen einer Würdigung Schmalenbachs und seines Werkes wie folgt kennzeichnet:[213] „In der dynamischen Bilanz sagt Schmalenbach: ‚Will man das Wesen einer Sache richtig erkennen, soll man, nötigenfalls unter Annahme unwirklicher Verhältnisse, von denkbar primitiven Formen ausgehen‘. Auf diesem Wege, also durch Abstraktion, Erkenntnisse zu gewinnen, war ihm eine Übung, die er hoch einschätzte und reichlich nutzte. Dieses Verfahren hielt er für so wichtig, daß er ‚in der Gewöhnung an die Abstraktion, und damit verbunden in der Fähigkeit der Teilung und

---

[212] Stichwort „Abstraktion“, in: Wörterbuch der philosophischen Begriffe, historisch-quellenmäßig bearbeitet von Rudolf Eisler, Band I, a.a.O., S. 8 ff., hier S. 8.

[213] Beste, Theodor, Eugen Schmalenbach, a.a.O., S. 211.

Isolierung der Probleme', das Wesen der ‚fachwissenschaftlichen Denkschulung' sah." Was für die Gewinnung von Erkenntnissen im Rahmen der betriebswirtschaftlichen Theorie gilt, kann mit der gleichen Berechtigung für das Handeln in der angewandten Betriebswirtschaftslehre gelten.

Abstraktion ist in verschiedener Weise möglich. Man unterscheidet etwa quantitative und qualitative, isolierende und generalisierende Abstraktion[214]. Die wissenschaftliche Abstraktion beginnt damit, daß sie isolierend und generalisierend zu Gattungs- oder Typenbegriffen führt, die von der Individualität der betrachteten Gegenstände absehen und nur die wesentlichen und gemeinsamen Merkmale hervorheben.

Auch im Modelldenken liegt eine Abstraktion. Doch ist sie von anderer Art als diejenige im Rahmen der Typenbildung. Von Modellen spricht man nach Kosiol nämlich erst, „wenn es sich um zusammengesetzte Gedankengebilde handelt, die aus der Totalinterdependenz der Wirklichkeit abgegrenzte und übersehbare Teilzusammenhänge ausgliedern, um die bestehenden Abhängigkeitsbeziehungen auf ihre Gesetzmäßigkeit zu untersuchen." Modelle beziehen sich also nicht auf einzelne Gegenstände, sondern auf Beziehungen, auf Abhängigkeiten. Sie versuchen, „mittels isolierender Abstraktion die charakteristischen Tatbestände aus der Mannigfaltigkeit der Gegebenheiten herauszuheben, um so den komplexen Kausalzusammenhang auf ein vereinfachtes gedankliches Gebilde zu reduzieren"[215].

Von Modelldenken wird im einzelnen später zu sprechen sein. Es genügt hier die Feststellung, daß Modelle als „durch Abstraktion vereinfachte begriffliche Abbilder der Wirklichkeit, an denen man z. B. die ‚Wirkungen' gedachter Veränderungen einzelner Faktoren studieren kann"[216], das begrifflich umfassen, was wir als Wirtschaftlichkeitsrechnungen bezeichnen. Wirtschaftlichkeitsrechnung ist Modelldenken. Aus der Totalinterdependenz alles betrieblichen Geschehens werden die überschaubaren Wirkungen einer einzelnen unternehmerischen Maßnahme isoliert[217].

Die Abstraktion ist dabei eine dreifache. Zunächst wird abstrahiert von der gegenseitigen Abhängigkeit aller unternehmerischen Maßnah-

---

[214] Vgl. etwa Stichwort „Abstraktion", in: Wörterbuch der philosophischen Begriffe, herausgegeben von Johannes Hoffmeister, a.a.O., S. 10/11.

[215] Kosiol, Erich, Modellanalyse als Grundlage unternehmerischer Entscheidungen, a.a.O., S. 319.

[216] Rittershausen, Heinrich, Wirtschaft, Band 8 des Fischer Lexikons, Frankfurt/M. 1958, S. 178.

[217] Vgl. dazu auch Kern, Werner, Gestaltungsmöglichkeit und Anwendungsbereich betriebswirtschaftlicher Planungsmodelle, in: ZfhF, NF, 14. Jg. 1962, S. 167 ff., hier S. 168: „Die Untersuchungsobjekte werden aus der Wirklichkeit, aus ihren realen Umgebungen mit all ihren mehr oder weniger wichtigen Interdependenzen herausgelöst und sind somit im ursprünglichen Sinn des Wortes a b s t r a k t."

nahmen. Man untersucht etwa gesondert die Wirkungen einer Veränderung der sog. Losgröße auf die Wirtschaftlichkeit des Fertigungsbereiches, der Lagerwirtschaft, ohne zu berücksichtigen, daß die Wirtschaftlichkeit der Produktion auch beeinflußt wird durch eventuell gleichzeitig erforderlich werdende Verfahrensänderungen oder Maßnahmen, die die Schulung der Arbeitskräfte betreffen und ganz abgesehen von der Wirtschaftlichkeit anderer Teilbereiche und ihrer Komponenten. Von allen übrigen möglichen Maßnahmen außer der isoliert zu betrachtenden wird angenommen, daß sie entweder eindeutig von dieser Maßnahme abhängig sind und nicht auf sie zurückwirken, von Interdependenz, wechselseitiger Abhängigkeit also keine Rede ist, oder daß die genannten Maßnahmen nicht vorgenommen werden, also Konstanz der durch die zu betrachtende Maßnahme unbeeinflußbaren Faktoren unterstellt wird[218].

Im Rahmen der Untersuchung solcher Teilabhängigkeiten schreitet die Abstraktion insofern weiter, als in die Rechnungen nur solche von der zu betrachtenden Maßnahme betroffenen Einflußgrößen auf die Wirtschaftlichkeit einbezogen werden, die vom Betrachtungsziel her als wesentlich gelten. „Modelle sind deshalb Substrate der ausschließlich interessierenden Variablen“[219]. Das wird besonders deutlich, wenn es Aufgabe der Wirtschaftlichkeitsrechnungen ist, verschiedene Handlungsalternativen miteinander zu vergleichen. Für die Berechnung der Wirtschaftlichkeit dieser Handlungsalternativen werden immer nur diejenigen Einflußgrößen auf die Wirtschaftlichkeit einbezogen, die im Rahmen der einzelnen Maßnahmen unterschiedliche Größen annehmen. Im einzelnen wird bei der Diskussion der Verfahren darauf zurückzukommen sein.

Wirtschaftlichkeitsrechnung ist aber nicht nur Modelldenken, sondern aus dem rechnerischen Charakter der Modelle heraus speziell quantitatives Modelldenken. In die Fragestellung werden demnach nur solche Einflußgrößen einbezogen, die einer quantitativen Behandlung zugängig sind, die sich in Quantitäten messen lassen, sei es nun in technischen oder ökonomischen Maßgrößen, in Mengen- oder Wertdimensionen.

Der sachliche Umfang der Fragestellung für die Wirtschaftlichkeitsrechnung wird also vom Methodischen her insoweit festgelegt, als sich

---

[218] Vgl. dazu etwa Müller, Herbert, Beitrag zur Schematisierung von Wirtschaftlichkeitsrechnungen, a.a.O., S. 348, der von den von ihm aufgezeigten 4 Gruppen von Maßnahmen sagt: „Die Anwendung dieser vier Gruppen ist so zu verstehen, daß sie sich wechselseitig beeinflussen und je nach dem Zweck der Rechnung eine dieser Gruppen übergeordnet betrachtet wird. Hierbei werden die Einflüsse der übrigen Gruppen zunächst durch Annahmen festgelegt, einerseits, weil ihr Einfluß unbedeutend ist, andererseits, weil die dem Zweck der Rechnung zugrunde gelegten Einflüsse zunächst geklärt werden sollen.“

[219] Kern, Werner, a.a.O., S. 168.

die Fragestellung immer nur auf die Wirkungen einer einzelnen ökonomischen Handlung bezieht, nur charakteristische Einflußgrößen aufnimmt und von diesen wiederum nur solche, die in Zahlen faßbar sind.

In einer derartigen Einengung des sachlichen Umfangs der Fragestellung vom Rechnerisch-Methodischen her liegen sowohl die Möglichkeiten als auch die Grenzen der Wirtschaftlichkeitsrechnung und darin, daß die Wirtschaftlichkeitsrechnung „einer bestimmten Maßnahme gilt", liegt nach Beste oft eine Gefahr. „Diese entsteht daraus, daß sie in ihrer Vereinzelung gesehen wird, während ihre wirtschaftlichen Folgen als Teil eines Betriebsgesamten betrachtet werden müssen."[220] Mit der Anwendung immer geeigneterer rechnerischer Verfahren, etwa der Linearen Programmierung, wird diese Gefahr geringer.

b) Der sachliche Umfang der Fragestellung in Abhängigkeit von den zu beurteilenden Maßnahmen

Quantitatives Modelldenken hat notwendig eine Beschränkung des Umfanges der Fragestellung auf einen Ausschnitt des betrieblichen Geschehens zur Folge. Wirtschaftlichkeitsrechnungen können also niemals die Wirtschaftlichkeit der gesamten unternehmerischen Tätigkeit in Abhängigkeit von allen Einflußfaktoren errechnen. Für die Festlegung des Umfanges der zu betrachtenden Teilzusammenhänge bleibt indes ein großer Raum. Er wird von den zu beurteilenden Maßnahmen selbst ausgefüllt.

Jede ökonomische Maßnahme ruft unterschiedlich große Wirkungen[221] hervor. Durch die Verlegung des Standortes etwa werden meist alle betrieblichen Teilbereiche betroffen[222], während eine Entscheidung darüber, ob man im Rahmen der Verkaufstätigkeit Reisende oder Vertreter einsetzen soll, in ihren wesentlichen Wirkungen nur den Absatzbereich berührt[223]. Das Ausmaß der Wirkungen, die eine zu betrachtende Maßnahme kennzeichnen, wird also von der Maßnahme selbst bestimmt. Mit dem sachlichen Ausmaß der Wirkungen ist zugleich der sachliche Umfang der Fragestellung für die Wirtschaftlichkeitsrechnung festgelegt.

Nun gibt es aber im unternehmerischen Geschehen eine Fülle von Maßnahmen, die einer quantitativen Beurteilung ihrer Wirtschaftlichkeit bedürfen und die sich hinsichtlich ihrer Wirkungen und damit des

---

[220] Beste, Theodor, Die Kurzfristige Erfolgsrechnung, a.a.O., S. 13.

[221] Schneider spricht von dem Ausmaß der Disposition; vgl. Schneider, Erich, Wirtschaftlichkeitsrechnung, a.a.O., S. 72.

[222] Vgl. dazu etwa die ausführlichen Darstellungen über die Ermittlung des optimalen Standortes bei Rüschenpöhler, Hans, Der Standort industrieller Unternehmungen als betriebswirtschaftliches Problem. Versuch einer betriebswirtschaftlichen Standortlehre, Heft 6 der Abhandlungen aus dem Industrieseminar der Universität zu Köln, Berlin 1958.

[223] Vgl. dazu Gutenberg, Erich, Der Absatz, a.a.O., S. 119 ff.

Umfanges ihrer Fragestellung erheblich unterscheiden. Eine umfassende Konzeption der Wirtschaftlichkeitsrechnung muß sie alle in sich einschließen, will sie nicht unvollkommen bleiben.

Seit dem Erscheinen des Werkes von Schneider in deutscher Sprache ist es üblich geworden, unter Wirtschaftlichkeitsrechnungen Investitionsrechnungen zu verstehen[224]. Folgt man dem Sprachgebrauch der betrieblichen Praxis und sieht man als Investition „einen Geldaufwand zum Zwecke der Erweiterung oder Modernisierung der betrieblichen Anlagen“[225] an, so meint Investition eine spezielle unternehmerische Maßnahme.

Eine Gleichsetzung von Investitionsrechnung und Wirtschaftlichkeitsrechnung wäre dann abzulehnen, weil sie den Begriff der Wirtschaftlichkeitsrechnung unnötig auf eine, wenn auch bedeutende unternehmerische Maßnahme einengen würde.

Schneider geht allerdings nicht von diesem engen Investitionsbegriff der Praxis aus, sondern definiert den Terminus[226] völlig neu, indem er ihn in Anlehnung an die volkswirtschaftliche Literatur, bes. an John Maynard Keynes, formal und damit weit faßt. Auf der Tatsache aufbauend, daß die „Durchführung eines Produktionsprozesses ... in der modernen Wirtschaft notwendigerweise von einem Strom von Auszahlungen begleitet“ ist, „die durch Kauf in Produktionsmittel ‚eingekleidet‘ (investiert) werden“, wählt er folgende Definition: *„Diesen Strom von Auszahlungen, der durch die in Verbindung mit einem Produktionsprozeß erfolgenden Käufe hervorgerufen wird, bezeichnen wir als den zu dem Produktionsprozeß gehörenden Investitionsprozeß oder kurz als die zu dem Produktionsprozeß gehörende Investition“*[227].

Faßt man den Begriff der Investition so weit, dann stellt jede Geldausgabe für im Produktionsprozeß eingesetzte Güter eine Investition dar. Der Tatbestand der Investition ist erfüllt, wenn Auszahlungen[228] im Zusammenhang mit der Leistungserstellung erfolgen, unabhängig

---

[224] Vgl. Schneider, Erich, Wirtschaftlichkeitsrechnung, Bern und Tübingen 1951. Das zuerst in dänischer Sprache erschienene Werk hieß „Investering og Rente“, also Investition und Zins, vgl. Vorwort der deutschen Ausgabe.

[225] Gutenberg, Erich, Zur neueren Entwicklung der Wirtschaftlichkeitsrechnung, a.a.O., S. 643.

[226] Ebd., S. 643 und Heinen, Edmund, Zum Begriff und Wesen der betriebswirtschaftlichen Investition, in: BFuP, 9. Jg. 1957, S. 16 ff. und S. 85 ff.; Pack, Ludwig, Betriebliche Investition, Begriff — Funktion — Bedeutung — Arten, Wiesbaden 1959, S. 16—39 und Ballmann, Werner, Beitrag zur Klärung des betriebswirtschaftlichen Investitionsbegriffes und zur Entwicklung einer Investitionspolitik der Unternehmung, Diss. Mannheim 1954; vgl. auch Meller, F., Investitionen — Begriffsfragen und rechnerische Kontrollprobleme, in: BFuP, 10. Jg. 1958, S. 76 ff.

[227] Schneider, Erich, Wirtschaftlichkeitsrechnung, a.a.O., S. 1.

[228] Zur Unterscheidung von Auszahlung und Ausgabe vgl. Schneider, Erich, Wirtschaftlichkeitsrechnung, a.a.O., S. 6, Anmerkung 1. Im folgenden werden die Begriffe synonym gebraucht.

davon, ob es sich um Ausgaben für Maschinen oder Roh-, Hilfs- und Betriebsstoffe oder Arbeits- und Dienstleistungen handelt. Mag ein derartiger Investitionsbegriff auch im Vergleich zum praktischen und wissenschaftlichen Sprachgebrauch ungewohnt erscheinen, so muß man nach Gutenberg doch beachten, „daß an sich nicht einzusehen ist, warum eine Geldausgabe für eine Maschine als Investition, eine Geldausgabe für den Einsatz von Arbeit nicht als Investition angesehen werden soll. Zwischen beiden Geldausgaben gibt es an sich keinen wesentlichen Unterschied“[229].

Sieht man zunächst einmal von dem Problem der Zweckmäßigkeit eines auszahlungsgebundenen Investitionsbegriffes ab, so muß die Frage, ob ein derartiger Investitionsbegriff es erlaubt, die Termini Wirtschaftlichkeitsrechnung und Investitionsrechnung synonym zu gebrauchen, nach Gutenberg bejaht werden. „Denn in diesem Falle gehören nicht nur die größeren Rationalisierungs- und Erweiterungsvorhaben in den Bereich der Wirtschaftlichkeitsrechnung, sondern überhaupt alle Maßnahmen, die irgendwie darauf abstellen, die Wirtschaftlichkeit der betrieblichen Leistungserstellung zu steigern.“[230]

Mit der Bindung des Investitionsbegriffes an den Produktionsprozeß bleiben aber die Fragestellungen der Investitionsrechnungen auf Maßnahmen im Bereich der Leistungserstellung[231] beschränkt. Unternehmerische Maßnahmen, die einer quantitativen Beurteilung ihres ökonomischen Ergiebigkeitsgrades im Rahmen der Planungsphase bedürfen, sind indes nicht nur im eigentlichen Produktionsbereich, d. h. im Rahmen der Leistungserstellung, sondern ebenso im Rahmen der Leistungsverwertung und der Leistungsermöglichung, also in Absatz-, Beschaffungs- und Finanzbereich vonnöten. Würde man unter Zugrundelegung des Schneiderschen Investitionsbegriffes Wirtschaftlichkeitsrechnung mit Investitionsrechnung gleichsetzen, so würde der Anwendungsbereich der Wirtschaftlichkeitsrechnungen unnötig eingegrenzt. So ist es zu verstehen, daß Gutenberg von einem Ersatz des „e n g e r e n Begriff(s) ‚Investitionsrechnung‘ durch den w e i t e r e n Begriff ‚Wirtschaftlichkeitsrechnung‘ “[232] spricht.

Eine synonyme Verwendung von Investitionsrechnung und Wirtschaftlichkeitsrechnung wäre grundsätzlich nur denkbar, wenn jede nach ihrem Wirtschaftlichkeitsgrad zu beurteilende unternehmerische Maßnahme eine Investition wäre. Ein an Zahlungen gebundener Investitionsbegriff käme dieser Interpretation nahe, wenn man dabei im Auge

---

[229] Gutenberg, Erich, Zur neueren Entwicklung der Wirtschaftlichkeitsrechnung, a.a.O., S. 643.

[230] Ebd., S. 644.

[231] Dies gilt nur, sofern man nicht den weiten Produktionsbegriff der Volkswirtschaftslehre unterstellt.

[232] Gutenberg, Erich, Zur neueren Entwicklung der Wirtschaftlichkeitsrechnung, a.a.O., S. 644. Sperrungen vom Verfasser.

hätte, daß letztlich jede unternehmerische Maßnahme sich in Zahlungen niederschlägt. Die Schwierigkeiten eines derartigen zahlungsgebundenen Investitionsbegriffes sind aber offensichtlich[233]. Schneider, der, wie gezeigt, Investition als *„Strom von Auszahlungen“*[234] definiert, sagt in unmittelbarem Zusammenhang mit der Definition, *„daß die Investition durch die Auszahlungs- und Einzahlungsreihe charakterisiert wird“*[235]. Ein Strom von Auszahlungen kann aber nicht durch Auszahlungen und Einzahlungen gekennzeichnet sein[236].

Jeder sinnvolle Investitionsbegriff sollte in irgendeiner Form an den Tatbestand des Investierens, des Einkleidens von Nominalgütern in Realgüter, anknüpfen. Versteht man etwa wie Pack unter Investition „die Überführung von finanziellen Mitteln in konkrete Werte“[237], so bleibt die Weite des Begriffes zwar insofern erhalten, als unter konkreten Werten sowohl Maschinen als auch Materialien oder Arbeitsleistungen verstanden werden können. Trotz der Weite der Definition sind Investitionen aber dann nur spezifische, von anderen unternehmerischen Maßnahmen wohl zu unterscheidende Handlungen. Investitionen meinen nur die mit der Beschaffung der konkreten Werte verbundene Einkleidung der durch die Finanzierung bereitgestellten finanziellen Mittel. Mit der Beschaffung ist ein solcher Investitionsbegriff eng verbunden, und zwar insofern, als der Akt des Beschaffens der konkreten Güter zugleich die Einkleidung der finanziellen Güter in eben diese konkreten Güter mit sich bringt. Investitionen heben sich aber eindeutig von der Finanzierung als der Bereitstellung der finanziellen Mittel, von der Produktion als der Kombination der bereitgestellten konkreten Mittel und vom Absatz, als der Verwendung der

---

233 Zum Verhältnis von Investition und Ausgabe vgl. das entsprechende Kapitel bei Pack, Ludwig, Betriebliche Investition, a.a.O., S. 49 ff.

234 Schneider, Erich, Wirtschaftlichkeitsrechnung, a.a.O., S. 1.

235 Ebd., S. 4.

236 Auch die erläuternde Anmerkung, in der Schneider zwischen Investitionsprozeß, Investitionsobjekt und den Wirkungen des Investitionsprozesses in der Welt der Güter unterscheidet, ändert nichts an dieser Feststellung, Schneider, Erich, Wirtschaftlichkeitsrechnung, a.a.O., Anm. 1, S. 1; Zu welchen Merkwürdigkeiten ein so weiter Begriff der Investitionsrechnung führt, zeigt sich auch bei Moxter, wenn er ausführt, daß seine Überlegungen sich erstrecken „auf alle Arten von Investitionsentscheidungen (auch solche in einem weiteren Sinne). Man kann darin (in zwei genannten Investitionsmöglichkeiten a und b, der Verf.) etwa zwei verschiedene Produktionsprogramme sehen, ferner Möglichkeiten der Produktgestaltung oder der Reklamepolitik, unterschiedliche Prinzipien bei der Forschungs- und Entwicklungstätigkeit oder bei der Preispolitik, auch zum Beispiel in a eine bestimmte Reklamepolitik, in b eine besondere Art der Produktgestaltung“. Moxter ist dabei aber gezwungen, in einer Fußnote zu sagen: „Was die Preispolitik anbetrifft, so kann man allerdings nur von *fiktiven* Investitionsausgaben sprechen.“ Moxter, Adolf, Der Einfluß der Amortisationsgeschwindigkeit auf die unternehmerische Investitionsentscheidung, in: ZfhF, NF, 11. Jg. 1959, S. 541 ff., hier S. 542.

237 Pack, Ludwig, Betriebliche Investition, a.a.O., S. 45.

Kombinationsergebnisse ab[238]. So betrachtet muß eine Gleichsetzung von Investitions- und Wirtschaftlichkeitsrechnung ebenfalls abgelehnt werden.

Dann aber bleibt die Fülle von Maßnahmen, die einer quantitativen Beurteilung ihrer Wirtschaftlichkeit bedürfen, Aufgabenbereich der Wirtschaftlichkeitsrechnungen. Nach einer Systematik zu suchen, soll das nächste Ziel sein, weil nur auf diese Weise Aussagen über den unterschiedlichen sachlichen Umfang der Fragestellung möglich werden. Es bieten sich dabei einige literarische Schematisierungsvorschläge an.

Drei besonders wichtige Erscheinungsformen der Wirtschaftlichkeitsrechnungen hat schon Rummel in seinem ersten Beitrag zur Wirtschaftlichkeitsrechnung hervorgehoben. Er unterscheidet Verfahrenswahl, Güterwahl und Anlagenwahl, je nachdem, ob es sich um den Vergleich von Verfahren, Rohstoffen oder Maschinen handelt[239]. Im Rahmen der Tätigkeit des Ausschusses für Betriebswirtschaft im Verein der Eisenhüttenleute wurde dann ein „Beitrag zur Schematisierung von Wirtschaftlichkeitsrechnungen“[240] von Herbert Müller vorgetragen. Müller sucht die Wirtschaftlichkeitsrechnungen nach verschiedenen Kriterien einzuteilen. Soweit diese Einteilungen den zeitlichen Inhalt (Wirtschaftlichkeitsnachweis und Wirtschaftlichkeitsvorrechnung)[241] oder das gewählte Verfahren (Kostenvergleichs- oder Bewertungsrechnung)[242] oder den statischen oder dynamischen Charakter des Verfahren[243] betreffen, sind sie hier nicht von Interesse.

Von den zu betrachtenden Maßnahmen ausgehend, unterteilt Müller, „nach Tätigkeitsgebieten in Wirtschaftlichkeitsrechnungen des Einkaufs, des Betriebes, des Verkaufs und der Finanz“[244]. Dabei kann sich die Wirtschaftlichkeitsrechnung innerhalb eines Tätigkeitsbereiches bewegen oder deren mehrere umspannen. Nur für die betrieblichen Wirtschaftlichkeitsrechnungen unterbreitet Müller eine weitergehende Gliederung, bei der er allerdings übersieht, daß die in ihr unterschiedenen Rechnungen nie den Bereich der Leistungserstellung allein, ihn nicht einmal immer vorwiegend betreffen. Er kennt

„1. Wirtschaftlichkeitsrechnungen der Betriebsgröße,
2. Wirtschaftlichkeitsrechnungen der Betriebsmittel,
3. Wirtschaftlichkeitsrechnungen des Herstellungsverfahrens, einschließlich der Güterwahl,
4. Wirtschaftlichkeitsrechnungen des Erzeugnisses.“[245]

---

238 Vgl. Pack, Ludwig, Betriebliche Investition, a.a.O., S. 69—80.
239 Vgl. Rummel, Kurt, Wirtschaftlichkeitsrechnung, a.a.O., S. 73.
240 Müller, Herbert, a.a.O.
241 Ebd., S. 346.
242 Ebd., S. 345.
243 Ebd., S. 345 und 348.
244 Ebd., S. 347.
245 Ebd., S. 347.

Nach dem Umfange der Rechnung klassifiziert Müller diese betrieblichen Wirtschaftlichkeitsrechnungen in Gesamt- oder Teilrechnungen, „je nachdem, ob alle Einflüsse oder ein Teil derselben zur Berechnung stehen oder nur gestellt werden“[246], d. h., wie man aus seinen Beispielen schließen kann[247], ob alle oder nur die zusätzlichen Kosten und Erlöse in die Rechnung einbezogen werden. Aus seinen Beispielen geht auch hervor, daß Teilrechnungen dann Anwendung finden, wenn Tätigkeiten in Frage stehen, die Bestehendes verändern, wie etwa Veränderungen der Betriebsgröße durch Ausbau und Erweiterung oder Beschaffung zusätzlicher Betriebsmittel oder Bestimmung der Preisuntergrenze und ähnliche. Gesamtrechnungen indes werden notwendig, wenn Neues geschaffen oder Bestehendes völlig abgebaut wird, wenn etwa ein Neubau oder der Stillstand eines Unternehmens geplant oder der günstigste Verkaufspreis für eine neues Erzeugnis bestimmt werden soll[248].

Diese Klassifikation nach dem Umfange der Rechnung ist insofern sinnvoll, als grundsätzlich der Umfang der Fragestellung von der Zahl und dem Gewicht der zu beachtenden Einflußgrößen bestimmt wird. Das Ausmaß dieser Einflußgrößen auf die Wirtschaftlichkeit hängt seinerseits ab von der zu betrachtenden Maßnahme. Von der Maßnahme ist es wichtig zu wissen, ob sie nur verändernden oder neugestaltenden Charakter trägt, weil davon ohne Zweifel der Umfang der zu ermittelnden und zu verrechnenden Einflußgrößen abhängt. Da aber, abgesehen von den Schwierigkeiten einer nur graduellen Unterscheidung von Verändern und Neugestalten, jede Maßnahme sowohl verändernden als auch neugestaltenden Charakter aufweisen kann, läßt sich auf dieser Basis eine Systematik möglicher Wirtschaftlichkeitsrechnungen nach dem Umfang der Fragestellung nur unvollkommen erreichen. Denn entscheidend wird das Ausmaß der zu berücksichtigenden Einflußgrößen und damit der Umfang der Fragestellung davon bestimmt, auf wieviele und welche Teilbereiche des Unternehmensgeschehens die Maßnahme einwirkt. Je weitreichender ihre Wirkungen sind, umso größer wird der sachliche Umfang der Fragestellung sein, unabhängig davon, ob es sich um Änderungen oder Neugestaltungen handelt. Bei Müller klingt eine Unterteilung nach dem Wirkungsbereich zwar in der Gliederung der Wirtschaftlichkeitsrechnungen nach Tätigkeitsgebieten an, wird aber nicht weiter entwickelt. Prüfen wir deshalb einen zweiten Systematisierungsvorschlag.

Im Rahmen einer Analyse des Wirtschaftlichkeitsprinzips hat Loitlsberger versucht, „die Konkretion des wirtschaftlichen Prinzips im Betriebe, also seine verschiedenen Erscheinungsformen im Betriebsprozeß,

---

246 Ebd., S. 348 und 354.
247 Ebd., passim.
248 Ebd., Tafel 1, S. 346/347.

in ihrem systematischen Zusammenhang darzustellen"[249]. Er richtet seine Studie damit nicht unmittelbar auf die Systematik möglicher Wirtschaftlichkeitsrechnungen aus. Vielmehr fragt er danach, in welche Unterprinzipien das Wirtschaftlichkeitsprinzip sich im Betriebe auseinanderlege[250]. Trotzdem ergibt sich aus seiner Ableitung der betrieblichen Erscheinungsformen des Wirtschaftlichkeitsprinzips eine Gruppierung der betrieblichen Wirtschaftlichkeitsrechnungen. Denn die Konkretisierung des Grundprinzips wirtschaftlichen Handelns kann nur durch eine Verdichtung auf einzelne ökonomische Handlungen erfolgen, Handlungen, die auch den Umfang der Fragestellung für die Wirtschaftlichkeitsrechnung determinieren.

Die in der Literatur üblichen Formulierungen des wirtschaftlichen Prinzips, entweder „mit einem gegebenen Mittelvorrat einen möglichst großen Bedarfsdeckungseffekt" oder „einen bestimmten Bedarfsdeckungseffekt mit kleinstmöglichem Mitteleinsatz zu erreichen"[251], enthalten nach Loitlsberger zwei Tatbestände. Einmal meint das Wirtschaftlichkeitsprinzip die Forderung an die Betriebe, das zu produzieren, was dem Bedarf entspricht. Zum anderen enthält es die Verpflichtung, das Bedarfsentsprechende möglichst sparsam zu produzieren. Das Wirtschaftlichkeitsprinzip gliedert sich demnach in die beiden Unterprinzipien der bedarfsentsprechenden und der sparsamen Produktion[252]. Beide Unterprinzipien konkretisieren sich ihrerseits wieder in weiteren Erscheinungsformen.

Bedarfsentsprechende Produktion heißt zunächst, diejenigen Güter zu produzieren, für die der Bedarf am dringlichsten ist, also etwa Eisenbahnschienen anstatt Betoneisen herzustellen, wenn der Bedarf nach Eisenbahnschienen intensiver ist. Sie enthält die Forderung nach der „Realisation der optimalen Produktionsrichtung"[253]. Wirtschaftlich ist eine Produktion aber nur dann, wenn sie neben der optimalen Produktionsrichtung auch den optimalen Produktionsumfang erreicht, d. h. die bedarfsentsprechenden Güter in der bedarfsentsprechenden Menge herstellt[254].

Auch das Prinzip der sparsamen Produktion erfährt durch Loitlsberger eine nähere Bestimmung. Sparsame Produktion bedeutet sparsamen Mitteleinsatz. Mittel können aber, so unterscheidet es die Leistungslehre Ottmar Spanns[255], verbrauchlich und unverbrauchlich sein.

---

[249] Loitlsberger, Erich, Das Wirtschaftlichkeitsprinzip (Analyse und Erscheinungsformen), Wien 1955, S. 3.
[250] Ebd., S. 3.
[251] Ebd., S. 32.
[252] Ebd., S. 33.
[253] Ebd., S. 34—36.
[254] Ebd., S. 36—38.
[255] Vgl. Spann, Ottmar, Fundament der Volkswirtschaftslehre, 4. Aufl., Jena 1929, S. 91 ff., zitiert bei Loitlsberger, Erich, a.a.O., S. 39.

Verbrauchlich sind die Mittel, die im Produktionsprozeß untergehen, also sowohl Verbrauchs- als auch Gebrauchsgüter, unverbrauchlich sind solche, „die in der Produktion zwar mitleisten, sich dabei aber nicht verbrauchen, so daß sie, wenn sie einmal vorhanden sind, für unendlich viele Produktionsvorgänge zur Verfügung stehen“[256]. Als Beispiel wäre etwa an den Standort zu denken. Er leistet zwar mit, wird aber nicht verbraucht. Sparsam verfährt man zunächst dann, wenn man möglichst viele solcher unverbrauchlicher Mittel einsetzt. Da die unverbrauchlichen Mittel in „alle Zukunft“ weiterwirken, trägt ihre Verwendung dynamischen Charakter und das sie betreffende Unterprinzip der sparsamen Produktion kann als Prinzip der dynamischen Sparsamkeit bezeichnet werden[257]. Soweit verbrauchliche Stoffe verwendet werden müssen, beinhaltet das Prinzip der Sparsamkeit die Forderung, diese Mittel nicht zu vergeuden. Loitlsberger spricht von ihr als dem Prinzip der statischen Sparsamkeit. Die statische Sparsamkeit entfaltet sich auf Grund einer gegebenen dynamischen Sparsamkeit. Sie ist es, „die die potentiellen Einsparungsmöglichkeiten, die aus der dynamischen Sparsamkeit erwachsen, verwirklicht.“[258]

Als unverbrauchliche Mittel kennt Loitlsberger den Standort, die Verfahren und die Auftragsgrößen, wobei die beiden letzteren sich jeweils auf die Beschaffung, die Fertigung oder den Absatz beziehen können. Entsprechend sieht er die Erscheinungsformen des Prinzips der dynamischen Sparsamkeit in dem „Prinzip der Produktion am optimalen Standort“[259], dem „Prinzip der Verwendung des optimalen Verfahrens“[260] und dem „Prinzip der Verwirklichung der optimalen Auftragsgröße“[261].

Das Prinzip der statischen Sparsamkeit tritt nach Loitlsberger auf als Prinzip der optimalen Nutzung und als Prinzip der optimalen Bestände verbrauchlicher Mittel. Das Prinzip der optimalen Nutzung verhindert eine Vergeudung verbrauchlicher Stoffe dadurch, daß man einmal sowohl das Material als auch die Anlagen optimal nutzt (Prinzip der optimalen Ausbeute — Rendement — und der optimalen Produktionsgeschwindigkeit)[262], und daß man zum anderen die Betriebsmittel optimal dimensioniert, bestmöglich aufeinander abstimmt[263]. Optimale Bestände schließlich sollen Kosten der Minder- und Überbestände vermeiden, und zwar nicht nur in den Materialbeständen, sondern auch in den Beständen an Anlagen[264].

---

[256] Loitlsberger, Erich, a.a.O., S. 39.
[257] Ebd., S. 46.
[258] Ebd., S. 40.
[259] Ebd., S. 41—43.
[260] Ebd., S. 43—47.
[261] Ebd., S. 47—52.
[262] Ebd., S. 54—56.
[263] Ebd., S. 56—58.
[264] Ebd., S. 58—60.

Wirtschaftliches Prinzip[265]

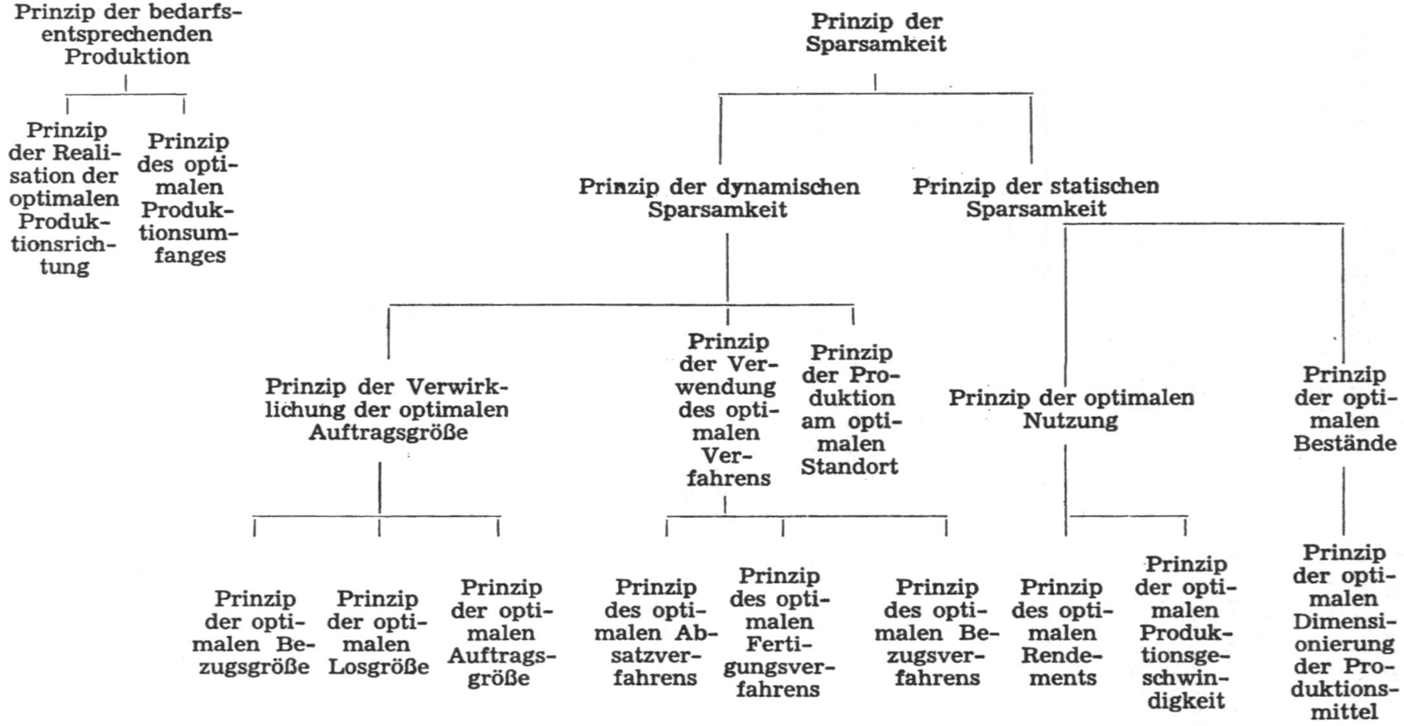

[265] Ebd., S. 62. Vgl. auch Fähndrich, Henner, Die Aufgaben der industriellen Anlagenwirtschaft, in: Industrielle Organisation, 32. Jg. 1963, S. 23—27, der die Gedanken Loitlsberger auf die Anlagenwirtschaft anwendet.

Als Ergebnis der vorangegangenen Ableitung erhält Loitlsberger den auf Seite 72 dargestellten Überblick über die wichtigsten Erscheinungsformen, in denen sich das Wirtschaftlichkeitsprinzip im Betriebe stufenweise konkretisiert. Die auf der untersten Stufe erscheinenden, konkretesten Unterprinzipien beinhalten jeweils anzustrebende Optimalgrößen. So führt die Analyse der Erscheinungsformen des Wirtschaftlichkeitsprinzips letztlich zu einer Systematik betrieblicher Optima.

Die Ermittlung von Optimalgrößen aber ist Ziel der Wirtschaftlichkeitsrechnungen. Eine Klassifikation von Optimen muß daher zwangsläufig eine Systematik möglicher Rechnungen beinhalten. Sieht man von den wirtschaftstheoretischen Grundlagen des Universalismus Spann-Heinrichscher Prägung[266] ab, die die Studie Loitlsbergers nicht nur mit der Auffassung des Betriebes als eines Stufengliedes der Wirtschaft[267], das der Bedarfsdeckung dient, grundlegen, sondern mit der Unterscheidung verbrauchlicher und unverbrauchlicher Mittel im einzelnen bestimmen, und nimmt man nur die Ergebnisse der Analyse des Wirtschaftlichkeitsprinzips, so kann ohne Zweifel die Konzeption der betrieblichen Optimalgrößen als Grundlage eines Systems der Wirtschaftlichkeitsrechnungen dienen.

Da jede unternehmerische Maßnahme bestmöglichst gestaltet werden muß und es eine Fülle denkbarer Maßnahmen gibt, kann eine Studie immer nur die wichtigsten Optimalpunkte herausstellen und nie Anspruch auf Vollständigkeit erheben. So fehlen etwa in Loitlsbergers Konzeption optimale Beschäftigung, optimale Betriebsgröße und optimale Investitionsprogramme, erblickt man sie nicht im optimalen Produktionsumfang bzw. in optimalen Beständen, oder es fehlen optimale Unternehmensform, optimale Finanzierungsform, optimale Preisstellung, optimales Unternehmenswachstum u. ä.

Betrachtet man die Systematik Loitlsbergers nun unter dem Aspekt des Umfanges der jeweiligen Optima und damit des Umfanges der Fragestellung möglicher Wirtschaftlichkeitsrechnungen, so wird leider dieser Gesichtspunkt nicht präzise herausgearbeitet, was auch Hax in einer Buchbesprechung wie folgt anmerkt: „Die Arbeit hätte noch gewonnen, wenn systematisch zwischen Teiloptima — das sind Optimalpunkte für einzelne, isoliert betrachtete Teilbereiche der Unternehmung — und dem Gesamtoptimum (der Unternehmung oder der Ge-

---

266 Vgl. dazu das Kapitel über „Die universalistische Volkswirtschaftslehre" bei Stavenhagen, Gerhard, Geschichte der Wirtschaftstheorie, Band 2 des Grundrisses der Sozialwissenschaft, Göttingen 1951, S. 153 ff.

267 Vgl. den Spannschen Begriff der Wirtschaft als eines Gebäudes rangordnungsgemäß gegliederter Mittel für Zwecke; vgl. Stavenhagen, Gerhard, a.a.O., S. 154.

samtwirtschaft) unterschieden worden wäre."[268] Doch war dies wegen der Grundlagen der Studie kaum möglich.

Anders liegt es mit einem Systematisierungsversuch Virkkunens. Virkkunen hat versucht, das gesamte Rechnungswesen unter dem Gesichtspunkt der Aufgaben der Unternehmensleitung zu gliedern[269]. Als elementare Leitungsaufgaben hebt Virkkunen die Planung, die Kontrolle und die Repräsentation nach außen, die die Information Außenstehender einschließt, besonders hervor. Den Leitungsaufgaben entsprechend unterscheidet er drei Hauptbereiche des Rechnungswesens:

1. Planungskalküle,
2. Kontrollkalküle,
3. Informationskalküle.

Im Rahmen der Planungskalküle müssen nach seiner Ansicht zwei Hauptformen unterschieden werden: „Solche, die verschiedene Handlungsalternativen miteinander vergleichen, und solche, die die der Tätigkeit zugrunde gelegten Alternativen in der Form einer in Markbeträgen ausgedrückten Zielsetzung enthalten."[270] Die ersteren nennt er Alternativkalküle, die letzteren Ziel(setzungs)kalküle.

Alternativkalküle haben das zum Inhalt, was wir als Wirtschaftlichkeitsrechnungen bezeichnen. Sie suchen als Ermittlungs- oder Optimalmodelle nach den Handlungsalternativen mit dem besten Wirtschaftlichkeitsgrad und bilden so die Grundlage für die Entscheidung. Hat der Leitende sich für die optimale Handlungsweise entschieden, so wird diese zur Anordnung und damit zur Zielsetzung, genauer, sie wird Inhalt des Zielsetzungskalküls als Bestandteil der Sollplanung[271].

Für die Alternativkalküle, die wir den Wirtschaftlichkeitsrechnungen in der Planungsphase gleichsetzen können, hat Virkkunen eine Einteilung gegeben, als deren Gliederungsprinzip er den „Umstand betrachtet, *auf welche Komponente des Erfolges (der Unternehmung) man mit*

---

[268] Hax, Karl, Buchbesprechung zu Loitlsberger, Erich, Das Wirtschaftlichkeitsprinzip, a.a.O., in: ZfhF, NF, 11. Jg. 1959, S. 538.

[269] Vgl. dazu besonders den Untertitel des Werkes von Virkkunen. Virkkunen, Henrik, Das Rechnungswesen im Dienste der Leitung. Systematisch-theoretische Untersuchung der Bereiche, Zweige und Aufgaben des Rechnungswesens unter besonderer Berücksichtigung der Leitungsfunktionen. Band 21 der Veröffentlichungen des Betriebswirtschaftlichen Instituts zu Helsinki, aus dem Finnischen übersetzt von Carl-August von Willebrand, Helsinki 1956.

[270] Ebd., S. 67/68.

[271] In der Unterscheidung zwischen Alternativkalkülen und Zielsetzungskalkülen wird die besonders in der deutschen Literatur übliche Trennung zwischen Prognose- bzw. Eventual-Planung einerseits und Soll- bzw. Sollziffern-Planung andererseits deutlich. Vgl. dazu Koch, Helmut, Betriebliche Planung, a.a.O., S. 9—12; denselben, Artikel: „Absatzplanung", in: Handwörterbuch der Sozialwissenschaften, Band 1, Stuttgart—Tübingen—Göttingen 1956, S. 15 ff.; Hax, Karl, Stand und Aufgaben der Betriebswirtschaftslehre in der Gegenwart, in: ZfhF, NF, 8. Jg. 1956, S. 133 ff., hier S. 143.

den zu überdenkenden Maßnahmen in erster Linie Einfluß auszuüben versucht"[272]. Er unterscheidet folgende Gruppen:

1. Alternativkalküle *im Dienst produktionspolitischer Maßnahmen*[273];
2. Alternativkalküle *im Dienst von preis- und vertriebspolitischen Maßnahmen*[274];
3. *Totalkalküle*[275].

Produktionspolitische Alternativkalküle betreffen nach Virkkunen „alle diejenigen Maßnahmen, deren Zweck zunächst in der Herabsetzung der Kosten besteht, und zwar ohne Rücksicht darauf, ob es sich um Maßnahmen zur Einkaufs-, Fertigungs- bzw. Vertriebs- oder Finanzierungstätigkeit handelt"[276]. Voraussetzung produktionspolitischer Alternativkalküle ist eine für alle Alternativen mengen- und wertmäßig gleiche Leistung. Bei gegebener Leistung ist der produktionspolitische Alternativkalkül auf den Wirtschaftlichkeitsmaßstab der Kosten beschränkt und kann so seine Aufgabe auf die Ermittlung der kostengünstigsten Handlungsweise einengen[277].

Wenn auch die Ermittlungen der günstigsten Einkaufs- bzw. Finanzierungsformen in die produktionspolitischen Alternativkalküle einbezogen werden, so liegt das Hauptgewicht dieser Wirtschaftlichkeitsrechnungen nach Virkkunen doch auf dem Gebiete der Fertigung und des Vertriebs. Sie treten auf als:

a) produktbezogene Kalküle zur Bestimmung der kostenoptimalen Erzeugnistypen und -konstruktionen und als
b) Kalküle für die Wahl von Produktionsverfahren und -geräten. Hierzu zählen nach Virkkunen die Ermittlung der kostengünstigsten Maschinen, des kostenoptimalen Verfahrens des innerbetrieblichen Transports, die Bestimmung optimaler Bestellmengen und Losgrößen, die Wahl zwischen Selbstherstellung und Fremdbezug, die Ermittlung der kostengünstigsten Finanzierungsform und dergleichen mehr[278].

Den produktionspolitischen stehen die preis- und vertriebspolitischen Alternativkalküle gegenüber. Dienen erstere der Ermittlung kostenoptimaler Maßnahmen, so zielen letztere auf die ertragsmäßig vorteilhafteste Handlungsalternative ab. Gehen erstere von gegebenen Leistungen aus, so unterstellen letztere konstante Kosten[279].

---

[272] Virkkunen, Henrik, a.a.O., S. 69.
[273] Ebd., S. 69.
[274] Ebd., S. 70.
[275] Ebd., S. 71.
[276] Ebd., S. 72.
[277] Ebd., S. 70.
[278] Ebd., S. 72.
[279] Ebd., S. 70.

Auch die preis- und vertriebspolitischen Alternativrechnungen treten in zwei Formen auf, und zwar als:

a) *„Produktkalküle“*[280] und als

b) „Vergleichskalküle“ für *einzelne Produkte zur Produktwahl und der Bestimmung des rentabelsten Sortiments“*[281].

Produktkalküle dienen der Ermittlung des günstigsten zu fordernden Preises und finden nur Anwendung, wenn die dem unternehmerischen Angebot gegenüberstehende Nachfrage eine aktive Preispolitik erlaubt[282].

Vergleichskalküle zur Bestimmung des optimalen Sortiments werden notwendig, wenn die Unternehmung von gegebenen Produktpreisen ausgehen muß. Dann gilt es, diejenigen Produkte zu finden, die den größten Überschuß der Preise über die proportionalen Kosten aufweisen. Zu den preis- und vertriebspolitischen Vergleichskalkülen rechnet Virkkunen auch den Vergleich von Absatzgebieten, Distributionswegen und -verfahren, da ihr Zweck in erster Linie in der Beeinflussung der Erträge besteht. Werden durch die Änderung der Absatzgebiete oder der Absatztechnik allerdings auch die Kosten beeinflußt, so zählen die sie betreffenden Planungsrechnungen zu der Gruppe der Totalkalküle[283].

Totalkalküle zeichnen sich nämlich dadurch aus, daß „weder die geforderte Leistung noch das verwendete Verfahren gegeben ist“[284]. Maßnahmen, die sowohl eine Variation der Kosten als auch eine solche der Leistungen bewirken, sind nach Virkkunen etwa zu erblicken in der Gründung eines neuen Werkes, in der Wahl des günstigsten Standortes, der Erweiterung von Fabriken und ähnlichen weitreichenden unternehmerischen Aktionen[285].

Mit der Einteilung der Alternativkalküle in die drei Gruppen der produktionspolitischen und preis- und vertriebspolitischen Alternativkalküle und der Totalkalküle sowie ihrer Untergliederung umspannt Virkkunen den weiten Bereich möglicher Wirtschaftlichkeitsrechnungen und verleiht ihm eine umfassende Systematik, die einzig darunter leidet, daß das angegebene Prinzip der Einteilung nicht konsequent durchgehalten wird; denn das genannte Kriterium der durch die zu betrachtende Maßnahme betroffenen Erfolgskomponente wird letztlich durch das Unterscheidungsmerkmal des von der Aktion beeinflußten Unternehmensbereichs ersetzt.

---

280 Ebd., S. 72.

281 Ebd., S. 73.

282 Die bei Virkkunen gegebene Erläuterung der preis- und vertriebspolitischen Produktkalküle weicht von der hier gewählten Darstellung ab. Auf sie kann im einzelnen nicht eingegangen werden. Vgl. Virkkunen, Henrik, a.a.O., S. 73.

283 Ebd., S. 73/74.

284 Ebd., S. 74, vgl. auch S. 71.

285 Ebd., S. 71/72 und S. 74/75.

Zwar ist eine derartige Substitution in weitem Maße möglich, wenn man betrachtet, daß einmal Maßnahmen, die die Einsatzkomponente des Erfolges, also Ausgaben bzw. Aufwand bzw. Kosten verändern, sich vorwiegend auf den Produktionsbereich erstrecken, daß zum anderen Aktionen, die die Ergebniskomponente des Erfolges, also Einnahmen bzw. Erträge bzw. Leistungen variieren, auf der Absatzseite ansetzen, und wenn man schließlich betrachtet, daß Handlungen, die sowohl die Einsatz- als auch die Ergebniskomponente des Erfolges berühren, meist auf alle betrieblichen Teilbereiche einwirken.

Mag eine solche Entsprechung von betroffener Erfolgskomponente und berührtem betrieblichen Teilbereich auch oft gegeben sein, so kann doch nicht übersehen werden, daß wichtige unternehmerische Maßnahmen einer Gleichsetzung der angegebenen Gliederungskriterien im Wege stehen. Gerade im Absatzbereich gibt es eine Fülle von unternehmerischen Handlungen, die meist nur die Einsatzkomponente des Erfolges berühren, etwa die Entscheidungen darüber, ob man die Belieferung der Abnehmer mit eigenen oder fremden Transportmitteln durchführen soll, ob man die Werbeaufgaben selbst erfüllen oder ihre Durchführung ausgliedern soll und ähnliche. Aber auch im Produktionsbereich gibt es Maßnahmen, die nicht die Einsatz- sondern vielmehr die Ergebniskomponente des Erfolges verändern, wie etwa Veränderungen der Produktgestalt bei gleichen Kosten.

Muß deshalb die in Virkkunens Vorschlag implizit enthaltene Vermischung der genannten Einteilungskriterien abgelehnt werden, so sind diese Merkmale der Maßnahmen doch in getrennter Betrachtung sinnvoller Ausgangspunkt zur Kennzeichnung des unterschiedlichen sachlichen Umfangs der Fragestellung unternehmerischer Wirtschaftlichkeitsrechnungen. Eine solche Charakteristik ist für die Analyse der anderen Grundpfeiler der Wirtschaftlichkeitsrechnungen unabdingbare Voraussetzung, weil die in Frage stehenden Maßnahmen zugleich mit dem sachlichen Umfang der Fragestellung auch die Art und Anzahl der in die Rechnung einzubeziehenden Einflußgrößen, damit das anzuwendende Verfahren und so letztlich auch die Ergebnisse der Rechnungen bestimmen.

Wegen der Fülle möglicher Maßnahmen muß eine Gruppierung formal bleiben, soll sie umfassend sein. Wirtschaftlichkeitsrechnungen befassen sich mit den „wirtschaftlichen, in Werten ausdrückbaren Folgen“[286] unternehmerischer Maßnahmen. Eine Kennzeichnung des Umfanges ihrer Fragestellung setzt deshalb zweckmäßigerweise an den Wirkungen der zu betrachtenden Maßnahmen an.

Die Wirkungen lassen sich nach den von Virkkunen aufgezeigten Merkmalen näher kennzeichnen. Die Einteilung Virkkunens in produk-

[286] Beste, Theodor, Die Kurzfristige Erfolgsrechnung, a.a.O., S. 12.

tions- und absatzpolitische Alternativkalküle und Totalkalküle beinhaltet letztlich eine Einteilung der zu betrachtenden Maßnahmen nach ihrem Wirkungsbereich. Unter dem Wirkungsbereich einer Maßnahme ist derjenige Ausschnitt der betrieblichen Gesamttätigkeit zu verstehen, auf den die Maßnahme einwirkt[287]. Man kann den jeweiligen Ausschnitt des Unternehmensgeschehens zwar wie Virkkunen mit den beiden Bereichen der Produktion und des Absatzes kennzeichnen, doch bleibt eine solche Gruppierung sehr roh.

Eine weitergehende Aufspaltung des Gesamtprozesses in Einzelprozesse ist auf der Grundlage betrieblicher Funktionen möglich. Aufbauend auf Funktionen, in welcher möglichen Interpretation[288] sie auch verstanden werden, ist eine Aufspaltung des Gesamtprozesses in Einzelprozesse und im Gefolge davon eine Gliederung des Gesamtunternehmens in Teilbereiche oder Funktionskreise[289] möglich[290]. Entsprechend der Bedeutung betriebswirtschaftlicher Funktionen bietet die Literatur eine Fülle von Funktionsgliederungen, die aber letztlich alle, und das

---

[287] Witthoff spricht im Rahmen des Verfahrensvergleichs von Wirkbereich: „Grundsätzlich ist also zu fordern, daß bei Verfahrensänderungen, die von einem bestimmten Punkt des Fertigungsflusses ausgehen, immer untersucht wird, wieweit sich deren Wirkbereich erstreckt. Dieser muß sorgfältig festgestellt werden; die Verfahren müssen also, erforderlichenfalls über mehrere Fertigungsstufen hinweg, soweit miteinander verglichen werden, wie sich die verfahrensmäßige Umstellung auswirkt."

Witthoff, J., Der kalkulatorische Verfahrensvergleich, insbesondere die Wirtschaftlichkeitsrechnung, Das Refa-Buch, Band V, München 1956, S. 20.

[288] Im Rahmen unserer Untersuchung ist es unerheblich, ob man die Funktionen den Prozessen und damit der Erfüllung von Aufgaben gleichsetzt, wie es meist geschieht, oder ob man zwischen Funktionen als den „den Betriebswirtschaften gesetzten Aufgaben oder Zwecke(n)" und Prozessen als den Vorgängen und Verfahren, „durch die die gesetzten Ziele verwirklicht werden", unterscheidet (Seyffert), oder ob man schließlich zwischen Aufgabe und Funktion trennt, in dem man unter Funktion eine bestimmte Art von Arbeitsleistung (Ulrich) versteht. Vgl. Seyffert, Rudolf, Über Begriff, Aufgaben und Entwicklung der Betriebswirtschaftslehre, 4., neubearbeitete Aufl., Stuttgart 1957, S. 27 und Ulrich, H., Betrachtungen zur funktionalen Organisation, in: ZfhF, NF, 2. Jg. 1950, S. 11 ff., hier S. 15/16.

[289] Zum Begriff des Funktionskreises vgl. Schmalenbach, E., Pretiale Wirtschaftslenkung, Band 2: Pretiale Lenkung des Betriebes, Bremen-Horn 1948, S. 18/19.

[290] Eine Aufgliederung des Unternehmens in Funktionskreise ist nur dann schwierig, wenn man, wie in jüngster Zeit Bellinger, zwischen Funktionen und Elementen trennt. Während Bellinger im Anschluß an Henzel in sachlicher Aufeinanderfolge Beschaffung, Lagerung, Erzeugung, Gestaltung, Transport, Lagerung, Absatz, Verwaltung und Leitung als Grundfunktionen besonders hervorhebt, versteht er unter Elementen „Gegebenheiten und Zustände einer Betriebswirtschaft ..., die Grundfunktionen beeinflussen oder von Grundfunktionen beeinflußt werden können." Als Elemente sieht er an Anlagenwirtschaft, Materialwirtschaft, Absatzwirtschaft, Personalwesen, Rechnungswesen, Finanzwesen und so fort. Dabei kann jede Funktion auf jedes Element bezogen sein. Dann bilden aber nicht mehr Funktionen, sondern die Elemente die Teilbereiche des Unternehmens. Vgl. Bellinger, Bernhard, Versuch eines Gliederungssystems betrieblicher Funktionen, in: ZfB, 25. Jg. 1955, S. 228 ff., besonders S. 236—240.

ist sachlich bedingt, die wichtigsten Funktionen und Funktionskreise gleichermaßen enthalten[291].

Der sachliche Umfang der Fragestellung ist nun davon abhängig, auf wie viele solcher Funktionskreise die zu beurteilende Maßnahme einwirkt, wie groß ihr Wirkungsbereich ist. Maßnahmen, die in ihren wesentlichen Wirkungen nur einen Teilbereich berühren, wie etwa die Wahl der Absatzmethode, die lediglich den Absatzbereich tangiert, stehen solchen Aktionen gegenüber, deren spürbare Folgen in mehreren Teilbereichen sichtbar werden. Die Festlegung von Beschaffungs- und Produktionsmengen wirkt sicher außer auf Beschaffung und Produktion auch auf die Lagerwirtschaft und den Finanzbereich ein. Weitreichender noch werden die Wirkungen von Anlageinvestitionen sein. Von einigen unternehmerischen Handlungen, so der Wahl des Standortes oder der Betriebsgröße, muß man sogar sagen, daß sie wesentliche Auswirkungen auf alle unternehmerischen Funktionskreise mit sich bringen.

Der Umfang der Fragestellung läßt sich noch genauer determinieren, wenn man, wie Schäfer, von einem Stufenbau der Grundfunktionen ausgeht und damit den Wirkungsbereich von Maßnahmen innerhalb der Funktionskreise näher bestimmt. Schäfer unterscheidet nämlich einen „Stufenbau von Grundfunktion, Durchführungs-, Teil- oder Unterfunktion, bis hin zu letzten Verrichtungsvorgängen oder Elementen“[292]. Am Beispiel der Produktionsaufgabe hat er gezeigt, wie sich mit einer solchen Tiefengliederung eine Verfeinerung der rohen Einteilung in Funktionskreise erreichen läßt.

Der Umfang der Fragestellung ist dann nicht etwa nur dadurch gekennzeichnet, daß es sich um eine Maßnahme im Produktionsbereich handelt. Man kann vielmehr sagen, daß eine Tätigkeit im Bereich der Fertigungsvorbereitung, der Fertigungsstufe I, II, III oder IV, der Fertigungskontrolle oder der Verpackung in Frage steht oder daß mehrere solcher Unterfunktionen ausgefüllt werden.

Der Umfang der Fragestellung für die Wirtschaftlichkeitsrechnungen hängt also ab von dem Wirkungsbereich der zu beurteilenden Maßnah-

---

[291] Vgl. etwa die Funktionsgliederungen Gutenbergs und Schmalenbachs. Gutenberg, Erich, Einführung in die Betriebswirtschaftslehre, a.a.O., S. 19; Schmalenbach, E., Neue Aufgaben der Betriebswirtschaftslehre, in: Betriebswirtschaftliche Beiträge, Bremen—Hamburg—Hannover 1947, S. 3. Vgl. auch Hasenack, Wilhelm, Artikel: „Funktionenlehre, betriebswirtschaftliche“, in: Handwörterbuch der Betriebswirtschaft, 3., völlig neu bearbeitete Aufl., Band II, Stuttgart 1957, Spalte 2095 ff. und Rößle, Karl, Artikel: „Funktionen, betriebswirtschaftliche“, in: Handwörterbuch der Betriebswirtschaft, Band II, a.a.O., Spalte 2091 ff.

[292] Schäfer, Erich, Die Funktionalbetrachtung in der Betriebswirtschaftslehre, in: Gegenwartsprobleme der Betriebswirtschaft, Festschrift zum 70. Geburtstag von Le Coutre, herausgegeben von Friedrich Henzel, Baden-Baden—Frankfurt a. M. 1955, S. 11 ff., hier S. 19/20.

men. Der Wirkungsbereich der Maßnahmen wiederum läßt sich einerseits durch die Anzahl der betroffenen Funktionskreise und andererseits durch die Anzahl der betroffenen Unterfunktionen innerhalb der Funktionskreise kennzeichnen[293].

Außer von dem Wirkungsbereich der Maßnahmen ist der sachliche Umfang der Fragestellung auch davon abhängig, auf welche Komponente der Wirtschaftlichkeit die Handlung einwirkt, oder anders ausgedrückt, an welchen Maßstäben die Wirkungen der Aktionen gemessen werden. Als solche Wirkungsmaßstäbe hatten wir Ausgaben, Aufwendungen, Kosten, Kapital, Einnahmen, Erträge, Leistungen, Gewinne, Rentabilitäten u. a. erkannt. Je nachdem, ob etwa nur Kosten oder Leistungen oder Leistungen und Kosten oder ob lediglich Einnahmen oder Einnahmen und Ausgaben durch die Aktion betroffen werden, wird die Fragestellung enger oder weiter sein. Unter welchen Bedingungen man sich auf Mittel- oder Zweckgrößen der Wirtschaftlichkeitsmaßstäbe beschränken kann, haben wir früher gezeigt. Man könnte eine Einschränkung dann anstreben, wenn entweder nur eine der Komponenten wesentlich für die Beurteilung der Handlung ist oder aber nur eine Komponente sich mit relativer Sicherheit feststellen läßt. Letzteres trifft etwa für Investitionen zu, deren weit in die Zukunft reichende Folgen sich zwar auf der Ausgabenseite, nicht aber auf der Einnahmenseite mit hinreichender Genauigkeit feststellen lassen.

Wirkungsbereich und Wirkungsmaßstab der Maßnahmen langen zur Kennzeichnung des sachlichen Umfangs der Fragestellung nicht aus. Keine unternehmerische Maßnahme erfolgt im luftleeren Raum. Vielmehr eingebettet in das betriebliche Gesamtgeschehen ist sie abhängig von den Gegebenheiten in den betrieblichen Teilbereichen und von den Bedingungen auf den Märkten, in denen die Unternehmung ihre Tätigkeit entfaltet. Kein Unternehmer kann deshalb jede beliebige Handlungsalternative realisieren. Würde er es versuchen, so stieße er an betriebliche und außerbetriebliche Grenzen, die er nicht überschreiten könnte. „Denn jedes Unternehmen ist", wie Gutenberg sagt, „in ein System von produktionstechnischen, finanziellen, absatzwirtschaftlichen und anderen Beschränkungen eingeordnet"[294]. Das Aktionsfeld[295] des Unterneh-

---

[293] Vgl. dazu auch Koch, der im Rahmen der Unternehmensplanung Planungen unterschiedlichen Umfangs unterscheidet:
„die ‚*umrißartige Totalplanung*', welche die ganze Unternehmung umfaßt, die *Bereichsplanung*, welche einen Unternehmungsbereich (den Gesamtbetrieb oder einzelne Abteilungen wie Absatz, Fertigung, Materialbeschaffung, Werbung, Finanzierung und dgl.) umfaßt.
die *Einzelplanung*, welche eine oder wenige Größen (Tätigkeitsmerkmale) innerhalb eines Bereiches umfaßt." Koch, Helmut, Betriebliche Planung, a.a.O., S. 37.

[294] Gutenberg, Erich, Unternehmensführung, a.a.O., S. 162.

[295] Wittmann spricht in ähnlichem Sinne von dem Operationsbereich: „Operationsbereiche stellen sich dar als Handlungsräume, d. h. als Freiheitsbereiche für die Aktionen einer Unternehmung." Vgl. Wittmann, Waldemar,

mers wird daher auf solche Maßnahmen eingeengt, die der Interdependenz des betrieblichen Geschehens und seiner Verbundenheit mit den Märkten Rechnung tragen.

Interdependenz meint nichts anderes als gegenseitige Abhängigkeit. Funktionskreise und Märkte des Unternehmens sind nicht allein abhängig von den zu tätigenden Maßnahmen. Auch die Maßnahmen hängen ab von den Gegebenheiten in den Teilbereichen und Märkten des Unternehmens. Maßnahmen sind demnach nicht nur gekennzeichnet durch die Wirkungen, die sie hervorrufen, sondern auch durch die Bedingungen, denen sie unterliegen. Folglich muß der Planende außer den Wirkungen auch die Bedingungen in die Fragestellung für die Wirtschaftlichkeitsrechnungen einbeziehen. Der sachliche Umfang der Fragestellung läßt sich also durch Wirkungsbereich, Wirkungsmaßstab und Wirkungsbeschränkungen der zu beurteilenden Maßnahmen kennzeichnen.

2. Der zeitliche Umfang der Fragestellung

Menschliches Handeln geschieht in Raum und Zeit. Unternehmerische Maßnahmen vollziehen sich in einem, mehreren oder allen Funktionsbereichen als ihren sachlichen Aktionsräumen und gestalten gleichzeitig das Unternehmensgeschehen in der Zeit. Inwieweit vom sachlichen Wirkungsbereich der Maßnahmen her der Umfang der Fragestellung für die Wirtschaftlichkeitsrechnung festgelegt wird, ist im Vorangegangenen dargelegt worden. Das Ausmaß der Fragestellung wird aber gleichermaßen in zeitlicher Dimension zu bestimmen sein. Je weiter einerseits die Folgen einer zu beurteilenden Maßnahme in die Zukunft reichen und je weiter und genauer man andererseits die zukünftigen Wirkungen der Aktionen voraussehen kann, um so breiter oder tiefer wird jeweils die Fragestellung angelegt sein müssen und können.

a) Der zeitliche Umfang der Fragestellung in Abhängigkeit von den zu beurteilenden Maßnahmen

Keine Wirtschaftlichkeitsrechnung vermag die Gesamttätigkeit des Unternehmens in allen seinen Teilbereichen simultan zu erfassen. Ebensowenig ist es möglich, das Unternehmensgeschehen über die gesamte Lebensdauer der Wirtschaftseinheit zu beurteilen. Das Leben des Unternehmens gestaltet sich ja als eine ständige Auf- und Nebeneinanderfolge einzelner Maßnahmen, die in ihren Wirkungen jeweils be-

---

Unternehmung und unvollkommene Information, a.a.O., S. 146. Svennilson benutzt den Ausdruck „Handlungsfeld". Vgl. Svennilson, J., Ekonomisk Planering, Uppsala 1938, S. 31, zitiert nach Schneider, Erich, Wirtschaftlichkeitsrechnung, a.a.O., S. 73; von Kortzfleisch spricht von Determinanten als denjenigen Grenzen, innerhalb derer „die Allgemeine und die Spezielle Arbeitsvorbereitung Entscheidungsfreiheit haben". von Kortzfleisch, Gert, Betriebswirtschaftliche Arbeitsvorbereitung, a.a.O., S. 74.

stimmte, mehr oder weniger fest umrissene Zeiträume umspannen. Nur solche zeitlich begrenzten Maßnahmen können Inhalt der Wirtschaftlichkeitsrechnungen sein.

Die literarischen Unterscheidungen zwischen lang- und kurzfristigen oder lang-, mittel- und kurzfristigen Maßnahmen sind ebenso vielfältig wie uneinheitlich. Aus der Fülle der in der Planungsliteratur vorgetragenen Abgrenzungen muß der Unternehmer, der eine Wirtschaftlichkeitsrechnung aufstellen will, auf diejenige achten, die die Maßnahmen nach ihrer wirklichen zeitlichen Ausdehnung unterscheidet. Denn ihn interessiert es primär, ob er Einflußgrößen aus einer oder mehreren Perioden in die Rechnung einbeziehen muß. In diesem Sinne wären zunächst ganz formal kurzfristige Maßnahmen solche, die sich auf eine Periode, langfristige, die sich auf mehrere Perioden erstrecken[296].

Man könnte die Länge der in Frage stehenden Periode an der kalenderzeitlichen und im laufenden Rechnungswesen üblichen Jahreseinteilung orientieren. Kurzfristige Maßnahmen würden dann 1 Jahr, langfristige mehrere Jahre umfassen. Unterschiede man noch Perioden mittel- und langfristiger Aktionen, so würden erstere einen Zeitraum von 1 bis 3 Jahren ausfüllen und letztere über diese Zeitspanne hinausgehen. Entsprechende Aufteilungen finden sich häufig in der Literatur, tragen aber einen stark formalen Charakter[297].

Für industrielle Produktionsbetriebe charakteristischer „ist die benötigte Zeit vom Eingang einer Kundenbestellung über ihre Ausführung durch die Fertigung bis zur Ablieferung der hergestellten Erzeugnisse". „Dieser Zeitraum, in einer Schuhfabrik z. B. 14 Tage, oder für eine Großschiffswerft z. B. 2 Jahre, kann auch als Richtschnur für die Grenze zwischen der kurz- und langfristigen Produktionsplanung"[298], und damit allgemein als Grenze zwischen kurz- und langfristigen Maßnahmen gelten.

In der volkswirtschaftlichen Literatur wählt man im Anschluß an Marshall nicht die Zeitdauer, sondern vielmehr die sogenannte „operational time" als Unterscheidungsmerkmal kurz- und langfristiger Operationen. Mit dem Begriff der „operational time" will man die Intensität der betrieblichen Anpassung an außerbetriebliche Einflüsse kennzeichnen. Langfristig heißt dann totale, kurzfristig bedeutet partielle Anpassung. „Die Periode ist um so ‚länger', je endgültiger die gesamte technisch-organisatorische Verfassung eines Betriebes mit der neuen außerbetrieblichen Lage in Übereinstimmung gebracht wird. Oder, so

[296] Vgl. dazu auch die Einteilung Schneiders in Ein- und Mehrperiodenplanung. Schneider, Erich, Einführung in die Wirtschaftstheorie, II. Teil, a.a.O., z. B. S. 55.

[297] Vgl. etwa Wittmann, Waldemar, Unternehmung und unvollkommene Information, a.a.O., S. 173.

[298] von Kortzfleisch, Gert, Betriebswirtschaftliche Arbeitsvorbereitung, a.a.O., S. 22.

paradox es klingt: Die Periode ist so lange ‚kurz', als man es beim Zustand des ‚Provisorischen' beläßt und umgekehrt. Hieraus ergibt sich deutlich, daß short-run- und long-run-Prozesse von Marshall im Grunde als von der Kalenderzeit unabhängige Begriffe verstanden werden."[299] Abgesehen davon, daß es sich bei der totalen Anpassung um einen theoretischen Grenzbegriff handelt, ist es für die praktische Wirtschaftlichkeitsrechnung weniger von Belang, ob die zu beurteilenden Maßnahmen strukturierenden oder improvisierenden Charakter haben sollen. Von Bedeutung ist vielmehr, wie lange sie effektiv Wirkungen in den Unternehmen hervorrufen, von Interesse ist ihre „zeitlich-absolute Ausdehnung"[300].

Trotzdem wird man sagen müssen, daß Maßnahmen der totalen Anpassung meist auch langfristige Folgen mit sich bringen. Handelt es sich bei ihnen doch vorwiegend um Struktur-, d. h. Aufbaumaßnahmen, indes partielle Anpassungen den Ablauf betreffen.

Die in der Literatur häufige Trennung zwischen Betriebsaufbau- und Betriebsablaufgestaltung[301] wird auch in der Unterscheidung Bestes zwischen einer allgemeinen und einer speziellen Arbeitsvorbereitung industrieller Betriebe deutlich. Befaßt sich erstere mit dem Bau der Betriebe, so hat letztere deren Leben zum Inhalt[302].

Aufgabe der allgemeinen Arbeitsvorbereitung ist die Festlegung des Produktionssortiments auf lange Sicht, die Wahl der einzelnen Standorte, die Bestimmung der grundlegenden Verfahren und der Investitionen zur Schaffung der Produktionsbereitschaft, in deren Gefolge auch die langfristigen Kapitaldispositionen einbezogen werden müssen[303]. Gleichgültig, ob es sich um Gründungs- und damit Aufbau- oder Erweiterungs- beziehungsweise Einschränkungs- und somit Ausbau- oder Abbaumaßnahmen handelt, für alle wird gelten, daß ihre Folgen mehr als eine Periode im Leben der Unternehmung berühren.

Die Festlegung des Produktionssortiments bestimmt das Unternehmungsgeschehen oft so nachhaltig, daß an eine Änderung gar nicht ge-

[299] Gutenberg, Erich, Die Produktion, a.a.O., S. 306.

[300] Vgl. dazu Wittmann, Waldemar, Unternehmung und unvollkommene Information, a.a.O., S. 173.

[301] Vgl. dazu etwa Grochla, Erwin, Betrieb und Wirtschaftsordnung. Das Problem der Wirtschaftsordnung aus betriebswirtschaftlicher Sicht, Berlin 1954, S. 16 ff.; Sandig, Curt, Die Führung des Betriebes. Betriebspolitik, Stuttgart 1953, Kapitel 4: „Die Führungsentscheidungen konstitutiver und situationsbedingter Art", S. 95 ff.; Bender, Karl, Die Führungsentscheidung im Betrieb, Stuttgart 1957, S. 32; Hasenack, Wilhelm, Artikel: „Funktionslehre, betriebswirtschaftliche", a.a.O., Spalte 2098/2099.

[302] Vgl. Beste, Theodor, Artikel: „Fertigungswirtschaft und Beschaffungswesen", in: Handbuch der Wirtschaftswissenschaften, herausgegeben von Karl Hax und Theodor Wessels, Band I: Betriebswirtschaft, Köln und Opladen 1958, S. 125 ff., hier besonders S. 131 und S. 204; vgl. auch von Kortzfleisch, Gert, Betriebswirtschaftliche Arbeitsvorbereitung, a.a.O., S. 6.

[303] Vgl. Beste, Theodor, Artikel: „Fertigungswirtschaft und Beschaffungswesen", a.a.O., S. 131—203.

dacht wird. Mit der Wahl der zu produzierenden Art von Gütern werden nicht nur die Aufwendungen und Erträge der Gegenwart, sondern auch die Erfolgskomponenten der weiteren und weitesten Zukunft entscheidend beeinflußt. Die Wirtschaftlichkeit von Investitionen ergibt sich nicht allein aus den im Investitionszeitpunkt entstehenden Anschaffungsausgaben, sondern aus allen künftigen Ausgaben und besonders aus den zukünftigen Einnahmen, über deren Höhe und Anfall vielleicht nicht nur die folgenden fünf, sondern, wie etwa bei der Errichtung eines Großkraftwerks, die folgenden fünfzig Jahre entscheiden.

Welche absolute zeitliche Ausdehnung die einzelnen Maßnahmen annehmen werden, hängt von verschiedenen Umständen, unter anderem dem jeweiligen Wirtschaftszweig, den volkswirtschaftlichen Gegebenheiten und den speziellen betrieblichen Verhältnissen ab. Unabhängig davon wird für die Bestimmung des zeitlichen Umfangs der Fragestellung von Wirtschaftlichkeitsrechnungen, die solche langfristigen Prozesse betreffen, immer Gültigkeit haben, was Schneider von der Investition sagt: „*Ziel des Investors ist es,* den Kapitalwert seiner *Investition für ihre gesamte Lebenszeit* zu maximieren.“[304]

Welche Bedeutung der richtigen Begrenzung des zeitlichen Umfangs der Fragestellung zukommt, mögen folgende Beispiele verdeutlichen. Es sei die wirtschaftlichste zweier Investitionen zu bestimmen. Beide Investitionen mögen jährlich die gleichen Einnahmen und Ausgaben hervorrufen. Doch habe die eine eine Laufzeit von 20 Jahren, während die Wirkungen der anderen sich auf 25 Jahre erstrecken. Bezöge man nun in die Fragestellung nur einen Zeitraum von 10 Jahren ein, so wäre das Ergebnis, daß beide Investitionen den gleichen Wirtschaftlichkeitsgrad aufweisen. Bei Berücksichtigung ihrer unterschiedlichen zeitlichen Ausdehnung lautet das Resultat selbstverständlich anders.

Ähnliches gilt für folgenden Fall. Sollen etwa zwei Investitionen miteinander verglichen werden, die insgesamt die gleichen Einnahmen und Ausgaben hervorrufen und deren Einnahmen und Ausgaben jeweils gleichmäßig über ihre Laufzeit verteilt sind, deren Lebenszeit aber unterschiedlich ist, so wird man unter sonst gleichen Bedingungen, ohne viel zu rechnen, derjenigen mit der kürzeren Laufzeit den Vorzug geben. Für langfristige Maßnahmen spielt also ihre zeitliche Ausdehnung eine entscheidende Rolle.

Nicht nur die Zeitdauer der Maßnahmen muß in die Fragestellung für die Wirtschaftlichkeitsrechnung eingehen. Auch die Zeitpunkte des Eintritts der künftigen Wirkungen sind einzubeziehen, weil der Unternehmer aus Gründen, die die einzelnen Zinstheorien zu erläutern suchen, in der Regel geneigt ist, weiter in der Zukunft liegende ökonomische Größen geringer zu schätzen als gegenwärtige.

---

[304] Schneider, Erich, Wirtschaftlichkeitsrechnung, a.a.O., S. 74.

Muß für langfristige Maßnahmen die Einbeziehung von Zeitdauer und Zeitpunkt der Wirkungen in die Fragestellung für die Wirtschaftlichkeitsrechnungen als notwendig erachtet werden, so kann man bei der Beurteilung der Wirtschaftlichkeit kurzfristiger Aktionen das Zeitproblem eliminieren. Soll etwa die wirtschaftlichste Losgröße für den Planungszeitraum eines halben Jahres errechnet werden, so ist es wegen der Kürze der Zeitspanne ziemlich gleichgültig, ob die relevanten Kosten zu Beginn, während oder am Ende der Planungsperiode entstehen. Der Zeitpunkt und die Zeitdauer ihres Anfalles können außer Acht gelassen werden[305].

Als Beispiele kurzfristiger Maßnahmen wäre an die Aufgaben der speziellen Arbeitsvorbereitung zu denken. Bei der Vorbereitung des Produktionsprozesses ist festzulegen, welche der Güter, für deren Herstellung der Betrieb die Bereitschaft getroffen hat, nun im einzelnen in welcher Menge, zu welcher Zeit, an welchen Orten des Betriebes, mit welchen Mitteln innerhalb der nächsten Periode hergestellt werden sollen[306]. Andere Beispiele kurzfristiger Maßnahmen wären im Absatz-, Beschaffungs- oder Finanzbereich zu finden.

Während also kurzfristige Aktionen eine Eliminierung des Zeitproblems zulassen, fordert die quantitative Beurteilung der Wirtschaftlichkeit langfristiger Maßnahmen eine Kennzeichnung des zeitlichen Umfangs der Fragestellung.

b) Der zeitliche Umfang der Fragestellung in Abhängigkeit von der Überschaubarkeit der Zukunft

„Eine Planung ist in der Regel um so fruchtbarer, je länger die Zeitspanne sein kann, für die sie aufgestellt wird."[307] Wirtschaftlichkeitsrechnungen als Ausdruck quantitativer Planungsüberlegungen erfordern sogar eine so lange Zeitdauer zu umspannen, als sich die Wirkungen der zu betrachtenden Maßnahmen in die Zukunft erstrecken. Aber die Länge der Zeitspanne „hängt vor allem von der Überschaubarkeit der Zukunft ab"[308]. Und so steht der Notwendigkeit, alle künftigen Folgen zu erfassen, die beschränkte Möglichkeit, die zukünftigen Wirkungen und Bedingungen zu erkennen, einengend entgegen.

---

[305] Verfeinert man das Losgrößenmodell, dann kann man auch in kurzfristige Untersuchungen das Zeitmoment einbauen. Dem wird man allerdings nur theoretische Bedeutung beimessen können. Vgl. Pack, Ludwig, Optimale Bestellmenge und optimale Losgröße — Zu einigen Problemen ihrer Ermittlung —, in: ZfB, 33. Jg. 1963, S. 465 ff. und S. 573 ff.

[306] Vgl. Beste, Theodor, Artikel: „Fertigungswirtschaft und Beschaffungswesen", a.a.O., S. 204 und 208.

[307] Beste, Theodor, Artikel: „Planung in der Unternehmung", a.a.O., S. 77.

[308] Ebd., S. 77.

Grundsätzlich ist unser Wissen über die Zukunft nur wahrscheinlich. „Mit je größerer Sicherheit in die Zukunft eingedrungen werden kann, für eine um so längere Frist ist die Planung möglich.“[308] Aber irgendwo gibt es selbst für wahrscheinliches Wissen und für die unternehmerische Voraussicht eine zeitliche Grenze. Um eben den Zeitraum, der von dem planenden Unternehmer überschaut wird oder überschaut werden kann, näher zu kennzeichnen, hat Tinbergen den sehr plastischen Begriff des „Horizonts“ in die Literatur eingeführt[309], der zwischenzeitlich zum Begriff des „Ökonomischen Horizonts“ umgeformt wurde[310].

Die Existenz eines solchen ökonomischen Horizonts ergibt sich nach Shackle[311] aus zwei Gründen. Einmal mag der Unternehmer deshalb alle Ereignisse und Situationen außer Acht lassen, die zeitlich hinter dem ökonomischen Horizont liegen, weil es für seine gegenwärtigen Empfindungen unerheblich ist, ob er sich über diese Daten Erwartungen bildet oder nicht. Zum anderen mag es für ihn zwar möglich sein, sich über bestimmte Ereignisse und Situationen Vorstellungen zu machen. Doch wird er diese Vorstellungen nicht in Erwartungen[312] umformen können, weil er nicht in der Lage ist, von ihnen zu sagen, in welchem Grade er sie für möglich hält.

In jedem Falle wird er nur den vom ökonomischen Horizont[313] begrenzten Zeitraum in seine Rechnungen einbeziehen. Doch gibt es für die im einzelnen einzubeziehenden Wirkungen und Bedingungen keinen einheitlichen Horizont. Die Weite der Voraussicht hängt vielmehr davon ab, mit welcher Sicherheit man die einzelnen Einflußgrößen prognostizieren kann, was je nach Art der Größen in unterschiedlichem Maße möglich sein wird.

Sachliche Wirkungsfaktoren werden sich weiter voraussehen lassen als persönliche, weil der Prognose sachlicher Komponenten oft naturwissenschaftliche Gesetze zugrundegelegt werden können. Bei den personellen Wirkungskräften werden Voraussagen dort am ehesten möglich sein, „wo der eigene Wille die Veränderlichen kontrolliert, d. h. die

---

[309] Vgl. Tinbergen, J., The Notions of Horizon and Expectancy in Dynamic Economics, in: Econometrica, Volume 1 1933, S. 247 ff., bes. S. 247: „As a first approximation it might be supposed that only the expectances relating to a certain time period (the ‚horizon‘) are of importance, and all of the same importance.“ In seinem früheren Aufsatz: „Ein Problem der Dynamik“, in: Zeitschrift für Nationalökonomie, Band III 1931, S. 169 ff., sprach Tinbergen von dem „Gesichtsfeld“ (S. 171).

[310] Vgl. Wittmann, Waldemar, Unternehmung und unvollkommene Information, a.a.O., S. 138; vgl. auch denselben, Ungewißheit und Planung, in: ZfhF, NF, 10. Jg. 1958, S. 499 ff., besonders S. 506.

[311] Shackle, G. L. S., Decision, Order, and Time in Human Affairs, a.a.O., S. 223.

[312] Erwartungen im Sinne Shackles; vgl. ebd., S. 8—13.

[313] Der Begriff des ökonomischen Horizonts wird in der Literatur wahlweise als überschaubarer Zeitraum oder als die Voraussicht begrenzender Zeitpunkt verstanden, Interpretationen, die sachlich dasselbe meinen.

Macht besitzt, fremdes Wollen zu bestimmen, ihm also Tun oder Lassen zu oktroyieren, oder wo fremder Wille in seiner Wirkung festgelegt ist"[314]. Größen des Innenbereichs der Unternehmung sind meist eher beherrschbar als solche des Außenbereichs. Deshalb wird der ökonomische Horizont für Betriebsdaten weiter reichen als für Marktdaten[315].

Zur Bestimmung des zeitlichen Umfangs der Fragestellung für die Wirtschaftlichkeitsrechnung wird diejenige Wirkungsgröße entscheidend sein, die man am wenigsten weit überschauen kann. Sie wirkt als eine Art Minimumsektor für die zeitliche Ausdehnung der Rechnung und engt möglicherweise den von der zu beurteilenden Maßnahme her zu fordernden zeitlichen Umfang erheblich ein.

Die Überschaubarkeit der Zukunft hat nicht nur Einfluß auf das zeitliche Ausmaß der Überlegungen. Von der unternehmerischen Voraussicht hängt es auch ab, mit welcher Ausführlichkeit und Genauigkeit die Wirkungen der Maßnahmen in die Fragestellung eingesetzt werden können; mit anderen Worten, die Überschaubarkeit der Zukunft wirkt auf den sachlichen Umfang der Fragestellung zurück.

Ganz allgemein wird man sagen können, daß die Überschaubarkeit der Zukunft mit zunehmender zeitlicher Entfernung abnimmt, und zwar abnimmt besonders im Hinblick auf die Genauigkeit und die Ausführlichkeit, mit der sich Bedingungen und Wirkungen im einzelnen feststellen lassen. Für die Wirtschaftlichkeitsrechnung gilt, was Grochla von der Planung allgemein sagt: „Ein kurzfristiger Plan wird in der Regel detaillierter und feiner ausgearbeitet sein können als ein langfristiger."[316] Mit der Verkürzung des zeitlichen Umfanges rücken die Einzelheiten in den Vordergrund. „Andererseits wird eine langfristige Planung sehr oft nur global und grob möglich sein, da die Überschaubarkeit der Zukunftsdaten mit zunehmender Entfernung vom Planungszeitpunkt abnimmt."[317]

Mit der Begrenzung des zeitlichen Umfanges ist die Fragestellung als der erste Grundpfeiler der Wirtschaftlichkeitsrechnungen insoweit umrissen, als er vom ökonomischen Sachbereich her determiniert wird. Welche Probleme die Umformung einer ökonomischen Fragestellung in eine rechnerische Aufgabe mit sich bringt, wird im Rahmen der Behandlung der Verfahren zu klären sein. Einer Analyse der Verfahren muß aber eine Charakteristik der Rechengrößen vorausgehen, weil die Zahl und die jeweiligen Abhängigkeiten der Rechengrößen die Wahl der Verfahren beeinflussen.

---

[314] Vgl. Wittmann, Waldemar, Unternehmung und unvollkommene Information, a.a.O., S. 142.
[315] Ebd., S. 142—146.
[316] Grochla, Erwin, Das Problem der optimalen Unternehmungsplanung, a.a.O., S. 67.
[317] Ebd., S. 67.

B. Die Rechengrößen in den Wirtschaftlichkeitsrechnungen

Rechnungen lassen sich in den vier Pfeilern Fragestellung, Rechengrößen, Verfahren und Ergebnis grundlegen. Steckt die Fragestellung den Rahmen ab, in dem die ganze Rechnung ruht, so füllen die Rechengrößen eben diesen Rahmen sachlich aus. Sie bilden das Material der Rechnungen, den in den Verfahren zu bearbeitenden Stoff und determinieren damit letztlich das sachliche Ergebnis.

Ebenso wie der Aussagewert einer Rechnung von der richtigen Formulierung der Fragestellung nach Inhalt und Umfang abhängt, so steht und fällt die Verwertbarkeit des Ergebnisses mit der Richtigkeit der Rechengrößen, Richtigkeit hier in einem sehr weiten Sinne als Zweckentsprechung von Rechengrößen und Fragestellung verstanden. Gerade für angewandte Rechnungen, die wie die Wirtschaftlichkeitsrechnungen der Lösung einer aus praktischen Bedürfnissen resultierenden Sachfrage dienen, kommt der Richtigkeit der Rechengrößen entscheidendes Gewicht bei.

Jedem rechnenden Betriebswirt ist die Bedeutung richtiger Zahlenunterlagen wegen der Gefahr des Mißlingens einer auf Grund falscher Daten beschlossenen Maßnahme ständig bewußt. In gleichem Maße kennt er aber auch die Schwierigkeiten, die der Ermittlung von Rechengrößen entgegenstehen.

Der Erfolg, den die Anwendung rechnerischer Verfahren zur rationalen Gestaltung des Betriebsgeschehens beitragen kann, hängt letztlich von der Möglichkeit ab, solche Informationen zu gewinnen, die den zu analysierenden Sachverhalt in hinreichendem Maße quantitativ kennzeichnen. Die Entwicklung immer verfeinerter Verfahren, so sehr sie auch die Wirtschaftlichkeitsrechnungen befruchtet hat, kann und darf nicht über die praktische Schranke der Informationsgewinnung hinwegtäuschen.

Welche Schwierigkeiten die Beschaffung von Informationen auch mit sich bringen mag, immer setzt sie zunächst eine Kenntnis darüber voraus, welche quantitativen Angaben zur Lösung des Problems wünschenswert oder erforderlich sind. Je nach der Art der gewünschten Informationen werden dann die Methoden ihrer Gewinnung auszurichten sein.

I. Die Einflußfaktoren

1. Begriff und Arten der Einflußfaktoren

Wie jede angewandte Rechnung, so beruhen auch die Wirtschaftlichkeitsrechnungen auf einer zahlenmäßigen Abbildung des zugrundeliegenden Sachverhalts. Die Ermittlung der quantitativ faßbaren Wirkungen unternehmerischer Aktionen kann deshalb als eine rechnerische Abbildung der einzelnen Handlungsalternativen einer zukünftigen Maßnahme angesehen werden.

Jedes rechnerische Spiegelbild, will es kein Zerrbild sein, setzt die genaue Kenntnis des abzubildenden Sachverhalts voraus. Wer eine Wirtschaftlichkeitsrechnung aufstellen will, muß daher zunächst die Art der Wirkungen und Bedingungen zu planender Maßnahmen kennen. Erst dann wird es ihm möglich sein, diese Folgen und Voraussetzungen in Rechengrößen umzuformen, sie rechnerisch abzubilden.

Wirkungen und Bedingungen unternehmerischer Aktionen beeinflussen deren Wirtschaftlichkeit und können deshalb als Einflußfaktoren auf die Wirtschaftlichkeit bezeichnet werden. Einflußfaktor ist dann diejenige Wirkungskraft, deren Wirksamwerden unter sonst gleichen Bedingungen die Wirtschaftlichkeit einer unternehmerischen Handlung verändert. Sofern Einflußfaktoren quantifizierbar sind, kann man sie auch Einflußgrößen nennen. Das entspräche dem wissenschaftlichen Sprachgebrauch, der im Rahmen der mathematisch-statistischen Kostenanalyse von Einflußgrößen spricht[1]. *„Unter Einflußgröße ist dabei der zahlenmäßige Ausdruck einer Kostenverursachung zu verstehen, die mit ihrem Wirksamwerden, allein oder zusammen mit mehreren, regelmäßig immer wieder einen Aufwand desselben Produktionsfaktors bewirkt.“*[2]

Bezieht man den Begriff der Einflußgröße bzw. des Einflußfaktors nicht nur auf die Kosten als eine mögliche, sondern auf alle Komponenten der Wirtschaftlichkeit und damit die Wirtschaftlichkeit selbst, so

---

[1] Vgl. dazu unter anderen Hall, Rüdiger, Das Rechnen mit Einflußgrößen im Stahlwerk, Band 5 der Beiträge zur betriebswirtschaftlichen Forschung, Köln und Opladen 1959; Stevens, Hans, „Einflußgrößenrechnung“, Die Erfassung funktionaler Zusammenhänge in der industriellen Technik unter Anwendung mathematischer Formeln, schaubildlich-rechnerischer Hilfsmittel und ihre Darstellung in Diagrammen und Nomogrammen, Düsseldorf 1939; Wuttke, K. W., Kosten-Einflußgrößenrechnung, in: ZfB, 28. Jg. 1958, S. 385 ff.

[2] Hall, Rüdiger, a.a.O., S. 8.

muß eine systematische Aufzählung möglicher Einflußfaktoren an deren Vielzahl scheitern. Ein Katalog aller Einflußfaktoren wäre auch wenig sinnvoll, weil Wirtschaftlichkeitsrechnungen je nach ihrer Fragestellung die Einbeziehung anderer Einflußfaktoren verlangen. Eine Unterscheidung wichtiger Arten von Einflußfaktoren ist indes sowohl im Hinblick auf deren Feststellung als auch auf deren Umformung in Rechengrößen und die rechnerische Behandlung letzterer von entscheidender Bedeutung.

Grundlegend zu trennen sind quantifizierbare und nicht quantifizierbare Einflußfaktoren. Können erstere in die Wirtschaftlichkeitsrechnungen einbezogen werden, so stehen letztere außerhalb des Rechenbaren und zwingen im Rahmen der Entscheidung zu einer gesonderten Betrachtung neben dem rechnerischen Ergebnis. Wo die Grenzen zwischen quantifizierbaren und nichtquantifizierbaren Einflußfaktoren im einzelnen liegen, wird im nächsten Abschnitt zu zeigen sein. Die Möglichkeit ökonomischer Bewertung schafft aber ganz allgemein einen sehr weiten Rahmen für die Quantifizierung von Einflußfaktoren.

Im Hinblick auf die Sicherheit und Weite der Vorausschau hatten wir schon sachliche und persönliche Wirkungskräfte hervorgehoben und letztere unterteilt in solche, die vom Willen des Unternehmens abhängig sind und solche, die sich durch den Willen der Unternehmung nicht beeinflussen lassen.

Richtet man sein Augenmerk nicht nur auf die Weite und Sicherheit der Prognose von Einflußfaktoren, sondern auch auf die Methoden und Quellen zur Ermittlung ihrer quantitativen Merkmale, so kann man zwischen betrieblichen und marktlichen Einflußfaktoren oder Einflußfaktoren des Innen- und Außenbereiches unterscheiden, wobei eine Abgrenzung „durch die Grenzen des Herrschaftsgebietes der Unternehmung zu erreichen wäre, wenn auch die Beherrschbarkeit für die Zugehörigkeit zum einen oder anderen Bereich kein absolutes Kriterium ist“[3].

Die Trennung der Einflußfaktoren in solche technischer und ökonomischer Natur gibt nicht nur der Doppelschichtigkeit des unternehmerischen Handelns Ausdruck, sondern ist auch deshalb von Interesse, weil das Erkennen dieser Faktoren und die Messung ihrer Quantitäten unterschiedliche Schwierigkeiten bereitet.

Die rechnerischen Verfahren fordern eine Einteilung in solche Einflußfaktoren, die von der zu betrachtenden Maßnahme abhängig, und solche, die unabhängig davon sind. Die abhängigen Einflußfaktoren lassen sich weiter nach der Art ihrer Abhängigkeit von der Maßnahme und ihren gegenseitigen Abhängigkeiten aufgliedern.

---

[3] Wittmann, Waldemar, Unternehmung und unvollkommene Information, a.a.O., S. 144.

Im Hinblick auf die Maßstäbe der Quantifizierung lassen sich Mengen-, Zeit- und Wertkomponenten finden. Darüber hinaus kann man nennen: Aktions- und Reaktionseinflüsse, Handlungs- und Erwartungsparameter[4], wesentliche und unwesentliche, zu vernachlässigende Komponenten[5] und dergleichen mehr.

2. Die Abgrenzung der Einflußfaktoren

Ist die konkrete Fragestellung für eine Wirtschaftlichkeitsrechnung formuliert, so ergibt sich die Notwendigkeit, die auf die Wirtschaftlichkeit der zu beurteilenden Maßnahme einwirkenden Einflußfaktoren zu bestimmen.

Der Vorgang der Abgrenzung der relevanten Einflüsse beginnt mit dem Erkennen der möglichen Wirkungskräfte. Will man die möglichen Einflüsse erkennen, so bedient man sich der gedanklichen Analyse, die Euler als Teil des Grundprinzips jeder betriebswirtschaftlichen Arbeitsweise in die kurzen Stichworte kleidet: „Auflösung eines Vorganges in Teilvorgänge, richtige Abgrenzung der Teilvorgänge untereinander, Untersuchung der Einflüsse auf die einzelnen Teilvorgänge ...“[6]

Eine derartige Analyse bildet neben der richtigen Formulierung der Fragestellung die zweite Hauptaufgabe des Betriebswirtes bei der Aufstellung von Wirtschaftlichkeitsrechnungen und verlangt von ihm eine genaue Kenntnis der Determinanten in den einzelnen Funktionsbereichen, sei sein Wissen nun aus der Theorie oder aus der Praxis gewonnen. Neben der methodischen Schulung und ausreichenden Erfahrung verlangt eine solche eingehende Analyse der Komponenten aber auch große Sorgfalt und „die Fähigkeit zu einer objektiven Betrachtungsweise“[7].

Soweit es sich um Maßnahmen im Absatz-, Beschaffungs- und Finanzierungsbereich des Unternehmens handelt, wird der Betriebswirt die möglichen Einflüsse ohne fremde Hilfe erkennen können. Er weiß etwa, daß, wie Gutenberg es formuliert hat[8], das Absatzvolumen eines Unternehmens bei einer bestimmten eigenen absatzpolitischen Maßnahme in

---

[4] Vgl. Schneider, Erich, Einführung in die Wirtschaftstheorie, Band II, a.a.O., S. 62.

[5] Vgl. Churchman, C. West, Russel L. Ackoff und E. Leonard Arnoff, Operations Research. Eine Einführung in die Unternehmensforschung, Wien und München 1961, S. 156.

[6] Vgl. Euler, Hans, Die betriebswirtschaftlichen und die begrifflichen Grundlagen des Arbeits- und Zeitstudiums, in: Böhrs, Hermann, Erwin Bramesfeld und Hans Euler, Grundlagen und Praxis des Arbeits- und Zeitstudiums, Band I: Einführung in das Arbeits- und Zeitstudium, München 1948, S. 52—60, hier S. 53.

[7] Vgl. Witthoff, J., a.a.O., S. 30/31.

[8] Vgl. Gutenberg, Erich, Der Absatz, a.a.O., Abschnitt I des 4. Kapitels: Die realen Bestimmungsgrößen der Absatzhöhe, S. 41—50, bes. S. 45/46.

Form der Änderung einer oder mehrerer Instrumentalvariabler des absatzpolitischen Instrumentariums abhängt von den Reaktionen der Käufer, den Reaktionen der Konkurrenten, den Reaktionen des Unternehmens selbst auf Reaktionen der Käufer und Aktionen und Reaktionen der Konkurrenten, sowie den Trends der allgemeinen volkswirtschaftlichen Entwicklung und der speziellen Entwicklung der Branche und der Unternehmung selbst, und daß jeder dieser Haupteinflußfaktoren seinerseits in eine Fülle einzelner Einflüsse[9] aufgelöst werden kann. Ähnliches gilt für den Beschaffungs- und Finanzierungsbereich[10].

Dagegen macht es die stark technische Orientierung des Fertigungsbereiches den Betriebswirten unmöglich, alle Einflußfaktoren dieses Funktionsbereiches zu erkennen. Hier wird er den Techniker zu Rate ziehen müssen. Es bietet sich ein breites Feld fruchtbarer Zusammenarbeit zwischen Betriebswirt und Ingenieur, über dessen Notwendigkeit sich auch die Techniker, wie Gerbel es als einer von ihnen deutlich macht[11], im Klaren sein sollten und für dessen organisatorische Gestaltung Kollegien sich in besonderer Weise eignen, wie es Kosiol in zwei interessanten Beiträgen gezeigt hat[12].

Der Techniker kann dem Wirtschaftler sagen, was letzterer meist nicht weiß, nämlich „ob es was ausmacht" — so hat Hall es den Technikern in den Mund gelegt[13] —, wenn man etwa die Tourenzahl erhöht, vielleicht andere Materialien verwendet, den Materialfluß umlenkt oder die Zusammensetzung der Einsatzstoffe ändert. Der Techniker kennt die technischen Einflüsse auf die Ergiebigkeit einer Maschine, eines Verfahrens, eines Materials. Er kann und muß mit dem Wirtschaftler bei der Erkenntnis der möglichen Einflüsse zusammenarbeiten und man muß ihm nach Schmalenbach die volle Verantwortung für die technischen Dinge überlassen[14]. Die darin zum Ausdruck kommende tech-

---

[9] Vgl. dazu das Kapitel über „Die absatzpolitische Information" bei Gutenberg, Erich, Der Absatz, a.a.O., S. 60—83.

[10] Eine interessante Analyse der Einflußfaktoren, die bei Herstellung eines neuen oder Änderung eines bereits vorhandenen Erzeugnisses wirksam werden, bietet Danert, Günter, Zur Vorbereitung von unternehmerischen Entscheidungen, in: ZfhF, NF, 10. Jg. 1958, S. 311 ff.

[11] Vgl. Gerbel, B. M., Die Rentabilität industrieller Anschaffungen, a.a.O., S. 1 ff.

[12] Vgl. die beiden Beiträge von Erich Kosiol und Mitarbeitern, „Die Organisation von Investitionsentscheidungen", S. 23—105 und „Kollegien als Organisationsformen der Entscheidung, Beratung und Information", S. 107 ff., in: Organisation des Entscheidungsprozesses, herausgegeben von Erich Kosiol, Band 4 der Veröffentlichungen des Instituts für Industrieforschung der Freien Universität Berlin, Berlin 1959.

[13] Hall, Rüdiger, a.a.O., S. 10.

[14] Vgl. dazu die Kapitel: „Wertungen im Funktionskreise der Anlagenwirtschaft", „Wertungen im Funktionskreise der Fertigung" und „Wertungen in Hilfsbetrieben", in: Schmalenbach, E., Pretiale Wirtschaftslenkung, Band 2, a.a.O., S. 33—36, S. 39—42 und S. 42—43.

nische Information der Wirtschaft[15] hat Schmalenbach in seiner plastischen Sprache an folgendem Beispiel klargemacht, das er bei seinen Wertungen im Funktionskreise der Anlagenwirtschaft abhandelt: „Man nehme beispielsweise an, die bestehende Dampfanlage solle durch eine neue, leistungsfähigere ersetzt werden. Kohlenersparnisse durch bessere Kessel mit höherem Druck, automatische Beschickung und noch viele kleine Neuerungen sollen bei dieser Gelegenheit erzielt werden. Man erwartet einen wesentlich verringerten Kohlenverbrauch, Benutzbarkeit der billigen Feinkohle und außerdem eine Einsparung an Arbeitskräften. Das alles gehört in das Gebiet der technischen Kalkulation. Der kaufmännische Kostenrechner hütet sich, darüber ein Urteil abzugeben, damit der Techniker für seine Nutzenrechnung die volle Verantwortung behält."[16] Und an anderer Stelle: „Auch bei der Veranschlagung der Kosten haben die Techniker das entscheidende Wort, und man muß es ihnen lassen, denn sie sollen die Verantwortung behalten."[17]

Sind die möglichen Einflüsse festgestellt, so gilt es, sie zu ordnen. Einmal kann man sie nach der Art der Quantifizierung ihrer zahlenmäßigen Merkmale nach technischen Mengen- und Zeiteinflüssen und ökonomischen Wertkomponenten ordnen. Zum anderen kann man zur Vorbereitung auf die Bildung eines rechnerischen Modells nach abhängigen und unabhängigen Einflußfaktoren gruppieren.

Die beiden Schritte des Erkennens und Ordnens der möglichen Einflußfaktoren kann man abkürzen, wenn nicht unterlassen, sofern es sich um einen solchen Typ von Fragestellung handelt, für dessen Lösung bereits rechnerische Modelle entwickelt wurden, wie etwa für die Frage nach der optimalen Bestellmenge, der optimalen Losgröße, dem optimalen Lagerbestand, dem optimalen Verfahren, dem optimalen Standort, dem optimalen Fertigungsprogramm u. ä.

Zu allen diesen Modellen findet man in der Literatur Angaben über die jeweiligen Einflußfaktoren. So hat etwa von Kortzfleisch[18] diejenigen Einflüsse in einer Übersicht aufgeführt, die auf Lagerbestände im Industriebetrieb einwirken, und zwar unabhängig davon, ob es sich um Roh-, Zwischen- oder Fertiglager handelt. Klammert man die in von Kortzfleischs Übersicht angegebenen Symbole aus, auf die später einzugehen sein wird, so erhält man folgende Gruppierung der Einflüsse auf die Lagerbestände industrieller Betriebe:

---

[15] Der Begriff stammt von von Gottl-Ottlilienfeld, Fr., Wirtschaft und Technik, a.a.O., S. 17.

[16] Schmalenbach, Eugen, Pretiale Wirtschaftslenkung, Band 2, a.a.O., S. 33.

[17] Ebd., S. 34.

[18] Vgl. von Kortzfleisch, Gert, Betriebswirtschaftliche Arbeitsvorbereitung, a.a.O., S. 210; vgl. auch denselben, Wirtschaftliche Produktion durch plangerechten Materialfluß, in: VDI-Zeitschrift, Band 102 1960, S. 1783 ff., hier S. 1786; vgl. auch Churchman, C. West, Russel, L. Ackoff und E. Leonard Arnoff, a.a.O., S. 190.

Einflußfaktoren auf die Lagerbestände

Lagerzufluß	Lagerbestände	Lagerabfluß
Einkaufs- oder		
Produktionsmenge	Höchstbestände	
je Zeiteinheit	Mindestbestände	Verbrauchs- und
je Los	Durchschnittsbestände	Absatzmenge
Anzahl der Lose	Meldebestände	
Einkaufs- oder		Produktions- oder
Produktionszeiten		Liefertermine
Bestellzeit oder		
Programmperiode	Lagerdauer	
Liefer- oder		Produktions- oder
Fertigungsdauer	Umschlag	Absatzdauer
je Mengeneinheit		
je Los		
Gesamtzeit		
Einkaufs- oder		
Produktionskosten		Grenznutzen der
fixe Bezugs- oder	Lagerkosten	Lagergüter
Auflegungskosten		
Stückpreis und		
Einzelkosten	Lagerrisiken	
Kosten pro Los		
Gesamtkosten		

Die Systematik beruht auf der grundlegenden Tatsache, daß jeder Bestand als Bestandsmasse sich immer aus den Bewegungsmassen des Zugangs und Abgangs ergibt, und daß sowohl der Zugang zu als auch der Abgang von und damit der Bestand der industriellen Läger durch Mengen-, Zeit- und Wertkomponenten beeinflußt wird. Soweit sich die einzelnen Einflußfaktoren nicht von selbst erklären, muß auf die Ausführungen von Kortzfleischs verwiesen werden, weil es nicht unsere Aufgabe sein kann, Einflußfaktoren für spezielle Fragestellungen zu nennen und zu erläutern. Ähnlich der vorgetragenen Zusammenstellung der Einflußfaktoren für Lagerprobleme wird man in der Spezialliteratur zu den einzelnen Sachfragen[19], wenn auch nicht immer in der

[19] Als Beispiele für die Sammlung von Einflußfaktoren bei einigen Sachfragen seien einige Literaturhinweise gegeben: Optimales Fertigungsprogramm: Beste, Theodor, Artikel: „Fertigungsprogramm“, in: Handwörterbuch der Betriebswirtschaft, 3. völlig neu bearbeitete Aufl., Band I, Stuttgart 1956, Spalte 1749 ff.; Meyer, Werner, Das optimale Produktionsprogramm, Diss. Köln 1959; Zimmermann, Hans-Jürgen, Mathematische Entscheidungsforschung und ihre Anwendung auf die Produktionspolitik, Berlin 1963; Optimale Losgröße: Wolters, Alfons M., Das Problem der Wirtschaftlichkeit bei der optimalen Sortenproduktion, in: ZfhF, 31. Jg. 1937, S. 340 ff., S. 356 ff., S. 371 ff.; Gutenberg, Erich, Artikel: „Sortenproblem und Losgröße“, in: Handwörterbuch der Betriebswirtschaft, 3. völlig neu bearbeitete Aufl., Band III, Stuttgart 1960, Spalte 4897 ff; Ohse, Hermann, Wirtschaftliche Probleme industrieller Sortenfertigung, 2 Bände, Nr. 1159 der Forschungsberichte des Lan-

Form einer Übersicht, eine Sammlung der wichtigsten Einflüsse finden, deren Ordnung unterschiedliche Schwierigkeiten bereitet.

Hat man die möglichen Einflußfaktoren für einen bestimmten Typ von Fragestellung erkannt, gesammelt und geordnet, so gilt es, aus den möglichen die für die konkrete Fragestellung relevanten auszuwählen. Als unwesentlich kann man diejenigen Komponenten ansehen, die durch die zu beurteilenden Maßnahmen nicht beeinflußt werden oder deren Einfluß man als gering erachtet. Solange man sich allerdings nicht ganz klar ist, ob die Auswirkung einer Komponente ins Gewicht fällt oder nicht, sollte man zunächst annehmen, „daß die Auswirkung vernachlässigbar ist und die Komponente zunächst außer Acht lassen. Diese Annahme sollte jedoch überprüft werden, sobald die hierzu nötigen Informationen und Methoden verfügbar sind“[20]. Zur Auswahl der relevanten Einflußfaktoren ist nur befähigt, wer über die Gegebenheiten auf den Märkten und im Betriebe informiert ist. Er allein wird nicht wirksame Einflußfaktoren ausklammern oder auch der Zusammenstellung der möglichen einige im allgemeinen nicht beachtete Sondereinflüsse hinzufügen können, um so eine Zusammenstellung der relevanten Einflüsse zu erreichen. Daß man auch statistische Verfahren zur Prüfung der Wirksamkeit vermuteter Einflüsse einsetzen kann, werden wir später zeigen.

des Nordrhein-Westfalen, Köln und Opladen 1963; Optimale Bestellmenge: Kosiol, Erich und Mitarbeiter, Einkaufsplanung und Produktionsumfang, Erhebungen und Studien zur Einkaufspolitik industrieller Unternehmungen, Berlin 1956; Optimaler Standort: Rüschenpöhler, Hans, Der Standort industrieller Unternehmungen als betriebswirtschaftliches Problem, a.a.O.; Optimales Verfahren: Kuhn, H., Die Methodik des Verfahrenvergleichs, Diss. Hamburg 1954; Witthoff, J., a.a.O.; Optimales Investitionsprogramm: Albach, Horst, Investition und Liquidität. Die Planung des optimalen Investitionsbudgets, Wiesbaden 1962; Optimaler Materialfluß: Heiner, Heinz-August, Die Rationalisierung des Förderwesens in Industriebetrieben, Heft 14 der Abhandlungen aus dem Industrieseminar der Universität zu Köln, Berlin 1961; Optimaler Stufensprung bei der Normung: Ries, Clemens, Normung nach Normzahlen, Heft 16 der Abhandlungen aus dem Industrieseminar der Universität zu Köln, Berlin 1962.

[20] Churchman, C. West, Russel L. Ackoff und E. Leonard Arnoff, a.a.O., S. 157.

II. Die Rechengrößen

1. Zum Wesen der Rechengrößen

a) Rechengrößen als Maßgrößen

Rechnen ist Operieren mit Zahlen. Seine Anwendung setzt zahlenmäßige Ausdrücke voraus und verlangt deshalb eine Umformung der artmäßigen Einflußfaktoren in numerische Werte.

Die Umformung von Einflußfaktoren in Rechengrößen erfolgt ganz allgemein über die Feststellung quantitativer, mengenmäßiger Eigenschaften der jeweiligen Einflußfaktoren. Die Erfassung größenmäßiger Tatbestände kann man zunächst in einem sehr weiten Sinne als Messung bezeichnen.

Der Meßbarkeit und Messung physikalischer Größen verdankt die Technik ihren Siegeszug in der Neuzeit. Angeregt durch die Erfolge in den Naturwissenschaften wurde das Problem der mengenmäßigen Kennzeichnung empirischer Tatbestände in jüngster Zeit auch in den übrigen Realwissenschaften diskutiert, in denen Messen „ungleich komplizierter und mit erheblich geringerer Exaktheit möglich“ ist als in den Naturwissenschaften[21].

Welche Bedeutung der Meßproblematik gerade in der Betriebswirtschaftslehre beigemessen wurde und wird, macht das Anliegen Schmalenbachs deutlich, mit Hilfe der optimalen Geltungszahl nach seinen Worten „die für einen geordneten Stoffhaushalt in der Wirtschaft des Menschen nötigen Wahlvorgänge möglich zu machen. Es ist“, so sagt Schmalenbach, „das in den exakten Wissenschaften immer wiederkehrende Problem, das Gallilei so ausdrückt:

Was man messen kann, soll man messen.

Was man nicht messen kann, soll man meßbar machen.

Im Grunde geht es hier darum, die Wirtschaftslehre in das Gebiet der exakten Wissenschaften zu überführen“[22].

Um das Problem des Messens zu kennzeichnen, wollen wir von einer sehr weiten Begriffsfassung ausgehen, die dann auf die für uns relevan-

---

[21] Vgl. Szyperski, Norbert, Zur Problematik der quantitativen Terminologie in der Betriebswirtschaftslehre, Band 16 der Betriebswirtschaftlichen Forschungsergebnisse, Berlin 1962, S. 54/55.

[22] Schmalenbach, Eugen, Pretiale Wirtschaftslenkung, Band 1: Die optimale Geltungszahl, Bremen-Horn 1947, S. 22.

ten Sachverhalte bezogen werden muß. Das englische „Comittee on Measurement of the British Association for the Advancement of Science" beschäftigte sich sieben Jahre lang mit der Meßproblematik. Das Ergebnis der Überlegungen faßte der Ausschuß in folgender Definition zusammen[23]: „Messung im weitesten Sinne ist die Zuordnung von Zahlen zu Objekten oder Ereignissen gemäß Regeln[24]."

In einem ähnlichen Sinne, jedoch mehr unter dem Aspekt der durch Zuordnung zu kennzeichnenden Menge oder deren Elemente, sagt Pfanzagl: „Das allgemeine Ziel des Messens besteht darin, jedem Element einer gegebenen Menge *M* eine reelle Zahl so zuzuordnen, daß man in möglichst weitgehendem Ausmaße aus den Relationen zwischen den Maßzahlen Rückschlüsse auf korrespondierende Relationen zwischen den zugehörigen Elementen der Menge *M* ziehen kann."[25]

Ein so weiter Begriff des Messens umfaßt je nach der Art und Weise der Zuordnung der Zahlen zu den Objekten verschiedene Messungsarten. Im Anschluß an die Ergebnisse des genannten englischen Ausschusses unterscheidet man nominale, ordinale, intervale und kardinale Messung[26].

Nominale Messung meint die umfassendste Zurechnung von Zahlen zur Bezeichnung von Typen als eine Gruppierung von Objekten[27], wie etwa die Klassifizierung der Konten im Kontenrahmen nach dem Milvey-Deweyschen Dezimalklassifikationssystem oder die Numerierung der Roh-, Hilfs- und Betriebsstoffarten oder der Kostenstellen. Eine solche Zuordnung von Zahlen wird meist nicht als Messung angesehen, weil durch die Zahlenzuordnung lediglich ein Unterschied zwischen den einzelnen Teilklassen ausgedrückt wird, der aber nicht in einer Mengenstruktur zu bestehen braucht. „Der Ausdruck ‚Messen' soll ... nicht verwendet werden, da die Zahl nur als Zeichen schlechthin, nicht aber als Mengenausdrucksmittel benutzt wird."[28]

---

[23] Vgl. Comittee on Measurement of the British Association for the Advancement of Science, Final Report, London 1940; Szyperski, Norbert, a.a.O., S. 55; Mattessich, Richard, Messung, Vorausberechnung und Buchhandlungsmodelle, in: ZfhF, NF, 11. Jg. 1959, S. 179 ff., hier S. 180; vgl. auch das von Churchman und Ratoosh herausgegebene Sammelwerk: Measurement, Definitions and Theories, edited by C. West Churchman and Philburn Ratoosh, New York—London 1959.

[24] Vgl. Stevens: „Measurement ... is defined as the assingnment of numerals to objects or events according to rules." Stevens, S. S., On the Theory of Scales of Measurement, in: Science, Vol. 103 1946, S. 677 ff., hier S. 677, zitiert nach Szyperski, Norbert, a.a.O., S. 56.

[25] Pfanzagl, J., Die axiomatischen Grundlagen einer allgemeinen Theorie des Messens, Nr. 1 der Neuen Folge der Schriftenreihe des Statistischen Instituts der Universität Wien, Würzburg 1959, S. 59.

[26] Vgl. Mattessich, Richard, a.a.O., S. 180 und die dort angegebene englischsprachige Literatur.

[27] Ebd., S. 180.

[28] Szyperski, Norbert, a.a.O., S. 64/65; vgl. auch Mattessich, Richard, a.a.O., S. 180.

Setzt die sogenannte nominale Messung das Vorhandensein einer geordneten oder ordnungsfähigen Menge nicht voraus, so ist die Ordnungsfähigkeit einer Menge für die ordinale Messung unabdingbar. Ordinale Messung will nämlich eine Ordnung wiedergeben, eine Rang- oder Reihenfolge ausdrücken, eine Rang- oder Präferenzordnung schaffen[29], wie etwa für Güteklassen des Weizens, Härtegrade der Mineralien, Liquiditätsgrade usw. Die dieser Messungsart zugrundeliegende Skala gibt nur eine Ordnung wieder und wird von Pfanzagl in Anlehnung an Carnap als topologische bezeichnet[30].

Im Rahmen der Wirtschaftswissenschaften finden topologische Skalen etwa Anwendung bei der Bildung von Chancen- und Risikenpräferenzfeldern im Rahmen des Entscheidungsproblems unter Ungewißheit oder zur Kennzeichnung von Konsumgüterkombinationen unterschiedlicher Ophelimität im Rahmen der Nachfrageanalyse des Haushalts. Welche Bedeutung topologische Skalen im Rahmen der Wirtschaftstheorie auch immer, besonders aber für die Nutzenmessung haben werden[31], für die Umformung von Einflußfaktoren in Rechengrößen der Wirtschaftlichkeitsrechnungen spielen sie keine Rolle, weil Wirtschaftlichkeitsrechnungen auf numerischen Größen aufbauen, die eine Menge nicht nur nach einer Rangfolge kennzeichnen.

Jede über eine ordinale Messung hinausgehende Kennzeichnung einer Menge aber muß die Abstände zwischen den Elementen der Menge erfassen, muß die Abstände zwischen den Elementen der Menge durch reelle Zahlen abbilden[32]. „Eine stetige Abbildung, die nicht nur die Ordnung der Elemente von *M*, sondern auch die Ordnung der A b s t ä n d e richtig wiedergibt, heißt ‚metrisch'."[33] Metrische Skalen „bestehen aus (gleichgroßen) Intervallen" und liegen sowohl der intervalen als auch der kardinalen Messung zugrunde[34].

Während die intervalen Messungen keinen Nullpunkt ihrer Skalen voraussetzen oder ihn willkürlich wählen, etwa bei der Temperaturmessung in Celsius-, Reaumur- oder Fahrenheitgraden oder bei der kalendaren Zeitmessung, setzt die kardinale Messung einen „absoluten" Nullpunkt. „Das bekannteste Beispiel dieser Messungsskala", so sagt

[29] Vgl. Szyperski, Norbert, a.a.O., S. 65/66 und Mattessich, Richard, a.a.O., S. 181/182.

[30] Vgl. Pfanzagl, J., Die axiomatischen Grundlagen einer allgemeinen Theorie des Messens, a.a.O., S. 10.

[31] Vgl. dazu die neuere amerikanische Literatur zur Nutzenmessung, unter anderem angeführt bei Gäfgen, Gérard, Theorie der wirtschaftlichen Entscheidung, a.a.O., Kapitel 7 „Die Bedeutung der Handlungsfolgen", S. 137 bis 176; vgl. auch Kade, Gerhard, Die Grundannahmen der Preistheorie, a.a.O., S. 128—148.

[32] Vgl. Szyperski, Norbert, a.a.O., S. 66.

[33] Pfanzagl, J., Die axiomatischen Grundlagen einer allgemeinen Theorie des Messens, a.a.O., S. 21.

[34] Vgl. Mattessich, Richard, a.a.O., S. 182 und Szyperski, Norbert, a.a.O., S. 66.

Mattessich, „ist das System der Kardinalzahlen selbst, dem wir bereits in der Volksschule beim Zählen von Äpfeln und Birnen begegnet sind."[35]

Als Stückskala benutzen wir im Rechnungswesen der Unternehmung die Kardinalzahlen, wenn wir Einheitsgrößen, etwa Währungseinheiten, oder individuelle Größen, etwa Produkteinheiten, Maschinen, Materialteile und ähnliches, zählen[36]. Andere Beispiele kardinaler Messung sind die Längen-, Flächen- und Raummessung. Auch den ökonomischen Preisen liegt im Gelde eine metrische Skala mit „absolutem" Nullpunkt zugrunde[37].

Auf metrischen Skalen beruhende Messungen führen zu quantitativen Ausdrücken[38]. Speziell diejenigen Erfassungsprozesse quantitativer Eigenschaften, die auf metrischen Skalen mit „absolutem" Nullpunkt beruhen und sich des Systems der Kardinalzahlen bedienen, formen qualitative Einflußfaktoren in zahlenmäßige Rechengrößen um.

Nur Maßgrößen als Ergebnis kardinaler Messung besitzen die additive Eigenschaft, „so daß zwei beliebige ihrer Werte zusammengezählt werden können, um einen anderen dritten Wert" derselben Art zu erhalten. Nur auf sie lassen sich die Prozesse der Arithmetik anwenden[39].

Kardinale Messung kann angesehen werden als die Erfassung einer mengenmäßigen Eigenschaft eines Objekts oder Vorganges. An einem Objekt oder Vorgang lassen sich verschiedene mengenmäßige Eigenschaften feststellen, etwa an einem Stahlblock die Länge, das Gewicht, das Volumen usw. Jede dieser Dimensionen[40] kann in verschiedenen Maßeinheiten gemessen werden. Eine Maßgröße bzw. ihr sprachlicher Ausdruck, der Maßausdruck[41], als Ergebnis kardinaler Messung ist deshalb stets Produkt aus einer Maßzahl und einer Maßeinheit, die sich auf die jeweilig zu erfassende quantitative Eigenschaft bezieht:

$$\text{Maßgröße} = \text{Maßzahl} \times \text{Maßeinheit}.$$

---

[35] Vgl. Mattessich, Richard, a.a.O., S. 182.

[36] Vgl. Szyperski, Norbert, a.a.O., S. 66.

[37] Vgl. Mattessich, Richard, a.a.O., S. 182/183.

[38] Zu dem terminologischen Mißstand, daß man einmal die quantitativen Begriffe nur mit dem metrischen Messen, zum anderen aber auch mit dem topologischen Messen in Verbindung bringt, vgl. Szyperski, Norbert, a.a.O., S. 67.

[39] Allen, R. G. D., Mathematik für Volks- und Betriebswirte. Eine Einführung in die mathematische Behandlung der Wirtschaftstheorie. Aus dem Englischen übersetzt von Erich Kosiol, Berlin 1956, S. 11.

[40] Vgl. dazu das Stichwort „Dimension", in: Lueger, Lexikon der Technik, 4. vollständig neu bearbeitete und erweiterte Aufl. in 17 Bänden, herausgegeben von Alfred Ehrhardt und Hermann Franke, Band 2: Grundlagen der Elektrotechnik und Kerntechnik, Stuttgart 1960, S. 78/79.

[41] Zur genauen Unterscheidung zwischen einem Begriff und seinem sprachlichen Ausdruck vgl. Szyperski, Norbert, a.a.O., S. 108 ff.

Zum Beispiel läßt sich der Maßausdruck „*10m*" aufspalten in die Maßzahl [*10*][42] und die Maßeinheit [*m*][42], die auf die Dimension Länge bezogen ist.

Maßgrößen als Rechengrößen der Wirtschaftlichkeitsrechnungen zu bestimmen bedeutet so einmal die Erfassung der Maßzahl, zum anderen die Festlegung der Maßeinheit der jeweiligen quantitativen Eigenschaften. Die Wahl der Maßeinheiten muß der Erfassung der Maßzahlen vorausgehen, weil letztere sich immer auf erstere beziehen. Maßeinheiten sollen ganz allgemein so gewählt werden, daß sie den Zahlenwert „1" ergeben. Dann ist das System der Kardinalzahlen auf die Messung in diesen Maßeinheiten anwendbar[43].

In den Wirtschaftlichkeitsrechnungen wird entsprechend den unterschiedlichen quantitativen Eigenschaften der Einflußfaktoren in verschiedenen Dimensionen und mit verschiedenen Maßeinheiten gerechnet. Zunächst treten etwa für Beschaffungs-, Verbrauchs-, Produktions-, Lager-, Absatz- und sonstige Mengen Stückeinheiten auf. Desweiteren erscheinen technische Maßeinheiten, sei es nun in Form der fundamentalen Einheiten aus den physikalischen Einheitssystemen Länge — Masse — Zeit oder aus den technischen Einheitssystemen Länge — Kraft — Zeit, seien es aus diesen Grundeinheiten abgeleitete Einheiten[44]. Soweit technische Einheiten benötigt werden, ist die Wahl des jeweiligen Einheitssystems Zweckmäßigkeitsfrage. Den Kohleneinsatz einer Kokerei wird man wohl kaum in Grammen, sondern vielmehr in Tonnen messen. Fertigungszeiten wird man meist nicht in Jahren, sondern in Minuten aufnehmen.

Zur Vorbereitung der Quantifizierung als der Feststellung der Maßzahlen übernimmt man die Dimensionsbezeichnungen der einzelnen Einflußfaktoren zweckmäßigerweise in die genannte Zusammenstellung der Komponenten. Nach Aufstellung eines Modells kann man sich durch eine Dimensionsprobe von der Richtigkeit der Wahl der Maßeinheiten überzeugen[45].

Auf technischen Maßeinheiten aufbauende Rechengrößen bilden nur dann den alleinigen Inhalt von Wirtschaftlichkeitsrechnungen, wenn es darum geht, die rein mengenmäßige, technische Ergiebigkeit als untere Schicht der ökonomischen, wertmäßigen Ergiebigkeit festzustellen.

---

[42] Zur Schreibweise vgl. Landolt, Max, Größe, Maßzahl und Einheit. Erster Band, 2. Aufl., Zürich 1952, S. 15 ff.

[43] Vgl. Späth, Wilhelm, a.a.O., S. 14.

[44] Vgl. dazu die Stichworte „Einheiten" und „Einheitssysteme", in: Lueger, Lexikon der Technik, Band 2, a.a.O., S. 108—111. Zum Begriff der abgeleiteten Einheiten vgl. auch Mattessich, Richard, a.a.O., S. 182/183 und die dort angegebene Literatur.

[45] Vgl. dazu Sasieni, Maurice, Arthur Yaspan, Lawrence Friedman, a.a.O., S. 83/84.

Ihre Prägung erhalten Wirtschaftlichkeitsrechnungen aber erst durch die Gelddimension. Ökonomische Rechnungen sind Rechnungen in Geld. Für jede Wirtschaftlichkeitsrechnung ist das „Denken in Geld als einem Rechenpfennig“[46] kennzeichnend, die Verwendung der Geldeinheiten als Recheneinheiten Vorbedingung. „Das Geld ist das betriebswirtschaftliche Rechnungselement schlechthin.“[47]

Sobald Geld in ökonomischen Rechnungen als Maßausdruck in Erscheinung tritt, muß eine Bewertung vorausgegangen sein. Bewertung meint, wie sehr man im einzelnen auch über ihr Wesen streiten mag[48], das Einbeziehen einer näher zu bestimmenden Relation zwischen dem Subjekt Mensch und einem zu ihm in Beziehung stehenden Objekt[49]. Kann man nun diese Bewertung als Messung ansehen? Kann man Geldausdrücke als Maßgrößen bezeichnen?

Es steht außer Frage, daß der Vorgang der Erfassung der typisch ökonomischen Mengeneigenschaft eines Einflußfaktors, nennt man sie nun Wert, Preis, ökonomische Bedeutung oder wie auch immer, von der Messung technischer Größen verschieden ist, bei der objektive Maßstäbe als Instrumente der Messung meist auf die Meßobjekte selbst angewandt werden können.

Deshalb könnte gegen eine Betrachtung der Bewertung als Messung eben die Tatsache sprechen, daß der Wert eine Beziehung zwischen Wirtschaftssubjekt und Wirtschaftsobjekt und nicht eine dem Wirtschaftsobjekt anhaftende Eigenschaft meint. Doch hält Mattessich diese Tatsache nicht für ein Hindernis, „Messung anzustellen, solange man sich bewußt ist, daß veränderliche Relationen und nicht die ein für allemal gegebenen Größen von bestimmten Eigenschaften verglichen werden“[50].

Die Skalen der Bewertung sind zwar vielfältig, doch lassen sich insofern einwandfreie Resultate erzielen, als der Vorgang der Bewertung

[46] Vgl. dazu auch noch die folgenden Aussagen von Walb: „Dieses Denken in Geld als den gemeinsamen Nenner, auf den die wirtschaftlichen Vorgänge gebracht werden, stellt zum Teil eine Erleichterung des Wirtschaftslebens dar, weil die Vergleichbarkeit dadurch vereinfacht wird, zum Teil ist es eine Notwendigkeit, weil bestimmte wirtschaftliche Aussagen, wie z. B. über die Kostenlage, die Werthöhe (insbesondere Grenzwerte) oder die Rentabilität der Betriebe, anders überhaupt nicht gemacht werden können.“ Walb, Ernst, Finanzwirtschaftliche Bilanz, 2. Aufl., Duisburg (1946/47), S. 7; vgl. auch denselben, Geldhaftes und güterhaftes Wirtschaftsdenken, in: ZfhF, 35. Jg. 1941, S. 197 ff.

[47] Wittmann, Waldemar, Der Wertbegriff in der Betriebswirtschaftslehre, Band 2 der Beiträge zur betriebswirtschaftlichen Forschung, Köln und Opladen 1956, S. 84 sowie das Kapitel „Das Geld als Grundlage der betrieblichen Rechnungsarten“, ebendort, S. 83/84.

[48] Vgl. dazu etwa die Untersuchung von Wittmann, Waldemar, Der Wertbegriff in der Betriebswirtschaftslehre, a.a.O. und die dort angegebene Literatur.

[49] Vgl. etwa Wittmann, Waldemar, Der Wertbegriff in der Betriebswirtschaftslehre, a.a.O., S. 58 ff.; Szyperski, Norbert, a.a.O., S. 128.

[50] Mattessich, Richard, a.a.O., S. 183.

nach Mattessich als in zwei Stufen gegliedert gedacht werden kann. In der ersten Stufe werden aus den für die verschiedenen Zwecke zur Verfügung stehenden Bewertungsmöglichkeiten diejenigen Bewertungsregeln ausgewählt, die für den jeweiligen Zweck Gültigkeit haben. Die Wahl der Bewertungsregeln liegt jenseits des Messungsproblems oder geht ihm voran. Für die zweite Stufe der Bewertung, die Messung, nimmt der gewählte Satz der Bewertungsregeln axiomatischen Charakter an. „Daraus folgt", so sagt Mattessich, „daß zwar die Verläßlichkeit jeder Bewertung von der Wirklichkeitsnähe der ihr zugrundeliegenden Prämissen abhängt, daß aber innerhalb dieses Rahmens die Bewertung zur *Wertmessung* wird."[51]

In ähnlichem Sinne spricht auch Schmalenbach in seiner „Pretialen Wirtschaftslenkung" von „Wertmessungen"[52] und der optimalen Geltungszahl als dem „Ziel der Messung"[53].

Gutenberg hat in einer Untersuchung über „Die Struktur der Bilanzwerte"[54] im Rahmen der Bewertungen zwischen einem Bemessungsakt und einem Bewertungsakt unterschieden. Der Bemessungsakt ist nach Gutenberg durch das Messen als ein Vergleichen wie folgt gekennzeichnet: „Ein Gut A, das nicht mehr effektiv am Marktprozeß beteiligt ist, wird dadurch bemessen, daß auf dieses Gut A gedanklich die Geldeinheiten übertragen werden, die den Preis für ein im Marktprozeß wirksames Gut B ausmachen." Dabei wird unterstellt, daß das Gut A in seinen wesentlichen Eigenschaften dem Gut B entspricht[55].

Beim Bemessungsakt ist der Preis des Maßgutes das Primäre. Sekundär wird nach ihm der Wert des zu bemessenden Gutes bestimmt. Im Gegensatz dazu ist der Wert eines Gutes bei einem Bewertungsakt das Primäre[56]. Der Bewertungsakt schafft eine Beziehung zwischen einem Wirtschaftssubjekt und einem Wirtschaftsobjekt[57], der Wert ist Ausdruck dieser Beziehung.

Die Ausführungen Mattessichs beziehen sich nur auf Bemessungsakte im Sinne Gutenbergs, insofern von bestimmten Bewertungsregeln ausgegangen wird, die irgendwelche Preise den zu bewertenden Gütern zuordnen. Soweit es sich um Bewertungen im Rechnungswesen handelt, die zu quantitativen Ausdrücken führen, liegen solche Bemessungsakte als Vergleiche und Zuordnungen von Preisen vor.

---

[51] Ebd., S. 183.
[52] Schmalenbach, Eugen, Pretiale Wirtschaftslenkung, Band 1: Die optimale Geltungszahl, a.a.O., S. 24.
[53] Ebd., S. 22.
[54] Gutenberg, Erich, Die Struktur der Bilanzwerte, in: ZfB, 3. Jg. 1926, S. 497 ff. und S. 598 ff.
[55] Ebd., S. 499.
[56] Ebd., S. 502.
[57] Ebd., S. 607.

Bewertungsakte im Sinne Gutenbergs führen nicht zu eindeutig bestimmten quantitativen Größen. Sie stellen ein Problem der subjektiven Nutzenmessung dar und können nur mit Hilfe topologischer Skalen durchgeführt werden. Einflußfaktoren, deren Wert durch einen Bewertungsakt im Sinne Gutenbergs erfaßt werden muß, zählen meist zu den nicht (in Kardinalzahlen) quantifizierbaren Einflußfaktoren und werden deshalb aus den Wirtschaftlichkeitsrechnungen ausgeklammert. Als Beispiel wären hier zu nennen die Lieferbereitschaft, die Fehlmengen, die Zuverlässigkeit der Beschaffung, die Dringlichkeit des Absatzes und dergleichen mehr[58]. Auf die Versuche, auch diese Faktoren zu quantifizieren, soll hier nicht eingegangen werden[59]. Nur soweit Vergleichspreise vorhanden sind, erhalten wir Maßgrößen, die als Rechengrößen in die Wirtschaftlichkeitsrechnungen eingehen. Die übrigen Faktoren werden in der auf der Rechnung aufbauenden Entscheidung berücksichtigt.

Soweit die Erfassung der quantitativen ökonomischen Eigenschaft Wert oder Preis durch einen Bemessungsakt im Sinne Gutenbergs erfolgt, kann man von einer Messung sprechen und die Geldausdrücke demnach auch als Maßausdrücke bezeichnen. Formal unterscheiden sich die ökonomischen Rechengrößen jedenfalls in keiner Weise von den technischen Maßgrößen. Auch sie sind Produkt aus Maßzahl und Maßeinheit und als solche rechnerischen Operationen zugänglich.

b) Rechengrößen als pagatorische und kalkulatorische Größen

Soweit ökonomische Maßgrößen als Rechengrößen der Wirtschaftlichkeitsrechnungen auftreten, streitet man in der Literatur darüber, ob man mit Einnahmen und Ausgaben oder Leistungen und Kosten, also mit pagatorischen oder kalkulatorischen Größen im Sinne Kosiols, rechnen solle. Die Literatur wählt unterschiedliche Ausgangsgrößen, weil sie, wie gezeigt[60], aus verschiedenen Wurzeln ihren Ursprung nimmt. Wirtschaftlichkeitsrechnungen mit Kosten durchzuführen, entspricht dem Kostendenken der Praxis. Ein Rechnen mit Kosten schlagen die Beiträge der Techniker[61], etwa die des betriebswirtschaftlichen Ausschusses des Vereins der Eisenhüttenleute, sowie betriebswirtschaftliche Autoren[62] vor. Die nationalökonomische Literatur zur Wirtschaftlich-

[58] Vgl. dazu auch von Kortzfleisch, Gert, Betriebswirtschaftliche Arbeitsvorbereitung, a.a.O., S. 210 und 212—215.

[59] Vgl. dazu etwa Churchman, C. West, Russel L. Ackoff, E. Leonard Arnoff, a.a.O., Kapitel 6, S. 132—147, S. 199/200 und die dort angegebene Literatur.

[60] Vgl. das Kapitel „Der sachliche Inhalt der Fragestellung".

[61] Vgl. die Literaturangabe auf S. 28.

[62] Vgl. etwa Gutenberg, Erich, Der Stand der wissenschaftlichen Forschung auf dem Gebiet der betrieblichen Investitionsplanung, in: ZfhF, NF, 6. Jg. 1954, S. 557 ff., hier S. 568 und 569; von Kortzfleisch, Gert, Betriebswirtschaftliche Arbeitsvorbereitung, a.a.O., S. 156—164; Lehnert, P. R., Rationeller Kapitaleinsatz, in: Die Kapitalausstattung der Unternehmung, Band 6 der

keitsrechnung geht, wie wir sagten, von Einnahmen und Ausgaben aus[63]; „denn im zwischenbetrieblichen Verkehr werden nur Zahlungen und Äquivalente für Zahlungen geleistet“[64]. In der Operations-Research-Literatur finden sich sowohl Rechnungen mit Kosten als auch solche mit Ausgaben[65].

Die Uneinheitlichkeit in der Wahl der Rechnungselemente hat Lücke dazu veranlaßt, in einem Aufsatz die Frage aufzuwerfen: „Investitionsrechnungen auf der Grundlage von Ausgaben oder Kosten?“[66] Die Untersuchung Lückes fortführend, hat Philipp später die Problemstellung auf die Alternative: „Einnahmen oder Erträge?“ ausgeweitet[67].

Lücke geht von einem sehr speziellen Anliegen aus. Er sucht zu beantworten, ob und unter welchen Bedingungen eine Investitionsrechnung, im besonderen eine solche auf der Basis der Diskontierungsmethode, die durch Abzinsung die zu unterschiedlichen Zeitpunkten anfallenden Werte gleichnamig, gleichwertig machen will, mit Ausgaben und Kosten zum gleichen Ergebnis führt: *„Welches sind die Voraussetzungen, die den gegenwärtigen Gesamtwert der Ausgaben (A) dem gegenwärtigen Gesamtwert der Kosten (K) angleichen?“*[68]

Am Beispiel eines Maschinenkaufs erläutert Lücke zunächst den Unterschied zwischen Ausgaben und Kosten, wie er ihn sieht. Er stellt die Anschaffungsausgabe als das geldmäßige Äquivalent eines Kaufes[69] den Abschreibungskosten der Maschine gegenüber, wobei er die Abschreibungskosten als periodisierte Teile des Anschaffungswertes auffaßt. „Zu Kosten wird der Anschaffungswert oder ein Teil dieses Wertes der Maschine erst dann, wenn sie im Produktionsprozeß eingesetzt und verbraucht wird.“[70]

Schriftenreihe des Instituts der Wirtschaftsprüfer, Duisburg-Ruhrort 1952, S. 85 ff., hier S. 92; Schmalenbach, Eugen, Über die exakte Wirtschaftslenkung, vervielfältigtes Manuskript, o. J., zitiert bei von Kortzfleisch, Gert, Betriebswirtschaftliche Arbeitsvorbereitung, a.a.O., S. 169.

[63] Vgl. die Literaturangabe auf S. 28.

[64] Lücke, Wolfgang, Investitionsrechnungen auf der Grundlage von Ausgaben oder Kosten?, in: ZfhF, NF, 7. Jg. 1955, S. 310 ff., hier S. 315.

[65] Vgl. die Literaturangabe auf S. 30 f.

[66] Lücke, Wolfgang, Investitionsrechnungen auf der Grundlage von Ausgaben oder Kosten?, a.a.O., S. 310—324.

[67] Philipp, F., Unterschiedliche Rechnungselemente in der Investitionsrechnung, in: ZfB, 30. Jg. 1960, S. 26 ff.; vgl. auch Engels, Wolfram, a.a.O., S. 131 bis 133; von Kortzfleisch, Gert, Betriebswirtschaftliche Arbeitsvorbereitung, a.a.O., S. 159 ff.; Brandt, Horst, Investitionspolitik des Industriebetriebes, Wiesbaden 1959, S. 90—94.

[68] Lücke, Wolfgang, Investitionsrechnungen auf der Grundlage von Ausgaben oder Kosten?, a.a.O., S. 312.

[69] In Anlehnung an Schneider, Erich, Wirtschaftlichkeitsrechnung, a.a.O., S. 6 und denselben, Industrielles Rechnungswesen, 2. Aufl., Tübingen 1954, S. 4.

[70] Lücke, Wolfgang, Investitionsrechnungen auf der Grundlage von Ausgaben oder Kosten?, a.a.O., S. 312.

Unterstellt man mit Lücke, daß die Anschaffungsausgabe A — sonstige Ausgaben sollen nicht anfallen — für die Maschine am Ende der Periode 1 erfolgt, die Maschine mit einer Nutzungsdauer von zwei Perioden aber erst in den Perioden 2 und 3 eingesetzt wird, ihre Abschreibungskosten k_2 und k_3 jeweils die Hälfte des Anschaffungswertes, also $^1/_2\, A$, betragen, so führt die Diskontierung der Ausgabe und die Diskontierung der Kosten zu abweichenden Ergebnissen:

$$\frac{A_1}{q^1} \neq \frac{\frac{A_1}{2}}{q^2} + \frac{\frac{A_1}{2}}{q^3}$$

Um den Gesamtwert der Ausgaben dem Gesamtwert der Kosten „anzugleichen", bezieht Lücke „die Frage der kalkulatorischen Verzinsung von Ausgabebeträgen" in die Überlegungen ein[71], und zwar derart, daß die kalkulatorischen Zinsen auf die Restbuchwerte der Maschine als Kosten den Abschreibungen zugerechnet werden. Die kalkulatorischen Zinsen für die 2. und 3. Periode ergeben sich als: $z_2 = A_1 \cdot i;\ z_3 = \frac{A_1}{2} \cdot i.$

Unter Einbeziehung der Zinsen lautet die Kosten-Diskontierungsreihe:

$$K = \frac{k_2 + z_2}{q^2} + \frac{k_3 + z_3}{q^3}$$

$$\text{bzw. } K = \frac{\frac{A_1}{2} + A_1 \cdot i}{q^2} + \frac{\frac{A_1}{2} + \frac{A_1}{2} \cdot i}{q^3}$$

Setzt man $K = A$
oder

$$\frac{A_1}{q^1} = \frac{\frac{A_1}{2} + A_1 \cdot i}{q^2} + \frac{\frac{A_1}{2} + \frac{A_1}{2} \cdot i}{q^3},$$

fordert man also eine Gleichheit der Ausgaben- und Kosten-Diskontierungsreihe, so kann man nach einigen Umformungen zeigen, daß beide Seiten identisch sind[72], die Forderung also erfüllt ist[73].

[71] Ebd., S. 314.

[72]

$$\frac{A_1}{q^1} = \frac{\frac{A_1}{2} + A_1 \cdot i}{q^2} + \frac{\frac{A_1}{2} + \frac{A_1}{2} \cdot i}{q^3}$$

$$\frac{1}{q_1} = \frac{\frac{1}{2} + i}{q^2} + \frac{\frac{1}{2} + \frac{1}{2} \cdot i}{q^3}$$

$$\frac{1}{q^1} = \frac{1}{2q^2} + \frac{i}{q^2} + \frac{1}{2q^3} + \frac{i}{2q^3}$$

$$\frac{1}{q^1} = \frac{1 + 2i}{2q^2} + \frac{1 + i}{2q^3}$$

$$\frac{1}{q^1} = \frac{1 + 2i}{2q^2} + \frac{q}{2q^2}$$

$$\frac{1}{q^1} = \frac{1 + 2i + 1}{2q^2} = \frac{1}{q^1}$$

[73] Ebd., a.a.O., S. 314/315.

Das Ergebnis seiner Beweisführung faßt Lücke wie folgt zusammen: „Die kalkulatorischen Zinsen haben die Ergebnisse beider Diskontierungsreihen aneinander angeglichen. Oder: Die Differenz der diskontierten Ausgaben mit den diskontierten gesamten Abschreibungen muß gleich den diskontierten gesamten kalkulatorischen Zinsen sein. *Die Bedeutung der kalkulatorischen Zinsen liegt in der Ausgleichsfunktion. Ist sie erfüllt, dann ist es unwesentlich, ob man die Investitionsrechnung mit Ausgaben oder mit Kosten durchführt.*“[74]

Nicht nur Ausgaben und Kosten, sondern auch Einnahmen und Erträge können in ihrem zeitlichen Anfall divergieren. Wird die Ergebnisseite mit in die Investitionsrechnung einbezogen, so fragt es sich, ob mit Einnahmen oder Erträgen gerechnet werden solle. Philipp sucht nachzuweisen, daß es dann keine Unterschiede zwischen den Ergebnissen der Einnahmen- und der Ertragsdiskontierung gibt, wenn man „kalkulatorische Zinsverluste“ als Ausgleichsposten bei der Bildung der Ertragsreihe berücksichtigt[75].

Nimmt man etwa mit Philipp an[76], daß eine Einnahme von 30 DM im Zeitpunkt t_3 erfolgsrechnerisch gleichmäßig auf die drei Rechnungsperioden t_1, t_2, t_3 als deren Erträge in Form einer Ertragsantizipation verteilt wird und unterstellt man einen Kalkulationszinsfuß von 5 %, so führt die Diskontierung der Einnahme und der Erträge zunächst zu abweichenden Ergebnissen (A) und (B):

$$A = \frac{30\,\text{DM}}{1{,}05^3} = 25{,}91\,\text{DM} \neq B = \frac{10\,\text{DM}}{1{,}05} + \frac{10\,\text{DM}}{1{,}05^2} + \frac{10\,\text{DM}}{1{,}05^3} = 27{,}23\,\text{DM}.$$

Philipp stellt nun folgende Überlegungen an, um den Gegenwartswert der Erträge dem Gegenwartswert der Einnahmen anzugleichen. Die Ausführungen Philipps sind insofern besonders interessant, als sie sehr deutlich machen, daß Erträge bewußt auf Einnahmen zurückgeführt werden, es sich also letztlich um eine Rechnung mit Einnahmen handeln soll. Philipp geht von dem aufgezeigten abweichenden Ergebnis aus. „Dieses Ergebnis ist leicht verständlich, wenn man ... berücksichtigt, daß infolge der Anwendung des Diskontierungskalküls in der Investitionsrechnung die zeitliche Verteilung der einzelnen Glieder einer Diskontierungsreihe ‚gewertet‘ wird. In dem vorliegenden Beispiel ist zu berücksichtigen, daß die im Zeitpunkt t_1 verrechneten 10 GE effektiv erst im Zeitpunkt t_3 (Einnahmezeitpunkt) zur Verfügung stehen. Diesen erst im Zeitpunkt t_3 zur Verfügung stehenden 10 GE ist unter Berücksichtigung der Wirksamkeit des Zinses zu allen früheren

---

[74] Ebd., S. 315; vgl. auch denselben, Wesen und Bedeutung der kalkulatorischen Zinsen, in: ZfhF, NF, 13. Jg. 1961, S. 353 ff., besonders S. 371—375: „Die Ausgleichsfunktion der kalkulatorischen Zinsen.“

[75] Philipp, F., a.a.O., S. 34/35.

[76] Ebd., S. 34.

Zeitpunkten als t_3 ein um so geringerer Wert beizumessen, je weiter dieser Zeitpunkt von t_3 entfernt liegt. Man kann das auch so ausdrükken, daß bei der gegenwärtigen auf die Ermittlung des Periodenerfolges ausgerichteten ‚Wertung' eines erst zu einem späteren Zeitpunkt eingehenden Geldbetrages der ‚kalkulatorische Zinsverlust' vom (gegenwärtigen) Verrechnungszeitpunkt bis zum (zukünftigen) Einnahmezeitpunkt zu berücksichtigen ist. Rechnerisch geschieht das dadurch, daß der pro Periode zu verrechnende Ertrag für die Zeitspanne vom Verrechnungszeitpunkt bis zum Zeitpunkt der effektiven Einnahme abgezinst wird."[77]

Unter diesen Voraussetzungen stimmen die Ergebnisse der Einnahmen- und der Erträge-Diskontierung überein. Um im gewählten Beispiel Philipps zu bleiben, ergibt sich:

$$A = \frac{30\,\text{DM}}{1{,}05^3} = 25{,}91\,\text{DM} = B = \frac{\frac{10\,\text{DM}}{1{,}05^2}}{1{,}05} + \frac{\frac{10\,\text{DM}}{1{,}05}}{1{,}05^2} + \frac{10\,\text{DM}}{1{,}05^3} = 25{,}91\,\text{DM}.$$

Formt man die Brüche der Ertragsreihen um, so sieht man die Identität der beiden Seiten sofort:

$$A = \frac{30\,\text{DM}}{1{,}05^3} = B = \frac{10\,\text{DM}}{1{,}05^3} + \frac{10\,\text{DM}}{1{,}05^3} + \frac{10\,\text{DM}}{1{,}05^3} = 25{,}91\,\text{DM}.$$

Philipp hat nur den Fall der Ertragsantizipation untersucht. Liegt dagegen die Einnahme oder liegen die Einnahmen zeitlich vor dem Ertragsanfall, man denke etwa an Vorauszahlungen bei langfristiger Einzelfertigung, etwa im Schiffsbau, so könnte, in Ergänzung der Philippschen Gedankengänge, nur von einem „kalkulatorischen Zinsgewinn" als Ausgleichsposten gesprochen werden. Lücke, der in seiner ersten Untersuchung ebenfalls nur *eine* zeitliche Divergenz, nämlich das Vorweg der Ausgabe vor den Kosten, untersucht, hat in einem späteren Aufsatz die außer den genannten, anderen möglichen zeitlichen Verschiebungen zwischen Ausgaben und Kosten und Einnahmen und Erträgen untersucht und spricht an Stelle von „kalkulatorischen Zinsverlusten" bzw. „Zinsgewinnen" von „positiven und negativen kalkulatorischen Zinsen"[78].

Betrachtet man Lückes Beweis der Ergebnisgleichheit von Ausgaben- und Kosten-Diskontierung bei Verrechnung kalkulatorischer Zinsen — für Philipps Untersuchung gilt Entsprechendes —, so ist dieser Beweis ebenso einfach, wie er bestechend wirkt[79]. Letztlich gibt er der bereits von Schmalenbach aufgezeigten Übereinstimmung zwischen Ausgaben

---

[77] Ebd., S. 34.

[78] Lücke spricht von Ausgabe — Auszahlung — Kostenverrechnung — Einzahlung — Einnahme. Vgl. Lücke Wolfgang, Wesen und Bedeutung der kalkulatorischen Zinsen, a.a.O., S. 354—358.

[79] von Kortzfleisch, Gert, Betriebswirtschaftliche Arbeitsvorbereitung, a.a.O., S. 159.

und Aufwendungen in der Totalrechnung Ausdruck[80]. Er erfaßt aber zunächst insofern nur einen Teil der Problematik: „Ausgaben oder Kosten?“, als Lücke zwischen Ausgaben und Kosten nur den Unterschied in dem Zeitpunkt ihrer Entstehung kennt. Von einer solchen Voraussetzung ausgehend, lassen sich Kosten als periodisierte Ausgaben durch entsprechende Auf- und Abzinsung ohne Schwierigkeiten auf die ursprünglichen Ausgaben zurückführen.

Sieht man von pagatorischen Kostenbegriffen, speziell vom pagatorischen Kostenbegriff Kochs[81] ab, so wird eine rein zeitliche Divergenz als alleiniges Unterscheidungsmerkmal von ökonomischen Rechenelementen nur für Ausgaben und Aufwendungen angenommen. Ausgaben und Kosten dagegen fallen nicht nur hinsichtlich des Zeitpunktes ihrer Entstehung auseinander, sondern auch und gerade unter mengen- und wertmäßigem Aspekt.

Beste hat für Schmalenbach „das ureigene Verdienst in Anspruch genommen, daß er für ein wichtiges Gebiet der Betriebswirtschaftslehre die Fachsprache geschaffen hat“. Schmalenbach hat uns gelehrt, „Ausgaben, Aufwendungen und Kosten, neutrale Aufwendungen und Zusatzkosten zu unterscheiden und sie, wie auch Leistungen und Erträge, mit rechtem Inhalt zu versehen“, um „ein leistungsfähiges, aussagekräftiges Rechnungswesen zu schaffen“[82]. Im Rahmen der Abgrenzung der Ausgaben und Aufwendungen von den Kosten hat Schmalenbach immer wieder betont, daß es Güterverbräuche gibt, denen kein Zahlungsäquivalent, keine Ausgabe gegenübersteht, die aber Kosten darstellen, weil es sich um einen Werteverzehr für die betriebliche Leistungserstellung handelt, so etwa beim Unternehmerlohn und den Eigenkapitalzinsen. Außer der mengenmäßigen Diskrepanz stellte Schmalenbach heraus, daß sich Kosten grundlegend von Ausgaben dadurch unterscheiden, daß die Bewertung des Mengengerüstes sich vom Anschaffungswert löst und zweckentsprechende Markt- oder Betriebspreise wählt. Ebenso wie Schmalenbach ausgabenlose und ausgabenverschiedene Güterverbräuche kennt, hebt er auch diejenigen Ausgaben, die keinen Bezug zur Leistungserstellung aufweisen, als neutrale Ausgaben bzw. Aufwendungen besonders hervor[83].

Lückes Beweisführung auf der Basis einer rein zeitlichen Divergenz zwischen Ausgaben und Kosten führte zu dem Ergebnis, daß es gleich-

---

[80] Darauf wird von Lücke selbst Bezug genommen; vgl. Lücke, Wolfgang, Investitionsrechnungen auf der Grundlage von Ausgaben oder Kosten?, a.a.O., S. 324.

[81] Vgl. Koch, Helmut, Zur Diskussion über den Kostenbegriff, in: ZfhF, NF, 10. Jg. 1958, S. 355 ff. und die zu diesem Aufsatz erschienenen Diskussionsbeiträge.

[82] Beste, Theodor, Eugen Schmalenbach, a.a.O., S. 214.

[83] Vgl. auch Gümbel, Rudolf, Nebenbedingungen und Varianten der Gewinnmaximierung, a.a.O., S. 13/14 und S. 21.

gültig sei, ob man in Investitionsrechnungen mit Ausgaben oder Kosten rechnete. Berücksichtigt man über die zeitmäßigen Unterschiede hinaus auch die mengen- und wertmäßigen Kosten-Ausgaben-Diskrepanzen, so wird das Ergebnis der Beweisführung zunächst in Frage gestellt.

Für den Sonderfall der Investitionsrechnung als einer bestimmten Art von Wirtschaftlichkeitsrechnung kann man jedoch weiter davon ausgehen, daß es unwesentlich ist, ob man die Rechnung mit Ausgaben oder mit Kosten durchführt, wenn man folgende Überlegungen beachtet. Neutrale Ausgaben haben meist keinen Bezug zu einer fest umrissenen, zu beurteilenden Maßnahme. Unternehmerlöhne als mengenmäßige Zusatzkosten werden meist ebenfalls nicht einzelnen Aktionen zugerechnet, weil sie einmal nur schwer zurechenbar sind, zum anderen meist auch für die einzelnen zu vergleichenden Maßnahmen in gleicher Höhe anfallen und deshalb außer Acht gelassen werden können. Eigenkapitalzinsen gehen in den Kalkulationszinsfuß ein. Soweit wertmäßige Differenzen zwischen Ausgaben und Kosten bestehen, verblassen sie im Rahmen langfristiger Investitionsüberlegungen vor dem Hintergrund einer oft weit in die Zukunft reichenden Schätzung unsicherer Größen.

Stellt man die Frage „Ausgabe oder Kosten?" beziehungsweise „Einnahmen oder Leistungen (Erträge)?" aber allgemein für alle möglichen Wirtschaftlichkeitsrechnungen, so kann nicht davon ausgegangen werden, daß es keinen Unterschied macht, ob man mit pagatorischen oder kalkulatorischen Größen rechnet. Will man die Problematik der zu wählenden ökonomischen Rechnungselemente für alle möglichen Wirtschaftlichkeitsrechnungen klären, dann ist sogar die Frage: „Ausgabe oder Kosten?" falsch gestellt. Sie kann nur lauten: „In welchen Wirtschaftlichkeitsrechnungen soll mit Ausgaben (und Einnahmen) und in welchen mit Kosten (und Leistungen) gerechnet werden?" Die Beantwortung der letzten Frage aber hängt davon ab, welche Wirtschaftlichkeit einer Maßnahme man ermitteln will, eine pagatorische oder eine kalkulatorische Wirtschaftlichkeit[84]. Letzteres wiederum wird weitgehend durch den sachlichen und zeitlichen Umfang der Maßnahmen bestimmt.

Soweit langfristige Maßnahmen in Frage stehen, werden es meist solche sein, die in ihren Wirkungen und Bedingungen den Finanzbereich des Unternehmens einbeziehen. Speziell dann, wenn die Finanzierungsmöglichkeiten als Engpaß der zu beurteilenden Maßnahmen und demnach im rechnerischen Modell, wie noch zu zeigen sein wird, als Nebenbedingung auftauchen, wird man eine Rechnung in Ausgaben und Einnahmen vorziehen, weil es sich bei diesen eben um die finanzwirtschaftlichen Rechengrößen handelt und weil für langfristige Maßnahmen, wie etwa die Bestimmung des Produktionssortiments, die Investi-

[84] Vgl. dazu die Ausführungen über den Wirtschaftlichkeitsbegriff.

tionen, die Standortwahl und ähnliche, die pagatorische Wirtschaftlichkeit als geldkapitalmäßige Ergiebigkeit von besonderem Interesse ist.

Ganz im Gegensatz dazu strebt man bei der Untersuchung kurzfristiger Maßnahmen die Ermittlung einer kalkulatorischen Wirtschaftlichkeit an, weil die Beurteilung der Wirtschaftlichkeit kurzfristiger Maßnahmen meist für solche Maßnahmen besonders wichtig ist, die den internen Funktionsbereich der Unternehmung betreffen, jene Maßnahmen aber, wegen der Nähe zum Produktionsvollzug ein Denken in Kosten als bewerteten, leistungsbezogenen Güterverbräuchen implizierend, nach einer güterkapitalmäßigen Beurteilung verlangen.

Daß auch für kurzfristige Wirtschaftlichkeitsrechnungen, wie etwa die Bestimmung des Fertigungsprogrammes, die optimale Losgröße, Bestellmenge usw., ein Rechnen mit Ausgaben vorgeschlagen wird, liegt wohl vorwiegend in der Ablehnung des Schmalenbachschen, wertmäßigen Kostenbegriffes begründet. Weil, wie Koch[85] sagt, im Rahmen dieses Kostenbegriffes der Wert unbestimmt bleibt, sollte der wertmäßige aufgegeben und durch einen pagatorischen ausgabengebundenen Kostenbegriff ersetzt werden, womit dann letztlich nur noch Ausgaben (und Einnahmen) Rechnungselemente ökonomischer Rechnungen wären. Die allgemeine Ablehnung, die der Vorschlag Kochs erfahren hat[86], läßt die Bedeutung des Schmalenbachschen Kostenbegriffs in klarerem Lichte erscheinen. Dann aber sind sowohl Ausgaben als auch und gerade Kosten als wirtschaftliche Rechnungselemente anzunehmen und Rechnungen auf beiden aufzubauen.

Ob man mit Ausgaben und Einnahmen oder Kosten und Leistungen rechnen soll, hängt davon ab, ob die Fragestellung für die Wirtschaftlichkeitsrechnung auf eine pagatorische oder kalkulatorische Wirtschaftlichkeit ausgerichtet ist. Mit der richtigen Formulierung der Fragestellung sind die Rechenelemente vorherbestimmt.

2. Die Umformung der Einflußfaktoren in Rechengrößen

Pagatorische und kalkulatorische Maßgrößen als Rechengrößen der Wirtschaftlichkeitsrechnungen bilden die quantitativen Merkmale der Einflußfaktoren ökonomischer Maßnahmen zahlenmäßig ab. Die Umformung der Einflußfaktoren in Rechengrößen vollzieht sich dabei in

[85] Koch, Helmut, Zur Diskussion über den Kostenbegriff, a.a.O.; derselbe, Zur Frage des pagatorischen Kostenbegriffs. Bemerkungen zum Beitrag von K. Engelmann, in: ZfB, 29. Jg. 1959, S. 8 ff.

[86] Vgl. Engelmann, K., Einwände gegen den pagatorischen Kostenbegriff, in: ZfB, 28. Jg. 1958, S. 558 ff.; derselbe, Vom „Gelddenken" in der Betriebswirtschaft, in: ZfB, 29. Jg. 1959, S. 166 ff.; Held, Georg, Traditioneller oder pagatorischer Kostenbegriff?, in: ZfB, 29. Jg. 1959, S. 170 ff.; Fettel, Johannes, Ein Beitrag zur Diskussion über den Kostenbegriff, in: ZfB, 29. Jg. 1959, S. 567 ff.; Zoll, Walter, Kostenbegriff und Kostenrechnung. Zur Diskussion über den pagatorischen Kostenbegriff, in: ZfB, 30. Jg. 1960, S. 15 ff. und S. 96 ff.

zwei Stufen. Zunächst wählt man für die Rechengrößen Symbole als allgemeine Zahlen und ersetzt letztere dann später durch die besonderen Zahlen, die die Einflußfaktoren der jeweilig zu beurteilenden Maßnahme quantitativ kennzeichnen.

a) Symbolisierung

Zur Anwendung mathematischer Verfahren empfiehlt es sich, den einzelnen Rechengrößen Symbole zuzuordnen[87]. „Sobald quantitative Sachverhalte vorliegen", besteht „die Tendenz, durch Verwendung von *Kurzsymbolen*, die an die Stelle der Langsymbole der traditionalen Sprache treten, zur *mathematischen Fachsprache* überzugehen"[88].

Die Anwendung mathematischer Kurzsymbole als der Übergang zu einer künstlichen Sprache bietet alle Vorteile des Gebrauches künstlicher Symbole[89], insbesondere erleichtert sie die Rechenprozesse, macht sie verständlicher oder überhaupt erst möglich[90]. Speziell für praktische Rechnungen ermöglicht die Symboltechnik die Schaffung allgemeiner Modelle und deren allgemeine Lösung. Von der allgemeinen, meist formelmäßig faßbaren Lösung aus lassen sich oft durch Einsetzen numerischer Werte sehr schnell die gerade anstehenden besonderen Aufgaben lösen, ohne daß von vornherein mit besonderen Zahlen gerechnet und die Rechnung dadurch erschwert worden wäre.

Soweit in Wirtschaftlichkeitsrechnungen Symbole verwandt werden, muß man sich zunächst an der Symboltechnik der Mathematik orientieren, die entsprechend der Entwicklung der Mathematik sehr weit fortgeschritten ist[91]. Wenn von der Symbolisierung der Maßgrößen die Rede ist, so kommen nur die mathematischen Symbole für Veränderliche oder Parameter in Frage. Die Operationssymbole betreffen das rechnerische Verfahren.

Für die Maßgrößen der Einflußfaktoren, seien sie nun veränderliche oder konstante Größen, benutzt man meist ein einziges Buchstabensymbol, obwohl das Buchstabensymbol als Ausdruck einer veränderlichen Zahl nur die Maßzahl des Maßausdrucks darstellt.

---

[87] Vgl. dazu auch Churchman, C. West, Russel L. Ackoff und E. Leonard Arnoff, a.a.O., S. 158.

[88] Kosiol, Erich, Modellanalyse als Grundlage unternehmerischer Entscheidungen, a.a.O., S. 320.

[89] Vgl. dazu Bochénski, J. M., Die zeitgenössischen Denkmethoden, a.a.O., S. 50/51.

[90] Im einzelnen kann dazu auf das Kapitel „Zum Formalismus des Rechnens" verwiesen werden. Vgl. S. 11 ff.

[91] Vgl. dazu etwa die Ansicht von Allen, daß die „Entwicklung der Mathematik ... von der Entwicklung ihrer Bezeichnungsweise abhängig" ist. Allen, R. G. D., Mathematik für Volks- und Betriebswirte, a.a.O., S. 47 und S. 8; vgl. auch das Kapitel „notation" in: Allen, R. G. D., Basic Mathematics, London 1962, S. 18—24.

Die Wahl der Buchstabensymbole ist eine Zweckmäßigkeitsfrage. Sie sollte eine Unterscheidung von Veränderlichen und Parametern ermöglichen, an das Bezeichnete anknüpfen, die bisherige Bezeichnungsweise beachten und nicht zu Verwechslungen Anlaß geben. Man kann etwa, wie in der Algebra und Analysis üblich, die Veränderlichen mit den Buchstaben x, y, z, u, v, w und die Parameter mit den Buchstaben $a, b, c, \ldots$ kennzeichnen[92]. Reichen die Buchstaben zur Symbolisierung der Maßgrößen nicht aus, so ist es zweckmäßig, die Parameter und Veränderlichen anstatt durch verschiedene Buchstaben durch Buchstaben mit Indices zu unterscheiden[93]. Die Technik der Indizierung schafft in jedem praktischen Falle eine ausreichende Symbolmenge, wirkt aber auch leicht verwirrend.

In Wirtschaftlichkeitsrechnungen wählt man meist den jeweiligen Anfangsbuchstaben des Einflußfaktors als Symbol. Um Verwechslungen und Unklarheiten zu vermeiden, empfiehlt es sich, in die Zusammenstellung der Einflußfaktoren die Symbole ihrer Maßgrößen aufzunehmen, wie es etwa in der oben dargestellten Übersicht von Kortzfleischs geschehen ist[94]. Nimmt man eine solche ausdrückliche Erklärung der Symbole vor, so wird manchem der Schrecken vor den geheimnisvollen Buchstaben genommen. Übersteigt die Symbolmenge eine bestimmte Anzahl, so ist eine solche Legende für eine saubere Arbeit unabdingbar notwendig.

b) Schätzung

Die Erfassung der konkreten Zahlenangaben erfolgt auf dem Wege der Schätzung; denn Wirtschaftlichkeitsrechnungen befassen sich mit Maßnahmen der Zukunft und ihren wirtschaftlichen in Werten ausdrückbaren Folgen[95]. Als zukünftige Größen sind diese Werte ungewiß. Aussagen über eine vermeintliche Größe machen aber heißt schätzen[96].

Im Gegensatz zur Messung fehlt der Schätzung die Gewißheit. Eine sichere Zahlenzuordnung scheitert daran, daß ein uneingeschränktes Erkennen der Mengenstruktur nicht möglich ist. Die zu quantifizierende Größe ist entweder deshalb nicht mit völliger Gewißheit zu erfassen,

---

[92] Vgl. auch Allen, R. G. D., Mathematik für Volks- und Betriebswirte, a.a.O., S. 48.

[93] Vgl. etwa Sommer, Friedrich, a.a.O., S. 13/14.

[94] Vgl. dazu etwa auch die Zusammenstellung der Symbole für ein Transportproblem bei Kulhavy, Ernest, Operations Research. Die Stellung der Operationsforschung in der Betriebswirtschaftslehre, Wiesbaden 1963, S. 56, in der allerdings irrtümlich die Zielfunktion unter den Nebenbedingungen angegeben wird.

[95] Vgl. Beste, Theodor, Die kurzfristige Erfolgsrechnung, a.a.O., S. 12.

[96] Beste, Theodor, Über die Schätzung des Erfolges, in: ZfhF, NF, 9. Jg. 1957, S. 1 ff., hier S. 1.

weil sie „trotz ihrer Realität“ vom Menschen nicht erkannt werden kann oder weil sie in der Zukunft liegt[97].

Soweit quantitative Merkmale grundsätzlich nicht exakt erfaßt werden können oder ihre Messung den Gesetzen der Wirtschaftlichkeit widerspricht, muß man auch Vergangenheitsgrößen schätzen, man denke etwa im Rechnungswesen an die Schätzung der Abschreibungen[98] und an die Bedeutung des Schätzens der Erfolgselemente für die Kurzfristige Erfolgsrechnung[99] oder an die Schätzung der Arbeitsleistung. Zukünftige Größen müssen immer geschätzt werden. Die Schätzung zukünftiger Werte, die man auch Prognose, Projektion[100] oder Vorausbestimmung nennen kann, unterscheidet sich von der Messung dadurch, daß sie mit mehr oder minder großer Ungewißheit behaftet ist. Es erhebt sich deshalb die Frage, ob man die Rechengrößen der Wirtschaftlichkeitsrechnungen, wie wir es taten, Maßgrößen nennen darf. Unter Beachtung des Gewißheitsproblems müßte man von Schätzgrößen sprechen. Wenn wir die Rechengrößen trotzdem als Maßgrößen bezeichneten, so um deutlich zu machen, daß es sich um Ausdrücke handelt, die durch eine Maßzahl — genauer müßte man sagen Schätzzahl — und eine Maßeinheit gekennzeichnet sind und als solche rechnerischen Operationen unterworfen werden können.

Obwohl mit „geschätzten Maßgrößen“ ebenso formale, rechnerische Operationen durchgeführt werden können wie mit exakt ermittelten Maßgrößen, ist es eine andere Frage, ob man mit ihnen rechnen sollte. Schmalenbach hat es immer abgelehnt, sich mit der Planung zu befassen. „Der Plan richtet sich in die Zukunft. Für Schmalenbach“, so sagt Beste, „hatte er es daher sozusagen mit der Prophetie zu tun. Mit ihr aber mochte er sich ganz und gar nicht abgeben. Was er nicht exakt fassen konnte, das gab es für ihn in seinem Fache nicht.“[101]

Schmalenbach müßte demnach auch Wirtschaftlichkeitsrechnungen, wie wir sie hier als Wirtschaftlichkeitsplanungsrechnungen verstehen,

---

[97] Vgl. dazu die auf Carnap aufbauenden Ausführungen Szyperskis. Carnap, Rudolf, Induktive Logik und Wahrscheinlichkeit. Bearbeitet von Wolfgang Stegmüller, Wien 1959, S. 194 ff.; Szyperski, Norbert, a.a.O., S. 57.

[98] Im Grunde genommen liegt auch bei der Schätzung der Abschreibungen in der Schätzung der Nutzungsdauer die Ungewißheit in der Zukunft.

[99] Vgl. Beste, Theodor, Über die Schätzung des Erfolges, a.a.O. und denselben, Die Kurzfristige Erfolgsrechnung, a.a.O.

[100] Albach möchte im Anschluß an Giersch, der zwischen Prognosen und Projektionen unterscheidet, nur von Projektionen sprechen, da Prognosen im Sinne dieser Terminologie „unwesentlich eingeschränkte“ Vorhersagen mit einer an Gewißheit grenzenden Wahrscheinlichkeit“ meinen, die in den Unternehmungen kaum je gemacht werden können. Vgl. Giersch, Herbert, Allgemeine Wirtschaftspolitik, Erster Band: Grundlagen, in: Die Wirtschaftswissenschaften, Wiesbaden 1960, S. 39 und Albach, Horst, Die Prognose im Rahmen unternehmerischer Entscheidungen, in: Diagnose und Prognose als wirtschaftswissenschaftliche Methodenprobleme, Band 25 der Neuen Folge der Schriften des Vereins für Socialpolitik, Berlin 1962, S. 201 ff., hier S. 201.

[101] Beste, Theodor, Eugen Schmalenbach, a.a.O., S. 207 und 206.

abgelehnt haben, weil sie sich mit zukünftigen Größen beschäftigen. Dem ist aber nicht so. Er betont sogar ausdrücklich, daß er mit erwartetem Nutzen und erwarteten Kosten rechnet[102]. Alle seine Wertungen in den einzelnen Funktionskreisen der Unternehmung sind zukunftsbezogene Wirtschaftlichkeitsrechnungen[103], und er ist, wenn man so will, einer der ersten, der Wirtschaftlichkeitsrechnungen von Investitionen literarisch behandelt hat[104].

Abgesehen davon, daß auch die geschätzte Zahl den Eindruck einer, wenn auch trügerischen Exaktheit vermittelt, machen alle Beispiele Schmalenbachs deutlich, daß er vorwiegend mit solchen Größen rechnete, die dem internen Funktionssektor des Betriebes entstammen und kurzfristiger Natur sind. Innerbetriebliche Größen weisen aber bei kurzfristiger Betrachtung eine solche Konstanz auf, daß man praktisch etwa mit den Kosten von heute rechnen kann, als seien es die von morgen.

Je größer die Konstanz in den Bedingungen, um so weniger ungewiß sind die zu schätzenden Größen. Konstanz aber zeigen gerade die innerbetrieblichen Einflußfaktoren bei kurzfristiger Betrachtungsweise. Marktliche Größen sind immer unsicherer als Größen, die durch das Unternehmen selbst kontrolliert, beherrscht werden. Je kürzer die zu überblickende Zeitspanne, mit um so größerer Sicherheit wird man im allgemeinen prognostizieren können[105].

Die Frage, ob man mit Schätzgrößen rechnen soll, läßt sich deshalb bei Befürwortung des Rechnens mit kurzfristigen, innerbetrieblichen Größen einengen auf die Frage, ob man mit geschätzten Marktgrößen und Größen entfernter Perioden rechnen solle. Es wäre zum Beispiel an das Problem zu denken, ob man die Einnahmenseite in die Investitionsrechnungen einbeziehen solle. Auch diese Frage ist aus mehreren Gründen zu bejahen.

Zunächst einmal wirkt die langfristige Unsicherheit marktlicher Komponenten etwa über die Schätzung der Nutzungsdauer von Anlage-

---

[102] „Bei Vorkalkulationen für Neuanlagen sind zwei Komponenten wirksam, der erwartete Nutzen und die zu erwartenden Kosten." Schmalenbach, E., Pretiale Wirtschaftslenkung, Band 2, a.a.O., S. 33.

[103] Ebd., S. 22—47.

[104] Vgl. etwa Schmalenbach, E., Dynamische Bilanz, 8. Aufl., Band 1, Bremen-Horn 1947, S. 70 ff.

[105] Eine Ausnahme von der Regel, daß eine Prognose auf kurze Sicht immer mit größerer Sicherheit gemacht werden kann als auf lange Sicht, nennt Albrecht, indem er als Beispiel Prognosen des Bierverbrauchs in England anführt: „Diese waren zwar kurzfristig nicht verwendbar, denn da hängt ja der Verbrauch von zu vielen zufälligen Einflüssen ab, beispielsweise der Witterung. Langfristig dagegen waren diese Prognosen ziemlich genau und eine gute Grundlage für die Investitionsplanung." Albrecht, Gottfried, Diskussion zu Vortrag von Helmut Koch, Probleme unternehmerischer Prognose, in: Wirtschaftsprognose und Wirtschaftsgestaltung, herausgegeben von Hans Bayer, Berlin 1960, S. 232/233.

gütern zur Bestimmung der Abschreibungen[106] auch auf die Rechnungskomponenten kurzfristiger innerbetrieblicher Wirtschaftlichkeitsrechnungen ein, so daß insoweit nicht einmal ein gradueller Unterschied in der Ungewißheit gegenüber Markt- und weitreichenden Zukunftsdaten liegt.

Zum zweiten kann man die Schätzung so gestalten, daß sie zwar keine sicheren Ergebnisse liefert, wohl aber solche, bei denen sich der Schätzungsfehler ermitteln läßt. Jede Schätzung geht vom Wissen über die Vergangenheit aus und projeziert die Vergangenheitsgrößen in die Zukunft. Sie bedient sich dabei etwa der Extrapolation oder der traditionellen Schlußverfahren oder der Wahrscheinlichkeitsrechnung, worauf im einzelnen noch einzugehen sein wird. Soweit sie sich die Wahrscheinlichkeitsrechnung nutzbar machen kann, ist sie in der Lage, das „Maß der Unsicherheit mathematisch auszudrücken“[107].

Überall dort aber, wo nur subjektiv unsichere Erwartungen möglich sind[108], wie in den meisten Fällen, in denen Wirtschaftlichkeitsrechnungen aufgestellt werden, bleibt nichts anderes übrig, als die Rechnungen mit den verschiedenen Schätzgrößen durchzuführen und dann in einem zweiten Schritt auf irgendeine Weise aus den unterschiedlichen Ergebnissen heraus eine Entscheidung zu fällen. Auch bei subjektiv unsicheren Erwartungen sollte gerechnet werden, weil verschiedene subjektive Bilder von der Zukunft immer noch besser sind als gar kein Bild.

Eine wieder andere Frage ist die, ob man bei unsicheren Erwartungsgrößen exakte und verfeinerte Rechnungen durchführen soll, d. h. ob es sich lohnt, genau zu rechnen, wenn die Rechengrößen ungewiß sind. Darauf läßt sich keine eindeutige Antwort finden. Sicher ist richtig: „Je einfacher und durchsichtiger die Rechnungen, desto geeigneter sind sie.“[109] Man wird aber auch bei unsicheren Erwartungen etwa nicht die Methoden der Differential-Rechnung oder der Linearen Programmierung ablehnen, wenn ein Errechnen der Wirtschaftlichkeit auf anderem Wege nicht möglich ist. „Selbst wenn die Prognose der Einflußfaktoren nur zu in weiteren Grenzen zuverlässigen Angaben führt, bleibt die Durchrechnung der Möglichkeiten ein besserer Weg als ein bloßes Dahin-Schätzen!“[110]

---

[106] Welche Prognosen zur Bestimmung der wirtschaftlichen Nutzungsdauer von Anlagegütern im einzelnen durchzuführen sind, hat Dieter Schneider ausführlich dargelegt. Vgl. Schneider, Dieter, Die wirtschaftliche Nutzungsdauer von Anlagegütern als Bestimmungsgrund der Abschreibungen, a.a.O., S. 79—117.

[107] Sasieni, Maurice, Arthur Yaspan und Lawrence Friedman, a.a.O., S. 5.

[108] Objektiv unsichere Erwartungen können hier ausgeklammert werden, weil es sich um derart informationsarme Fälle handelt, daß quantitative Aussagen kaum möglich sind.

[109] von Kortzfleisch, Gert, Betriebswirtschaftliche Arbeitsvorbereitung, a.a.O., S. 68.

[110] Schneider, Dieter, Die wirtschaftliche Nutzungsdauer von Anlagegütern als Bestimmungsgrund der Abschreibungen, a.a.O., S. 147.

Je mehr Informationen man gewinnen kann, um so sicherer wird die Schätzung und umso mehr treten die aufgezeigten Fragen in den Hintergrund. Das Hauptinteresse muß deshalb im folgenden den Quellen und Hilfsmitteln der Informationsgewinnung gelten. Auch der verbesserte Informationsstand bildet aber immer nur eine Grundlage für die Schätzung.

Die Schätzung indes ist mit der ihr anhaftenden Ungewißheit gleichzeitig gekennzeichnet durch Ungenauigkeit, durch mangelnde Treffsicherheit. Die Ungenauigkeit wächst mit der zu schätzenden Größe. Nach Ries gilt dabei ein Zweizahlengesetz. „Wenn wir Güter in Geld veranschlagen, so beschränken wir uns in der Regel auf zwei Zahlen. Wir schätzen den Wert eines antiquarischen Buches auf 12 DM, nicht auf 12,25 DM, eines Autos auf ‚drei sechs' (3600 DM), eines Hauses auf ‚vierzig' (40 000 DM)." Für die Maßeinheiten gilt entsprechendes. „Eine Entfernung z. B. geben wir zuerst in mm an, dann in cm, in m, in 100 m und schließlich in km."[111]

So sehr die mangelnde Präzision der Schätzung der Pfennig-Genauigkeit des vergangenheitsorientierten Rechnungswesens widersprechen mag, so wenig schadet sie den Wirtschaftlichkeitsrechnungen; denn „echte Genauigkeit widerspricht dem Geist der Planung"[112]. Im Rahmen der Wirtschaftlichkeitsrechnungen kommt es nicht darauf an, die wirtschaftlichen Folgen einer zu beurteilenden Maßnahme bis auf den Pfennig genau zu bestimmen. Beim Vergleich mehrerer Aktionen reicht die Angabe von Größenordnungen durchaus. Auf sie kommt es allein an. Bei der Schätzung der Rechengrößen für Wirtschaftlichkeitsrechnungen hat man also zu beachten, um mit einem Amerikaner zu sprechen, „daß es den Herren der Geschäftsleitung bei ihren Entscheidungen nicht so sehr auf die Cents als auf die Tausend-Dollar-Beträge ankommt"[113].

---

[111] Ries, Clemens, Normung nach Normzahlen, a.a.O., S. 87.

[112] Vgl. von Kortzfleisch, Gert, Betriebswirtschaftliche Arbeitsvorbereitung, a.a.O., S. 224.

[113] Vazsonyi, Andrew, Die Planungsrechnung in Wirtschaft und Industrie. Deutsche Übersetzung von Willi Riedler, Wien 1962, S. 26; vgl. auch Curley, Richard, A Tool for Management Control, in: Harvard Business Review, 1951, S. 48.

III. Methoden und Grundlagen zur Schätzung der Rechengrößen

Schätzungen, so kann man mit Gutenberg sagen, „sind in der Regel zugleich Projektionen in die Zukunft und Antizipationen von in der Zukunft liegenden Ereignissen"[114]. Projektionen in die Zukunft basieren ebenso wie Vorwegnahmen zukünftigen Geschehens auf dem Tatsachenwissen der Vergangenheit und Gegenwart. Aus dem gegebenen Wissen wird auf die Zukunft geschlossen und für die Zukunft vermutet[115]. Aus den Erfahrungen werden Erwartungen gebildet. Der zeitliche Zusammenhang zwischen beiden läßt sich in anschaulicher Weise durch die Zeitsymmetrie-Vorstellung Åkermans verdeutlichen[116]. Die Analyse der Schätzung von Rechengrößen für Wirtschaftlichkeitsrechnungen stellt demnach zwei Aufgaben.

Einmal gilt es zu klären, auf welchem Wege, mit welchen Methoden vorhandenes Wissen in Erwartungen umgeformt werden soll, wie geschlossen werden kann. Zum anderen muß jenes Wissen, auf Grund dessen vorausbestimmt wird, gegeben sein. Meist kennt man aber wegen der oft sehr speziellen Fragestellung der Wirtschaftlichkeitsrechnungen nicht einmal die Bedingungen und Wirkungen einer Maßnahme in der Gegenwart. Deshalb gilt es, neben der Suche nach geeigneten Schätzungsmethoden, auch zu überlegen, wie man die Schätzungsgrundlagen, d. h. dasjenige Wissen gewinnt, von dem aus geschätzt werden kann, das eine Projektion erlaubt.

1. Methoden zur Schätzung der Rechengrößen

a) Traditionelle Schlußverfahren

Steht ein Planer vor der Aufgabe, die zukünftigen Absatzmengen eines oder mehrerer Produkte des von ihm erzeugten Sortiments zu schätzen, so mag er etwa von der Absatzentwicklung der Güter in den letzten 18 Monaten ausgehen und annehmen, daß der Absatz in Zukunft

[114] Gutenberg, Erich, Der Absatz, a.a.O., S. 51.

[115] Vgl. dazu die Ausführungen von Engels über die in der Betriebswirtschaftslehre vorherrschende Form der lerntheoretischen Prognose, die auf dem Theorem von Bayes bzw. auf der Chapman-Kolmogorov-Gleichung beruht. Vgl. auch Schlaifer, Robert, Probability and Statistics for Business Decisions, New York—Toronto—London 1959, S. 330.

[116] Vgl. Åkerman, J., Zeitsymmetrie der Erfahrungen und Erwartungen, in: Archiv für mathematische Wirtschafts- und Sozialforschung, Band 8 1942, S. 20 ff.; vgl. auch Angermann, Adolf, Entscheidungsmodelle, a.a.O., S. 19/20.

in gleicher Weise steigen werde wie in der Vergangenheit. Nach den zukünftigen Produktionskosten befragt, könnte er antworten, er nehme an, daß sie gleichblieben, weil er weder für eine Änderung des Mengengerüstes noch für Bewegungen der Kostengüterpreise Anhaltspunkte habe. Würde er schließlich die Vertriebskosten der folgenden Planungsperioden schätzen, so könnte er etwa unterstellen, daß sie steigen werden, weil in Deutschland seit einigen Jahren und in den Vereinigten Staaten seit einigen Jahrzehnten der Anteil der Vertriebskosten am Verkaufspreis der Güter stetig wächst oder weil der Unternehmer bereits auf marktliche Widerstände gestoßen ist.

Was er auch immer schätzen mag, er wird von dem Tatsachenwissen der Vergangenheit ausgehen, bestimmte Annahmen machen und auf der Basis dieser Annahmen von den Erfahrungsgrößen auf die Zukunftsgrößen schließen. Dabei wird er sich zunächst einmal der Schlußverfahren der Extrapolation, der Deduktion, der Analogie und der Induktion bedienen. Im praktischen Betriebsleben schließen die Planenden fortwährend nach diesen Verfahren, ohne sich dessen im einzelnen bewußt zu sein[117].

Da Wittmann die gesamten, von ihm als „traditionell" bezeichneten Schlußverfahren eingehend auf ihre Brauchbarkeit für die unternehmerische Prognose untersucht und auf die Zusammenhänge zwischen den einzelnen Verfahren aufmerksam gemacht hat[118], können wir uns darauf beschränken, die Formen aufzuzeigen, in denen die genannten Schlußverfahren als Schätzungsmethoden auftreten.

Dabei wird sich zeigen, daß die Beispiele meist auf die Schätzung zukünftiger Marktgrößen bezogen sind; einmal, weil die Projektion der Marktdaten die größten Schwierigkeiten bereitet und alle Verfahren sich bei der Vorausbestimmung der künftigen Marktbedingungen diskutieren lassen, zum anderen, weil die Schätzung innerbetrieblicher Größen von der methodischen Seite her kaum Probleme aufwirft[119], da man im internen Funktionsbereich der Unternehmung meist Konstanz der Bedingungen und damit gleichbleibende Größen unterstellen kann[120].

---

[117] Vgl. Wittmann, Waldemar, Unternehmung und unvollkommene Information, a.a.O., S. 129.

[118] Ebd., S. 121—134.

[119] Vgl. Wright, Wilson, Forecasting for Profit. A technique for business management, 4th printing, New York—London 1950, S. 10 ff.

[120] Konstanz der Bedingungen unterstellt man auch bei langfristigen Prognosen am besten dann, wenn alle anderen Annahmen nicht gerechtfertigt erscheinen: „Wenn wir mit Ereignissen rechnen müssen, die während eines Zeitraumes ganz zufällig auftreten können, dann nimmt man am besten an, daß ihre Eintrittswahrscheinlichkeit in jedem Augenblick gleich groß ist." Terborgh, George, Leitfaden der betrieblichen Investitionspolitik, Wiesbaden 1962, S. 111.

Das einfachste Verfahren, von Vergangenheitsgrößen auf Zukunftsgrößen zu schließen, stellt die Extrapolation dar. Aus der Mathematik entstammend, meint Extrapolation zunächst ganz formal das Ausdehnen einer mathematischen Beziehung über ihren ursprünglichen Geltungsbereich hinaus. In den Sozialwissenschaften, besonders in der Statistik, versteht man einengend unter Extrapolation die Verlängerung einer Zeitreihe über den Beobachtungszeitraum hinweg. Man nimmt etwa die Zeitreihe der Absatzmenge eines Gutes aus den verflossenen 36 Monaten und errechnet die zukünftigen Absatzmengen, indem man unterstellt, daß die bisherige Absatzentwicklung, sei es eine Abnahme oder Zunahme, sich in der Zukunft fortsetzt.

Man mag die Extrapolation dadurch verfeinern, daß man die zu extrapolierenden Zeitreihen etwa von Absatzmengen eines Betriebes, einer Branche, Preisreihen, Zeitreihen des Volkseinkommens, des Umsatzes usw. von saisonalen, konjunkturellen und zufälligen Einflüssen bereinigt, um den Trend zu erhalten[121]. Man mag auch die zu extrapolierende Zeitreihe weit in die Vergangenheit zurückverfolgen; man mag für sie Funktionen ersten oder höheren Grades, lineare oder exponentielle Trends annehmen[122]; immer wird die Richtigkeit der auf solche Weise geschätzten Zukunftsgrößen davon abhängen, ob die Ursachen, die in der vergangenen Entwicklung wirksam waren, in gleichem Maße für die Zukunft weiter gelten werden. Bei der Vielzahl marktlicher Einflüsse begibt man sich aber mit der Annahme gleichbleibender Bedingungen nach Mackenroth, „auf ein sozialwissenschaftlich recht schlüpfriges Pflaster"[123]. Fehlprognosen, besonders solche langfristiger Extrapolationen, werden deshalb wohl auch häufiger vorkommen, als sich Eingeständnisse dafür in der Literatur finden. Klinger[124] erwähnt folgende Beispiele von Fehlschätzungen: Der Gasabsatz in der Bundesrepublik wurde für das Jahr 1956 auf Grund einer Extrapolation auf 13 Mrd. Kubikmeter geschätzt, in der tatsächlichen Entwicklung aber um 2,5 Mrd. Kubikmeter überschritten. Im Jahre 1933 schätzte Landesbaurat Dr. Menge den Stromverbrauch im Jahre 1960

---

121 Vgl. Pfanzagl, Johann, Allgemeine Methodenlehre der Statistik, Band I: Elementare Methoden unter besonderer Berücksichtigung in den Wirtschafts- und Sozialwissenschaften, Berlin 1960 und denselben, Über die Zerlegung statistischer Reihen, in: Metrika, Band 1 1958, S. 130 ff.

122 Für die Einbeziehung des technischen Fortschritts etwa in investitionstheoretische Modelle werden sowohl lineare Trends des technischen Fortschritts wie bei Terborgh, Smith und Hurwicz als auch exponentielle Trends wie bei Dryfus, Bellman und Alchian unterstellt. Vgl. dazu Albach, Horst, Wirtschaftlichkeitsrechnung bei unsicheren Erwartungen, a.a.O., S. 83 und die dort angegebene Literatur.

123 Mackenroth, Gerhard, Methodenlehre der Statistik, Band 24 des Grundrisses der Sozialwissenschaft, Göttingen 1949, S. 150.

124 Vgl. Klinger, Karl, Über den Schätzungscharakter einer Ertragsvorschau. Zur Problematik der Voraussage des Zukunftsertrages, in: Neue Betriebswirtschaft, 11. Jg. 1958, S. 66 ff., hier S. 67.

für Deutschland auf 32 Mrd. kwh. Allein in der Bundesrepublik wurden tatsächlich im Jahre 1960 76,5 Mrd. kwh verbraucht. Die falsche Voraussage des Mehlkonsums der Bundesbürger nach 1945 war an der Überkapazität der Mühlenindustrie deutlich zu erkennen. Die Beispiele ließen sich fortsetzen.

Wie groß die Gefahren derart langfristiger Prognosen auch immer sein mögen, solche weitreichenden Schätzungen sind für die Planung und damit für die Wirtschaftlichkeitsrechnungen der Unternehmen unerläßlich. Deshalb gilt es, die solch langfristigen Extrapolationen zugrundeliegenden Annahmen soweit als möglich zu sichern. Die Korrelation einzelwirtschaftlicher Faktoren zu gesamtwirtschaftlichen Größen spielt dabei eine bisweilen in ihrer Bedeutung überschätzte Rolle[125].

Die Problematik langfristiger Extrapolationen liegt in der Änderung der Bedingungen, die die vergangene Entwicklung bestimmt haben. Man wird daher Koch zustimmen müssen, wenn er behauptet, „daß sich die Veränderungen der wirtschaftlichen Größen im Zeitablauf nicht völlig abrupt, sondern mehr oder minder allmählich vollziehen“[126]. Einfache Extrapolationen wird man deshalb mit weniger Bedenken auf kurze Sicht, d. h. auf Monate oder ein Jahr, vornehmen können als auf Jahre und Jahrzehnte.

Die deduktive Gewinnung von Prognosen ist die in Unternehmungen „wohl am häufigsten angewandte Methode der Voraussagen“[127]. Die Planenden schließen von naturwissenschaftlichen Gesetzen oder sozialökonomischen Regelmäßigkeiten auf den Einzelfall einer zu beurteilenden Maßnahme. Beispiele für deduktive Schlüsse im Unternehmensbereich finden sich in Fülle sowohl bei der Prognose innerbetrieblicher Größen, wo man etwa von den physikalisch-technischen Gesetzen der Aggregate deren Verbrauchsfunktionen deduziert und aus ihnen die Kosten ableitet, als auch für den Marktbereich, wo man etwa von den Verhaltensmustern bestimmter Bevölkerungsgruppen die Nachfrage nach langlebigen Konsumgütern deduziert.

In einer besonderen Schätzungsmethode bildet die Deduktion den gedanklichen Kern, und zwar bei der Verwendung sog. Indikatoren oder Barometer- oder Vergleichskurven für die Absatzprognose. So sehr die Barometerkurven durch die Fehlprognosen während der Weltwirtschaftskrise in der Konjunkturforschung auch in Mißkredit geraten

---

[125] Gutenberg, Erich, Die Absatzplanung als Mittel der Unternehmungspolitik, a.a.O., S. 298/99.

[126] Koch, Helmut, Probleme unternehmerischer Prognose, in: Wirtschaftsprognose und Wirtschaftsgestaltung, herausgegeben von Hans Bayer, Berlin 1960, S. 57 ff., hier S. 63/64; vgl. auch denselben, Betriebliche Planung, a.a.O., S. 113.

[127] Ebd., S. 64/65.

sein mögen[128], für die unternehmerische Prognose kann ihre Bedeutung gar nicht hoch genug eingeschätzt werden.

Indikatoren sind Größen, die nicht dem Absatzbereich des Unternehmens, sondern vielmehr anderen ökonomischen oder außerökonomischen Bereichen entstammen, in ihrer Entwicklung aber eine besonders enge Verbindung mit dem Absatz der Unternehmen aufweisen und der Absatzentwicklung meist vorausgehen, sie ankündigen[129]. Aus der Fülle der in der Literatur für solche Indikatoren genannten Beispiele[130] erscheint das Beispiel der Baugenehmigungen als Indikator für den Bedarf an Herden, Gasbadeöfen u. ä. besonders deutlich. Die Erteilung von Baugenehmigungen geht dem Absatz der genannten Gegenstände voran. Aus der Erfahrung weiß man, daß der Absatz dieser Einrichtungsgegenstände mit der Zahl der genehmigten Bauvorhaben steigt und fällt. Diese ökonomische Regelmäßigkeit, daß nämlich die Absatzkurve der Badeöfen etwa der Kurve der Baugenehmigungen „folgt", berechtigt dazu, aus einer bestimmten Entwicklung eben der Reihe der Baugenehmigungen auf den künftigen Bedarf an Badeöfen zu deduzieren[131].

Die Sicherheit einer Vorausbestimmung von Rechengrößen an Hand solcher Indikatoren ist um so größer, je enger die Korrelation zwischen den Indikatoren einerseits, seien sie nun außerökonomische, Branchengrößen, gesamtwirtschaftliche Größen oder was auch immer, und den zu prognostizierenden Größen andererseits ist. Zur Prüfung der Korrelation spielt die Statistik, wie noch zu zeigen sein wird, eine wichtige Rolle.

Auch der Analogie muß gerade für die Vorausbestimmung marktlicher Größen große Bedeutung zugemessen werden. Analogien bilden die Hypothese, daß bei Gleichartigkeit mehrerer oder vieler Merkmale x, y, z an zwei oder mehreren Einzelgrößen das Vorhandensein eines Merkmals b bei einer Größe den Schluß zulasse, dieses Merkmal treffe auch für die anderen Größen zu. Koch berichtet als Beispiel für einen solchen Analogieschluß, wie die Feldmühle AG die Absatzenwicklung bei den Wirtschaftlichkeitsüberlegungen zur Errichtung eines neuen Zweigwerkes vorausbestimmt habe:

---

[128] Vgl. etwa Schmölders, Günter, Konjunkturen und Krisen, Hamburg 1955, S. 27 ff.

[129] Vgl. Gutenberg, Erich, Der Absatz, a.a.O., S. 65.

[130] Vgl. etwa die Beispiele in den Beiträgen des Bandes III der AMA-Schriftenreihe, Die Vorausberechnung des Absatzes, Düsseldorf 1959; Beste, Theodor, Planung in der Unternehmung, a.a.O., S. 91 ff.; Gutenberg, Erich, Der Absatz, a.a.O., S. 65—67; Beiträge in: Absatzplanung in der Praxis, herausgegeben von Erich Gutenberg, a.a.O.; Koch, Helmut, Probleme unternehmerischer Prognose, a.a.O., S. 64/65.

[131] Vgl. Gutenberg, Erich, Der Absatz, a.a.O., S. 66.

„Man ist, wie Pressemitteilungen zufolge der Vorstand der Gesellschaft in einer Hauptversammlung darlegte, von der Überlegung ausgegangen, daß im Jahre 1957 der Verbrauch pro Kopf an Karton und Pappe in den USA 65 kg, in der Bundesrepublik dagegen nur 16 kg betragen habe. Da die Lebensgewohnheiten des Deutschen und des Nordamerikaners mit einer gewissen Phasenverschiebung im Prinzip gleich seien, könne aus dem derzeitigen Kartonverbrauch in den USA auf die zukünftige Nachfrage in der Bundesrepublik geschlossen werden, so daß in Zukunft mit Nachfragesteigerung zu rechnen sei."[132]

Ähnliche Analogieschlüsse sind für viele langlebige Konsumgüter gemacht worden. Obwohl solche Schlüsse nur zu sehr globalen Schätzungen führen, muß auch hier auf wirkliche Gleichartigkeit der in Analogie gesetzten Größen geachtet werden. Daß manche Analogien der Berechtigung entbehren, zeigt Koch an mehreren Beispielen[133].

Obwohl die Induktion „als das Verfahren der Empirie schlechthin angesehen werden muß"[134], kommt ihr als Projektionsmethode aus den verschiedensten Gründen nur geringe Bedeutung zu[135]. Die Schlußverfahren der Extrapolation, Deduktion, Analogie und Induktion treten bei der Schätzung der Rechengrößen selten in reiner Form auf. Vielmehr sind die Vorgänge des Schließens in der Realität „ungleich komplizierter, die einzelnen Denkoperationen gehen ineinander über, kreuzen sich oder brechen halbfertig ab, um in diesem rohen Zustand eine neue Wendung zu nehmen oder als Unterlage weiterer Schlüsse verwendet zu werden"[136].

Praktische Schätzungen bedienen sich deshalb auch meist mehrerer oder aller Schlußverfahren. Man extrapoliert etwa nicht die zu prognostizierende Größe selbst, vielmehr deren Indikatoren und schließt dann auf die Entwicklung. Man sucht die Prognosen dadurch zu verfeinern, daß man nicht Globalgrößen schätzt, sondern auf dem Wege gedanklicher Analyse Einzelgrößen untersucht. Koch erwähnt eine Studie des Ifo-Instituts für Wirtschaftsforschung für eine 7- bis 10jährige Absatzprognose der Möbeleinzelhandelsbranche[137]. Dabei zerlegte man zu-

---

[132] Koch, Helmut, Probleme unternehmerischer Prognose, a.a.O., S. 67, nach dem Artikel: Kapazitätssprung bei der Feldmühle, in: Deutsche Zeitung und Wirtschaftszeitung 1958, Nr. 24 v. 26. 3. 1958, S. 13.

[133] Ebd., S. 67.

[134] Wittmann, Waldemar, Unternehmung und unvollkommene Information, a.a.O., S. 122.

[135] Vgl. Koch, Helmut, Probleme unternehmerischer Prognose, a.a.O., S. 65/66.

[136] Wittmann, Waldemar, Unternehmung und unvollkommene Information, a.a.O., S. 122.

[137] Schroeder, Roland, Sosthenes, 10 Jahre Möbel im Bundesgebiet, Schriftenreihe des Ifo-Institutes für Wirtschaftsforschung Nr. 29, 1957, zitiert bei Koch, Helmut, Probleme unternehmerischer Prognose, a.a.O., S. 62/63.

nächst die Gesamtnachfrage nach Möbeln in den Bedarf der privaten Haushalte, der öffentlichen Haushalte und der Wirtschaft. Den Bedarf der privaten Haushalte wiederum gliederte man in Nachhol- und Erneuerungsbedarf, Ergänzungsbedarf, Neubedarf und Modernisierungsbedarf. Als Einflußfaktoren fand man das Bevölkerungswachstum, die Zahl der Eheschließungen, den Wohnungsbau, das Volkseinkommen, die Möbelpreise und das allgemeine Preisniveau. Letztere Einflußfaktoren wurden extrapoliert. Auf Grund der zwischen ihnen und den jeweiligen Arten des Bedarfs an Möbeln an Hand von Korrelationsuntersuchungen festgestellten Zusammenhängen deduzierte man den Möbelbedarf.

Der Extrapolation und Analogie bedient sich die in der amerikanischen Praxis übliche Zeit-Verhältnis-Methode zur Verkaufsvorhersage einzelner Artikel bei saisonalen Absatzschwankungen, wie sie besonders im Handel angewandt wird[138]. Man geht etwa aus von den Verkäufen der vergangenen Wochen, kumuliert diese und errechnet die jeweiligen Prozentanteile der bis zu einer bestimmten Woche kumulierten Verkäufe an der Gesamtzahl der Verkäufe. Diese Prozentanteile bilden die Grundlage der Schätzung. Miller gibt folgendes Zahlenbeispiel[139]:

Woche	Verkäufe in Stück	Kumulierte Verkäufe in Stück	Prozentanteile in %
1	6	6	2
2	9	15	5
3	9	24	8
4	15	39	13
5	21	60	20
6	24	84	28
7	36	120	40
8	39	159	53
9	45	204	68
10	54	258	86
11	21	279	93
12	12	291	97
13	9	300	100

Man unterstellt nun, daß die zukünftige Absatzentwicklung sich analog zu den Verkaufsbewegungen in der Vergangenheit verhalte, weil

[138] Vgl. dazu Hertz, David B. und David W. Miller, Operations Research bei der Zuteilung von Betriebsmitteln, in: Operations Research, Mittel moderner Unternehmensführung, herausgegeben von der American Management Association, Inc., Deutsche Ausgabe W. Elwenspoek, Essen 1958, S. 59 ff. und Kulhavy, Ernest, a.a.O., S. 78—80. Daß Kulhavy von diesem Zeit-Verhältnisverfahren als einer bedeutenden Methode der Operations Research spricht, stellt wohl eine vollkommene Verkennung der Unternehmensforschung dar. Vgl. die Buchbesprechung zu Kulhavys Schrift von Müller-Merbach, in: ZfbF, 16. Jg. 1964, S. 54.

[139] Hertz, David B. und David W. Miller, a.a.O., S. 66.

vielleicht die den Bewegungen zugrundeliegenden Saisoneinflüsse periodisch wiederkehren. Kennt man die Größe der kumulierten Verkäufe in der Gegenwart, dann kann man die Verkäufe der folgenden Woche wie folgt schätzen. Angenommen, die in der neuen Periode bis zur sechsten Woche einschließlich getätigten Verkäufe betrügen 100, so entspricht das, wie die Vergangenheit lehrt, einem Prozentanteil von 28 % an der Gesamtverkaufsmenge des Planungszeitraums. Die kumulierten Verkäufe in der zehnten Woche müßten analog zur Vorperiode 86 % betragen. Dann läßt sich mit Hilfe der einfachen Proportion

$$100 : 28 = X : 86$$

auf die Gesamtverkäufe bis zur zehnten Woche schließen, die ungefähr 307 Stück betragen müßte. Auf solche Weise lassen sich die jeweiligen kumulativen Verkäufe und von dort aus auch die Verkäufe der einzelnen Wochen prognostizieren.

Daß die Zeit-Verhältnis-Methode noch weiter verfeinert werden kann, etwa dadurch, daß nicht nur die Verkäufe eines Artikels, sondern auch die Gesamtverkäufe aller Artikel mit einbezogen werden[140], ist hier ebenso wenig von Interesse, wie die Tatsache, daß es eine Fülle ähnlicher Methoden gibt. Es galt nur zu zeigen, daß all diesen Schätzungen methodisch logische Schlüsse einfacher oder komplizierterer Art zugrunde liegen, daß Kennzeichen dieser Voraussagen ihr konditionaler Charakter ist, der sich daraus ergibt, daß sie aus bestimmten Prämissen und Annahmen abgeleitet werden[141], und daß die Sicherheit der Prognose davon abhängt, wieweit die Annahmen gerechtfertigt sind.

b) *Wahrscheinlichkeitsrechnung*

Von der Wahrscheinlichkeitsrechnung wird gesagt, daß sie ein Mittel liefert, „um das Maß der Unsicherheit mathematisch auszudrücken"[142]. Dieser Umstand macht sie den anderen Schätzungsmethoden überlegen, die keine quantitativen Angaben über die Unsicherheit der mit ihrer Hilfe bestimmten Größen liefern, und läßt es wünschenswert erscheinen, sich der Wahrscheinlichkeitsrechnung zur Schätzung der Rechengrößen soweit als möglich zu bedienen.

Es kann deshalb nicht verwundern, wenn in der Literatur umfangreiche Untersuchungen darüber angestellt werden, unter welchen Bedingungen die Wahrscheinlichkeitsrechnung zur Gewinnung unternehmerischer Voraussicht geeignet ist. Ausgehend von einer Analyse der vielfältigen Wahrscheinlichkeitsbegriffe hat unter anderen Wittmann geprüft, welche Bedeutung Häufigkeitsziffern der Wahrscheinlichkeits-

140 Ebd., S. 68—72.

141 Vgl. dazu Bonhoeffer, Friedrich Otto, Langfristige Branchenprojektion, Methoden und Probleme, Nr. 34 der Schriftenreihe des Ifo-Instituts für Wirtschaftsforschung, Berlin—München 1963, S. 11.

142 Sasieni, Maurice, Arthur Yaspan und Lawrence Friedman, a.a.O., S. 5.

rechnung für die Prognose von Einzelfällen haben und welche Anwendungsmöglichkeiten für eben jene Häufigkeiten im Unternehmungsbereich bestehen[143]. Wie fruchtbar Wittmanns Ergebnisse für die auf den Wirtschaftlichkeitsrechnungen aufbauenden Entscheidungen auch immer sein mögen, für die Schätzung der Rechengrößen selbst spielen sie nur eine geringe Rolle.

Ein Rechnen mit Wahrscheinlichkeiten zur Prognose von Rechengrößen setzt objektive, statistische Wahrscheinlichkeiten voraus. Klammert man Wahrscheinlichkeiten a priori, die von allgemeinen Prinzipien abgeleitet werden können und für die Lösung des Problems der unternehmerischen Prognose keine Rolle spielen, aus der Betrachtung aus, so lassen sich, wie bereits früher gezeigt, objektive empirische Wahrscheinlichkeiten nur dann finden, wenn man „ein Gesamt von verhältnismäßig gleichartigen und sich wiederholenden Ereignissen" voraussetzen kann[144]. Zur Projektion lassen sich diese A-posteriori-Wahrscheinlichkeiten ebenfalls nur anwenden, wenn sie wieder auf ein Kollektiv gleichartiger Einheiten bezogen werden. Gleichartigkeit bedeutet dabei aber „nicht völlige Gleichheit, sondern Unterordenbarkeit unter einen sachlich bedeutsamen Oberbegriff. Gleichartige Einheiten stimmen also überein hinsichtlich der in dem gemeinsamen Oberbegriff festgestellten Merkmale, können aber in anderer Hinsicht mehr oder weniger voneinander abweichen"[145].

Die Ermittlung empirischer Wahrscheinlichkeiten ist in gewissen Grenzen möglich bei Garantieinanspruchnahmen, Forderungsausfällen, Ausschuß, Vorräteschwund usw. So kennt man objektive Wahrscheinlichkeitsziffern im Falle der sogenannten kalkulatorischen Wagnisse. Zur Bestimmung des Ausschußwagnisses ermittelt man die effektiv entstandenen Ausschußkosten über mehrere Jahre hin. Da man unterstellt, daß die Schwankungen der Ausschußkosten von Jahr zu Jahr zufällig auftreten, errechnet man die im Jahre durchschnittlich anfallenden Ausschußkosten. Die auf diese Weise gewonnene Zahl wird meist auf die durchschnittlichen Herstellkosten desselben Zeitraumes bezogen. Damit erhält man eine Wagnisquote als Prozentzahl, an Hand deren eine Voraussage der künftigen Ausschußkosten möglich ist[146].

---

[143] Wittmann, Waldemar, Unternehmung und unvollkommene Information, a.a.O., S. 93—116.

[144] Gutenberg, Erich, Der Absatz, a.a.O., S. 52.

[145] Flaskämper, Paul, Allgemeine Statistik, 2. Aufl., Hamburg 1949, S. 31; vgl. auch Albach, Horst, Wirtschaftlichkeitsrechnung bei unsicheren Erwartungen, a.a.O., S. 76 und die dort angegebene Literatur.

[146] Beispiele dazu finden sich etwa bei Wittmann, Waldemar, Unternehmung und unvollkommene Information, a.a.O., S. 41/42 und Bussmann, Karl F., Das betriebswirtschaftliche Risiko, Band 4 der Schriften zur Wirtschaftswissenschaftlichen Forschung, Meisenheim am Glan 1955, S. 30—33, ebenso in fast allen Werken zur Kostenrechnung im Rahmen der Behandlung kalkulatorischer Wagnisse.

Die Anforderungen, die an die Verwendung solcher Häufigkeitsziffern gestellt werden, machen deutlich, daß auch Schätzungen auf der Basis der Wahrscheinlichkeitsrechnung nur dann angebracht sind, wenn die Vergangenheit die Annahme zuläßt, daß in den betrachteten Fällen das sogenannte Gesetz der großen Zahlen Gültigkeit hat. Es wird unter anderem gefordert:

„1. Genügend langer Beobachtungszeitraum (in der Regel auf mindestens 5 Jahre festgesetzt),
2. Hinreichende Häufigkeit der Schadensfälle,
3. Eine gewisse Gleichmäßigkeit in der Schadenshöhe,
4. Laufende Überwachung der Schadensstatistik und stets Korrektur der Schadenssätze."[147]

Solche Voraussetzungen sind aber nur in wenigen Fällen gegeben. Wenn sonst im Rahmen der Projektion unternehmerischer Daten von Wahrscheinlichkeiten die Rede ist, so handelt es sich um subjektive Wahrscheinlichkeiten, weil die ihnen zugrundeliegenden Fälle einmalige Ereignisse darstellen, für die die Voraussetzungen zur Bestimmung objektiver Häufigkeitsziffern nicht gegeben sind. „Steht ein Unternehmen vor der Entscheidung, ob es gewissen ungünstigen Entwicklungen in seinem Absatzbereich durch Preisherabsetzungen oder durch Intensivierung der Werbung begegnen will, oder erwägt es, entscheidende Änderungen in seinem Verkaufsprogramm vorzunehmen, oder die Zahl der Verkaufsbezirke beträchtlich zu erhöhen, oder den Kundendienst unter großem Kapitalaufwand auszubauen, dann läßt sich zwar nicht sagen, daß diese Maßnahmen einmalig seien, denn sicherlich sind schon des öfteren Preis- oder Produktänderungen, Werbekampagnen oder Änderungen der Verkaufstechnik vorgenommen worden. Aber jede Maßnahme der geschilderten Art — ob Aktion oder Reaktion — wird durch die besondere Konstellation der betrieblichen und marktlichen Bedingungen zu einem im Sinne der Wahrscheinlichkeitsrechnung einmaligen Ereignis. Ist das aber der Fall, dann treffen die Voraussetzungen für die Berechnung relativer Häufigkeiten nicht zu."[148]

Fehlen objektive Wahrscheinlichkeiten, so ist eine Schätzung der Rechengrößen auf der Basis der Wahrscheinlichkeitsrechnung ausgeschlossen. Lassen sich aber relative Häufigkeiten feststellen, so können sie dann der Vorausbestimmung dienen, wenn auch bei der zu schätzenden Größe „ein Gesamt von verhältnismäßig gleichartigen und sich wiederholenden Ereignissen" vorliegt. Ein Rechnen mit objektiven Wahrscheinlichkeiten zur Schätzung der Rechengrößen ist in zwei Formen möglich. Einmal kann man die risikobehafteten Werte durch

[147] Wittmann, Waldemar, Unternehmung und unvollkommene Information, a.a.O., S. 41/42.

[148] Gutenberg, Erich, Der Absatz, a.a.O., S. 53.

Berücksichtigung von Sicherheitsäquivalenten auf sicher erwartete Größen zurückführen. Zum anderen kann man mit Wahrscheinlichkeitswerten rechnen. Albach hat beide Verfahren an dem Beispiel der Schätzung des Erlöses für Filme eines Colorfilmproduzenten erläutert[149].

Nehmen wir mit Albach an, ein Unternehmer plane die Anschaffung einer Anlage zur Produktion von Farbfilmen. Zur Errechnung der Wirtschaftlichkeit der Investition muß er die aus ihr fließenden Erlöse schätzen. Dabei steht er einer Fülle von Unsicherheiten gegenüber. Er weiß nicht, wie das Wetter wird, ob Farbphotographie Mode bleibt, was die Konkurrenten planen, wie groß die Aufnahmefähigkeit des Marktes ist und so weiter und so fort. Dann wird er zwar unter Beachtung all dieser Unsicherheiten mit Hilfe der geschilderten Schlußverfahren die zukünftigen Erlöse schätzen. Es ist ihm aber unmöglich, über den Einfluß irgendeines dieser Einflüsse Wahrscheinlichkeiten statistisch zu ermitteln. Es handelt sich um echte Unsicherheiten, für deren Behandlung Wahrscheinlichkeiten höchstens in der Entscheidungsphase eine Rolle spielen.

Anders muß eine Unsicherheit betrachtet werden, die darin besteht, daß der Erlös durch berechtigte Reklamationen schadhafter Filme geschmälert wird. Diese Unsicherheit ist keine echte Unsicherheit, vielmehr eine berechenbares Risiko. Denn der Unternehmer weiß aus Erfahrung, daß bei Buntfilmen immer ein bestimmter Prozentsatz den garantierten Qualitätsanforderungen nicht entspricht. Diese Tatsache „bringt keine Unsicherheit und keinen Zufall in die Produktion“[150]. Denn ein jeweiliger „Betrag für Erlösminderungen ist statistisch feststellbar und kann von vornherein als eine sichere Größe in die Überlegungen einbezogen werden. Es handelt sich um ein echtes Risiko (im Sinne Knights, der Verf.). Man kann zwar nicht sagen, wie viele Filme einer Tagesproduktion den Anforderungen nicht entsprechen werden, im Durchschnitt der Fälle läßt sich aber eine Reklamationsquote ermitteln, welche mit Sicherheit in die Rechnung eingeführt werden kann“[151].

Eine Rechnung mit Sicherheitsäquivalenten bestimmt deshalb eben jenes Sicherheitsäquivalent, jenen Korrekturfaktor, der die unsicher erwarteten Größen auf sichere zurückführt. Sie geht dabei, um im Beispiel des Farbfilmproduzenten zu bleiben, von dem Anteil schlechter

---

[149] Albach, Horst, Wirtschaftlichkeitsrechnung bei unsicheren Erwartungen, a.a.O., S. 72 ff.

[150] Knight, F. H., Risk, Uncertainity, and Profit, No. 16 in Series of Reprints of Scarce Tracts in Economic and Political Science, London School of Economics, achter Abdruck, London 1957, S. 213, zitiert nach Albach, Horst, Wirtschaftlichkeitsrechnung bei unsicheren Erwartungen, a.a.O., S. 74.

[151] Albach, Horst, Wirtschaftlichkeitsrechnung bei unsicheren Erwartungen, a.a.O., S. 74.

Filme (y) an der Gesamtzahl (x) der abgesetzten Filme aus, wie er sich im Durchschnitt in der Vergangenheit ergeben hat. Bezeichnet man diesen Anteil oder die Reklamationsquote als (α) und hat man den Gesamterlös aller abzusetzenden Filme geschätzt als das Produkt aus den insgesamt erwarteten Absatzmengen (x) und dem für sie geltenden Preis (p), so kann man die wegen Reklamation aus der Erfahrung zu erwartende Erlösminderung als den Erlösanteil der reklamierten Filme am Gesamtabsatz bestimmen, der dann ($\alpha \cdot p \cdot x$) betragen muß. Diese Erlösminderung läßt sich als Korrekturfaktor für den erwarteten Erlös anwenden. Sie ist ein Sicherheitsäquivalent dafür, daß der maximal mögliche Gesamterlös wegen sicher eintretender Reklamationen niemals erreicht werden wird, und gibt an, um wieviel der effektive Umsatz unter dem Gesamtumsatz liegen wird[152].

Man kann diesen Faktor sowohl als Erlösminderung als auch als Kostenbestandteil in die Rechnung einführen. Sieht man ihn als Kostenbestandteil an, so wäre er ein kalkulatorisches Wagnis, wobei man fingieren müßte, daß dieses Wagnis zwangsläufig entsteht, wenn der Maximalerlös erzielt werden soll. Erklärt man den Korrekturfaktor als Kostengröße, so schätzt man den Erlös nicht mehr unmittelbar, vielmehr mittelbar über die Kosten. Berücksichtigt man ihn als Erlösminderung, so betrüge der Gesamterlös (E)

$$E = p \cdot x - \alpha \cdot p \cdot x \text{ oder nach Umformung}$$

$$E = (1 - \alpha)\, p \cdot x.$$ [153]

Solche Sicherheitsäquivalente können für alle Einzelrisiken angesetzt werden, für deren Eintritt sich objektive Wahrscheinlichkeiten ermitteln lassen. Oft wird auch der Risikozuschlag zum Kalkulationszinsfuß[154] im Rahmen der Investitionsrechnungen als Sicherheitsäquivalent bezeichnet, ebenso wie im Rahmen der Gesamtbewertungen von Unternehmen, die man als Sonderfall der Investitionsrechnungen betrachten kann[155], in den Diskontierungszinsfuß eine Risikoprämie einbezogen wird. In beiden Fällen handelt es sich aber nicht um ein Sicherheitsäquivalent in dem Sinne, wie wir es hier erläutert haben. Denn der Risikozuschlag läßt sich nicht auf Grund einer objektiven Wahrscheinlichkeitsverteilung bestimmen, sondern kann nur als Ausdruck persönlicher Risikoeinschätzung und damit höchstens als Ausdruck subjektiver Wahrscheinlichkeiten angesehen werden.

---

[152] Ebd., S. 77.
[153] Ebd., S. 77/78.
[154] Vgl. die bei Albach in Fußnote 187 angegebene Literatur. Albach, Horst, Wirtschaftlichkeitsrechnung bei unsicheren Erwartungen, a.a.O., S. 79.
[155] Vgl. Busse von Colbe, Walther, Der Zukunftserfolg. Die Ermittlung des künftigen Unternehmungserfolges und seine Bedeutung für die Bewertung von Industrieunternehmen, Wiesbaden 1957, Vorwort.

Um die Grenzen zu zeigen, die der Anwendung einer Rechnung mit Sicherheitsäquivalenten auch bei Vorliegen objektiver Häufigkeitsziffern gesetzt sind, ist es erforderlich, sich mit Albach den „logischen Sprung" deutlich zu machen, der in einem solchen Schluß von unsicher erwarteten Größen auf sicher erwartete liegt. „Für einen einzelnen Film kann der Unternehmer nur entweder nichts oder p DM erzielen, da", wie Albach unterstellt, „die Filme mit gebundenen Preisen verkauft werden und auch die Handelsspanne feststeht. Legt er nun seinen Berechnungen einen um den bestimmten Satz reduzierten Verkaufspreis p_1 zugrunde, und glaubt er nun, diesen Preis p_1 für den Film mit Sicherheit erzielen zu können, dann liegt darin ein logischer Fehlschluß. Für den einzelnen Film erzielt er entweder p oder nichts, in keinem Falle aber p_1. Der Schluß von der Gesamtheit der Filme, unter denen ja in der Tat y Filme sind, welche keinen Erlös erbringen, auf den einzelnen Film enthält also einen logischen Sprung, der nur dann vertretbar erscheint, wenn der Rückschluß auf die Gesamtheit möglich ist. Ist ein solcher Rückschluß nicht möglich, weil der Unternehmer selbst nicht genügend Einzelfälle kontrolliert ..., dann wird die Rechnung mit Sicherheitsäquivalenten problematisch"[156].

Entsprechendes gilt für das Rechnen mit Wahrscheinlichkeitswerten, das sich wohl im Vorgehen, nicht aber im Ergebnis von dem Rechnen mit Sicherheitsäquivalenten unterscheidet. Hierbei geht man, um im Beispiel zu bleiben, aus von dem Verkaufspreis p, den man als Erwartungsgröße zugrundelegt. Dieser Preis wird aber nicht immer erzielt, nämlich dann nicht, wenn ein Film nicht den qualitativen Anforderungen entspricht. Da die Fälle, in denen kein Erlös erzielt wird, relativ selten sind, kann der Unternehmer mit großer Wahrscheinlichkeit annehmen, daß er p DM erzielt. Die Wahrscheinlichkeit, daß ein Film schlecht ist, beträgt $y : x = \alpha$, die Wahrscheinlichkeit, daß ein Film gut ist und p DM bringt, beträgt nach den Regeln der Wahrscheinlichkeitsrechnung $(1-\alpha)$. Deshalb kann er annehmen, daß er den wahrscheinlichsten Wert p mit der Wahrscheinlichkeit $(1-\alpha)$ erlösen wird. Als mathematische Erwartung seines Erlöses erhielte er dann:

$$E = (1 - \alpha)\, p \cdot x.$$

Dieser Ausdruck entspricht dem Ausdruck, den wir bei der Rechnung mit Sicherheitsäquivalenten gewonnen hatten. E meint aber hier nicht mehr den Erlös selbst, sondern die mathematische Erwartung des Erlöses. Doch kann mit dieser Erwartung ebenso gerechnet werden wie mit den durch Korrektur gewonnenen Erlösgrößen[157].

---

156 Albach, Horst, Wirtschaftlichkeitsrechnung bei unsicheren Erwartungen, a.a.O., S. 76.

157 Ebd., S. 92/93.

Das Rechnen mit Wahrscheinlichkeitswerten hat im Rahmen der Schätzung von Rechengrößen außer den genannten Fällen für zwei Formen der Wirtschaftlichkeitsrechnungen besondere Bedeutung erlangt. Im Rahmen der Ersatztheorie[158] wird zur Bestimmung der optimalen Erneuerungspolitik eines Gesamtanlagenbestandes von Anlagegegenständen konstanter Leistungsfähigkeit die Häufigkeitsverteilung der Lebensdauer solcher Anlagegüter als Ausgangspunkt genommen. Die Bedingung „eines Gesamts von verhältnismäßig gleichartigen und sich wiederholenden Ereignissen" wird dabei in den meisten Fällen als gegeben angenommen werden können.

Anders wird die Verwendung von Verteilungsfunktionen der Nachfrage im Rahmen der sogenannten statistischen oder stochastischen Lagerhaltungsmodelle[159] zu beurteilen sein, weil die Voraussetzungen zur Ermittlung objektiver Wahrscheinlichkeiten nur bei einem gleichbleibenden Absatz gleichartiger Güter unterstellt werden kann, der in den seltensten Fällen gegeben ist.

Ein Rechnen mit Wahrscheinlichkeitswerten oder Sicherheitsäquivalenten erweitert den Anwendungsbereich der Wirtschaftlichkeitsrechnungen. Die Vorteile dürfen aber nicht vergessen lassen, daß die Bedingungen, sich dieser Erscheinungsformen der angewandten Wahrscheinlichkeitsrechnung zu bedienen, nur sehr selten erfüllt sind.

2. Grundlagen zur Schätzung der Rechengrößen

Jede Prognose meint einen Schluß von Erfahrungsgrößen auf Zukunftsgrößen. Schlüsse sind nur möglich, wenn Kenntnis über die Schätzungsgrundlagen besteht. Die Methoden zur Vorausbestimmung lassen sich um so besser anwenden, je umfangreicher die Informationen sind, auf Grund deren geschlossen wird. Will man Rechengrößen für die Wirtschaftlichkeitsrechnungen schätzen, so muß man also der Suche nach den richtigen Schätzungsgrundlagen das Hauptaugenmerk schenken.

Geeignete Ausgangsgrößen wird man zunächst dort vermuten, wo man das zahlenmäßige Spiegelbild des Betriebsgeschehens in der Vergangenheit findet. Doch wird das Rechnungswesen nicht immer zur Informationsgewinnung ausreichen, sei es, daß die geforderten Zahlen gar nicht Gegenstand des Rechnungswesens sind, sei es, daß es sie nicht in der gewünschten Gliederung oder Verteilung bietet. Dann wird man

---

158 Literaturangaben siehe unten.

159 Vgl. Whitin, T. M., The Theory of Inventory Management, Princeton 1953; Magee, S. F., Production Planning and Inventory Control, New York 1958; Vazsonyi, Andrew, Die Planungsrechnung in Wirtschaft und Industrie, a.a.O., S. 263—338; Sasieni, Maurice, Arthur Yaspan und Lawrence Friedman, a.a.O., S. 87—108; Popp, Werner, Bestimmung von kostenoptimaler Mindestlosgröße und Lagererneuerungsgrenze, Diss. München 1960.

Studien machen müssen, um die kennzeichnenden Wirkungen und Bedingungen einer speziellen Maßnahme in der Gegenwart quantitativ zu erfassen.

Sowohl für die Gewinnung als auch die Verarbeitung der Zahlen des Rechnungswesens einerseits wie auch andererseits für die zweckmäßige Gestaltung der Studien spielen statistische Methoden eine besondere Rolle. Sie sollen deshalb gesondert behandelt werden.

a) Rechnungswesen und Studien

Unter dem Rechnungswesen als dem Bereich der quantitativen zahlenmäßigen Abbildung betrieblicher Prozesse versteht man meist das laufende, periodische Rechnungswesen, das nur selten Vorschaurechnung, vielmehr meist der Vergangenheit verhaftet ist[160] und nach der Formulierung der Richtlinien zur Organisation der Buchführung[161] die Buchführung und Bilanz, die Selbstkostenrechnung, die Statistik und die Planung umfaßt[162]. In dieses System lassen sich die Wirtschaftlichkeitsrechnungen als Sonderrechnungen zur Beurteilung der Wirtschaftlichkeit einer einzigen zukünftigen Maßnahme nicht einordnen[163]. Zwar kann man mit der bereits erwähnten Einteilung des Rechnungswesens durch Virkkunen in Planungs-, Kontroll- und Informationskalküle auch Wirtschaftlichkeitsrechnungen als Alternativkalküle im Rahmen der Planungskalküle umfassen[164]. Doch wird das Rechnungswesen hier, wo es als Grundlage zur Schätzung von Rechengrößen dienen soll, in dem herkömmlichen engeren Sinn verstanden. Im Rahmen des rückschauenden laufenden Rechnungswesens sind als Schätzungsgrundlagen besonders die Betriebsbuchhaltung mit Kostenrechnung und Kurzfristiger Erfolgsrechnung, die Geschäftsbuchhaltung und statistische Aufzeichnungen von Interesse. Der im Sinne der Buchführungsrichtlinien als laufender Vorschaurechnung verstandenen Planung wäre große Bedeutung zuzumessen. Doch ist dieser Zweig des Rechnungswesens wohl theoretisch, nicht aber praktisch entwickelt. Wo man eine Vorschaurechnung betreibt, wird man mit Nutzen auf sie zurückgreifen.

Frühere Wirtschaftlichkeitsrechnungen werden die ersten Quellen sein, in denen man nach Zahlenmaterial sucht. Doch sollte man dabei Vorsicht walten lassen. Denn die einzelnen Maßnahmen unterscheiden

---

160 Vgl. Beste, Theodor, Die Kurzfristige Erfolgsrechnung, a.a.O., S. 13.

161 Vgl. Richtlinien zur Organisation der Buchführung vom 11. 11. 1937, in: Fischer, Johannes, Otto Heß und Georg Seebauer, Buchführung und Kostenrechnung, Leipzig 1942, S. 383.

162 Zur Kritik dieser Einteilung vgl. Beste, Theodor, Buchhaltungsrichtlinien und Planung, in: ZfhF, 32. Jg. 1938, S. 460 ff.

163 Man könnte sie zwar in den Bereich der Planung verweisen. Doch versteht man in der genannten Systematik unter Planung meist nur die laufende, periodische Vorschaurechnung.

164 Virkkunen, Henrik, a.a.O.

sich in ihren Wirkungen und Bedingungen meist so weitgehend, daß die an sich verlockende Übernahme früher ermittelter Zahlen zu den größten Fehlschlüssen führen kann. Nur wenn die Maßnahmen sehr ähnlich sind und die frühere Wirtschaftlichkeitsrechnung vor nicht allzu langer Zeit aufgestellt wurde, wird man von ihr ausgehen können. Doch kann man auch dann die Zahlen nicht einfach übernehmen. Vielmehr müssen sie an Hand der übrigen Schätzungsgrundlagen kritisch überprüft werden.

Will man sich des Rechnungswesens im herkömmlichen Sinne als Quelle für die Rechengrößen bedienen, so werden die Möglichkeiten und Grenzen von der Tatsache bestimmt, daß laufendes Rechnungswesen und Sonderrechnungen verschiedenen Zwecken dienen. Wenn man weiß, daß die Zwecke nicht nur die Bewertung sondern auch den gesamten Aufbau der jeweiligen Rechnungen festlegen, so wird deutlich, daß man die Zahlen laufender Rechnungen nur in den seltensten Fällen unverändert übernehmen kann. Die unterschiedlichen Zwecke machen vielmehr Umformungen, seien sie nun Zusammenfassungen, Gliederungen, Umgruppierungen, Umbewertungen oder was auch immer, zwingend notwendig.

Gleichzeitig wird offenbar, daß man wegen der unterschiedlichen Zwecke der Rechnungen richtige Antworten nur dann erhält, wenn man präzise Fragen an das Rechnungswesen stellt, wenn also die Fragestellung für die Wirtschaftlichkeitsrechnung in ihrem sachlichen und zeitlichen Inhalt und Umfang genau formuliert ist, wenn man die Einflußfaktoren auf die Wirtschaftlichkeit der zu beurteilenden Maßnahmen kennt, und wenn man schließlich weiß, welche quantitativen Merkmale eben jener Einflußfaktoren man für die Rechnung benötigt.

Sucht man etwa nach den Lohnkosten eines Verfahrens oder nach den Stückgewinnen verschiedener Produkte, so kann man diese Größen sofort oder nach besonderen Überlegungen aus dem Rechnungswesen entnehmen. Man könnte von einer Auswertung sprechen[165]. Doch handelt es sich nicht um das, was man im allgemeinen unter Auswertung des laufenden Rechnungswesens versteht[166]. Man vergleicht nicht die vom Rechnungswesen aufgenommenen tatsächlichen Vorgänge mit einem Maßstab, stellt die Unterschiede oder Abweichungen fest, forscht nach

[165] Vgl. z. B. von Kortzfleisch, Gert, Betriebswirtschaftliche Arbeitsvorbereitung, a.a.O., S. 222 und Riebel, Paul, Das Rechnen mit Einzelkosten und Deckungsbeiträgen, in: ZfhF, NF, 11. Jg. 1959, S. 213 ff., hier S. 232.

[166] Vgl. etwa Büchner, Siegfried, Die Auswertung der Kostenrechnung in der Eisen schaffenden Industrie, Diss. Köln 1958; Latendorf, Heinz, Grundfragen der Betriebsanalyse, in: BFuP, 8. Jg. 1956, S. 144 ff.; Maas, René, Die Auswertung des betrieblichen Rechnungswesens, Diss. Berlin 1935; Müller, Adolf, Kostenauswertung in Stahlwerken, in: Archiv für das Eisenhüttenwesen, 15. Jg. 1941/42, S. 156 ff.; Schnötzinger, Franz, Die Auswertung der Selbstkosten im Industriebetrieb unter besonderer Berücksichtigung der Betriebskontrolle, Diss. Dresden 1942.

den Ursachen der Abweichungen und berichtet die Ergebnisse an die Stellen, die sich ihrer bedienen sollen[167], wie es meist mit den Rechnungen geschieht, deren Zweck die Kontrolle der Betriebsgebarung ist[168].

Wenn man das Rechnungswesen als Quelle für Rechengrößen der Wirtschaftlichkeitsrechnungen ansieht, verwertet man die Zahlen nur, man wertet sie nicht aus. Die Ergebnisse der Auswertung selbst aber können oft Zahlenquellen sein, und zwar sogar sehr geeignete Quellen, weil die Auswertung, indem sie analysiert, zusammenfaßt, vergleicht, beurteilt[169], meist sehr viel detailliertere Angaben machen kann als das Rechnungswesen selbst, wobei allerdings ebenso zu beachten ist, daß die Analysen nicht speziell zur Gewinnung von Rechengrößen für Wirtschaftlichkeitsrechnungen durchgeführt werden, sondern anderen Zwecken dienen.

Wegen der Vielfalt der möglichen Rechengrößen in den verschiedenartigsten Wirtschaftlichkeitsrechnungen verbietet sich eine Einzelbetrachtung. Ob man die Transportkosten zu unterschiedlichen Abnahmeorten für die Bestimmung des optimalen Absatzgebietes aus dem Rechnungswesen entnehmen kann, ob die Kostenaufzeichnungen Unterlagen zur Bestimmung der optimalen Durchlaufzeit bieten, ob die Buchhaltungen Ausgangspunkt für Standorterlöse sein können, all dies muß im Einzelfall entschieden werden.

Allgemein läßt sich sagen, daß das Rechnungswesen eine um so geeignetere Quelle ist, je mehr die Wirkungen und Bedingungen der zu beurteilenden Maßnahmen Konstanz aufweisen, mit anderen Worten, wenn es sich um Maßnahmen handelt, die den Ablauf in einer gegebenen Betriebsstruktur betreffen. Dann liegen nämlich quantitative Aufzeichnungen über die betreffenden Einflußfaktoren im Rechnungswesen bereits vor. Folglich können die meisten Mengen- und Wertgrößen zur Errechnung optimaler Bestellmengen, optimaler Losgrößen, des optimalen Fertigungsprogrammes, zur Ermittlung der wirtschaftlichsten unter den kleineren Investitionen, des wirtschaftlichsten Verfahrens bei reinen Umstellungen usw. aus dem betrieblichen Rechnungswesen entnommen werden und nach bestimmten Umformungen in die Wirtschaftlichkeitsrechnungen eingesetzt werden.

Für solche Maßnahmen, die sich auf Güter beziehen, die bisher in den pagatorischen oder kalkulatorischen Unterlagen weder mengennoch wertmäßig erfaßt waren, kann das vergangenheitsorientierte Rech-

---

167 Vgl. Beste, Theodor, Die Kurzfristige Erfolgsrechnung, besonders Abschnitt D „Die Auswertung der Kurzfristigen Erfolgsrechnung“, S. 477—549, besonders S. 479.

168 Ebd., S. 481.

169 Eine Fülle von Beispielen, die dies verdeutlichen, bringt Büchner, Siegfried, a.a.O., passim.

nungswesen nur Anhaltspunkte liefern. Für die Kosten, die mit der Anschaffung, der Nutzung oder dem Verbrauch neuer Einsatzgüter, etwa neuer Maschinen, neuer Rohstoffe, neuer Patente oder was es sonst sein mag, verbunden sind, kann die Buchhaltung nur Vergleichszahlen ähnlicher bereits genutzter Maschinen und Patente und bereits verbrauchter Rohstoffe angeben. Entsprechendes gilt für die Erlöse neuer Produkte ebenso wie für deren Kosten. Wenn auch das Rechnungswesen für solche Einflußfaktoren nicht die entscheidenden Unterlagen zur Verfügung stellen kann, so sollten seine Zahlen als Vergleichsgrößen doch immer herangezogen werden.

Die Verwertbarkeit der Zahlen des Rechnungswesens wird nicht nur von der Art der Sonderrechnungen her bestimmt. Je nach seinen Teilbereichen, deren Inhalt und der jeweiligen Organisation ist das Rechnungswesen selbst in unterschiedlichem Maße aussagefähig. Die meist weniger detaillierten Zahlenangaben der Geschäftsbuchhaltung werden wohl nur zur Schätzung der Erlöskomponenten herangezogen werden und dies auch nur in den seltensten Fällen, weil hier Studien bessere Ergebnisse liefern.

Die Betriebsbuchhaltung und speziell die Kostenrechnung bietet eine Fülle wertvoller Auskünfte demjenigen, der sie zu lesen weiß. Ihr Aussagewert wird zunächst bestimmt von der Tiefe ihrer Gliederung. Je detaillierter die Kostenarten erfaßt werden, je mehr Einzelkosten gebildet werden, je feiner die Kostenstellengliederung ausgebildet ist, möglicherweise bis hin zum Kostenplatz, je differenzierter die Umlagen erfolgen, je mehr Zuschlagssätze man im Falle der Zuschlagskalkulation etwa benutzt, je mehr Kostenträger einzeln kalkuliert werden, um so aussagefähiger wird die Kostenrechnung sein. Denn zusammenfassen lassen sich detaillierte Rechengrößen oft durch einfache Addition ebenso wie Umgruppierungen irgendwelcher Art ohne weiteres möglich sind. Globale Zahlen aber kann man mit dem Rechnungswesen allein meist nicht aufspalten.

Auch der Inhalt der Betriebsbuchhaltung oder das Kostenrechnungssystem, wie Nowak sagt[170], hat Einfluß auf die Verwertbarkeit der Kostenzahlen für Wirtschaftlichkeitsrechnungen. Normal- und Plankostenrechnungen sind sowohl in der Gliederung der Kosten, etwa nach den einzelnen Hauptkostendeterminanten, als auch in der Richtigkeit ihrer Mengenansätze der Istkostenrechnung überlegen. Da die Plan-

---

170 Nowak, Paul, Kostenrechnungssysteme in der Industrie, Band 21 der Veröffentlichungen der Schmalenbach-Gesellschaft, Köln und Opladen 1954, S. 47.

„Die Bezeichnung Kostenrechnungssystem erscheint deshalb angebracht, weil — wie im einzelnen nachzuweisen sein wird — in jeder dieser drei Gruppen von Kostenrechnungsverfahren der allgemeine Kostenbegriff zusätzlich noch eine spezifische Prägung erhalten hat. Sie wirkt sich auf den Inhalt des am Kostenträger ausgewiesenen Güterverzehrs aus ...“.

kosten an Hand von Studien ermittelt werden, kann man sich die noch zu kennzeichnenden Studien sparen, wenn im Rahmen der einzelnen Maßnahmen Vorgänge untersucht werden, für die bereits Plankosten festgesetzt wurden.

Die Verwertung von Kostenzahlen für Wirtschaftlichkeitsrechnungen wird von Kilger unter dem „Oberbegriff dispositive Aufgaben der Kostenrechnung“ zusammengefaßt, wozu nach seiner Ansicht „z. B. Verfahrensvergleiche, Berechnungen zur Lösung des Ersatzproblems von Betriebsmitteln, Sonderkalkulationen usw.“ gehören. „Zur Lösung derartiger Probleme wird vielfach auf die Ergebnisse der Kostenartenrechnung, der Kostenstellenrechnung oder der Kostenträgerkalkulation zurückgegriffen.“[171]

Man wird um so besser auf die Zahlen der Ist-, Normal- oder Plankostenrechnung zurückgreifen können, je weitgehender sie eine Aufspaltung der Kosten in ihre fixen und variablen Bestandteile gewährleisten. Sucht man etwa beim Wirtschaftlichkeitsvergleich einer alten mit einer neuen Maschine die kritische Menge zu bestimmen[172], so kann man die Zahlen der Betriebsbuchhaltung für die Darstellung der Kostenfunktion der alten Maschine sinnvoll nur dann verwerten, wenn die Unterlagen fixe und variable Bestandteile getrennt ausweisen.

Besonders geeignet als Quelle für die vielfältigen Rechengrößen der Wirtschaftlichkeitsrechnungen scheinen in diesem Zusammenhang die Verfahren des amerikanischen „direct costing“ und das Rechnen mit Einzelkosten und Deckungsbeiträgen nach Riebel zu sein[173], die beide

[171] Kilger, Wolfgang, Flexible Plankostenrechnung. Einführung in die Theorie und Praxis moderner Kostenrechnung, Band 31 der Veröffentlichungen der Schmalenbach-Gesellschaft, Köln und Opladen 1961, S. 18/19.

[172] Vgl. Gutenberg, Erich, Die Produktion, a.a.O., S. 292 ff.

[173] Als Literatur zum Direct-costing und zur Deckungsbeitragsrechnung sei etwa verwiesen auf:

Agthe, Klaus, Stufenweise Fixkostendeckung im System des Direct Costing, in: ZfB, 29. Jg. 1959, S. 403 ff.; derselbe, Zur stufenweisen Fixkostendeckung, in: ZfB, 29. Jg. 1959, S. 742 ff.; Heine, Peter, Direct Costing — eine angloamerikanische Teilkostenrechnung —, in: ZfhF, NF, 11. Jg. 1959, S. 515 ff.; Riebel, Paul, Das Rechnen mit Einzelkosten und Deckungsbeiträgen, a.a.O.; derselbe, Das Rechnen mit relativen Einzelkosten und Deckungsbeiträgen als Grundlage unternehmerischer Entscheidungen im Fertigungsbereich, in: Neue Betriebswirtschaft, 14. Jg. 1961, S. 143 ff.; Henzel, Fritz, Neuere Tendenzen auf dem Gebiete der Kostenrechnung, in: ZfhF, NF, 14. Jg. 1962, S. 347 ff.; RKW, Direct Costing — Das Rechnen mit Grenzkosten —, Frankfurt a. M. 1960; Böhm, Hans-Hermann und Friedrich Wille, Direct Costing und Programmplanung. Moderne Kalkulationsverfahren für gewinnoptimale Produktions- und Verkaufsprogramme, München 1960; Wille, Friedrich, Direktkostenrechnung mit stufenweiser Fixkostendeckung? Eine kritische Stellungsnahme, in: ZfB, 29. Jg. 1959, S. 737 ff.; Schwarz, Horst, Neuere Gesichtspunkte in der Kostenrechnung von Industrie- und Handelsbetrieben. Problematik und Möglichkeiten einer Berücksichtigung in vereinfachter Form, in: Neue Betriebswirtschaft, 15. Jg. 1962, S. 145 ff. und S. 169 ff.; Seicht, Gerhard, Die stufenweise Grenzkostenrechnung. Ein Beitrag zur Weiterentwicklung der Deckungsbeitragsrechnung, in: ZfB, 33. Jg. 1963, S. 693 ff.

die Schmalenbachschen Gedanken der Trennung von fixen und proportionalen Kosten sowie des Rechnens mit Grenzkosten und Bruttogewinnaufschlägen beinhalten.

Betrachtet man etwa das Rechnen mit Einzelkosten und Deckungsbeiträgen[174], so muß eine derart verstandene Kostenrechnung zunächst deshalb als geeignete Quelle für die unterschiedlichen Rechengrößen angesehen werden, weil ihr Grundprinzip die Erfassung aller Kosten als Einzelkosten oder direkt zurechenbarer Kosten verlangt[175].

Der Begriff der Einzelkosten wird nicht mehr nur auf den Kostenträger bezogen sondern auch auf andere geeignete Bezugsgrößen. So rechnet man etwa in der Kostenstellenrechnung nicht mehr mit Gemeinkosten, sondern differenziert sie und erfaßt sie als Einzelkosten zunächst des Kostenplatzes, dann der Kostenstelle, der Kostenstellengruppen, einer Abteilung, einer örtlichen Betriebseinheit oder der Unternehmung als ganzer. In der Kostenträgerrechnung sucht man ebenfalls alle Kosten soweit als möglich einer Bezugsgrößenhierarchie direkt zuzurechnen. Man erfaßt etwa im Vertriebsbereich zunächst die Einzelkosten des einzelnen Kostenträgers, anschließend der Kostenträgergruppen und letztlich die Einzelkosten des Sortiments, oder man ordnet Einzelkosten den Kundenbesuchen, den Kundenanfragen und -aufträgen, den Kunden und Kundengruppen, den Verkaufsbezirken usw. zu. Im Fertigungsbereich etwa wählt man als Bezugsgrößen Betriebsstörungen, Sortenwechsel, Einstellen und Anlernen von Arbeitskräften und dergleichen mehr[176].

Ähnliches strebt auch von Kortzfleisch an, wenn er für die Zwecke der Arbeitsvorbereitung, speziell für die Analyse der Sortenvielfaltkosten[177], Kosten unterscheidet, die sich direkt zuordnen lassen dem gesamten Sortiment, den einzelnen Sortengruppen, den einzelnen Sorten oder Typen, den einzelnen Auftragsprogrammen, den einzelnen Aufträgen und schließlich den einzelnen Erzeugnissen[178]. Er spricht dann auch von Kostenquellenrechnung[179].

Weist eine Kostenrechnung so verstandene Einzelkosten aus, dann ist sie als Quelle für Rechengrößen deshalb besonders geeignet, weil gerade solche auf die jeweiligen Bezugsgrößen direkt zugerechneten

---

[174] Vgl. Riebel, Paul, Das Rechnen mit Einzelkosten und Deckungsbeiträgen, a.a.O.

[175] Ebd., S. 214/215.

[176] Vgl. ebd., S. 215/216.

[177] von Kortzfleisch, Gert, Untersuchungen über die Sortenvielfaltkosten und Auswerten ihrer Ergebnisse für unternehmerische Entscheidungen, in: Rationalisierung, 9. Jg. 1958, S. 240 ff.

[178] Vgl. von Kortzfleisch, Gert, Betriebswirtschaftliche Arbeitsvorbereitung, a.a.O., S. 114 und S. 128—139.

[179] von Kortzfleisch, Gert, Kostenquellenrechnung in wachsenden Unternehmungen, in: ZfbF, 16. Jg. 1964, Heft 4/5, gewidmet Theodor Beste zur Vollendung des 70. Lebensjahres, S. 318 ff.

Kosten in vielen Wirtschaftlichkeitsrechnungen verlangt werden. So sagt etwa Witthoff für den Verfahrensvergleich: „Damit ergibt sich die Forderung, das Denken in arbeitsablaufbedingten Einzelkosten und das Rechnen mit solchen stark in den Vordergrund zu stellen.“[180]

So muß man auch die Sortenwechselkosten, die Bezugskosten eines Beschaffungsauftrages, die Kosten einzelner Arbeitsplätze usf. für die verschiedenartigsten Wirtschaftlichkeitsrechnungen kennen. Die übliche Kostenrechnung enthält derartige Details aber nicht, weil sie weder für die Abrechnung noch für die Kontrolle wichtig sind[181].

Auch die Rechnung mit Deckungsbeiträgen als den Differenzen zwischen dem Marktpreis und bestimmten Kosten[182], etwa den Einzelkosten der Erzeugnisse, liefert in eben diesem Deckungsbeitrag die Rechengrößen für die Zielfunktionen der Programmplanung. Mit der Differenzierung der Deckungsbeiträge nach Kostenstellen und sonstigen Kostenkategorien[183] werden ebenfalls wertvolle Unterlagen geliefert, wie Riebel selbst an zwei Beispielen zeigt, in denen er die Deckungsbeitragsrechnung für Wirtschaftlichkeitsvergleiche auswertet[184]. Das der Dekkungsbeitragsrechnung verwandte „Direct-Costing-Verfahren“ bietet als Quelle für Rechengrößen der Wirtschaftlichkeitsrechnungen die gleichen Vorteile. Die Absicht Angermanns, eben dieses Kostenrechnungsverfahren als Instrument der betrieblichen Entscheidungsbildung in einer gesonderten Abhandlung zu untersuchen, macht seine Bedeutung deutlich. Angermann begründet sein Anliegen wie folgt: „Die Ziele und Aufgaben des Direct Costing decken sich weitgehend mit denen der Linearen Programmierung. In gewissem Sinne ergänzen sich diese beiden Verfahrenstechniken, da einerseits bestimmte Aufgabenstellungen des Direct Costing nur mit Hilfe der Linearen Programmierung lösbar sind und andererseits das Direct Costing die notwendigen empirischen Ausgangsdaten für die Lösung von linearen Planungsaufgaben liefert.“[185]

Außer der Betriebsbuchhaltung selbst, in welchem System sie auch durchgeführt werden mag, geben ihre Nebenbuchhaltungen wichtige Auskünfte. Der Anlagenkartei etwa entnimmt man neben den Maschinenkosten und Restbuchwerten auch die Kapazitäten der Anlagen, die meist als Bedingungen in die Rechnung eingehen. Die Lohnbuchhaltung

---

[180] Witthoff, J., a.a.O., S. 80.

[181] Vgl. von Kortzfleisch, Gert, Betriebswirtschaftliche Arbeitsvorbereitung, a.a.O., S. 221.

[182] Riebel, Paul, Das Rechnen mit Einzelkosten und Deckungsbeiträgen, a.a.O., S. 225.

[183] Ebd., S. 227—231.

[184] Ebd., S. 232—234.

[185] Angermann, Adolf, Entscheidungsmodelle, a.a.O., Vorwort: Der Band „Entscheidungsmodelle“ soll der erste seines Gesamtwerkes über „Industrielle Planungsrechnung“ sein. Band 2 soll dem Direct Costing und der Produktionsplanung und Band 3 den Betriebsmatrizen gewidmet sein.

enthält die Lohnkosten einzelner Kostenstellen, einzelner Aufträge, einzelner Verfahren. Aus der Lagerbuchhaltung und besonders aus der Lagerstatistik entnimmt man vielleicht die durchschnittlichen Lagerbestände.

Die statistischen Aufzeichnungen der Unternehmen sind meist so zahlreich und behandeln so unterschiedliche Gegenstände, daß ihre Verwertung eine systematische Ordnung in Archiven oder Dokumentationsstellen[186] voraussetzt, die ein schnelles Finden der gewünschten Zahlen garantieren soll.

Auf die Bedeutung der Organisation des Rechnungswesens für eine sinnvolle Verwertung seiner Zahlen hat von Kortzfleisch[187] hingewiesen. Von den Uraufschreibungen hängt es wesentlich ab, ob sie sich für die jeweiligen Zwecke korrigieren, umsortieren und nach bestimmten Kriterien neu zusammenfassen lassen. Wird das Rechnungswesen mit konventionellen Lochkarten geführt, so kann die Verwertung der Zahlen, die meist ein Umsortieren verursacht, die Lochkartenorganisation stark belasten, weil der Sortiervorgang immer einen Engpaß bildet und zudem zeitraubend ist. „Ist, wie in modernen Anlagen, die Lochkarte nicht mehr Informationsspeicher, sondern nur noch Mittel zur Eingabe von Informationen, dann sind alle Daten von Magnetspeichern schnell greifbar. Dem hat die Hand- oder Maschinenbuchhaltung, besonders bei wenig umfangreichem Zahlenmaterial eine größere Übersicht entgegenzusetzen."[188]

Man kann diejenigen Einflußfaktoren, die für die Brauchbarkeit der buchhalterischen und tabellarischen Unterlagen des Rechnungswesens von grundsätzlicher Bedeutung sind, auch so zusammenfassen, wie Witthoff es für eine der möglichen Wirtschaftlichkeitsrechnungen getan hat. Die Bedeutung der Kostenrechnung als Grundlage für kalkulatorische Verfahrensvergleiche hängt nach Witthoff von folgenden Merkmalen des Rechnungswesens ab:

1. Von seinen Bezugsgrößen, d. h. ob etwa Stückkosten immer auf die gleiche Beschäftigung und gleiche Güterqualität bezogen sind;
2. von seiner Blickrichtung, soll sagen, ob es vor- oder rückschauend ist;
3. von der Aufgliederung der Kosten, ob sie tief genug und nach den gewünschten Kriterien erfolgt und
4. von den Unstetigkeiten des Betriebsgeschehens und dem Maß, in

---

[186] Wittmann hat sich eingehend mit der betrieblichen Dokumentationsstelle, ihren Aufgaben, ihrer Organisation und ihrer Wirtschaftlichkeit befaßt. Vgl. Wittmann, Waldemar, Unternehmung und unvollkommene Information, a.a.O., S. 83—92.

[187] Vgl. von Kortzfleisch, Gert, Betriebswirtschaftliche Arbeitsvorbereitung, a.a.O., S. 226.

[188] Ebd., S. 226.

dem diese in ihren Wirkungen aus dem Rechnungswesen fern gehalten werden[189].

Können auch wechselnde oder ungeeignete Bezugsgrößen, Vergangenheitsorientierung, unzweckmäßige Gliederung und nicht ausgeschaltete Schwankungen den Wert des Rechnungswesens als Quelle für Rechengrößen mindern, und mögen die buchhalterischen und tabellarischen Unterlagen nach Witthoff etwa für den quantitativen Verfahrensvergleich sogar „nur eine untergeordnete Rolle" spielen[190], so stellt das Rechnungswesen doch oft wohl den Ausgangspunkt dar, sofern es nicht mit Fehlern behaftet ist.

So selbstverständlich die Forderung nach einem richtigen Rechnungswesen auch erscheinen mag, es gibt eine Fülle von Unrichtigkeiten, die etwa bedingt sein können durch fehlerhafte Aufschreibungen und Rechenweise, falsche Kontierung, ungenügende zeitliche Abgrenzung, unrichtige kalkulatorische Abgrenzung, mangelhafte Schlüsselung und dergleichen mehr[191].

Verbietet aber die Ungenauigkeit und Unzuverlässigkeit des Rechnungswesens die Verwertung seiner Zahlen, so wird man ebenso zu Studien greifen müssen, wie in all den Fällen, in denen auch ein richtiges Rechnungswesen keine Auskünfte geben kann. Die Wirtschaftlichkeitsrechnung „verdient vielleicht gerade ein um so größeres Vertrauen, je mehr sie sich vom laufenden Rechnungswesen zu lösen bestrebt ist und ihren Blick in die Zukunft richtet"[192]. Das kann sie aber nur auf dem Wege der Studien.

Wenn man von Studien spricht, denkt man zunächst an Arbeits- und Zeitstudien, vielleicht auch an Materialflußstudien und ist unter Umständen geneigt, die Marktuntersuchungen im Rahmen der wissenschaftlichen Marktforschung als Studie zu bezeichnen. Für die verschiedenartigsten Aufgaben werden diese Studien durchgeführt, doch meist nicht unmittelbar zur Erfassung von Rechengrößen für Wirtschaftlichkeitsrechnungen.

Das Arbeitsstudium, in Deutschland schon früh betrieben und heute sehr weit ausgebaut, bezweckt etwa die Bestgestaltung der Arbeit, den richtigen Leistungsvollzug und die leistungsgerechte Entlohnung. Es erfüllt seine Aufgaben mit Hilfe der Arbeitsablaufstudie als einer bereinigenden und gestaltenden, der Arbeitszeitstudie als einer zeitmessenden und der Arbeitswertstudie als einer wertbestimmenden Arbeitsstudie[193]. Wenn sein ursprünglicher Zweck auch die Lohngestaltung ist,

---

[189] Vgl. Witthoff, J., a.a.O., S. 67—70.
[190] Ebd., S. 70.
[191] Ebd., S. 67.
[192] Beste, Theodor, Die Kurzfristige Erfolgsrechnung, a.a.O., S. 13.
[193] Vgl. Euler, Hans, Die betriebswirtschaftlichen Grundlagen und die Grundbegriffe des Arbeits- und Zeitstudiums, a.a.O., S. 7/8;
vgl. auch die Refa-Bücher: Band 1: Arbeitsgestaltung. Mit einer Einfüh-

so sind doch die ermittelten Zahlen oft ohne besondere Umgestaltung in den Wirtschaftlichkeitsrechnungen verwertbar, besonders dann, wenn die Wirtschaftlichkeit, als Produktivität verstanden, nur in Zeiten gemessen wird, man reine Zeitenvergleiche durchführt[194]. Daß die als Ergebnisse gefundenen zeitgünstigsten Verfahren nicht immer auch die kostengünstigsten sind, hat Bedorf an mehreren Beispielen gezeigt und damit deutlich gemacht, daß reine Zeitenvergleiche meist nicht ausreichen[195]. Dieselbe Feststellung hat auch Ellinger im Rahmen der Ermittlung der optimalen Vorbereitungszeit getroffen[196].

Doch auch für Kostenvergleiche bei Verfahrensentscheidungen liefern Arbeits- und Zeitstudien zumindest die Kosten der menschlichen Arbeit, wenn nicht auch alle anderen Kosten, sofern man nur die Zwecke des Arbeitsstudiums so weit sieht, wie Beste es tut, wenn er unter die weiteren Gegenstände und Aufgaben der Zeitstudie auch die Verfahrensvergleiche einbezieht[197].

Ähnliches gilt für die Materialflußstudien[198]. Alle Wirtschaftlichkeitsrechnungen, die der Bestimmung innerbetrieblicher Standorte, optimaler Fördermengen, Fördermittel oder Förderzeiten dienen, basieren auf Materialflußuntersuchungen. Der Umfang der Studien wird oft so weit gesehen, daß die Wirtschaftlichkeitsrechnungen im Rahmen der Analyse des Sollzustandes einen Teil der Studien bilden[199].

Auch Marktuntersuchungen, werden sie nun vom Schreibtisch aus in Form der Auswertung gegebenen Materials durchgeführt oder sind sie Felduntersuchungen, die mit genauen Fragen an den Markt herantreten, um Kapazität des Marktes oder Motive der Käufer zu erfahren,

---

rung in das Arbeitstudium, 7. unveränderte Aufl., München 1957; Band 2: Zeitvorgabe, 8. unveränderte Aufl., München 1958; Band 4: Arbeitsunterweisung, von Johannes Riedel unter Mitwirkung von Beyerle, 6. überarbeitete und erweiterte Aufl., München 1961; desgleichen die von Böhrs, Bramesfeld und Euler herausgegebene Reihe: Grundlagen und Praxis des Arbeits- und Zeitstudiums, besonders die folgenden Bände: Band I: Böhrs, Hermann, Erwin Bramesfeld und Hans Euler, Einführung in das Arbeits- und Zeitstudium, München 1948; Band II: Euler, Hans, Die betriebswirtschaftlichen Grundlagen und die Grundbegriffe des Arbeits- und Zeitstudiums, a.a.O.; Band V: Kaminsky, G. und H. Schmidtke, Arbeitsablauf- und Bewegungsstudien, München 1960.

[194] Vgl. Witthoff, J., a.a.O., S. 37—58.

[195] Bedorf, Heinz, Betriebswirtschaftliche Bedeutung von Arbeits- und Zeitstudien, in: ZfhF, NF, 6. Jg. 1954, S. 172 ff.

[196] Vgl. Ellinger, Theodor, Ablaufplanung. Grundfragen der Planung des zeitlichen Ablaufs der Fertigung im Rahmen der industriellen Produktionsplanung, Stuttgart 1959, S. 105/106.

[197] Beste, Theodor, Artikel: „Fertigungswirtschaft und Beschaffungswesen", a.a.O., S. 257—262, besonders S. 260/61.

[198] Die Literatur ist so umfangreich, daß schon eine gesonderte Bibliographie erschien: VDI-Dokumentation, Fachbibliographie Nr. 4: Förderwesen, Materialfluß — Untersuchungen und — Kosten, Düsseldorf 1959.

[199] Vgl. etwa Heiner, Heinz-August, Die Rationalisierung des Förderwesens in Industriebetrieben, a.a.O., S. 272—371.

beziehen sie sich auf Absatz- oder Beschaffungsmärkte, werden sie von eigenen Marktforschungsabteilungen durchgeführt oder hat man diese Funktion ausgegliedert, sie liefern Zahlen, die man als Rechengrößen der Wirtschaftlichkeitsrechnungen auch dann verwenden kann, wenn die Studien zu anderen Zwecken betrieben wurden.

Arbeits- und Zeitstudien, Materialflußstudien und Marktstudien sind wohl die bekanntesten und am weitesten entwickelten, oft bis zur schematischen Anwendbarkeit perfektionierten Arten von Studien. Doch führt man Studien nicht allein auf diesen Gebieten und für die genannten Zwecke durch. Wenn man im Rahmen der Erfassung von Rechengrößen für Wirtschaftlichkeitsrechnungen Studien betreibt, werden es sogar meist solche sein, die einen anderen Zweck verfolgen und die die unterschiedlichsten Unternehmensbereiche betreffen.

Studien im Rahmen der Wirtschaftlichkeitsrechnungen haben ganz allgemein den Zweck, diejenigen gegenwärtigen quantitativen Merkmale der Einflußfaktoren zu beurteilender Maßnahmen zu erfassen, die eine Prognose erlauben. Was sie mit den genannten Studien gemeinsam haben, ist ihr methodisches Vorgehen.

Am Anfang jeder Studie steht die genaue Formulierung des Problems. REFA beschreibt diese erste Stufe im Rahmen der Untersuchungs- und Gestaltungsarbeit der Arbeitsstudien wie folgt:

„1. Es muß die Einsicht vorhanden sein, daß ein Problem besteht, das der Lösung bedarf.

2. Das Problem muß richtig definiert oder beschrieben werden, um es recht deutlich zu machen.“[200]

Für Studien im Rahmen der Wirtschaftlichkeitsrechnungen ist diese Stufe erreicht, wenn die Fragestellung formuliert und die Einflußfaktoren und die Art ihrer quantitativen Merkmale erkannt sind.

Alles Weitere ist systematische Analyse und Erfassung aus den unterschiedlichsten Quellen und mit den verschiedenartigsten Methoden und Hilfsmitteln[201]. Was systematische Analyse heißt, wird in der Gliederung der Zeit deutlich, die von REFA für die Durchführung der Arbeits-

---

[200] Das Refa-Buch, Band 1, a.a.O., S. 122.

[201] Vgl. dazu etwa folgende Sätze von Bramesfeld, auf das Arbeitsstudium bezogen: „Die neue Erkenntnis und Lehre der ‚wissenschaftlichen Betriebsführung‘ besagt, daß dieses Ziel nur zu erreichen ist durch systematische *Analyse der Arbeitsvorgänge* nach ihrem zeitlichen und örtlich-räumlichen Verlauf und hieraus abgeleitete *planmäßige Steuerung der Arbeit bis in ihre Elemente* auf Grund von Maß- und Erfahrungswerten.“ Und: „Gemeinsame Aufgabe der Bewegungs- und Zeitstudien ist das analytische Eindringen in die zeitlichen Zusammenhänge der Arbeitsvorgänge in Betrieben aller Art...“.

Bramesfeld, Erwin, Artikel: „Bewegungs- und Zeitstudien“, in: Handwörterbuch der Betriebswirtschaft, 3. völlig neu bearbeitete Aufl., Band I, Stuttgart 1956, Spalte 1055 ff., hier Spalte 1055 und 1056.

und Zeitstudien vorgenommen wurde[202]. Als Beispiele für eine systematische Analyse der Rechengrößen von Wirtschaftlichkeitsrechnungen sei einmal die eingehende Untersuchung genannt, die Witthoff der Kostenermittlung für den Verfahrensvergleich gewidmet hat[203] und die sich besonders in der Zusammenstellung einer Fülle von Beispielen kostenbeeinflussender Verfahrensänderungen und deren Auswirkung auf die Kostenarten[204] als tiefgehende Analyse offenbart. Zum anderen mag an das MAPI-Formular gedacht werden, das Terborgh zur Durchführung seiner Investitionsrechnungen entwarf[205] oder auch an eine Analyse der Kosten der Förderleistung, die Heiner unternahm[206]. Speziell für Investitionsrechnungen finden sich eingehende Analysen der wesentlichen Rechengrößen auch bei Brandt[207] und Scheffler[208].

Im Rahmen der Studien der systematischen Analyse folgend oder sie begleitend vollzieht sich die Erfassung entweder auf dem Wege der Auswertung gegebenen Materials — dann stehen die unterschiedlichen Quellen in Frage — oder durch unmittelbare Feststellung, d. h. durch Erhebungen, die speziell zu dem jeweiligen Zweck durchgeführt werden — dann liegt das Gewicht auf den Erhebungsmethoden. Beide Erfassungsarten gelten sowohl für Betriebsstudien wie für Marktstudien.

Die Auswertung gegebenen Materials stellt in der Marktforschung eine geläufige Technik der Informationsgewinnung dar. In der umfangreichen Spezialliteratur[209] zu diesem Problemkreis sind alle Quellen betriebseigenen oder betriebsfremden sekundär-statistischen Materials aufgeführt und in ihrer Bedeutung für die Erfassung der in Frage stehenden Größen gewürdigt.

Auch die Suche nach Rechengrößen im laufenden Rechnungswesen der Unternehmen kann in diesem Sinne als Studie angesehen werden, wenn man unter Studie ihrem Wortgehalt nach ganz allgemein eine Bemühung sieht, die zu einem speziellen Anlaß wesentliche Merkmale eines Tatbestandes herausarbeiten will.

Eine besondere Quelle für die wichtige Form der Investitionsrechnungen, mögen sie nun der Beurteilung von Ersatz- oder Neuinvestitionen dienen, stellen die Angebotsunterlagen der Lieferfirmen aus der In-

---

[202] Vgl. Refa-Buch, Band 1, a.a.O., S. 44—50.

[203] Vgl. Witthoff, J., a.a.O., S. 80—113.

[204] Vgl. ebd., S. 116—221; vgl. auch Weber, Claus-Michael, Der Verfahrensvergleich, Diss. Köln 1958, S. 48—56.

[205] Terborgh, George, a.a.O., S. 182/183.

[206] Heiner, Heinz-August, a.a.O., S. 57—64.

[207] Brandt, Horst, a.a.O., S. 167—190.

[208] Scheffler, Hans Eberhard, Investitionen und ihre Wirtschaftlichkeit. Die Wirtschaftlichkeit der Investitionstätigkeit und ihre Prüfung, Bremen 1961, S. 87—155.

[209] Vgl. Gutenberg, Erich, Der Absatz, a.a.O., S. 74—76 und die dort angegebene Literatur.

vestitionsgüterindustrie dar[210]. Sie reichen von einfachen Druckschriften, Katalogen und vielfältigem Werbematerial über erste Orientierungsofferten bis hin zur vollständigen Projektierung der angestrebten Investitionen[211] und dienen zunächst einmal dazu, einen systematischen Überblick über die bestehenden Investitionsmöglichkeiten zu bieten[212]. Sie sollen den modernen Unternehmer aus der nach Terborgh anomalen Situation herausführen, daß er „auf der einen Seite daran gewöhnt ist, durch Druck auf einen Knopf sehr genaue und zeitnahe Zahlenangaben oder Schätzungen für jedes andere Gebiet betrieblicher Tätigkeit zu erhalten, auf der anderen Seite aber über Investitionsmöglichkeiten nur verschwommene, allgemeine Vorstellungen hat"[213].

Darüber hinaus kennzeichnen solche Angebotsunterlagen die einzelnen Investitionsobjekte sehr weitgehend, weil sich in ihnen nicht nur technische Angaben über Leistung und Verbrauch finden[214], sondern über den Anschaffungspreis der Anlagen hinaus oft alle mit der Anschaffung, Installierung und dem Betrieb der Anlage verbundenen Kosten detailliert aufgeführt sind.

Gerbel insbesondere hat sich mit dem Einholen und der Beurteilung solcher Angebote der Investitionsgüterindustrie beschäftigt und ihre Bedeutung in das richtige Licht gesetzt. So präzise ausgearbeitet und umfangreich die Unterlagen für die jeweilig in Frage stehenden Aggregate oder Aggregatgruppen auch sein mögen, so darf man doch nicht der Meinung verfallen, „daß man sich ohne besondere Kenntnis und Er-

[210] Vgl. Gutenberg, Erich, Untersuchungen über die Investitionsentscheidungen industrieller Unternehmen, Köln und Opladen 1959, S. 196.

[211] Vgl. Gerbel, B. M., Die Rentabilität industrieller Anschaffungen, a.a.O., S. 128 und S. 120—125.

[212] Koch spricht von der Stufe der Kollektion im Rahmen der Analyse gegebener Wahlmöglichkeiten und bezeichnet damit den Vorgang, daß man diejenigen Varianten der zu planenden Unternehmungsvariablen zusammenfaßt, „die an und für sich, d. h. ohne Berücksichtigung der besonderen Verhältnisse der betreffenden Unternehmung in Betracht kommen." Koch, Helmut, Betriebliche Planung, a.a.O., S. 80. Für den speziellen Fall der Investitionsrechnungen spricht Brandt von Vorkontrolle, deren Aufgabe „die Trennung von durchführbaren und nicht durchführbaren Anlagen" ist. Brandt, Horst, a.a.O., S. 165.

[213] Terborgh, George, a.a.O., S. 51.

[214] Von Brandt werden für die sogenannte Vorkontrolle von Investitionen folgende Angaben verlangt:

(1) Leistungsfähigkeit (mögliche Arbeitsgänge, Kapazität, Qualität der Leistung),
(2) Anforderungen an den Standort (Raumhöhe, Bodenfläche, Bodenbelastung),
(3) Anforderungen an die Arbeitskräfte (Anzahl, Ausbildung, körperliche Beanspruchung, Verantwortung),
(4) Kapitaleinsatz (Anschaffungswert, Bezugskosten, Einbaukosten),
(5) Liefertermin,
(6) Produktionsunterbrechung bei Installierung der Anlage.

Brandt, Horst, a.a.O., S. 164. Vgl. auch den von Brandt angegebenen Prüfungsbogen der Vorkontrolle, ebendort, S. 166.

fahrung auf diesem Teilgebiet allein durch das Studium von Anboten ein Bild machen und zu einem richtigen Urteil kommen kann“[215]. Und deshalb ist es nach Gerbel auch unverständlich, daß viele Unternehmen die Planungstätigkeit für Investitionen fast vollständig den Lieferanten überlassen[216].

Nur wenn man die sorgfältig gestalteten Angebote als eine unter mehreren Informationsquellen ansieht und sie kritisch prüft, kann man sie sinnvoll verwenden. Die kritische Prüfung hat nicht nur zu beachten, daß die technischen Angaben meist günstigste Bedingungen unterstellen, sondern muß unter Umständen auch die in den mannigfaltigsten technischen Maßeinheiten angegebenen Verbrauchs- und Leistungszahlen interpretieren und zum Vergleich mit anderen Investitionsobjekten auf ein einheitliches Maßsystem umformen. Welche Schwierigkeiten dabei auftreten können, hat Gerbel an mehreren Beispielen gezeigt[217].

Auch die für Installation und Betrieb der Anlagen genannten Kosten können nicht unbesehen übernommen werden, sondern sind durch eigene Untersuchungen zu überprüfen und zu ergänzen. Man erhält von den Lieferfirmen auch keine sichereren Auskünfte, wenn man keine Angebote machen läßt, sondern den Entwurf des fertigen Bestellbriefes den Firmen einschickt, „so daß diese nur die fehlenden Ziffern und Angaben einzusetzen haben“. Dann besteht vielmehr die Gefahr, daß man nicht alle wesentlichen Angaben erhält, weil eine solche Befragung nicht die Möglichkeit läßt, über das Nichtgefragte, etwa verschiedene Typen oder Sonderausführungen, zu informieren[218].

Ähnliches gilt für Angebote im Materialbeschaffungswesen, die die Quelle für Rechengrößen zur Ermittlung optimaler Bestellmengen und -zeitpunkte bilden.

Als weitere Quelle für Rechengrößen der Wirtschaftlichkeitsrechnungen müssen Auskünfte und Gutachten von Sachverständigen genannt werden. Über Grundstückslagen, -größen, -preise, -lasten zur Errechnung des optimalen Standortes werden vielleicht Grundstücksmakler informieren, während man Leistungsvermögen und Kosten moderner Rechenanlagen von Organisationsfachleuten erfährt[219].

Soweit keine eigenen oder fremden auswertbaren Quellen zur Verfügung stehen, müssen Erhebungen durchgeführt werden, deren Erfolg, sowohl im Falle der Totalerhebungen wie auch bei Repräsentativver-

---

215 Vgl. Gerbel, B. M., Die Rentabilität industrieller Anschaffungen, a.a.O., S. 122.
216 Ebd., S. 122.
217 Ebd., S. 132 bis 134.
218 Ebd., S. 132.
219 Vgl. Koch, Helmut, Betriebliche Planung, a.a.O., S. 80.

fahren, von dem Einsatz geeigneter Meßgeräte und zweckentsprechender Erhebungsbögen abhängt.

Meßgeräte zur Zeit- und Leistungsmessung hat das Arbeits- und Zeitstudium in großer Vielfalt entwickelt. Sie reichen von den einfachsten anzeigenden über zählende und schreibende bis hin zu schaltenden Zeitmeßgeräten[220]. Die in ihren Grundprinzipien bereits von Poppelreuter entwickelte Arbeitsschauuhr ist das bekannteste Beispiel[221].

Der Umfang und die sorgfältige Gestaltung von Erhebungsbögen sind nicht nur aus den Beispielen von Fragebogen der Marktforschung bekannt, sondern werden auch in den unterschiedlichsten „Bögen“ der bekannten Betriebsstudien deutlich. Im Rahmen der Materialflußstudien kennt man etwa Materialflußblätter, Materialflußbögen, Zusammenstellungen der Materialflußkosten und ähnliches[222]. Die Arbeits- und Zeitstudien bedienen sich unter anderen der Zeitaufnahmebögen, Aufnahmebögen zur Verteilzeitermittlung mit dazugehörigen Sortier-, Zusammenstellungs- und Ergebnisbögen[223], der Arbeitsablaufbögen, der Arbeitsflußdiagramme[224] und ähnlicher Erfassungsinstrumente.

Kann man die genannten Formulare nur für die erwähnten Studien bei der Erfassung von Rechengrößen verwenden, so sind für alle anderen Untersuchungen zweckentsprechende Bögen jeweils ad hoc zu entwerfen. Für die Gestaltung gelten die gleichen Prinzipien wie für die bekannten und bewährten Erhebungsbögen: Klarheit, Übersichtlichkeit, systematische Ordnung und Vollständigkeit.

Welchen Umfang Studien annehmen können und welche Bedeutung ihnen zugemessen werden muß, wird deutlich, wenn man erkennt, welchen Platz die Studien in Operations Research einnehmen, daß sogar Operations Research und Betriebsstudien gleichgesetzt werden[225]. Doch

---

[220] Vgl. Poppe, Kurt, Zeitmeßgeräte für die Industrie, herausgegeben von der Energie- und Betriebswirtschaftsstelle des Vereins Deutscher Eisenhüttenleute, Düsseldorf 1955.

[221] Vgl. Poppelreuter, W., Zeitstudie und Betriebsüberwachung im Arbeitsschaubild, München und Berlin 1929; vgl. auch Oberhoff, Eugen, Kleines Praktikum der Zeit- und Arbeitsstudien mit Arbeitsschauuhr, Stuttgart 1953 sowie Refa-Buch, Band 2: Zeitvorgabe, a.a.O.

[222] Vgl. Heiner, Heinz-August, a.a.O., S. 308—309.

[223] Vgl. Refa-Buch, Band 2: Zeitvorgabe, a.a.O., S. 62—77.

[224] Vgl. etwa Sampter, H. C., Bewegungsstudium und Arbeitsgestaltung, Sonderheft der fortschrittlichen Betriebsführung, Berlin—Köln—Frankfurt a. M. 1961.

[225] So sagt etwa von Kortzfleisch: „Das Schaffen von Grundlagen und deren Auswerten für die betriebswirtschaftliche Planung wird in der englischsprachigen Literatur seit dem zweiten Weltkrieg Operations Research, ursprünglich Operational Research genannt. Soweit es sich dabei um innerbetriebliche Grundlagen, insbesondere für die kurzfristige Produktionsplanung handelt, trifft der Inhalt dieses Begriffes genau das, was in Deutschland schon immer mit Betriebsstudien bezeichnet wird.“ von Kortzfleisch, Gert, Betriebswirtschaftliche Arbeitsvorbereitung, a.a.O., S. 227.

umfaßt die Unternehmensforschung mehr als das, was wir hier unter Studien verstehen.

Operations Research geht meist aus von einer Analyse der Organisation und sucht dabei zunächst nach dem Problem[226]. Mit der Betrachtung einer einzelnen Maßnahme ist indes für die Wirtschaftlichkeitsrechnungen das Problem bereits vorgegeben. Erst das, was Chruchman-Ackoff-Arnoff die Formulierung des Problems nennen[227], deckt sich mit den hier gemeinten Studien. Dann aber bezieht die Verfahrensforschung über die Erfassung der relevanten Größen hinaus auch die mathematischen Modelle und Verfahren sowie die Kontrolle, Verwirklichung und Überprüfung der Ergebnisse mit ein. Ist auch der Umfang von Operations Research weiter, in den Methoden zur Erfassung der relevanten Größen decken sich Operations Research und Studien.

Die meisten Studien erfassen zunächst die technischen Mengenkomponenten der Maßnahmen, ihr Mengengerüst in einem weiten Sinne. Bei der Ermittlung der Kosten eines Verfahrens etwa fragt man in einer ersten Überlegung: Wieviel Arbeiter welcher Qualifikation sind wielange beschäftigt? Welche Mengen welchen Materials, wieviel Hilfs- und Betriebsstoffe werden verbraucht? Welche zeitliche oder mengenmäßige Leistungsfähigkeit haben die Maschinen? Oder bei der Erfassung der Einnahmen: Wie hoch ist der mengenmäßige Absatz? Und ähnliche Fragen mehr.

Die Bewertung schließt sich in einer zweiten Stufe an. Man fragt nach dem Wert einer Arbeiterstunde bestimmter Qualifikation. Man stellt die Materialpreise fest. Man ermittelt Abschreibungen, Zinsen, Versicherungen für die Maschinen. Ob man pagatorische oder kalkulatorische Werte sucht, ist bereits durch den sachlichen Inhalt der Fragestellung festgelegt. Auch die Quellen zur Feststellung der Wertgrößen wurden bereits genannt.

Ein besonderes Problem bildet allerdings noch die Frage nach der Berücksichtigung von Geldwertschwankungen, die besonders bei langfristigen Wirtschaftlichkeitsrechnungen geklärt werden muß. Da wir zwischen der Schaffung von Projektionsgrundlagen durch Studien und der darauf aufbauenden Schätzung mit Hilfe verschiedenartiger Methoden unterscheiden, kann das Problem an zwei Stellen auftauchen.

Zunächst könnte man versuchen, die zukünftigen Größen in jeweiligen Geldwerten zu schätzen und damit die Gefahren einer Geldentwertung oder Geldwertsteigerung einzufangen. Dann schätzte man in wechselnden Maßstäben und wäre, um einen richtigen Vergleich zu ermöglichen, gezwungen, die jeweiligen Größen auf einen gleichen

---

[226] Churchmann, C. West, Russel L. Ackoff und E. Leonard Arnoff, a.a.O., S. 73—104.
[227] Ebd., S. 105—131.

Maßstab umzurechnen. Ein solches Vorgehen wird sowohl von Engels[228] für die Unternehmensbewertung als auch von Terborgh[229] für Investitionsrechnungen als unzweckmäßig abgelehnt.

Dagegen sollte man aus den Prognosegrundlagen der Vergangenheit Geldwertschwankungen soweit als möglich eliminieren, um den Vergleich auf eine geldwertneutrale Basis zu stellen. Im besonderen Maße gilt das für Nominalerträge aus Nominalanlagen und für die historischen Anschaffungskosten als Grundlage der Abschreibungs- und Zinskostenermittlung[230].

b) Statistische Hilfen

Statistische Hilfen spielen dann bei der Gewinnung von Rechengrößen für Wirtschaftlichkeitsrechnungen eine bedeutende Rolle, wenn man mit Pfanzagl[231] der Definition der Statistik als einer „Lehre von der Analyse von Massenerscheinungen" nicht mehr wie früher den Inhalt gibt, daß sich ihre Anwendung auf große Mengen bezieht, wie das Wort Masse suggeriert, wenn man vielmehr mit dem Blick auf die in der neueren Statistik übliche Analyse von Stichproben das Wort Masse nur noch als „Mehrheit von Individuen" interpretiert. Erkennt man darüber hinaus das charakteristische Merkmal der statistischen Analyse darin, daß sie sich formaler Modellvorstellungen bedient, speziell sogenannter stochastischer, d. h. auf der Wahrscheinlichkeitstheorie aufbauender Modelle, so wird für die Anwendung der Statistik in unserem Rahmen zweierlei deutlich.

Einmal stellen die in die Wirtschaftlichkeitsrechnungen eingehenden Größen zwar keine Massen im Sinne großer Mengen dar, wohl aber Mehrheiten von Individuen und bilden so einen Anwendungsbereich statistischer Analysen. Zum anderen macht ihr stochastischer Charakter die Modelle geeignet zur Analyse von Erscheinungen, „die unkon-

---

[228] „Es wäre in der Tat ein äußerst unzweckmäßiges Verfahren, wollte man die Gewinne im jeweiligen Geld voraussagen, also für die Prognose so viel Maßstäbe wie Gewinne verwenden und diese unzweckmäßige Voraussage anschließend auf einen gleichen Maßstab umrechnen." Engels, Wolfram, a.a.O., S. 139.

[229] „Zunächst muß festgestellt werden, daß ein rationaler Vergleich zwischen augenblicklichen und zukünftigen Werten nur in gleichen Geldeinheiten vorgenommen werden kann. Wenn zukünftige Gewinne einer augenblicklich geplanten Investition in veränderten Geldeinheiten gemessen werden, dann müssen sie zunächst in die gleichen Geldeinheiten umgewandelt werden, ehe die wirkliche Verzinsung berechnet werden kann. Jedes andere Vorgehen ist illusorisch. Die MAPI-Formel macht alle Voraussagen in den Geldeinheiten der Anschaffungskosten. Sie geht davon aus, daß die zukünftigen Größen (Gewinne, Restnutzungswerte, Liquidationswerte usw.) von inflationären Entwicklungen nicht berührt werden, wenn die Größen in diesen Geldeinheiten ausgedrückt werden." Terborgh, George, a.a.O., S. 188.

[230] Vgl. Terborgh, George, a.a.O., S. 188/189 und Engels, Wolfram, a.a.O., S. 139/140.

[231] Pfanzagl, Johann, Allgemeine Methodenlehre der Statistik, a.a.O., S. 7.

trollierten Einflüssen ausgesetzt sind"[232], und dient damit der Findung sozialökonomischer Regelmäßigkeiten, die zwar keine strengen Kausalzusammenhänge sind, wohl aber in ein quantitatives, funktionales Gewand gekleidet werden können[233].

Ansatzpunkte statistischer Methoden finden sich auf verschiedenen Stufen der Gewinnung von Rechengrößen. Zunächst kann die „statistische Kausalforschung"[234] zur Prüfung der Wirksamkeit vermuteter Einflußfaktoren eingesetzt werden. Die Methoden der Korrelations- und Regressionsanalyse können zeigen, ob zwischen bestimmten Größen Zusammenhänge bestehen und wie *„stramm"*[235] diese Zusammenhänge sind. So verfeinert und vielgestaltig die Methoden aber auch sein mögen, sie zeigen nur statistische Abhängigkeiten und bedeuten noch nicht kausalen Zusammenhang. Deshalb muß bei „der Interpretation einer statistisch gesicherten Korrelation ... von Fall zu Fall geklärt werden, ob es sich um einen echten oder nur um einen scheinbaren Zusammenhang" handelt[236]. Dazu ist jeweils Sachkenntnis erforderlich. Hat aber der Betriebswirt eine Beziehung vermutet und bestätigt das Maß des Korrelationskoeffizienten seine Annahme, so kann er den vermuteten Einfluß als wirksam ansehen.

Meist wird er sich nicht damit begnügen zu fragen, ob Zusammenhänge zwischen Einflußgrößen bestehen und wie stramm sie sind. Er wird vielmehr fragen, welcher Art die Zusammenhänge sind und welche Formel sich für sie ableiten läßt[237]. Mit der Quantifizierung funktionaler Abhängigkeiten möchte er die Basis zur Projektion schaffen. Das Finden der Parameter einer Zeitreihe ist ebenso Voraussetzung einer Extrapolation wie deduktive Schlüsse etwa auf der Basis von Indikatoren sinnvoll nur möglich sind, wenn man die Koeffizienten der Regressionsgleichungen kennt, die den Zusammenhang zwischen Indikator und zu prognostizierender Einflußgröße ausdrücken.

Die vielfältigen und oft recht komplizierten Methoden der Zeitreihenanalyse und der linearen und nichtlinearen Einfach- und Mehrfach-(multiplen) -Regression und -Korrelation samt der Methoden zur Überprüfung der Zuverlässigkeit ihrer Ergebnisse sind nicht nur ein her-

---

[232] Ebd., S. 7.

[233] Vgl. dazu den Abschnitt „Betriebswirtschaftliche Erscheinungen als Zufallsvariable" bei Menges, G., Ökonometrische Diskussion eines Produktionsmodells. Betriebswirtschaftliche Anwendungsmöglichkeiten ökonometrischer Methoden, in: ZfhF, NF, 10. Jg. 1958, S. 297 ff., hier S. 299 ff.

[234] Vgl. Anderson, Oskar, Probleme der statistischen Methodenlehre in den Sozialwissenschaften, 3. wesentlich umgearbeitete und erweiterte Aufl., Würzburg 1957, S. 227 ff. und Kellerer, Hans, Statistik im modernen Wirtschafts- und Sozialleben, Hamburg 1960, S. 167 ff.

[235] Nach Anderson geht dieser Ausdruck auf A. A. Tschuprow zurück; vgl. Anderson, Oskar, a.a.O., S. 187.

[236] Kellerer, Hans, Statistik im modernen Wirtschafts- und Sozialleben, a.a.O., S. 185.

[237] Vgl. Anderson, Oskar, a.a.O., S. 187.

vorragendes Forschungsmittel der Ökonometrie, sondern haben sich auch schon in der Betriebswirtschaftslehre als sehr nützlich erwiesen.

Ihr bekanntestes Anwendungsgebiet ist wohl die Marktforschung. Interessante Beispiele für die Fruchtbarkeit der Methoden liefern die Beiträge in Gutenbergs Sammelband zur Absatzplanung in der Praxis. So haben nach Bertram, Dietzler und Scheven[238] jahrelange statistische Untersuchungen ergeben, „daß multiple Korrelationen zwischen dem Gesamtabsatz von Haushaltnähmaschinen einerseits und verschiedenen anderen Determinanten andererseits bestehen, von denen man die Einwohnerzahl als Hauptbedingung betrachten kann. Nebenbedingungen sind: der städtische oder ländliche Charakter der Bevölkerung, Ortsgrößen, Intensität der Konkurrenz, Lage und Größe der Verkaufsfilialen u. a. Die zu beobachtenden Regelmäßigkeiten lassen es zu, Ergiebigkeitsschätzungen für den Verkauf formelmäßig zu errechnen. Für einzelne Verkaufsbezirke gilt beispielsweise für eine solche Absatzschätzung folgende Formel:

$$V = eLKA \left(\frac{p/e}{P/E} 0{,}5 + 0{,}5\right)\left(1{,}1 - \frac{f/e}{F/E} 0{,}1\right) \sum o_i e_i \cdot \text{"}$$

Die Bedeutung der Zeitreihenanalyse sowohl gesamt- als auch einzelwirtschaftlicher Größen zur Bestimmung von Trends und einer auf diesen aufbauenden Projektion wird in den Beispielen Hauptmanns[239] und Maternas[240] deutlich. Hauptmann hat geprüft, was die Statistik über das Sozialprodukt, den privaten Verbrauch und die Einzelhandelsumsätze von Schuhen aussagen, während Materna Prognosen des Absatzes elektrotechnischer Erzeugnisse untersucht. In dem genannten Sammelwerk finden sich weitere Beispiele für die Bedeutung statistischer Zeitreihen-, Regressions- und Korrelationsanalysen im Rahmen der Marktforschung.

Die Methoden zur statistischen Messung von Zusammenhängen sind auch diejenigen, die im Rahmen der sogenannten Einflußgrößenrechnung[241] zu Kostenfunktionen führen, die eine Kostenvoraussage erlauben. Praktische Beispiele für Kostenregessionsgleichungen finden sich in Fülle etwa bei Hall[242]. Daß man solche Kostenregressionsgleichungen

---

[238] Bertram, Hans, Karl Dietzler und Günter Scheven, Absatzplanung in der Nähmaschinenindustrie, in: Gutenberg, Erich, Absatzplanung in der Praxis, a.a.O., S. 9 ff., hier S. 19; zur Erläuterung der Symbole siehe dort.

[239] Hauptmann, Julius, Die Absatzwege als Bestandteil der Absatzplanung, in: Gutenberg, Erich, Absatzplanung in der Praxis, a.a.O., S. 83 ff., hier besonders S. 90 ff.

[240] Materna, Hans, Absatzplanung für starkstromtechnische Serienfabrikate unter besonderer Berücksichtigung eines umfangreichen Produktionsprogrammes, in: Gutenberg, Erich, Absatzplanung in der Praxis, a.a.O., S. 207 ff., hier besonders S. 218 ff.

[241] Der Ausdruck geht wohl auf Stevens zurück. Stevens, Hans, „Einflußgrößenrechnung", a.a.O.

[242] Hall, Rüdiger, a.a.O.; passim; vgl. auch Wuttke, Karl, a.a.O.; Johnston, J., Statistical Cost Analysis, New York—Toronto—London 1960.

nicht nur zur Ermittlung der Planzahlen für die Plankostenrechnung heranziehen kann, sondern aus ihnen auch Rechengrößen für die Wirtschaftlichkeitsrechnungen ableiten mag, bedarf keiner Frage und wird von Widmer an mehreren Beispielen deutlich gemacht[243].

Ein neueres Anwendungsgebiet analytischer Methoden der mathematischen Statistik stellen Zeitreihenuntersuchungen zur Entwicklung von Investitionsmodellen dar[244]. Bisher vorwiegend von Ökonometrikern durchgeführt[245], suchen diese Analysen den funktionalen Zusammenhang zwischen der Investitionstätigkeit und den sie bestimmenden Einflußgrößen aus den Zahlen der Vergangenheit zu ermitteln. Ergänzt durch die Analyse von Erwartungsvariablen lassen solche Investitionsfunktionen treffende Aussagen über das Investitionsverhalten der Unternehmer zu[246]. Damit werden sie für die Investitionsentscheidung bedeutsam und stellen einen Weg zur Einengung der Unsicherheit dar. Rechengrößen für die Wirtschaftlichkeitsrechnungen selbst aber liefern sie nicht.

Im Rahmen der Suche nach Rechengrößen kommen unmittelbar nur solche Methoden der „statistischen Kausalforschung" zur Anwendung, die sich auf Zusammenhänge quantitativer Merkmale beziehen. Die Prüfung von Zusammenhängen zwischen qualitativen Merkmalen mit Hilfe der Assoziation oder Kontingenz kann nur Hinweise geben.

Während Regressions- und Korrelationsanalysen der Auswertung gegebenen statistischen Materials dienen, kommen den Erhebungen die vielfältigen Stichprobenverfahren der modernen Statistik zugute. In den Unternehmungen wohl auch zunächst im Bereich der systematischen Marktforschung angewandt, dringen die Methoden der Teil- oder Repräsentativerhebung nun auch in den innerbetrieblichen Bereich ein. Ihre großen Vorteile sind Schnelligkeit und geringe Kosten. Soweit sie als Zufallsstichproben auf der Wahrscheinlichkeitsrechnung aufbauen, lassen sich sogar Kosten der Erhebung und Sicherheit der Schätzung gegeneinander abwägen[247].

---

[243] Vgl. Widmer, Hans Ulrich, Kostenprognosen mit mathematisch-statistischen Methoden für Angebotskalkulation und Budget. Diss. Zürich 1962, passim; vgl. auch Beste, Theodor, Möglichkeiten und Grenzen der Preispolitik in der Unternehmung, in: ZfbF, 16. Jg. 1964, S. 122 ff., hier S. 134.

[244] Vgl. Albach, Horst, Wirtschaftlichkeitsrechnung bei unsicheren Erwartungen, a.a.O., S. 207.

[245] Albach nennt Untersuchungen von Tinbergen, Klein, Kaldor, Kalecki, Eckons, Leontief, Haavelmo, Gehrels und Wiggins, Darling, Meyer und Kuh. Albach, Horst, Wirtschaftlichkeitsrechnung bei unsicheren Erwartungen, a.a.O., S. 208.

[246] Vgl. Gutenberg, Erich, Untersuchungen über die Investitionsentscheidungen industrieller Unternehmen, a.a.O., S. 23.

[247] Vgl. etwa Kellerer, Hans, Statistik im modernen Wirtschafts- und Sozialleben, a.a.O., S. 110 ff.; vgl. auch Dinkelbach, Werner, Unternehmerische Entscheidungen bei mehrfacher Zielsetzung, in: ZfB, 32. Jg. 1962, S. 739 ff.

Über die mannigfaltigen Stichprobenverfahren[248] in der Marktforschung, über die Voraussetzungen für ihre Anwendbarkeit und die Ergiebigkeit der einzelnen Verfahren muß auf die Spezialliteratur verwiesen werden[249]. Im Rahmen der Betriebsstudien hat bisher nur das sogenannte Multimomentverfahren[250] besondere Beachtung gewonnen, es sei denn, man bezöge die Verfahren der sogenannten statistischen Qualitätskontrolle in die Betriebsstudien ein.

Weniger der Erhebung als der Aufbereitung und Auswertung des erfaßten Materials gilt die Hilfe der Statistik wieder in anderen Fällen. Es gibt in den Unternehmen eine Fülle sogenannter Erneuerungsmassen, d. h. es gibt Gesamtheiten, bei denen „laufend Zugänge und Abgänge erfolgen, so daß sich im Laufe der Zeit sowohl die Zusammensetzung — dauernder Wechsel der Elemente — als auch die Höhe des Bestandes ändert. Es tritt eine fortlaufende Erneuerung des Bestandes ein"[251].

Beispiele für solche Erneuerungsmassen aus dem Betriebsgeschehen sind in der folgenden Übersicht Kellerers genannt[252]:

Erneuerungsmasse	Zugangsmasse	Abgangsmasse
Kassenbewegung	Bareingänge	Barzahlungen
Debitorenbewegung	Verkäufe	Zahlungen der Debitoren
Kreditorenbewegung	Käufe	Zahlungen an Kreditoren
Auftragsbewegung	Erhaltene Aufträge	Ausgeführte Aufträge
Lagerbewegung	Lagerzugänge	Lagerabgänge
Belegschaft eines Betriebes	Neueingestellte	Ausgeschiedene
Hotelgäste	Angekommene Gäste	Abgereiste Gäste

Zu ergänzen wäre die Erneuerungsmasse der Anlagenbewegung gleichartiger Gegenstände mit den Bewegungsmassen des Anlagezugangs und des Anlageabgangs.

---

248 Vgl. z. B. Heyn, Wolfgang, Stichprobenverfahren in der Marktforschung, Würzburg 1960; Kellerer, Hans, Theorie und Technik des Stichproben-Verfahrens, Nr. 5 der Einzelschriften der Deutschen Statistischen Gesellschaft, München 1953 und Menges, Günter, Stichproben aus endlichen Gesamtheiten. Theorie und Technik. Ein Beitrag zur Methodenlehre der Statistik, Band 17 der Rechts- und Wirtschaftswissenschaftlichen Reihe der Frankfurter Wissenschaftlichen Beiträge, Frankfurt a. M. 1959.

249 Vgl. Gutenberg, Erich, Der Absatz, a.a.O., S. 77 ff. und die dort angegebene Literatur.

250 Vgl. Haller-Wedel, Ernst, Multimoment-Aufnahmen in Theorie und Praxis. Ein statistisches Verfahren zur Durchführung von Arbeits- und Zeitstudien in Industrie, Wirtschaft und Verwaltung; in Werkstatt, Büro und Lager, München 1962; vgl. auch von Kortzfleisch, Gert, Betriebswirtschaftschaftliche Arbeitsvorbereitung, a.a.O., S. 229 und die dort zu Multimomentaufnahmen angegebene Literatur.

251 Kellerer, Hans, Die Berechnung der mittleren Verweildauer, erläutert an betriebswirtschaftlichen Vorgängen, in: ZfhF, NF, 10. Jg. 1958, S. 141 ff., hier S. 143.

252 Ebd., S. 143.

Solche Erneuerungsmassen werden in den unterschiedlichsten Bereichen der Betriebsstatistik erfaßt, die Lagerbewegungen in der Lagerstatistik, Anlagenbewegungen in der Anlagenstatistik, Kassen-, Debitoren- und Kreditorenbewegung in der Finanzstatistik usw. Doch sind die Zahlen dieser Statistiken nicht unmittelbar zu verwerten. Sie müssen vielmehr erst aufbereitet und ausgewertet werden. Es interessieren etwa der durchschnittliche Bestand, die mittlere Verweildauer oder die Abgangsordnung solcher Erneuerungsmassen.

Die statistische Behandlung von Bestand- und Bewegungsmassen[253] liefert die Methoden, um aus den jeweiligen statistischen Aufzeichnungen die gewünschten Größen zu errechnen. Die Ermittlung durchschnittlicher Bestände, z. B. durchschnittlicher Lagerbestände zur Errechnung der Zins- und sonstigen Lagerkosten zur Bestimmung optimaler Bestellmengen oder Losgrößen, kann sich der verschiedenen Verfahren der Mittelwerterrechnung bedienen. Für die Berechnung der mittleren Verweildauer sind für die unterschiedlichen Bedingungen Formeln entwickelt worden[254].

Besondere Bedeutung im Rahmen der Analyse solcher Erneuerungsmassen kommt den Abgangsordnungen zu, gerade wenn es sich um die Erneuerungsmasse der Anlagebewegungen technischer Güter handelt. Abgangsordnungen technischer Güter können für vielerlei Zwecke herangezogen werden[255], so etwa für die Bestimmung der Nutzungsdauer von Anlagen[256], die Festlegung von Abschreibungssätzen oder auch zur Ermittlung der optimalen Ersatzpolitik.

Die Errechnung einer optimalen Anlagenerneuerung in einem Gesamtbestand von Anlagegegenständen konstanter Leistungsfähigkeit, deren Leistungsfähigkeit also nicht langsam abnimmt, sondern durch Bruch endet, stellt, wie bereits gesagt, eine besondere Form der Wirtschaftlichkeitsrechnungen dar, die in der amerikanischen Literatur einen breiten Raum einnimmt[257] und deren grundlegende Rechengrößen

---

[253] Vgl. ebd. und denselben, Übertragung einiger in der Bevölkerungsstatistik gebräuchlicher Begriffe und Methoden auf das Wirtschaftsleben, Nr. 1 der Einzelschriften der Deutschen Statistischen Gesellschaft, München 1951 sowie Pfanzagl, Johann, Allgemeine Methodenlehre der Statistik, Band I, a.a.O., S. 81—95.

[254] Vgl. Kellerer, Hans, Die Berechnung der mittleren Verweildauer, a.a.O. und Dürr, Karl, Investitionsrechnung, Band I: Allgemeine Investitionsrechnung und Grundlagen der Wirtschaftsmathematik, Bern 1958, S. 47—65.

[255] Vgl. Kellerer, Hans, Die Berechnung der mittleren Verweildauer, a.a.O., S. 168 und denselben, Statistik im modernen Wirtschafts- und Sozialleben, a.a.O., S. 235.

[256] Die Bedeutung der Abgangsordnungen technischer Güter zur Bestimmung der Nutzungsdauer hat Dieter Schneider im einzelnen untersucht. Vgl. Schneider, Dieter, Die wirtschaftliche Nutzungsdauer von Anlagegütern, a.a.O., S. 85—95.

[257] Die entsprechenden Veröffentlichungen der amerikanischen Literatur sind bei Albach und Schneider aufgeführt. Vgl. Albach, Horst, Wirtschaftlich-

den Häufigkeitsverteilungen über die Lebensdauer solcher Anlagegegenstände entstammen. Die Häufigkeitsverteilungen werden meist in der in der Bevölkerungsstatistik üblichen Form der Sterbetafeln angegeben, die die Überlebenserwartung des ursprünglichen Gesamtanlagenbestandes als Funktion der Nutzungsdauer aufzeigen. Beispiele für solche Anlagesterbetafeln finden sich bei Schneider[258] und Churchman - Ackoff - Arnoff[259]. Auf die statistischen Methoden zur Gewinnung derartiger Abgangsordnungen und Sterbetafeln, auf deren Inhalte und die aus ihnen zu ziehenden Schlüsse kann hier nicht weiter eingegangen werden.

Bisher wurden praktische Untersuchungen besonders von Kurtz[260] angestellt, der „typische Restbestandsverläufe" für Wasserpumpen, Kabel, Telegrafenmasten, Glühlampen, Lokomotiven, Personen- und Güterwagen, Eisenbahnschienen und Kraftfahrzeuge fand. Sofern Unternehmen über größere Bestände an gleichartigen Anlagegegenständen relativ konstanter Leistungsfähigkeit, die dem Bruch unterliegen, verfügen, ist die Ermittlung von Abgangsordnungen aus den allgemeinen Aufzeichnungen der Anlagenstatistik oder aus speziellen Aufschreibungen für sie ein wertvolles Instrument, um eine optimale Ersatzpolitik abzuleiten.

Die Suche nach Häufigkeitsverteilungen und ihre Charakterisierung durch die statistischen Lokalisations- und Dispersions-Parameter ist allerdings nicht auf den Anlagenbereich beschränkt, vielmehr auch bei der Analyse anderer Rechengrößen der Wirtschaftlichkeitsrechnungen üblich. Ein bereits genanntes Beispiel ist die Anwendung von Verteilungsfunktionen der Nachfrage im Rahmen der stochastischen Lagerhaltungsmodelle[261]. Es wird mit Normal- und Poissonverteilungen, aber auch mit anderen Arten von Verteilungen gearbeitet. Solange diese Lagerhaltungstheorie, wie Vazsonyi sagt[262], „noch vorläufigen Charakter" trägt, ist an eine allgemeine Anwendung für praktische Wirtschaftlichkeitsrechnungen nicht zu denken.

Weder der Erhebung noch der Auswertung gegebenen Materials dienen statistische Methoden, die unter dem Begriff der Monte-Carlo-

---

keitsrechnung bei unsicheren Erwartungen, a.a.O., S. 114/115 und Schneider, Dieter, Die wirtschaftliche Nutzungsdauer von Anlagegegenständen, a.a.O., S. 85—95.

[258] Schneider, Dieter, Die wirtschaftliche Nutzungsdauer von Anlagegegenständen, a.a.O., S. 87 und S. 90.

[259] Churchmann, C. West, Russel L. Ackoff und E. Leonard Arnoff, a.a.O., S. 450—452.

[260] Kurtz, Edwin B., The Science of Valuation and Depreciation, New York 1937. In deutscher Sprache liegt eine Untersuchung vor von Schmith, Eugen und Helga Krämer, Absterbeordnung für Kraftfahrzeuge, ihre Problematik, Berechnung und Anwendung, Nr. 13 der Neuen Folge der Schriftenreihe des Rheinisch-Westfälischen Instituts für Wirtschaftsforschung, Essen 1958.

[261] Vgl. unsere Literaturangabe auf S. 131.

[262] Vazsonyi, Andrew, a.a.O., S. 336.

Methode[263] zusammengefaßt werden. Vielmehr liefern diese Methoden auf dem Wege der Simulationstechnik[264] selbst die geforderten Rechengrößen. „Es können", wie Sasieni - Yaspan - Friedman sagen[265], „Situationen entstehen, in denen ein Stichprobenverfahren zweckmäßig wäre, aber aus bestimmten Gründen ein solches undurchführbar oder zu kostspielig ist. In solchen Fällen erhält man aus einer simulierten Stichprobe manchmal wertvolle Auskünfte. Das simulierte Stichprobenverfahren besteht normalerweise darin, die tatsächliche Gesamtheit durch ihr theoretisches Abbild zu ersetzen, wobei letzteres durch eine angenommene Wahrscheinlichkeitsverteilung beschrieben wird, und dann Stichproben aus der theoretischen Gesamtheit mit Hilfe von Zufallszahlen zu entnehmen. Die Methoden, eine solche Stichprobe durchzuführen, sowie die Diskussion von Entscheidungsproblemen, die sich zum größten Teil auf solche Stichproben-Methoden stützen, werden unter dem Namen Monte-Carlo-Methoden zusammengefaßt."

Die Monte-Carlo-Methode als die „Simulation eines Experimentes, das den Zweck hat, irgendeine wahrscheinlichkeitstheoretische Eigenschaft einer Gesamtheit von Gegenständen und Ereignissen durch die Anwendung der Zufallsstichprobe auf die Komponenten dieser Gegenstände oder Ereignisse zu bestimmen"[266], findet immer dann Anwendung, wenn die mathematisch-analytische Behandlung solcher Probleme nur unter größten Schwierigkeiten möglich oder vielleicht sogar unmöglich ist[267]. An die Stelle der mathematisch-analytischen Operationen tritt eine numerische Rechnung, die einen gegebenen stochastischen Prozeß quasi auswürfelt oder nachspielt, woher auch der Name Monte-Carlo-Methode rührt.

Die Monte-Carlo-Methode stellt ein numerisches Verfahren von großer Allgemeingültigkeit dar und findet vorwiegend Anwendung bei der Behandlung von Warteschlangenproblemen, aber auch in der Ersatztheorie und Ablaufplanung[268]. Die verwandten Zufallszahlen sind für eine Fülle möglicher Verteilungen entwickelt oder lassen sich schnell

---

[263] Literaturangaben zur Monte-Carlo-Methode finden sich in den einschlägigen Werken über Operations Research.

[264] Zur Simulationstechnik allgemein vgl. Bleicher, Knut, Unternehmungsspiele. Simulationsmodelle für unternehmerische Entscheidungen, Baden-Baden 1962, S. 14—25 und Rich, R. P., Simulation as an aid in model building, in: Journal of the Operations Research Society of America, Vol. 3 1955, S. 15 ff.

[265] Sasieni, Maurice, Arthur Yaspan und Lawrence Friedman, a.a.O., S. 62.

[266] Churchmann, C. West, Russel L. Ackoff und E. Leonard Arnoff, a.a.O., S. 167.

[267] Ebd., S. 166/167; vgl. auch Angermann, Adolf, Entscheidungsmodelle, a.a.O., S. 267; Lesourne, J., Technique économique et gestion industrielle, 2. ème edition, Paris 1960, S. 17; Munz, Max, Die Monte-Carlo-Methode, in: ZfhF, NF, 11. Jg. 1959, S. 615 ff. und Schneeweiss, H., Zur Theorie der Warteschlangen, in: ZfhF, NF, 12. Jg. 1960, S. 471 ff., hier S. 500.

[268] Vgl. Schneeweiss, H., a.a.O., S. 500; Vazsonyi, Andrew, a.a.O., Seiten 29, 314 und 337; Churchman, C. West, Russel L. Ackoff und E. Leonard Arnoff, a.a.O., Seiten 166—175, 371—378. 431—456.

und einfach mit Elektronenrechnern produzieren. Mit Hilfe der gegebenen Tabellen von Zufallszahlen ist das Verfahren „ziemlich einfach und kann ohne jede wissenschaftliche Ausbildung angewandt werden"[269].

Neben den Monte-Carlo-Methoden gibt es noch andere Simulationstechniken wie z. B. die retrospektive Simulation, die im Rahmen der statistischen Lagerhaltungstheorie den Bestellvorgang simuliert, in dem sie eine fiktive Bestellregel vorgibt und aus den Zahlen der Vergangenheit berechnet, was geschehen wäre, hätte man diese Regel bei der Lagerhaltung befolgt[270]. Sofern stochastische Prozesse vorliegen, bedeuten die Simulationstechniken eine große Hilfe. Für die Mehrzahl der Rechengrößen in den Wirtschaftlichkeitsrechnungen sind sie aber ohne größere Bedeutung.

So wertvoll die statistischen Hilfen auch sein mögen, folgende Sätze eines Statistikers sollte man nicht vergessen[271]:

„Immer ist zu bedenken, daß statistische Unterlagen als nützliche Hilfsmittel, nicht aber als Entscheidung selbst gewertet werden dürfen, weil diese stets zusätzliche Kenntnisse erfordert. So gibt es auch keine Regel dafür, welche Zahlen zur Lösung einer speziellen Aufgabe zu verwenden sind. Das muß immer durch Fachkenntnis geklärt werden. Dann kann die Verwendung statistischer Unterlagen die Ergebnisse der Entscheidungen wesentlich verbessern."

---

269 Vazsonyi, Andrew, a.a.O., S. 29.
270 Ebd., S. 313—338.
271 Kellerer, Hans, Statistik im modernen Wirtschafts- und Sozialleben, a.a.O., S. 247.

C. Die Verfahren der Wirtschaftlichkeitsrechnungen

Den dritten Grundpfeiler jeder Wirtschaftlichkeitsrechnung bildet das rechnerische Verfahren. Obwohl es den Kern der Wirtschaftlichkeitsrechnungen ausmacht, hat sich der Betriebswirt mit ihm weniger zu beschäftigen als mit der Fragestellung und den Rechengrößen der Wirtschaftlichkeitsrechnungen. Denn die Rechnung als solche interessiert ihn nur mittelbar. Die Entwicklung und Analyse rechnerischer Verfahren stellt eine typisch mathematische Aufgabe dar, die der Mathematiker lösen sollte. Dem steht nicht entgegen, daß einige Verfahren im Rahmen des Operations Research, besonders die Verfahren der Linearen Programmierung, vorwiegend von Wirtschaftswissenschaftlern entwickelt wurden[1]. In diesen Fällen leisteten eben Ökonomen mathematische Beiträge.

Stellt auch die Entwicklung geeigneter rechnerischer Verfahren keine Aufgabe des Betriebswirten dar, so muß er die Verfahren doch kennen. Denn sein Problem ist die Frage nach der Anwendbarkeit. Um sie beantworten zu können, muß er wissen, aus welchen Quellen die Verfahren entstammen und er muß die Kriterien kennen, die über die Anwendbarkeit entscheiden. Erst wenn er weiß, wovon es abhängt, ob ein Verfahren angewandt werden kann, ist er in der Lage, die vielfältigen Methoden daraufhin zu prüfen, ob sie sich als geeignet erweisen, die gestellten Fragen zu lösen, deren Lösung den Entscheidungen eine rationale Basis liefern soll.

---

[1] Vgl. dazu etwa Gale, David, The Theory of Linear Economic Models, New York—Toronto—London 1960, S. VI:

„Nevertheless, the theorems we prove are about economics, are used by economists, and in many cases were first discovered by economists."

I. Die Quellen der Verfahren

1. Modelldenken

Die rechnerischen Verfahren der Wirtschaftlichkeitsrechnungen sind mathematische Modelle. Als solche entstammen sie dem Modelldenken und der Mathematik. Das Modelldenken schafft die Voraussetzungen zur Anwendung der Mathematik, indem es das sachliche Problem so konzipiert, daß die formalen mathematischen Methoden sich darauf beziehen lassen.

Die klaren Strukturen der Mathematik lassen sich nur dann auf ein Sachproblem übertragen, wenn letzteres ebenfalls klar umrissen ist. Für Wirtschaftlichkeitsrechnungen setzt das in Anbetracht der Komplexität des betrieblichen Geschehens voraus, daß man die zu beurteilende unternehmerische Handlung aus der Vielfalt der Erscheinungen heraushebt und sie als einzelne sieht.

Will man eine unternehmerische Maßnahme als einzelne auf ihre Wirtschaftlichkeit hin untersuchen, so muß man von der totalen Interdependenz betrieblicher Vorgänge abstrahieren und von allen unwesentlichen Faktoren absehen. Will man darüber hinaus zu einem quantitativen Urteil gelangen, so darf man nur Quantitäten in die Analyse aufnehmen. Geht man so vor, dann treibt man Modellanalyse, und zwar quantitative Modellanalyse.

Denn Modellanalyse meint die Ausgliederung abgegrenzter und übersehbarer Teilzusammenhänge aus der Totalinterdependenz der Wirklichkeit, „sie versucht, mittels isolierender Abstraktion die charakteristischen Tatbestände aus der Mannigfaltigkeit der Gegebenheiten herauszuheben, um so den komplexen Kausalzusammenhang auf ein vereinfachtes gedankliches Gebilde zu reduzieren“[2]. Modelle sind gedankliche Abbilder der Wirklichkeit, die die Wirklichkeit vereinfacht darstellen, um die entscheidenden Zusammenhänge besser erkennen und beurteilen zu können[3].

Als gedankliche Hilfsmittel zur übersichtlichen Darstellung und Analyse von unanschaulichen Objekten und komplexen Vorgängen finden Modelle in allen Wissenschaften Anwendung, wenn auch die mit

---

[2] Kosiol, Erich, Modellanalyse als Grundlage unternehmerischer Entscheidungen, a.a.O., S. 319.

[3] Vgl. Bleicher, Knut, Unternehmungsspiele, a.a.O., S. 11—14 und Angermann, Adolf, Entscheidungsmodelle, a.a.O., S. 13.

der Modellanalyse verbundene Vereinfachung in den einzelnen Wissenschaften einen unterschiedlichen Grad erreicht, der in den Geisteswissenschaften wohl größer ist als in den Naturwissenschaften[4].

Je vereinfachter das Abbild gestaltet ist, um so mehr entfernt es sich von der Wirklichkeit. Wieweit die Abstraktion reichen soll oder darf, muß im Einzelfall entschieden werden. Kein Modell aber kann die Wirklichkeit genau wiedergeben. Von dem Verhältnis zwischen Modell und Wirklichkeit gilt, was Gutenberg in anderem Zusammenhang von der Beziehung zwischen erreichbarer und absoluter Voraussicht gesagt hat: Der Abstand zwischen beiden läßt sich zwar verringern, aber er ist unaufhebbar[5].

Jede gedankliche Vereinfachung als Hervorhebung wesentlicher Größen beinhaltet zugleich die Vernachlässigung der übrigen Aspekte und damit die Annahme, daß die nichterfaßten Merkmale des jeweilig zu betrachtenden Problems ohne Bedeutung sind oder Konstanz aufweisen. Die damit zur Modellanalyse notwendige und in der Theorie so beliebte „ceteris-paribus"-Klausel wird allerdings für die Anwendung ein gefährlicher Pferdefuß, wenn diese „für die Entscheidung oft wesentlichen *cetera* nicht in allen Einzelheiten und lückenlos aufgezeichnet und dann aus den Augen verloren werden"[6].

Um die Anwendung von Modellen zur Entscheidungsvorbereitung geht es aber bei den Wirtschaftlichkeitsrechnungen. Sieht man von den gegenständlichen Modellen, die in den Wirtschaftswissenschaften kaum eine Rolle spielen[7], einmal ab, so haben gedankliche Modelle der Ökonomie, von denen man, so vage der Ausdruck „ökonomisches Modell" auch immer sein mag, mit Gale sprechen kann „as an abstraction and simplification of some typical economic situation"[8], ganz allgemein die Aufgabe der Erklärung, der Verifikation und der Entscheidungsvorbereitung[9].

Dienen Erklärungs- und Verifikationsmodelle der Forschung und damit der Gewinnung wissenschaftlicher Erkenntnisse, so sind die Ent-

---

4 Vgl. Angermann, Adolf, a.a.O., der sich auf Bonhoeffer und Vaihinger bezieht. Bonhoeffer, K. F., Über physikalisch-chemische Modelle von Lebensvorgängen, Berlin 1948, S. 3 ff. und Vaihinger, A., Die Philosophie des Als ob, 3. durchgesehene Aufl., Leipzig 1918, S. 28 ff.

5 Vgl. Gutenberg, Erich, Der Absatz, a.a.O., S. 53.

6 Kosiol, Erich, Modellanalyse als Grundlage unternehmerischer Entscheidungen, a.a.O., S. 332.

7 Gegenständliche Modelle findet man vorwiegend in den Naturwissenschaften und der Technik. Vgl. Bleicher, Knut, Unternehmungsspiele, a.a.O., S. 12/13.

8 Gale, David, a.a.O., S. VI.

9 Vgl. Angermann, Adolf, Entscheidungsmodelle, a.a.O., S. 15. Genauer müßte es eigentlich Falsifikationsmodelle heißen. Vgl. auch Paulsson Frenckner, T., Betriebswirtschaftslehre und Verfahrensforschung. Operations Research, in: ZfhF, NF, 9. Jg. 1957, S. 65 ff., hier S. 71.

scheidungsmodelle auf das praktische Handeln ausgerichtet. Durch sie wird der Modellgedanke dem wirtschaftlichen Handeln nutzbar gemacht. „Soweit in den Modellen beeinflußbare oder gestaltbare Bestimmungselemente der betrieblichen Phänomene vorliegen, geht das wirtschaftliche Handeln des Menschen in die modelltheoretischen Untersuchungen derart ein, daß sie zu Aussagen über die Auswirkungen möglichen Handelns führen."[10]

Modelldenken im Rahmen der Wirtschaftlichkeitsrechnungen erfüllt also Zwecke der Unternehmenspolitik. Damit stellt sich die Frage nach dem methodologischen Standort der Entscheidungsmodelle, insbesondere ihrem Verhältnis zu den Erklärungs- und Verifikationsmodellen, eine Frage, deren Beantwortung mitten in die methodologische Diskussion hineingriffe und die im einzelnen zu verfolgen wir uns deshalb verwehren müssen.

Stellt man mit Steffens[11] der Theorie der Unternehmung die empirisch-wissenschaftliche Arbeit der Unternehmensforschung gegenüber, so läßt sich das Verhältnis von Erklärungs- und Entscheidungsmodellen in allgemeiner Weise wie folgt kennzeichnen. Indem die Theorie der Unternehmung typische Entscheidungsprobleme analysiert und erklärt, bietet sie die Möglichkeit, „daß die empirisch-wissenschaftliche Forschung in den Betrieben — die Unternehmensforschung — in methodischen Fragen auf die betriebswirtschaftliche Theorie der Unternehmung zurückgreifen kann"[12].

Ein besonders wichtiger Aspekt dabei ist, daß die betriebswirtschaftliche Theorie, indem sie den Weg abnehmender Abstraktion einschlägt, auf Modelle mit einfachen, wirklichkeitsfremden Annahmen kompliziertere Modelle folgen läßt, „deren Voraussetzungen sich immer mehr der ökonomischen Realität nähern. Dieser Prozeß wird so lange fortgesetzt, bis der Übergang vom Erklärungs- zum Entscheidungsmodell gelingt, die Theorie also zur Grundlage praktischer Maßnahmen werden kann"[13].

Sowohl die Erklärungs- als auch die Entscheidungsmodelle werden zunächst in der betriebswirtschaftlichen Fachsprache formuliert. Man spricht dann von einem verbalen Modell. Es bildet den Ausgangspunkt für die Schaffung eines Kalkülmodells. Die Fachsprache ist in ihm nur Ausdrucksmittel. Der Modellcharakter wird durch sie nicht geschaffen, er liegt vielmehr in der gedanklichen Abstraktion.

---

[10] Kosiol, Erich, Modellanalyse als Grundlage unternehmerischer Entscheidungen, a.a.O., S. 321.

[11] Vgl. Steffens, Franz E., Zum Wissenschaftsprogramm der betriebswirtschaftlichen Theorie der Unternehmung, in: ZfB, 32. Jg. 1962, S. 748 ff.

[12] Ebd., S. 755.

[13] Kilger, Wolfgang, Die quantitative Ableitung polypolistischer Preisabsatzfunktionen aus den Heterogenitätsbedingungen atomistischer Märkte, in: Zur Theorie der Unternehmung, a.a.O., S. 269 ff., hier S. 271.

2. Mathematische Kalküle

„Mathematics is a Language." Dieser berühmte und vielzitierte Satz von J. Willard Gibbs, den Samuelson seinen „Foundations" vorangestellt hat[14], kann auch zum Verständnis der Anwendung mathematischer Verfahren in den Wirtschaftlichkeitsrechnungen führen.

Wenn Mathematik eine Sprache ist und dazu noch eine klare oder die klarste, dann sollte man auch die Analyse eines betriebswirtschaftlichen Problems in der Sprache der Mathematik durchführen, sofern die Voraussetzungen dafür gegeben sind. Daß eine mathematische Analyse eines Sachproblems grundsätzlich möglich ist, ist bereits festgestellt worden, als von dem Formalismus des Rechnens die Rede war. Die sich aus dem formalen Charakter der mathematischen Verfahren ergebenden Vorteile der Exaktheit, Genauigkeit, Sicherheit, Übersichtlichkeit und Leichtigkeit der Verfahren und besonders die Tatsache, daß oft erst ihre Anwendung eine Lösung des Problems ermöglicht, haben nicht nur von der Möglichkeit überzeugt, sondern haben auch die Vermutung nahe gelegt, daß mathematische Analysen von Wirtschaftlichkeitsproblemen fruchtbar sein können. Der Streit, der um die Anwendung mathematischer Verfahren in der Betriebswirtschaftslehre in jüngsten Zeiten und in der Nationalökonomie[15] schon ein Jahrhundert lang geht, wird die immer weitergreifende Anwendung mathematischer Kalküle in den Wirtschaftswissenschaften und in der Wirtschaft nicht aufhalten. Der Streit „wird bleiben, solange es Menschen gibt, denen die Verwendung mathematischer Begriffe eine Erleichterung ihres wissenschaftlichen Arbeitens und eine Erleichterung der Darstellung komplizierter Zusammenhänge bedeutet. Solange es, umgekehrt, Menschen gibt, die diese Darstellung nicht verstehen, werden sie

[14] Samuelson, Paul Anthony, Foundations of Economic Analysis, Cambridge 1955, Titelblatt.

Vgl. dazu auch, was Samuelson erläuternd dazu sagte: "On the title page of my Foundations of Economic Analysis, I quoted the only speech that the great Willard Gibbs was supposed ever to have made before the Yale Faculty. As professors do at such meetings, they were hotly arguing the question of required subjects: Should certain students be required to take languages or mathematics? Each man had his opinion of the relative worth of these disparate subjects. Finally Gibbs, who was not a loquasious man, got up and made a fourword speech: 'Mathematics ist a language' ".

Samuelson, Paul A., Economic Theory and Mathematics — An Appraisal, in: The American Economic Review, Vol. XLII 1952, S. 56 ff., hier S. 56.

Sicherlich ist, wie Kromphardt sagt, dieser Satz, Mathematik sei eine Sprache, nur eine Halbwahrheit, doch beleuchtet dieser Aspekt die Dinge sehr gut. Vgl. das Vorwort Kromphardts zu Schmidt, Karl-Ulrich, Graphisch-mathematische Methoden der Wirtschaftswissenschaften, Meisenheim am Glan 1964, Seite IX.

[15] Die umfangreiche Literatur, die Reichardt zu seinem Beitrag angegeben hat, informiert darüber. Vgl. Reichardt, Helmut, Artikel: „Mathematische Theorie (I), mathematische Wirtschaftstheorie", in: Handwörterbuch der Sozialwissenschaften, 7. Band, Stuttgart—Tübingen—Göttingen 1961, S. 233 ff., hier S. 248—252.

die Verwendung mathematischer Begriffe in den Wirtschaftswissenschaften ablehnen"[16]. Die Anwendung aber wird weiter gehen, weil, wie Frisch sagt, diejenigen, die sich wirklich der Mathematik bei ihrer Arbeit bedienen, gar nicht an der Debatte um ihre Anwendbarkeit beteiligt sind, „weil sie wissen — und die Entwicklung, die sich gegenwärtig in allen Ländern zeigt, gibt ihnen recht — daß nichts eine immer weitergehende Anwendung mathematischer Verfahren" in den Wirtschaftswissenschaften verhindern kann[17].

Anwendung der Mathematik im Rahmen der Wirtschaftlichkeitsrechnungen heißt aber zunächst nichts anderes, als daß man das verbale Modell in die Sprache der Mathematik übersetzt und in dieser Sprache analysiert. Übersetzung meint dabei eine Abbildung des verbalen Systems auf ein mathematisches System, meint eine Zuordnung mathematischer Elemente, Symbole zu den quantitativen Sachverhalten des ökonomischen Problems und eine Analyse des mathematischen Systems mit Hilfe eines Kalküls, der der Struktur des mathematischen Systems angemessen ist[18].

Modelle, die sich der mathematischen Sprache bedienen, bezeichnet man als mathematische Modelle oder Kalkülmodelle. Sie bilden die Verfahren der Wirtschaftlichkeitsrechnungen. Läßt man die Symbolisierung außer Acht, über die wir bereits bei der Behandlung der Rechengrößen sprachen, so besteht der Kern der Kalkülmodelle in der Anwendung eines Kalküls, eines Algorithmus.

Unter einem Algorithmus[19] oder Kalkül versteht man in der Mathematik „ein generelles Verfahren, mit dem man die Antwort auf jede

---

[16] Gutenberg, Erich, Zum „Methodenstreit", in: ZfhF, NF, 5. Jg. 1953, S. 327 ff., hier S. 337.

[17] Frisch, Ragnar, Maxima et Minima. Théorie et applications économiques, Volume VIII de la Collection: Finance et Economie Appliquée, Paris 1960, S. 1.

[18] Vgl. dazu die schematische Darstellung des mathematischen Erkenntnisweges in der Wirtschaftstheorie bei Reichardt. „Untersuchungen, die der mathematischen Wirtschaftstheorie zuzurechnen sind, enthalten eine bestimmte Folge von Erkenntnisprozessen: zunächst wird ein System der (verbalen) Wirtschaftstheorie (0-Stufe) durch Zuordnung seiner Elemente zu geeigneten mathematischen Elementen auf ein mathematisches System (mathematisches Modell) abgebildet (1. Stufe); dieses (mathematische) System ist Gegenstand einer seiner algorithmischen Struktur angemessenen mathematischen Analyse (2. Stufe), deren Ergebnisse — das sind wiederum mathematische Sätze, Relationen usw. — im Hinblick auf die Konzeptionen der ökonomischen Theorie interpretiert werden, d. h. ihnen sind — gegebenenfalls neugeschaffene — Begriffe der Wirtschaftstheorie zuzuordnen (3. Stufe)."

Reichardt, Helmut, Artikel: „Mathematische Theorie (I), mathematische Wirtschaftstheorie", a.a.O., S. 233.

[19] Die Bezeichnung Algorithmus wird von dem Namen des arabischen Mathematikers Al Chwarizmi (etwa 800 n. Chr.) abgeleitet. Vgl. Hermes, Hans und Werner Markwald, Grundlagen der Mathematik, in: Grundzüge der Mathematik, herausgegeben von H. Behnke, K. Fladt und W. Süss, Band I: Grundlagen der Mathematik, Arithmetik und Algebra, Göttingen 1958, S. 1 ff., hier S. 33.

einschlägige Frage durch eine simple Rechnung nach einer vorgeschriebenen Methode erhält." Das allgemeine Verfahren soll dabei so ausgestaltet sein, daß die Ausführung des Rechenprozesses „bis in die letzten Einzelheiten hinein eindeutig vorgeschrieben ist"[20]. Es soll sich um eine Methode handeln, „mit deren Hilfe gewisse Klassen von Problemen systematisch behandelt und sozusagen automatisch gelöst werden können". Die Anwendung eines Algorithmus setzt deshalb grundsätzlich keine Kenntnis der zugrundeliegenden mathematischen Theorie und erst recht keine besonderen mathematischen Eingebungen oder mathematische Erfindungsgabe voraus. Die mathematische Lösung des Problems kann folglich auch einfachen Hilfskräften oder einer Maschine übertragen werden[21].

Kalküle oder Algorithmen stellen das Ergebnis des Prozesses der schöpferischen Mathematik dar. Für die schöpferische Mathematik wird mit der neu gefundenen Methode das durch diese zu beherrschende Aufgabengebiet trivialisiert. Der Gebrauch der Verfahren fällt in den Bereich der angewandten Mathematik, die die Vorstellungen der reinen, schöpferischen Mathematik auf die Erfahrungswelt anwenden will[22]. Aus der Fülle der zur Verfügung stehenden Algorithmen wird zunächst keine Auswahl getroffen. Grundsätzlich sollten alle möglichen Kalküle zur Anwendung herangezogen werden und kein mathematisches Verfahren sollte von vornherein bei der Formulierung und Lösung betriebswirtschaftlicher Probleme ausgeschlossen sein. Erst an Hand der Kriterien der Anwendbarkeit kann darüber entschieden werden, ob ein bestimmtes rechnerisches Verfahren zur Beurteilung der Wirtschaftlichkeit einer zu betrachtenden Handlung geeignet ist oder nicht, und welches unter den möglichen am zweckmäßigsten verwendet wird.

Im Rahmen der Betriebswirtschaftslehre stellen solche Kalküle reine Instrumente dar. Als Werkzeuge erfüllen sie eine dienende Rolle. Die Wahl des günstigsten Verfahrens wird allein von dem zu lösenden Problem bestimmt. Gibt es bisher ungelöste Probleme, weil die geeigneten Kalküle fehlen, so müssen entsprechende Verfahren entwickelt werden. Hier liegt ein wesentliches Aufgabengebiet der angewandten Mathematik. Sie hat erst in jüngster Zeit damit begonnen, Verfahren zu entwickeln, die speziell zur Lösung ökonomischer Probleme geeignet

---

[20] Hermes, Hans, Aufzählbarkeit, Entscheidbarkeit, Berechenbarkeit, Einführung in die Theorie der rekursiven Funktionen, Berlin—Göttingen—Heidelberg 1961, S. 1.

[21] Hermes, Hans und Werner Markwald, a.a.O., S. 33.

[22] Vgl. Reichardt, Helmut, a.a.O., S. 234. „Wird sie (die Mathematik, der Verf.) in einem materialen Erkenntnisbereich angewendet (angewandte Mathematik), so sind ihre Objekte die formalen Aspekte dieses Erkenntnisbereiches."

Vgl. auch Bierfelder, Wilhelm, Wege und Irrwege mathematischen Denkens in Wirtschaftstheorie und Unternehmungspolitik, Band 8 der Reihe: Marktwirtschaft und Verbrauch, Nürnberg 1958, S. 15.

sind, während bisher ihr Interesse vorwiegend den Naturwissenschaften und der Technik galt, ja sogar der naturwissenschaftliche Bereich als ausschließliches Anwendungsgebiet der Mathematik betrachtet wurde.

Für viele betriebliche Probleme gibt es wohl deshalb bis heute noch keine geeignete mathematische Lösung, weil die dazu erforderliche Mathematik noch nicht entwickelt ist. So ist zum Beispiel die Frage nach dem wirtschaftlichsten Produktionsablauf, also die Frage, wie vorgegebene Absatzmengen, die alle auf den gleichen Produktionsanlagen gefertigt werden können, hintereinander oder nebeneinander gefertigt werden sollen, bisher generell nicht lösbar, weil eine allgemeine mathematische Theorie zur Behandlung dieser Probleme fehlt. Bei einigen Ansätzen zur Lösung wird davon ausgegangen, daß bestimmte Größen, zum Beispiel die Bearbeitungszeiten für bestimmte Erzeugnisse oder die Zeitpunkte der Produktionsumstellungen, Größen, die man eigentlich verändern kann, als vorgegeben und unveränderlich gelten. Setzt man etwa die Bearbeitungszeit je Erzeugnis fest, unterstellt man, daß jede Verrichtung nur an einer Maschine vollführt werden kann, legt man die Anzahl der herzustellenden Erzeugnisse jeder Art fest, dann kann man die optimale Reihenfolge der Erzeugnisse für einfache Fälle bestimmen. Die angewandten mathematischen Verfahren sind aber sehr speziell und lassen keine allgemeine Lösung zu. Eine anwendbare mathematische Theorie ist also noch zu entwickeln.

Sowohl bei den zur Verfügung stehenden als auch bei den noch zu entwickelnden Kalkülen muß neben ihrem grundsätzlich dienenden Charakter noch ein Zweites berücksichtigt werden[23]. Instrumente wissenschaftlicher und praktischer Analysen führen oft ein Eigenleben und bestimmen häufig die Entwicklung einer ganzen Periode wissenschaftlicher Forschung und praktischer Anwendung. Einmal führt das Verfügen über neue Hilfsmittel bisher nicht beantwortete Fragen zu einer Lösung. So ist etwa die Frage nach dem gewinnmaximalen oder kostenminimalen Produktionsprogramm einer Mehrproduktunternehmung unter einfachen Bedingungen erst mit Hilfe der Linearen Programmierung zu beantworten. Zum anderen tragen neue Instrumente nicht nur zur Lösung bisher offener Fragen bei, sondern lassen diese Fragen schärfer oder in einem ganz anderen Lichte erscheinen oder auch darüber hinaus bisher nicht gesehene Probleme erkennen. Von den Verfahren der mathematischen Programmierung wird man das sicherlich sagen können.

Wenn aber auch mathematische Verfahren schon in einer großen Zahl praktischer Wirtschaftlichkeitsrechnungen angewandt werden, und

[23] Vgl. im einzelnen zu diesen Gedankengängen Koopmans, Tjalling C., The Interaction of Tools and Problems in Economics, in: Three Essays on the State of Economic Science, New York—Toronto—London 1957, S. 167 ff., hier S. 169 ff.

wenn auch der Kreis der mit ihrer Hilfe zu lösenden Probleme sich laufend ausweitet, so wird man doch Simon zustimmen müssen, wenn er sagt, daß es keine Anzeichen dafür gibt, daß das Feld der Anwendung mathematischer Verfahren, den gesamten Bereich unternehmerischer Entscheidungen decken wird[24].

[24] Simon, Herbert A., The New Science of Management Decision, New York 1960, S. 18.

II. Die Anwendung der Verfahren

1. Die Voraussetzungen der Anwendung

Fordert man für die Wirtschaftlichkeitsrechnungen Weite und Offenheit in den Verfahren, zieht man den Kreis der möglicherweise in Frage kommenden Algorithmen vom einfachsten Durchrechnen bis hin zu den kompliziertesten, schon entwickelten und noch zu entwickelnden Kalkülen der höheren Mathematik, so taucht das Problem auf, welches der vielfältigen Verfahren zur Lösung einer gestellten Frage herangezogen werden soll.

Zunächst ist zu prüfen, welcher Kalkül herangezogen werden kann, welcher Algorithmus es erlaubt, die gestellte Frage nach der wirtschaftlichsten Handlungsalternative zu lösen. Die damit zusammenhängenden Probleme sollen im folgenden unter dem Stichwort der Isomorphie diskutiert werden.

Sind mehrere Verfahren zur Erfüllung der gestellten Aufgabe geeignet, so ist eine Auswahl zu treffen. Da die Rechnungen selbst nicht im luftleeren Raum durchgeführt werden, sondern oft erhebliche Kosten verursachen, wird die in ihren Komponenten noch näher zu charakterisierende Wirtschaftlichkeit der Verfahren zum Auswahlkriterium.

a) Isomorphie

Ein Verfahren ist dann anwendbar, wenn es die Lösung eines gestellten Problems ermöglicht. Wovon aber hängt es ab, ob ein ganz bestimmter aus der Fülle der zur Verfügung stehenden Kalküle geeignet ist, eine der vielen Fragen zu beantworten, die Wirtschaftlichkeitsrechnungen lösen sollen? Welche Voraussetzung muß erfüllt sein, wenn es zu entscheiden gilt, ob ein bestimmter Algorithmus der Ermittlung einer wirtschaftlichsten Handlungsweise im Rahmen dieser oder jener Tätigkeit adäquat ist?

Hat man erkannt, daß die Anwendung mathematischer Verfahren auf Sachprobleme ganz allgemein auf einer Abbildung der sachlichen Gegebenheiten auf ein mathematisches System beruht, so kann man die Adäquanz eines Verfahrens als gegeben annehmen, wenn in dem Kalkül die sachlichen Zusammenhänge richtig abgebildet werden. Eine richtige Abbildung scheint immer dann gewährleistet zu sein, wenn die Struktur des Sachproblems und die Struktur des mathematischen

Kalküls sich entsprechen, wenn die Struktur des zu lösenden ökonomischen Problems und der formale Aufbau des Algorithmus in einem bestimmten Sinne ähnlich sind, in dem Sinne, den man als Isomorphie bezeichnet.

Der Begriff der Isomorphie enstammt der Relationenlogik und meint seinem formallogischen Ursprung nach eine „ordinale Ähnlichkeit", „eine Identität von zwei formalen Strukturen, d. h. von zwei Relationsnetzen, die in nichts außer in ihren rein formalen Eigenschaften ähnlich, darin aber gerade identisch sind"[25]. Als solcher findet er besonders in der Logik und in der Mathematik Anwendung[26].

Im Rahmen der exakten Wissenschaften wurde er auf Fragen der Methodologie angewandt und damit aus dem formallogischen Bereich in die Wissenschaftstheorie übernommen. Dabei hat er eine Erweiterung des Bedeutungsgehalts erfahren. Meint der Begriff der Isomorphie im Rahmen der Mathematik nur eine Identität formaler Strukturen von Zeichenkomplexen, so muß die Bedeutung einen Wandel erfahren, wenn der Isomorphiebegriff zur Lösung des Anwendungsproblems mathematischer Systeme in einer Einzelwissenschaft beitragen soll; denn dann kommt „die semantische Bestimmung der Elemente der einzelwissenschaftlichen Theorien hinzu, die ihre Grundlage in der Seinsordnung haben"[27].

Kade hat auf der Basis des Isomorphiebegriffes das Anwendungsproblem der Mathematik in der Nationalökonomie zu lösen versucht und einen Isomorphiebeweis geführt, der die ökonomische Theorie als mathematische Theorie wirtschaftlicher Handlungen ausweist[28]. Er hat dabei immer wieder betont, daß es in der Diskussion um eine mathematische Nationalökonomie nie um die Mathematisierung des Gegenstandes der Wissenschaft, sondern nur um die Mathematisierung der Wissenschaft selbst gehen kann, daß somit der quantitative Aspekt und das Problem der Meßbarkeit in den Hintergrund treten[29].

Wie wichtig diese Untersuchungen für die Grundlegung einer mathematischen Nationalökonomie auch sein mögen und welche Bedeutung für die methodologische Diskussion um die Anwendung der Mathematik in der Betriebswirtschaftslehre sie auch haben mögen, im Zusammenhang mit den Fragen der Wirtschaftlichkeitsrechnungen können die

---

[25] Bochénski, I. M., Formale Logik, Freiburg—München 1956, S. 447.

[26] Vgl. dazu Kade, Gerhard, Die logischen Grundlagen der mathematischen Wirtschaftstheorie als Methodenproblem der theoretischen Ökonomik, Berlin 1958, S. 67—70 und die dort angegebene Literatur sowie Hermes, Hans und Werner Markwald, a.a.O., passim.

[27] Kade, Gerhard, Die logischen Grundlagen der mathematischen Wirtschaftstheorie als Methodenproblem der theoretischen Ökonomik, a.a.O., S. 69.

[28] Ebd., S. 150 ff.

[29] Ebd., S. 65.

methodologischen Aspekte des Begriffes der Isomorphie außer Acht gelassen werden. Denn für die Wirtschaftlichkeitsrechnungen liegen die Dinge insofern einfacher, als Wirtschaftlichkeitsrechnungen die Mathematisierung des Gegenstandes betreffen, weil sie sich mit jenen Teilbereichen des Wirtschaftslebens befassen, die grundsätzlich quantifizierbar und damit rechenhaft sind, wie im einzelnen bei der Erörterung der Rechengrößen festgestellt wurde. Dann aber kann der Begriff der Isomorphie in einem weniger anspruchsvollen Sinne und zugleich mit einer spezielleren Interpretation als Kriterium der Anwendbarkeit mathematischer Verfahren dienen; in einem weniger anspruchsvollen Sinne insofern, als er nicht die Aufgabe zu leisten hat, die grundsätzliche Anwendbarkeit mathematischer Verfahren nachzuweisen, die sich aus der Rechenhaftigkeit der Sachverhalte von selbst ergibt; in einer spezielleren Interpretation, weil es für die Anwendung einzelner Verfahren in den Wirtschaftlichkeitsrechnungen nicht genügt, die grundlegende Isomorphie des Gesamtbereiches einer Einzelwissenschaft und eines mathematischen Systems nachzuweisen, vielmehr jeder einzelne Kalkül daraufhin geprüft werden muß, ob er einer ganz bestimmten Problemstruktur isomorph ist.

Der Nachweis der Isomorphie setzt den Vergleich der Struktur des Kalküls mit der Struktur des Problems voraus. Die Struktur eines Kalküls läßt sich in einer sehr allgemeinen Weise kennzeichnen als der dem Kalkül innewohnende Folgerungsbegriff, also die Grundverknüpfungsform der Zeichen, Symbole des Kalküls. Isomorphie zu einem Sachproblem liegt dann vor, wenn die Relationen des Kalküls den Beziehungen der Elemente des Sachproblems entsprechen, wenn die sachlichen Zusammenhänge sich auf die Relationen des Kalküls abbilden lassen, wenn insbesondere die Zielsetzung, die Wirkungen und Bedingungen einer zu beurteilenden Handlung und die zwischen ihnen bestehenden Abhängigkeiten sich in bestimmten Relationen wiedergeben lassen, die meist die besondere Form der Funktion aufweisen[30].

Welche Funktionstypen im einzelnen welchen wirtschaftlichen Gegebenheiten isomorph sind, wird bei der Besprechung der anwendbaren Verfahren zu klären sein. Hier gilt es festzuhalten, daß ein mathematischer Kalkül grundsätzlich dann Anwendung finden kann, wenn er dem zu untersuchenden Sachproblem isomorph ist. Ob er angewandt wird, darüber entscheidet die Wirtschaftlichkeit seiner Anwendung.

---

[30] Vgl. auch Adam, A., Systematische Datenverarbeitung bei der Auswertung von Versuchs- und Beobachtungsergebnissen. Einzelschrift Nr. 3 der Reihe: Unternehmensforschung für die Wirtschaftspraxis, Würzburg 1963, S. 9: „Es handelt sich dabei in der Praxis nicht nur um ein Spiel mit Zeichen, sondern der Kalkül ist als solcher Abbild gewisser konkreter Handlungen in einer zumindest denkbar möglichen Wirklichkeit."

b) *Wirtschaftlichkeit*

Genauere Überlegungen, ob die Anwendung eines bestimmten Kalküls ökonomisch sinnvoll ist oder nicht, beziehen sich immer nur auf jene komplizierteren Rechenverfahren, deren Anwendung besonders hohe Kosten verursacht.

Ein einfaches Durchrechnen aller oder einiger repräsentativer Handlungsalternativen ist in den Unternehmen weitgehend selbstverständlich. Ob man es aber bei dem einfachen Durchrechnen belassen soll oder ob es zweckmäßiger ist, genauere, dafür aber auch schwierigere und kostspieligere Verfahren anzuwenden, das hängt davon ab, welche Kosten jene Rechnungen verursachen und wie groß die Vorteile sind, die durch die genaueren Ergebnisse erzielt werden können.

Die Kosten der Verfahren bestehen im wesentlichen aus Personalkosten und aus den Kosten der elektronischen Rechenanlagen. Die Formulierung komplizierter mathematischer Modelle fordert den Einsatz von Fachkräften speziell von Betriebswirten, Mathematikern und Technikern, die Programmierung der Aufgabe erfordert Spezialisten elektronischer Rechenanlagen. Inwieweit Teamwork Vorteile bietet und welche organisatorischen Probleme die Einrichtung einer Stabsabteilung zur Durchführung von Wirtschaftlichkeitsuntersuchungen aufwirft, wird in der Operations-Research-Literatur eingehend beschrieben und soll hier nicht weiter untersucht werden[31]. Die Kosten des Einsatzes qualifizierter Fachkräfte sind jedenfals sehr hoch. Sie tragen fixen Charakter für das Unternehmen, wenn die Untersuchungen von eigenen Kräften ausgeführt werden, variablen dagegen, wenn man die Aufgaben ausgliedert und sie Unternehmensberatern überträgt. Die Unternehmensberater selbst wissen für letzteres eine Fülle von Argumenten ins Feld zu führen[32].

Neben dem Einsatz von Experten setzen die meisten Verfahren bei umfangreichen praktischen Untersuchungen unabdingbar den Einsatz elektronischer Rechenanlagen voraus. Übersteigt z. B. die Zahl der Variablen oder Nebenbedingungen eines linearen Programms eine bestimmte Größe, so ist ein Rechnen „von Hand" nicht mehr möglich, der Einsatz von Computern unumgänglich. Die Verwendung von Rechenanlagen ist grundsätzlich möglich, weil die Kalküle so aufgebaut sind, daß die Ausführung der einzelnen Rechenoperationen bis in alle Einzelheiten festgelegt ist und die Anwendung des Kalküls daher

---

[31] Vgl. z. B. das ausführliche Kapitel „Die Verwaltung von Operations Research", das sowohl die Auswahl und Ausbildung des Teams als auch die Organisation des Teams und seiner Arbeit behandelt, bei Churchman, C. West, Russell L. Ackoff und E. Leonard Arnoff, a.a.O., S. 569—580.

[32] Vgl. Böhm, Hans-Hermann, Operationenforschung, Berlin—Baden-Baden 1961, S. 116.

auch mechanisiert werden kann[33]. Der Einsatz ist sinnvoll, weil anders Ergebnisse gar nicht erzielt werden können. Auch bei Problemen kleineren Umfanges empfiehlt sich der Einsatz elektronischer Rechenanlagen, da bei einem Rechnen „von Hand" trotz der meist einfachen Rechenoperationen eine Fülle von reinen Rechenfehlern auftritt, die Rechnungen deshalb mehrfach wiederholt werden müssen und dadurch unter Umständen teurer werden als das einmalige und mit einer hohen Wahrscheinlichkeit fehlerfreie Durchführen der Rechengänge mit Hilfe einer Rechenanlage.

Simon spricht von einem „historical accident with large consequences that the same war which spawned operations research saw also the birth of the modern digital computer as a practical device"[34]. Damit macht er deutlich, daß die Evolution der immer weitergehenden Anwendung mathematischer Techniken besonders jenen Analog- und Digitalrechnern zu danken ist, die mit ihren enormen Speicherkapazitäten und Rechengeschwindigkeiten Lösungen auch bei kompliziertesten Problemen in einer angemessenen Zeit, aber nicht immer zu geringen Kosten, liefern können. Die Kosten der elektronischen Rechenanlagen setzen sich aus Abschreibungen und Zinsen zusammen, wenn das Unternehmen eine eigene Anlage besitzt, sie erscheinen als Mietkosten in der Gewinn- und Verlustrechnung, wenn das Unternehmen die Anlagen nur gemietet hat, sei es, daß es über Rechner im eigenen Hause verfügt, sei es, daß es eines jener Rechenzentren in Anspruch nimmt, die von den Herstellfirmen elektronischer Anlagen in immer größerem Umfange eingerichtet werden. Nur bei den Mieten der Rechenzentren entstehen für das Unternehmen variable Kosten, weil nur diese Mieten nach den Laufzeiten der Maschinen bemessen werden.

Auf welche Höhe sich die Kosten einer einzelnen Wirtschaftlichkeitsrechnung belaufen, hängt von einer Fülle von Faktoren ab. Der Umfang des Problems und der Schwierigkeitsgrad des Verfahrens haben sicher entscheidenden Einfluß. Je nach dem Problemumfang werden die Einsatzzeiten des Expertenteams für die Analysen der Einflußgrößen, die Formulierung des mathematischen Modells und die Erstellung des Rechenprogramms schwanken und je nach der Kompliziertheit der Rechenoperationen eines bestimmten Algorithmus verschieden lang sein.

Besondere Beachtung verdient aber auch der fixe Charakter der Kosten einer Stabsabteilung, die mit den entsprechenden Fachkräften und Rechenanlagen ausgestattet ist. Er läßt die Auslastung jener Kapazität als besonders wichtige Größe erscheinen. Es ist deshalb von entscheidender Bedeutung, daß die Fachkräfte ständig beschäftigt sind

---

[33] Vgl. Adam, A., Systematische Datenverarbeitung, a.a.O., S. 9.

[34] Simon, Herbert A., The New Science of Management Decision, a.a.O., S. 18.

und die Leerzeiten der Computer so gering wie möglich gehalten werden. Das hängt unter anderem davon ab, wieweit es gelingt, die zunächst wohl für Zwecke der laufenden Abrechnung eingesetzten Rechenanlagen in ihren beschäftigungsfreien Zeiten für die Zwecke der Wirtschaftlichkeitsrechnungen einzusetzen oder eigene Anlagen der Stabsabteilung immer voll zu beschäftigen.

Ein Rationalisierungserfolg läßt sich in dem Maße erreichen, in dem es gelingt, einmal entwickelte Modelle einschließlich der aufgestellten Programme für die Rechenanlagen in ihrer ursprünglichen Form oder mit Erweiterungen oder Vereinfachungen immer wieder zu verwenden. Die Bestrebungen der Hersteller von Elektronenrechnern, fertige Programme etwa für die Lineare Programmierung anzubieten, gehen in diese Richtung. Bohmer hat einen gerafften Überblick darüber vermittelt, welche Programme bis heute von den großen Firmen der Branche entwickelt wurden[35]. Auch für andere Rechenverfahren, etwa im Rahmen der Warteschlangentheorie, können ähnliche Programme angegeben werden, die sich auf die jeweiligen Probleme nach mehr oder weniger komplizierten Umformungen anwenden lassen[36].

Sicherlich lassen sich die Kosten je einzelne Rechnung nur in einer oft groben Durchschnittsrechnung ermitteln. Sie sind aber immer noch besser festzustellen als der Nutzen, der sich ergibt, wenn man die Rechnung durchführt. Ein genaues Vorteilsmaß hätte man dann in der Hand, wenn man die Kostenminderung oder Gewinn- bzw. Rentabilitätserhöhung feststellte, die sich ergibt, wenn man anstatt der Maßnahme, die sich nach einem einfachen Durchrechnen als wirtschaftlichste erweist, diejenige in Betracht zieht, die das Ergebnis der genauen Rechnung bildet. Vor Beginn der Rechnung steht jenes Ergebnis aber nicht fest. Man kann es nur abschätzen. Vielleicht geben überschlägige Rechnungen mit Hilfe des infrage stehenden Verfahrens Anhaltspunkte. Anwenden wird man einen komplizierteren, den Einsatz von Fachkräften und Rechenanlagen erfordernden Kalkül aber immer nur dann, wenn mit hoher Wahrscheinlichkeit damit zu rechnen ist, daß die Vorteile der Anwendung des Verfahrens die Kosten der Rechnung übersteigen. Wirtschaftlichkeitsrechnungen über Wirtschaftlichkeitsrechnungen sind also mit den gleichen Schwierigkeiten verbunden wie die eigentlichen Rechnungen selbst.

2. Die Stufen der Anwendung

a) Die Modellkonstruktion

Bei der Anwendung der Verfahren lassen sich die Stufen der

---

[35] Vgl. Bohmer, Reinhard, Die Anwendbarkeit der Linearen Programmierung auf betriebswirtschaftliche Planungsprobleme, Diss. Köln 1963, S. 189/190.

[36] Vgl. dazu etwa den laufend erscheinenden „Catalog of Programs for IBM Data Processing System", der nach Maschinentypen geordnet, alle bisher beschriebenen Programme aufführt.

Modellkonstruktion und der Rechnung unterscheiden. Die Modellkonstruktion, also die Formulierung des rechnerischen Ansatzes nimmt von der Fragestellung und den Rechengrößen des zu untersuchenden Problems ihren Ausgangspunkt.

Ist die ökonomische Fragestellung ihrem sachlichen Inhalt und ihrem sachlichen und zeitlichen Umfange nach klar umrissen, und sind die Einflußfaktoren festgestellt, so gilt es zunächst einmal, die zwischen den Einflußfaktoren bestehenden Beziehungen und Abhängigkeiten in einem verbalen Modell zu formulieren. Mit der Analyse und Abgrenzung der Einflußfaktoren und ihrer Unterscheidung in solche, die im Rahmen der infrage stehenden Handlungsalternativen verändert werden, und solche, die sich nicht ändern, ist die entscheidende Arbeit der Modellbildung eigentlich schon geleistet, insofern, als die Abstraktion in der Auswahl der als wesentlich erachteten quantitativen Einflußfaktoren vollzogen wurde und eben diese eingehende Analyse meist auch schon die zwischen den Komponenten bestehenden Beziehungen aufgedeckt hat. Deshalb gilt es diese Beziehungen jetzt nur noch präzise verbal zu beschreiben.

Von dem verbal formulierten Modell kann angenommen werden, daß es bei richtiger Fragestellung und adäquater Auswahl der Einflußfaktoren denjenigen Umfang hat, der der Wichtigkeit der zu betrachtenden Handlungsalternativen für das Unternehmen Ausdruck gibt. Damit ist aber nicht gesagt, daß das verbal formulierte Modell in dem nach der Fragestellung umrissenen Umfange auch in ein mathematisches Modell umgeformt werden kann und soll, oder ob es zweckmäßig ist, nur einen Teil des Problems mathematisch zu formulieren und zu lösen.

Soweit dies von den zur Verfügung stehenden Kalkülen abhängt, hat die neuere Mathematik, besonders durch die Entwicklung der Verfahren der mathematischen Programmierung, Möglichkeiten geschaffen, immer umfangreichere Modellansätze zu konstruieren. Kern[37] hat darauf aufmerksam gemacht, daß man bisher in der Wirtschaftswissenschaft fast ausschließlich ein- oder zwei-, bestenfalls dreidimensionale Modelle kannte, daß man also die Reaktion einer Variablen bei Variation einer zweiten, bestenfalls auch dritten veränderlichen Größe untersuchte, daß aber in den Rechenmethoden der Verfahrensforschung der Weg zur Lösung multidimensionaler Probleme geöffnet und damit „das bisher nicht zu unterschreitende Ausmaß an Abstraktion (der Abstraktionsgrad) zweifelsohne vermindert“ wurde.

Der mit der Einbeziehung immer weiterer variabler Größen verbundene Prozeß, durch den die Modelle wirklichkeitsnäher, aber auch

[37] Kern, Werner, Gestaltungsmöglichkeit und Anwendungsbereich betriebswirtschaftlicher Planungsmodelle, a.a.O., S. 168/169.

komplexer werden und den Kern als Vorgang der Komplexion bezeichnet, erreicht sicherlich irgendwo sein ökonomisches Ende. Wo es im einzelnen liegt, läßt sich nicht genau sagen. Denn der optimale Komplexionsgrad wird sich wohl kaum exakt bestimmen lassen. Da einerseits die Modellkosten mit zunehmendem Komplexionsgrad steigen, vermutlich sogar progressiv steigen werden, andererseits der Nutzen der Modelle mit zunehmender Komplexion nur degressiv zunehmen, vielleicht sogar abnehmen wird, kann man aber annehmen, daß der optimale Modellumfang im allgemeinen bei einem geringeren Komplexionsgrad liegen wird, als demjenigen, für den es noch Lösungsverfahren gibt[38]. Allgemein wird man auf die Frage, wie kompliziert ein Modell sein soll, sicherlich nur sagen können, daß es „üblich ist, das einfachste Modell auszuwählen, das noch im Stande ist, die Art der gestellten Fragen zu beantworten“[39].

Um ein genaueres Urteil darüber fällen zu können, inwieweit das verbale Modell in die mathematische Sprache übersetzt und in ihr gelöst werden soll, wird man zweckmäßigerweise zunächst einmal die verbal beschriebenen Beziehungen, die zwischen den einzelnen Größen bestehen, in mathematischer Schreibweise formulieren, sie in ein funktionales Gewand kleiden, ohne von vorneherein darauf zu achten, ob das so formulierte Modell überhaupt lösbar und auch unabhängig davon, ob es in dieser Form lösbar ist. Sollten die späteren Überlegungen eine Einschränkung des Modellumfanges erfordern, so wird damit letztlich der der Wirtschaftlichkeitsuntersuchung adäquate Modellansatz gefunden.

Für die Formulierung der mathematischen Beziehungen eines Modells gilt dann, wenn es sich um eine bisher nie gestellte Frage handelt, was Haavelmo von der Modellkonstruktion in der Wirtschaftstheorie gesagt hat für die Wirtschaftlichkeitsrechnungen entsprechend. „It is almost impossible, it seems, to describe exactly how a scientist goes about constructing a model. It is a creative process, an art, operating with rationalized notions of some real phenomena and of the mechanisme by which they are produced.“[40]

Für die Mehrzahl der Fragestellungen aber ist ein solch schöpferischer Prozeß nicht erforderlich. Denn für die gebräuchlichen Fragestellungen ist schon eine Fülle von mathematischen Modellansätzen gefunden worden. Trotzdem bereitet der Rechenansatz für praktische Probleme oft erhebliche Schwierigkeiten, weil die meisten Modelle nur sehr all-

[38] Vgl. ebd., S. 169 und S. 178.
[39] Sasieni, Maurice, Arthur Yaspan und Lawrence Friedman, a.a.O., S. 3.
[40] Haavelmo, T., The Probability Approach in Econometrics, in: Econometrica, Vol. 12 suppl. 1944, S. 10; zitiert nach Kade, Gerhard, Die logischen Grundlagen der mathematischen Wirtschaftstheorie als Methodenproblem der theoretischen Ökonomik, a.a.O., S. 55.

gemein angegeben werden und oft drastische Vereinfachungen enthalten, die der Komplexität der Wirklichkeit nicht entsprechen. Die Vielfalt der wirklichen Beziehungen zu erfassen verlangt dann eine Fülle von Erweiterungen und Umformungen der literarischen Ansätze, die in ihrem gedanklichen Aufwand oft einer ursprünglichen Schaffung eines Modells entsprechen. Zur Formulierung des Ansatzes ist nur derjenige befähigt, der mit den jeweils erforderlichen mathematischen Hilfsmitteln umzugehen weiß. Im Falle der Anwendung einfacher arithmetischer Verfahren ist jeder dazu in der Lage, der um die relevanten Fakten weiß. Schwierige mathematische Modelle setzen eine Kenntnis der umfangreichen Literatur über bereits erfolgreich beschriebene Modellansätze besonders praktischer Untersuchungen voraus und verlangen mathematisches Geschick.

Ist es gelungen, den mathematischen Ansatz für die ursprüngliche Fragestellung zu finden, so gilt es zu prüfen, ob für das Modell in dieser ersten Formulierung ein Lösungsalgorithmus existiert. Kennt man bisher noch keinen adäquaten Kalkül, so muß überlegt werden, ob man mit Näherungsverfahren zu einer Lösung kommen kann, welche Umformulierungen des Modellansatzes dann notwendig werden und ob solche Umformulierungen noch die zu fordernde Isomorphie zwischen Problemstruktur und Formalstruktur gewährleisten. Gerade in Neuformulierungen liegt eine große Gefahr.

Eine Umformung des Modells wird man auch dann anstreben, wenn es zwar für den ursprünglichen Ansatz einen Lösungsweg gibt, die Kosten dieses Verfahrens aber entschieden höher liegen als die eines Näherungsverfahrens. So versucht man heute noch, da es bisher keine sehr leistungsfähigen Lösungsalgorithmen nichtlinearer Programme gibt, durch Linearisierung nichtlinearer Funktionen die Lösungsverfahren linearer Programme anwendbar zu machen.

In beiden Fällen muß man sich der Grenzen solcher Näherungen bewußt bleiben und darf sie nicht aus Enthusiasmus übersehen. Denn der Enthusiasmus gerade der Vertreter des Operations Research führt nach Simon „to an ailment that might be called mathematican's aphasia. The victim abstracts the original problem until the mathematical intractabilities have been removed (and all semblance to reality lost), solves the new simplified problem, and than pretends that this was the problem he wanted to solve all along. He expects the manager to be so dazzled by the beauty of the mathematical results that he will not remember that his practical operating problem has not been handled."[41]

Auch die mangelnde Speicher- oder Rechenkapazität der elektronischen Anlagen kann zu einer Überprüfung des ursprünglich gestalteten

---

[41] Simon, Herbert A., The New Science of Management Decision, a.a.O., S. 18.

Ansatzes führen. In den Fällen, in denen die Kapazität der Rechner nicht ausreicht, wird man einige nicht so wichtige Variable oder Gleichungen aus dem Modell herausnehmen, wobei dann wieder nach der Isomorphie gefragt werden muß.

Die Isomorphie des Rechenansatzes und des Sachproblems muß immer verlangt werden, unabhängig davon, ob der Modellansatz nun zunächst ohne Rücksicht auf eine Lösungsmöglichkeit entwickelt oder ob er von vorneherein auf einen bestimmten Algorithmus zugeschnitten wird, wie es in der Praxis der Wirtschaftlichkeitsrechnungen zweckmäßig sein dürfte.

Wie sich die Formulierung des Rechenansatzes im einzelnen vollzieht, ist so sehr von der jeweiligen Problemstruktur und dem anwendbaren Algorithmus abhängig, daß man allgemein nur sagen kann, es gelte die symbolisierten Einflußfaktoren in einen mathematischen Beziehungszusammenhang zu fügen, sie in Funktionen, Gleichungen und Ungleichungen miteinander zu verbinden und sich dabei der mathematischen Schreibweise besonders für Funktionen, Summen und Matrizen zu bedienen.

b) Die Rechnung

Im Rahmen der Anwendung der Verfahren folgt der Stufe der Modellkonstruktion mit der Formulierung des rechnerischen Ansatzes und der Auswahl des Lösungsalgorithmus die Stufe der Rechnung, innerhalb derer die technische Rechnungsvorbereitung der eigentlichen Rechnung vorausgeht.

Technische Rechnungsvorbereitung im Gegensatz zur gedanklichen der Modellkonstruktion bezieht sich zunächst einmal auf die zweckmäßige Zusammenstellung der konkreten Rechengrößen des Problems und bietet darüber hinaus bei all denjenigen Rechnungen, die „von Hand“ durchgeführt werden, keine besonderen Probleme. Daß man für die jeweiligen Rechentechniken ein bestimmtes übersichtliches Schema des Rechnungsablaufes entwickelt, hat, obwohl ein solches Vorgehen sich von selbst versteht, für die Schnelligkeit der Rechnungsdurchführung und die Vermeidung von reinen Rechenfehlern große Bedeutung[42]. Bei den Rechnungen selbst sollte man sich bemühen, solange als eben möglich, mit allgemeinen Zahlen zu rechnen, um ein formelmäßiges Ergebnis zu erhalten, in das man die konkreten Daten nur noch einzusetzen braucht. Verlangt der Kalkül numerische Iterationen, ist ein solches Verfahren ausgeschlossen.

Im Gegensatz zu einem Rechnen „von Hand“ kann die Rechnungsvorbereitung erhebliche Schwierigkeiten bereiten und hohe Kosten her-

[42] Vgl. z. B. Hax, Herbert, Lineare Programmierung und Simplex-Methode als Instrumente betriebswirtschaftlicher Planung, in: ZfhF, NF, 12. Jg. 1960, S. 578 ff., hier S. 594.

vorrufen, wenn die Rechnung auf einem Elektronenrechner durchgeführt werden soll oder muß. Denn dann gilt es den Rechenansatz und den Lösungsalgorithmus aus der Sprache der Mathematik in die Sprache der Maschine zu übersetzen, ihr ein Rechenprogramm zu formulieren, ihr dieses Programm einzugeben und die Rechengrößen auf Informationsträger (Lochkarte, Lochstreifen, Magnetband) zu nehmen und auch sie zu speichern.

Die Programmierung der verschiedenen Arten elektronischer Rechenanlagen beginnt unabhängig von der Art der Anlagen mit der Erstellung eines Rechenplanes, der meist in einem Blockdiagramm dargestellt wird, aus dem die Schritte und Folgen, die die Maschine auszuführen hat, ersichtlich sind. Daran schließt sich die Formulierung der den Maschinen zu erteilenden Instruktionen und die Übersetzung dieser Instruktionen in ein Maschinenprogramm an. Diese sogenannte Verkodung wird heute auch schon automatisch durchgeführt, da es Maschinensprachen wie etwa ALGOL, FORTRAN oder COBOL gibt, die die Maschine lesen kann. Ihr folgt die Programmkontrolle[43].

Alle Phasen der Programmierung verlangen spezialisierte Fachkräfte. Die entstehenden Kosten hängen von einer Fülle von Faktoren ab, auf die im einzelnen nicht eingegangen werden kann. Ihre Höhe aber läßt es sinnvoll erscheinen, Maschinenprogramme so selten wie möglich im Unternehmen selbst zu erstellen, sie vielmehr aus den Programmbibliotheken der Hersteller von Elektronenrechnern zu entnehmen und möglichst immer mit geringfügigen Modifikationen wieder zu verwenden.

Ist die Rechnung richtig vorbereitet, so läuft sie mit dem Startzeichen der Maschine automatisch ab.

---

[43] Vgl. im einzelnen dazu unter anderen: Chapin, Ned, Einführung in die elektronische Datenverarbeitung, Wien und München 1962, S. 282 ff.; Güntsch, Fritz Rudolf, Einführung in die Programmierung digitaler Rechenautomaten, 2. erweiterte und neubearbeitete Aufl., Berlin 1963; Meyer, Gerhard, Elektronische Rechenmaschinen und ihr Einsatz in der kaufmännischen Verwaltung von Industriebetrieben, Würzburg 1960, S. 47 ff.; Müller, Heinrich, Die elektronische digitale Rechenmaschine und Grundlagen ihrer Anwendbarkeit unter besonderer Berücksichtigung betriebswirtschaftlicher Aufgabenstellungen, Berlin 1959, S. 96 ff.

III. Die in Anwendung befindlichen Verfahren

Aus der Tatsache, daß es unter den sich ständig ändernden Bedingungen der wirtschaftlichen Wirklichkeit absolute Wirtschaftlichkeit nicht geben kann, daß bestimmte Handlungsalternativen nur immer mehr oder weniger wirtschaftlich in bezug auf die konkurrierenden Alternativen sein können, und daß die Ermittlung jener relativen Wirtschaftlichkeit wesensnotwendig den Vergleich voraussetzt, aus dieser Tatsache folgt, daß alle Verfahren der Wirtschaftlichkeitsrechnungen in ihrem Kern Vergleichsverfahren sein müssen[44].

Je nachdem nun, auf welche Weise der Vergleich vollzogen wird, lassen sich unter den in Anwendung befindlichen Verfahren zwei große Gruppen in der Grundstruktur ihres Modellcharakters unterscheiden. Auf der einen Seite stehen diejenigen Rechnungen, die zunächst die Maßstäbe der Wirtschaftlichkeit bestimmter einzelner Alternativen ermitteln, um die errechneten Ergebnisse dann miteinander zu vergleichen und als Resultat des Vergleichs die unter den möglichen wirtschaftlichste Handlungsalternative herauszufinden. Nach ihrem „Entscheidungsgehalt" nennt Kosiol diese Kalküle „einfache Ermittlungsmodelle"[45]. Im Rahmen der Wirtschaftlichkeitsrechnungen spricht man wohl besser von einfachen Vergleichsverfahren, um deutlich zu machen, daß der Vergleich in einer besonders einfachen und offenbaren Weise durchgeführt wird.

Komplexer und nicht ohne weiteres durchsichtig ist der Vergleichsvorgang bei jenen Rechnungen, die im allgemeinen als Optimalkalküle[46] bezeichnet werden. Während die einfachen Vergleichsverfahren stufenweise zunächst entweder Kosten oder Gewinne oder Rentabilitäten jeder einzelnen Variante einer Maßnahme ermitteln, um dann an Hand dieser Größen den Vergleich durchzuführen, die wirtschaftlichste Variante zu erwählen, umspannen Optimalkalküle von vorneherein den gesamten Variationsbereich der in Frage stehenden Handlung und geben in ihrer Lösung diejenige oder diejenigen Größen an, die eine der möglichen Alternativen als in einem bestimmten Sinne optimale

---

[44] Vgl. auch die Aussage von Engels: „Der Vergleich ist das Zentrum und der eigentliche Inhalt des Wertkalküls". Engels, Wolfram, a.a.O., S. 90.

[45] Vgl. Kosiol, Erich, Modellanalyse als Grundlage unternehmerischer Entscheidungen, a.a.O., S. 322.

[46] Ebd., S. 322.

kennzeichnen. Optimalmodelle vollziehen den Vergleich gewissermaßen im Kalkül selbst.

Wenn im folgenden von den einzelnen Verfahren gesprochen wird, seien sie nun einfache Vergleichsverfahren oder Optimalkalküle, so kann die Darstellung der Verfahren selbst nur in dem Umfange erfolgen, als sie zur Beurteilung der Anwendbarkeit der Rechnungen unbedingt erforderlich ist. Zur Beschränkung auf das Grundsätzliche zwingt die Aufgabenstellung.

1. Einfache Vergleichsverfahren

Mit dem Ausdruck „einfache Vergleichsverfahren" verbindet sich sicherlich sogleich die Vorstellung jener Rechnungen, die im Rahmen der Investitionsüberlegungen und der Verfahrensauswahl in der Praxis als Kostenvergleiche üblich sind. Um einen einfachen Vergleich in dem angezeigten Sinne handelt es sich aber auch, wenn man die Kapitalwerte zweier oder dreier Investitionsobjekte einander gegenüberstellt. Nimmt man zunächst einmal den Kostenvergleich und den Vergleich von Kapitalwerten jeweils als repräsentativ für zwei im folgenden näher zu kennzeichnende Gruppen von Verfahren, so wird in der Literatur ein Unterschied zwischen beiden derart gesehen, daß man beim Kostenvergleich von einer statischen, beim Kapitalwertvergleich dagegen von einer dynamischen Rechnung spricht.

Für die Investitionsrechnungen etwa begründet Brandt die Unterscheidung wie folgt: „Die theoretischen Investitionsrechnungen sind nicht einheitlich. Sie wurden einerseits im Rahmen der Produktions- und Kostentheorie und andererseits im Rahmen der Kapitaltheorie entwickelt. Beide Investitionstheorien betrachten das Investitionsproblem unter verschiedenen Aspekten und verwenden unterschiedliche Darstellungs- und Berechnungsverfahren. Die Kostentheorie geht von den betrieblichen Kostengesetzen aus, während die Kapitaltheorie Zinsüberlegungen in den Mittelpunkt der Investitionsbetrachtung stellt. Ihr grundlegender Unterschied liegt in der Behandlung des Zeiteinflusses. Die Kostentheorie berücksichtigt den Zeiteinfluß nicht; sie ist statisch. Die Kapitaltheorie führt den Zeitfaktor dagegen in die Investitionsüberlegung ein, sie ist dynamisch. Die theoretischen Investitionsrechnungen können deshalb in statische und dynamische Verfahren der Investitionsrechnung eingeteilt werden."[47]

Diese Unterscheidung muß aber irreführen und Brandts Begründungen können nicht überzeugen, wenn man berücksichtigt, daß das, was man unter einer dynamischen Betrachtungsweise zu verstehen hat, seit

[47] Brandt, Horst, Investitionspolitik des Industriebetriebs, a.a.O., S. 44/45, im Original gesperrt; vgl. auch Heister, Matthias, Rentabilitätsanalyse von Investitionen. Ein Beitrag zur Wirtschaftlichkeitsrechnung, a.a.O., S. 14.

Frisch[48] für die Wirtschaftswissenschaften feststeht. Dynamisch ist eine Betrachtung immer dann, wenn Variable verschiedener Zeitpunkte oder Zeitperioden funktional miteinander verbunden sind, wenn also etwa das Einkommen Y zum Zeitpunkt t, also Y_t, eine Funktion des Einkommens Y zum Zeitpunkt t—1, also Y_{t-1}, ist und wenn etwa Y_t seinerseits Argument einer Funktion ist, in der Y_{t+1} die abhängige Variable darstellt, oder wenn die Angebotsmenge in der Periode t eine Funktion des Preises ist, der in der Periode t—1 herrschte, wenn also ganz allgemein Zusammenhänge intertemporaler Natur untersucht werden[49].

Im Rahmen der Bestimmung des Kapitalwertes liegt aber eine solche funktionale Verknüpfung etwa von Einnahmen verschiedener Zeitpunkte oder von Ausgaben verschiedener Zeitperioden nicht vor. Die Zeit tritt nicht als selbständiger Einflußfaktor auf, weil es sich nicht um intertemporale Beziehungen handelt. Vielmehr besteht der grundlegende Unterschied zwischen Kostenvergleich und Kapitalwertvergleich einfach darin, daß die zu vergleichenden Kosten Größen einer Periode darstellen, während der Kapitalwert Größen mehrerer Perioden in sich zusammenfaßt. Die Tatsache aber, daß Größen mehrerer Perioden in den Kapitalwert eingehen, macht seine Ermittlung noch nicht zu einer dynamischen Rechnung. Und so sind die beiden Gruppen von Verfahren der Wirtschaftlichkeitsrechnungen statischen Charakters.

Man könnte die beiden Gruppen von Vergleichsverfahren, die zu unterscheiden sind, als einperiodige oder mehrperiodige Vergleichsverfahren bezeichnen. Doch dürfte das den Gedanken nahelegen, bei den mehrperiodigen Vergleichsverfahren handle es sich um mehrere Vergleiche zu verschiedenen Zeitpunkten, was aber nicht der Fall ist; denn der Vergleich ist in jedem Falle einmalig, nur umfaßt er entweder Größen einer oder mehrerer Perioden.

---

[48] Frisch definiert die dynamische Analyse wie folgt: „In this type of analysis we consider not only a set of given magnitudes in a given point of time and study the interrelation between them, but we consider the magnitudes of certain variables in different points of time, and introduce certain equations which embrace at the same time several of these magnitudes belonging to different instants." Frisch, R., Propagations Problems and Impulse Problems in Dynamic Economics, in: Economic Essays in Honour of Gustav Cassel, London 1933, S. 171 ff.

Ähnlich lautet auch die sich auf Frisch beziehende Abgrenzung Schneiders: „Benutzt man bei der Analyse ausschließlich solche Relationen zwischen den relevanten Variablen, in denen sich die Werte der Variablen auf den gleichen Zeitpunkt oder auf die gleiche Zeitperiode beziehen, so spricht man von einer statischen Analyse oder statischen Theorie." Und: „Werden zur Erklärung der zu untersuchenden Erscheinungen dagegen Relationen zwischen den relevanten Variablen benutzt, in denen sich die Werte der Variablen nicht alle auf den gleichen Zeitpunkt oder auf die gleiche Periode beziehen, so spricht man von einer dynamischen Analyse oder Theorie." Schneider, Erich, Einführung in die Wirtschaftstheorie, II. Teil, a.a.O., S. 264.

[49] Vgl. Haehling von Lanzenauer, Bernhard, Das Zeitmoment in der nationalökonomischen Modellbetrachtung, Diss. Köln 1962, besonders S. 24 und S. 33.

Deshalb soll hier von den rechnerischen Verfahren ausgegangen werden, mit deren Hilfe die Vergleichsgrößen ermittelt werden. Bei der ersten Gruppe sind es die einfachen arithmetischen Operationen der Addition, Substraktion, Multiplikation und Division, während die anderen Verfahren auf finanzmathematischen Methoden aufbauen. So lassen sich dann einfache Vergleichsverfahren auf arithmetischer und auf finanzmathematischer Grundlage unterscheiden.

a) Einfache Vergleichsverfahren auf arithmetischer Grundlage

Aus dieser Gruppe wurden bereits die Kostenvergleiche erwähnt. Im betrieblichen Alltag werden oft sogar alleine sie als Wirtschaftlichkeitsrechnungen bezeichnet. Sie sind es auch, die als erste eine literarische Behandlung gefunden haben, und zwar in den Veröffentlichungen, die der Ausschuß für Betriebswirtschaft des Vereins deutscher Eisenhüttenleute unter seinem damaligen Vorsitzenden Kurt Rummel herausgebracht hat[50].

Bekanntestes Beispiel sind wohl diejenigen Kostenvergleiche, die ein Unternehmen anstellt, wenn es vor der Wahl steht, zur Errichtung etwa eines neuen Produktionszweiges oder zur Erweiterung der Produktion eines am Markte besonders gefragten und gut „rentierenden" Erzeugnisses ein Aggregat A oder ein Aggregat B oder ein Aggregat C anzuschaffen, die alle drei in der Lage sind, die geforderte gleiche Leistung zu erbringen. Dann addiert man einfach die durch die Anschaffung und den Betrieb der Anlagen entstehenden jährlichen Gesamtkosten, also die Abschreibungen, die Zinsen — diese meist in überschlägiger Weise vom durchschnittlich gebundenen Kapital, sprich vom halben Anschaffungswert der Anlage aus berechnet — und die Betriebskosten, also die Kosten der die Maschine bedienenden menschlichen Arbeit, der zum Betrieb erforderlichen Energie, der notwendigen Werkzeuge, Schmiermittel und dergleichen sowie die Kosten der Instandhaltung. Die jährlichen Gesamtbeträge werden miteinander verglichen. Die geringsten Kosten kennzeichnen das wirtschaftlichste Aggregat[51].

Außer Gesamtkostenvergleichen werden auch Stückkostenvergleiche durchgeführt, indem man die Kosten je Leistungseinheit der mit den Aggregaten in einer Periode herzustellenden Erzeugnisse einander gegenüberstellt[52]. Denn vielleicht noch mehr als das Denken in Perioden ist den Betriebswirten das Denken in Leistungseinheiten geläufig.

---

[50] Vgl. dazu die bereits genannten Arbeiten von Rummel, Euler und Diercks, Müller und Wesemann.

[51] Vgl. dazu Gutenberg, Erich, Die Produktion, a.a.O., S. 290 und das dort angegebene Beispiel.

[52] Vgl. z. B. das Beispiel Rummels, in dem er einen Halbgasofen mit einem Ferngasofen vergleicht. Rummel, Kurt, Wirtschaftlichkeitsrechnung, a.a.O., S. 74.

Eine Sonderform der Kostenvergleiche stellt die Bewertungsrechnung dar, wie sie von Rummel[53] und Witthoff[54] beschrieben wird.

Gesamtkosten- und Stückkostenvergleiche[55] und Bewertungsrechnungen werden nicht nur bei Neuinvestitionen angestellt, sondern auch bei allen Verfahrensvergleichen, welche Funktionskreise sie auch immer betreffen, also für die Frage, ob man an Stelle nichtverchromter verchromte Schnittwerkzeuge anwenden soll[56] ebenso wie für das Problem, ob die Absatzmethode „Verkauf durch Reisende" oder „Verkauf durch Vertreter"[57] anzuwenden ist.

Auch die vielen Beispiele, die Schmalenbach in dem Kapitel „Die Wertungen in den betrieblichen Funktionskreisen" in seiner Pretialen Lenkung gegeben hat, stellen, obwohl von Schmalenbach Wertungen genannt, Wirtschaftlichkeitsrechnungen dar[58]. Von ihnen gilt wohl, daß Beste sagt, sie seien „nichts anderes als das, was heute als Entscheidungslehre bezeichnet wird"[59].

Im Rahmen der Investitionsrechnungen beschränkt man sich nicht nur auf Kostenvergleiche. Vielmehr werden auch Gewinn- und Rentabilitätsvergleiche durchgeführt, wie Gutenbergs empirische Untersuchungen über die Investitionsentscheidungen in der Industrie ergeben haben[60]. Auch Gewinnvergleiche sind universell anwendbar und gelten nicht nur für die Auswahl zweier anzuschaffender Aggregate, sondern gleichermaßen vielleicht auch zur Bestimmung des gewinngünstigsten Erzeugnisses, wobei es vom Verfahren her zunächst gleichgültig ist, ob die Erzeugnisgewinne nun in Form des Nettogewinnes oder irgendeines Bruttogewinnes oder Deckungsbeitrages kompariert werden.

Um dem Problem der Ungewißheit zu begegnen, werden einfache Kosten-, Gewinn- oder Rentabilitätsvergleiche oft für wechselnde Bedingungen durchgeführt. So kommt es in der Praxis vor, daß in den Investitionsrechnungen die unterschiedliche Kostengestaltung bei ver-

---

[53] Ebd., S. 76.

[54] Witthoff, J., a.a.O., S. 33/34.

[55] Vgl. auch — obwohl nicht in diesen Rahmen gehörig — die beiden Wege zur Ableitung der optimalen Losgröße. Einmal wird nach dem Minimum der Stückkosten eines Loses, zum anderen nach dem Minimum der Gesamtkosten aller Lose gefragt; vgl. Dinkelbach, Werner, Zum Problem der Losgröße und des Sortenwechsels bei der Produktionsplanung, Diss. Köln 1963, S. 22/23.

[56] Vgl. dazu u. a. die ausführlichen Beispiele für Verfahrensvergleiche bei Witthoff, J., a.a.O., S. 111 ff., bes. die Arbeitsbeispiele, S. 133 ff.

[57] Vgl. Gutenberg, Erich, Der Absatz, a.a.O., S. 130 ff.

[58] Vgl. Schmalenbach, Eugen, Pretiale Wirtschaftslenkung, Band 2, a.a.O., passim.

[59] Beste, Theodor, Eugen Schmalenbachs Lebenswerk, in: ZfbF, 16. Jg. 1964, S. 1 ff., hier S. 4.

[60] Gutenberg, Erich, Untersuchungen über die Investitionsentscheidungen industrieller Unternehmen, a.a.O., S. 194—215.

schiedenen Beschäftigungsgraden berücksichtigt wird[61]. Auch Amortisationsrechnungen im Rahmen praktischer Investitionsuntersuchungen resultieren aus dem Bewußtsein ungewisser zukünftiger Entwicklung. Verfahrensmäßig handelt es sich um die Bestimmung eines kritischen Wertes, auf die später einzugehen sein wird.

Wie vielfältig und formenreich die einfachen Kosten-, Gewinn- und Rentabilitätsvergleiche im einzelnen auch sein mögen, der rechnerische Vergleich stellt sich in allen Fällen als Unterschiedsrechnung dar. Sind zwei Alternativen gegeben, so gilt es für die sie kennzeichnenden Wirtschaftlichkeitsmaßstäbe A und B zu prüfen, ob:

$$A - B \gtreqless 0,$$ oder anders ausgedrückt:

$$A \gtreqless B.$$

Ebenso einfach wie die rechnerische Grundstruktur der Vergleichsverfahren sich darstellt, lautet die elementare Bedingung deren Anwendung Vergleichbarkeit.

Das wichtigste Erfordernis der Vergleichbarkeit besteht darin, daß die zu vergleichenden Maßnahmen echte, d. h. vollständige Alternativen in dem Sinne sind, daß sie sich gegenseitig ausschließen[62]. Sind vollkommene Alternativen nicht gegeben, so können einfache Vergleichsverfahren nicht angewandt werden. Will man mit Hilfe eines Kostenvergleichs z. B. die wirtschaftlichste von drei Anlagen A, B und C auswählen, so setzt das voraus, daß man nur eine dieser Anlagen anschaffen will oder kann. Wollte man ein optimales Investitionsprogramm festlegen, in dem sowohl die Anschaffung von Typ A als auch von Typ B als auch von Typ C zugleich möglich wäre und dessen Beschränkung nur in der finanziellen Sphäre läge, so würde ein einfacher Kostenvergleich nicht ohne weiteres zu dem optimalen Ergebnis führen.

Die vollkommenen Alternativen müssen weiter dahingehend vergleichbar sein, daß alle außer den in den Wirtschaftlichkeitsvergleich aufgenommenen Einflußfaktoren als konstant angesehen werden können, und daß die Auswahl der in den Kalkül einbezogenen Faktoren sich bei den einzelnen Alternativen ebenso entspricht wie die Ermittlungsverfahren für die zu vergleichenden Wirtschaftlichkeitsmaßstäbe.

Soweit die Kosten-, Gewinn- und Rentabilitätsermittlungen in Frage stehen, kann auf die Besprechung der Rechengrößen verwiesen werden. Denn dort wurde das Entscheidende zur Erfassung der Rechengrößen gesagt. Deren Addition ist trivial. Hier sei nur noch einmal betont, daß eine genaue Ermittlung der Wirtschaftlichkeitsgrößen auf die Bezugs-

---

[61] Vgl. Gutenberg, Erich, Untersuchungen über die Investitionsentscheidungen industrieller Unternehmen, a.a.O., S. 195.

[62] Vgl. Schneider, Erich, Wirtschaftlichkeitsrechnung, a.a.O., S. 34 und Engels, Wolfram, a.a.O., S. 82 ff.

größe der Maßnahmen hin erfolgen muß. Wenn Komponenten nicht einzeln zumeßbar sind, sollte man auf eine Schlüsselung verzichten. Lassen sich z. B. für zu vergleichende Anlagegüter keine Einnahmen feststellen, weil die Aggregate als Bestandteil einer bestimmten Fertigungsstufe vorgesehen sind und demnach mit ihnen alleine keine marktfähigen Erzeugnisse hergestellt werden, so muß sich die Wirtschaftlichkeitsrechnung auf den Kostenvergleich beschränken.

Wie bedeutsam gleiche Ermittlungsverfahren der Wirtschaftlichkeitsmaßstäbe für die Vergleichbarkeit sind, zeigt die Diskussion um die Behandlung der Restbuchwerte in den Wirtschaftlichkeitsrechnungen über Ersatzinvestitionen[63]. Während Schneider im System der pagatorischen, finanzmathematischen Rechnung die Ansicht vertritt: „Der Buchwert gehört als der nicht abgeschriebene Teil der Anschaffungssumme der Vergangenheit an und geht deshalb nicht in den sich auf die Zukunft beziehenden Ersatzkalkül ein“[64], tritt Gutenberg dieser Auffassung entgegen: „Die Frage, ob es richtig ist, die Restbuchwerte in Investitionsüberlegungen überhaupt hineinzunehmen, wird neuerdings diskutiert. So wird zum Beispiel von *Schneider* die Auffassung vertreten, daß diese Restbuchwerte, da sie in die Vermögensrechnung hineingehören und deshalb nur im Bilanzzusammenhange interessieren, für Investitionsüberlegungen unmaßgeblich zu sein hätten. Im übrigen sei die Lage ähnlich wie in der Kostenrechnung. In sie gehören diese Restbuchwertabschreibungen nicht hinein. Das ist zweifellos richtig, da es sich um neutralen Aufwand handelt. Investitionsrechnungen werden aber unter ganz anderen Gesichtspunkten vorgenommen. Bei ihnen geht es darum, zu Zwecken des Anlage- oder Verfahrensvergleichs festzustellen, welche Kosten mit dem Einsatz der neuen Anlage verbunden sind. Bei der Ermittlung dieser Kosten muß berücksichtigt werden, daß die neue Maschine finanzielle Opfer in Höhe ihres Anschaffungspreises und des Restbuchwertes der alten Anlage verursacht. Auf den aus diesen beiden Teilen bestehenden ‚Anschaffungswert‘ der neuen Anlage muß nun der Kapitaldienst (Abschreibungen und Zinsen) gerechnet werden, wenn man die Gesamtkosten der neuen Anlage für die Zwecke des Verfahrensvergleichs ermitteln will.“[65]

[63] Zu dieser Diskussion vgl. Gutenberg, Erich, Der Stand der wissenschaftlichen Forschung auf dem Gebiet der betrieblichen Investitionsplanung, a.a.O., S. 557 ff., besonders S. 561; derselbe, Die Produktion, a.a.O., S. 291 f.; Schneider, Erich, Wirtschaftlichkeitsrechnung, a.a.O., S. 95 f.; Rummel, Kurt, Wirtschaftlichkeitsrechnung, a.a.O., S. 75; Schmalenbach, Eugen, Dynamische Bilanz, 8. Aufl., Band 1, a.a.O., S. 70 ff.; Jacob, Herbert, Das Ersatzproblem in der Investitionsrechnung und der Einfluß der Restnutzungsdauer alter Anlagen auf die Investitionsentscheidung, in: ZfhF, NF, 9. Jg. 1957, S. 131 ff.; Böhm, Hans-Hermann, Dynamische Kostensenkung im Betrieb, München 1960, S. 227 ff.; Brandt, Horst, a.a.O., S. 102 ff.

[64] Schneider, Erich, Wirtschaftlichkeitsrechnung, a.a.O., S. 96.

[65] Gutenberg, Erich, Der Stand der wissenschaftlichen Forschung auf dem Gebiet der betrieblichen Investitionsplanung, a.a.O., S. 561.

Engels hat nachzuweisen versucht, daß sowohl die Ausklammerung als auch die Einbeziehung der Restbuchwerte in den jeweiligen Systemen richtig ist. In Anlehnung an Lückes Nachweis der Ausgaben- und Kostengleichheit bei Einbeziehung kalkulatorischer Zinsen sucht Engels zu zeigen, daß die von ihm sogenannten finanzwirtschaftlichen und ertragswirtschaftlichen Methoden dann in ihren Ergebnissen übereinstimmen, „wenn kalkulatorische Zinsen auf die Restbuchwerte als Aufwand berechnet und die Restbuchwerte selbst berücksichtigt werden“[66]. Leider ist der Nachweis insofern weniger überzeugend, als der Restbuchwert einmal als Abschreibungen verrechnet, zum anderen aber in voller Höhe als Einnahme wieder eingesetzt wird[67].

Und doch ist die Aussage richtig, daß die Vernachlässigung oder Berücksichtigung von Restbuchwerten in den beiden Methoden systemnotwendig ist; denn dem „reinen Wirtschaftlichkeitsvergleich“[68] steht die Berücksichtigung von Gewinngesichtspunkten gegenüber, also dem Kosten- oder Ausgabenvergleich der Gewinnvergleich[69]. Verständlicherweise führen beide zu unterschiedlichen Ergebnissen. Nach welcher Rechnung man entscheidet, diese Frage steht außerhalb der eigentlichen Rechnung. Im Rahmen der Entscheidung aber wird man sicherlich „die bremsende Wirkung der noch vorhandenen Nutzungsmöglichkeiten der alten Anlage“ berücksichtigen[70]. Für die Rechnung aber bleibt festzuhalten: Vergleichbar sind nur die Ergebnisse, die nach derselben Methode ermittelt werden.

Wie entscheidend die Vergleichbarkeit von der Einbeziehung der richtigen Einflußgrößen in den Wirtschaftlichkeitsvergleich abhängt, das hat Jacob an Beispielen gezeigt, in denen er die Frage zu klären sucht, wie der technische Fortschritt auf den wirtschaftlichen Ersatzzeitpunkt von Anlagegütern einwirkt[71]. Auch Terborgh geht es in seiner Theorie des MAPI-Systems um den methodisch richtigen Vergleichsmaßstab der Wirtschaftlichkeit, genauer gesagt um „die Frage, ob ein absoluter oder einer der vielen relativen Rentabilitätsmaßstäbe für die Rangordnung der Investitionsvorhaben nach ihrer Vorteilhaftigkeit

---

[66] Vgl. Engels, Wolfram, a.a.O., S. 134.

[67] Nur so kann man die Aussagen über die Vorzeichen interpretieren. Vgl. Engels, Wolfram, a.a.O., S. 135; im übrigen ist der Ansatz in der Formulierung des Barwertes der Aufwendungen nicht korrekt. Anstatt „R. p“ muß es im jeweils dritten Klammerglied „R. i“ heißen. Vgl. denselben, ebd., S. 134.

[68] Vgl. Gutenberg, Erich, Die Produktion, a.a.O., S. 290; vgl. auch Jacob, Herbert, Das Ersatzproblem in der Investitionsrechnung und der Einfluß der Restnutzungsdauer alter Anlagen auf die Investitionsentscheidung, a.a.O., S. 132.

[69] Vgl. dazu auch das Beispiel bei Gutenberg. Gutenberg, Erich, Die Produktion, a.a.O., S. 291/292.

[70] Vgl. Gutenberg, Erich, Die Produktion, a.a.O., S. 292.

[71] Vgl. Jacob, Herbert, Das Ersatzproblem in der Investitionsrechnung und der Einfluß der Restnutzungsdauer alter Anlagen auf die Investitionsentscheidung, a.a.O., Abschnitt 8 „Der technische Fortschritt“, S. 145—152.

oder Dringlichkeit verwendet werden soll"[72]. Ohne im einzelnen auf die Theorie des MAPI-Systems einzugehen — die entscheidenden Aussagen sind in zehn Thesen zusammengefaßt[73] — zeigt das Anliegen Terborghs deutlich, daß die Probleme der einfachen Vergleichsverfahren weniger auf rechnerischem Gebiet liegen als vielmehr in der richtigen Formulierung der Fragestellung und der Abgrenzung der entscheidenden Einflußfaktoren.

Sind die Voraussetzungen der Vergleichbarkeit erfüllt, bereitet die Durchführung des Vergleiches keine Schwierigkeiten. Wegen der Einfachheit und gedanklichen Durchsichtigkeit wie auch wegen ihres formalen Charakters ist das Anwendungsgebiet einfacher Vergleiche auf arithmetischer Basis sehr weit. Der Nachweis der Isomorphie braucht nicht erbracht zu werden.

Trotz des oder vielleicht gerade wegen des weiten Anwendungsbereiches bleibt ein solch einfaches Durchrechnen wirklichkeitsfern, weil es zu allgemein ist, um Beziehungen im einzelnen zu erfassen. Weder werden Größen unterschiedlicher Perioden einbezogen, noch gelingt es, funktionale Abhängigkeiten zu berücksichtigen, und noch viel weniger wird dem Simultaneitätsgedanken der betrieblichen Planung Rechnung getragen.

Und trotzdem wird man auf solch einfache Rechnungen zurückgreifen müssen, wenn es keine anderen Lösungsverfahren gibt oder wenn die anderen Verfahren zu kostspielig sind. Der Gebrauch moderner Rechenanlagen mag sogar dies einfache Durchrechnen verschiedener Alternativen zu größerer Ehre bringen, weil Lösungen des einfachen Vergleichens mit Hilfe von Computern einfacher und billiger sind als generelle Lösungen[74]. Heute ist es jedenfalls noch so, wie Sasieni - Yaspan - Friedman sagen[75]: „Wohl trifft man ... Verfeinerungen in großem Maße in der Literatur, in der Praxis jedoch wurden bis heute weit mehr Probleme durch die geschickte Anwendung einfacher arithmetischer Verfahren gelöst."

b) *Einfache Vergleichsverfahren auf finanzmathematischer Grundlage*

Diskontierungsmethode, interne Zinsfußmethode und Annuitätsmethode, in repräsentativer Form von Erich Schneider formuliert[76], stellen wohl die am hellsten von allen Seiten beleuchteten Verfahren der Wirtschaftlichkeitsrechnungen dar. Zur Beurteilung von Investi-

[72] Terborgh, George, a.a.O., S. 85.
[73] Vgl. Terborgh, George, a.a.O., S. 95/96.
[74] Vgl. Koopmans, Tjalling C., The Interaction of Tools and Problems in Economics, a.a.O., S. 174.
[75] Sasieni, Maurice, Arthur Yaspan und Lawrence Friedman, a.a.O., S. 3.
[76] Schneider, Erich, Wirtschaftlichkeitsrechnung, a.a.O. Vgl. auch Gutenbergs Ausführungen zu diesem Werk.

tionen als durch Zahlungen, Zeiten und Zinsen[77] gekennzeichnete unternehmerische Maßnahmen entwickelt, liefern sie Wirtschaftlichkeitsmaßstäbe in Form des Kapitalwertes, des internen Zinsfußes und der Annuität. Dabei sind Verfahren sowohl für eine einzelne Investition formuliert, indem diese mit der sogenannten Nullhypothese, ihrem eigenen Unterlassen verglichen wird, als auch für die Auswahl zwischen mehreren, endlich oder unendlich vielen Investitionen. Soweit unendlich viele Investitionen in Frage stehen, stellen die Verfahren Optimalkalküle dar.

Die Verfahren zur Beurteilung einer einzelnen Investition und zur Auswahl zwischen endlich vielen Investitionen sind in ihrem Kern einfache Vergleichsverfahren insofern, als für jede zur Wahl stehende Investitionsalternative zunächst die Wirtschaftlichkeitsmaßstäbe des Kapitalwertes oder des internen Zinsfußes oder der Annuität ermittelt und diese dann untereinander verglichen werden. Auch die Entwicklung einer speziellen Differenzmethode, wie Schneider sie vorschlägt[78], ändert nichts daran. Sie unterstreicht vielmehr nur mit ihrer Unterschiedsrechnung den einfachen Vergleichscharakter.

Von den im vorigen Abschnitt genannten einfachen Vergleichsverfahren unterscheiden sich die hier auf ihre Anwendbarkeit zu prüfenden Verfahren durch ihre finanzmathematische Basis, die es erlaubt, Werte unterschiedlicher Zeitpunkte und Zeiträume in die Rechnung einzubeziehen. Letztlich gelingt die Einbeziehung aller Einzahlungen und Auszahlungen während der Gesamtlaufzeit einer Investition durch irgendeine offene oder versteckte Form der Diskontierung, die die Zahlungen unterschiedlicher Zeitpunkte[79] auf einen gemeinsamen Kalkulationszeitpunkt bezieht, damit gleichnamig und addierbar macht, so daß sich aus den diskontierten Werten Gewinn- oder Rentabilitätsgrößen ableiten lassen. Wenn man so will, steckt in dieser Diskontierung eine besondere Art von Bewertung, deren ökonomische Erklärung wohl bis heute umstritten ist, die man aber doch meist auf das Böhm-Bawerksche „*Gesetz der Minderschätzung zukünftiger Bedürfnisse*“[80] zurückführt[81].

---

[77] Heister, Matthias, Rentabilitätsanalyse von Investitionen, a.a.O., S. 15 ff.

[78] Schneider, Erich, Wirtschaftlichkeitsrechnung, a.a.O., S. 38—41.

[79] Für praktische Investitionsprobleme ist es „oft zweckmäßig, mit der Summe der Auszahlungen in einer bestimmten Periode — in den meisten Fällen eines Jahres — zu rechnen und anzunehmen, daß die jeweiligen Gesamtbeträge am Anfang oder Schluß der Periode gezahlt werden. Auf diese Weise wird ein kontinuierlich fließender Zahlungsstrom durch eine Reihe von Stromstößen am Anfang oder Ende der Periode ersetzt“.
Schneider, Erich, Wirtschaftlichkeitsrechnung, a.a.O., S. 2/3.

[80] von Böhm-Bawerk, Eugen, Kapital und Kapitalzins, Zweite Abteilung: Positive Theorie des Kapitals, 4. Aufl., 1. Band, Jena 1921, S. 318 ff.

[81] Vgl. allerdings dazu die kritischen Anmerkungen zu diesem „Gesetz“ bei Koch, Helmut, Betriebliche Planung, a.a.O., S. 84, Fußnote 1. Koch möchte lieber von der Annahme des Strebens nach „vorzeitiger Güterversorgung“ ausgehen.

Entsprechendes gilt für die Aufzinsung, die nur eine andere Betrachtungsweise darstellt.

Bei einer genauen Analyse erweist sich der Kapitalwert als eine Gewinngröße. Versteht man doch unter *„dem Kapitalwert einer Investition in bezug auf den Zeitpunkt t bei dem Zinsfuß i ... die Summe aller auf den Zeitpunkt t diskontierten (abgezinsten) Zahlungen, die nach dem Zeitpunkt t erfolgen"*, wobei Einnahmen positiv, Ausgaben dagegen negativ angesetzt werden[82], also letztlich die Differenz zwischen diskontierten Einnahmen und Ausgaben. Da die Annuitäten als durchschnittliche jährliche Einnahmen und Ausgaben sich von dem Kapitalwert ableiten lassen[83], stellen auch sie Gewinngrößen dar.

Im Gegensatz dazu ist der interne Zinsfuß eine Rentabilitätsgröße. Denn unter *„dem internen Zinsfuß einer Investition wird der Zinsfuß verstanden, bei dem der auf irgendeinen Zeitpunkt bezogene Gegenwartswert sämtlicher Aus- und Einzahlungen gleich Null ist oder, was dasselbe besagt, bei dem die beiden Zahlungsreihen äquivalent sind"*[84]. Der interne Zinsfuß meint die innere Verzinsung der Investition, meint denjenigen Zinssatz, „den das eingesetzte Kapital im Durchschnitt während der gesamten Investitionsperiode erbringt"[85].

Soweit Schneiders Darstellung der Verfahren unterstellt wird, sind Diskontierungsmethode, interne Zinsfußmethode und Annuitätenmethode als gleichwertig zu betrachten, wie Schneiders „Umformulierungen des Fundamentalprinzips I", des Wirtschaftlichkeitskriteriums für eine einzelne Investition, zeigen[86].

Um die elementare Voraussetzung der Vergleichbarkeit zu erfüllen, beinhalten die Verfahren für den Wirtschaftlichkeitsvergleich zweier oder mehrerer Investitionen in der Spezifizierung durch Schneider eine bestimmte Annahme. Da zwei oder mehrere zu vergleichende Investitionen sich sowohl in ihrer Laufzeit als auch in den ursprünglichen Anschaffungsausgaben und in den laufenden Einzahlungs- oder Auszahlungsbeträgen ebenso unterscheiden können, wie in den Zeitpunkten, zu denen diese Zahlungen erfolgen, ist die Vergleichbarkeit nur gewährleistet, wenn irgendwelche Annahmen darüber gemacht werden, was mit den Differenzbeträgen geschieht, die bei einer bestimmten Alternative im Gegensatz zu der anderen Investitionsmöglichkeit noch nicht investiert oder schon wieder liquidiert sind und demnach in beiden Fällen nach Anlage suchen, was also mit der sogenannten Differenzinvestition geschieht.

---

[82] Schneider, Erich, Wirtschaftlichkeitsrechnung, a.a.O., S. 15.

[83] Ebd., S. 28.

[84] Ebd., S. 10.

[85] Albach, Horst, Wirtschaftlichkeitsrechnung bei unsicheren Erwartungen, a.a.O., S. 23.

[86] Schneider, Erich, Wirtschaftlichkeitsrechnung, a.a.O., S. 22—32.

Schneider macht, indem er von der Kapitalwertmethode ausgeht, die Annahme, daß eben diese Differenzbeträge zum Kalkulationszinsfuß verzinst werden, der Kapitalwert der Differenzinvestition also gleich Null ist. Diese Annahme beinhaltet gleichzeitig, daß der Investor in der Lage ist, beliebige Beträge zum Kalkulationszinsfuß auszuleihen und zu leihen[87].

Sieht man zunächst von den durch Schneider unterschiedenen Investitionstypen und der Untersuchung der einzelnen Wirtschaftlichkeitskriterien im Rahmen der einzelnen Investitionstypen ebenso ab wie von gegebenen Präzisierungen, z. B. des Kapitalwertes in bezug auf Kalkulationszeitpunkt und Bezugszeitpunkt, so sind die Verfahren, so wie sie Schneider dargestellt hat, in ihren Grundzügen gekennzeichnet. Es erhebt sich nun die Frage, inwieweit diese Verfahren die erforderliche Isomorphie zu bestimmten unternehmerischen Maßnahmen, speziell zu Investitionen aufweisen.

Der Nachweis der Isomorphie kann nur geführt werden, wenn die Verfahren klar umrissen sind. Nun hat aber um diese finanzmathematischen Methoden eine solche Diskussion stattgefunden, daß nicht davon die Rede sein kann, daß diese Methoden der Wirtschaftlichkeitsrechnungen bis in alle Einzelheiten geklärt wären. Deshalb gilt es zunächst die strittigen Fragen in ihren Grundzügen in straffester Form zu untersuchen. Mit Heister kann man die Ansatzpunkte der Kritik an den Verfahren in den folgenden drei Punkten sehen:

„1. Die beiden wichtigsten Entscheidungsmethoden, die Kapitalwertmethode und die Interne-Zinsfuß-Methode, führen nicht immer zur gleichen Vorteilsentscheidung, sondern widersprechen häufig einander.

2. Die Wahl des Kalkulationszinsfußes entbehrt bis heute eines allgemein anerkannten Kriteriums.

3. Der interne Zinsfuß ist nur schwer zu ermitteln, in der Regel mehrdeutig ...“[88]

Der erste strittige Punkt ist von der Verfahrensseite her insofern leicht zu klären, als die Widersprüche zwischen Kapitalwertmethode und Interner-Zinsfuß-Methode aus den unterschiedlichen Annahmen resultieren, die die beiden Verfahren zwangsläufig — im Rahmen der Kapitalwertmethode durch eine ausdrückliche Prämisse, im Rahmen der Internen-Zinsfuß-Methode durch das rechnerische Verfahren bedingt — über die Verzinsung der Differenzinvestition machen. Während die Kapitalwertmethode unterstellt, daß die Differenzbeträge zum

---

[87] Ebd., S. 34/35.

[88] Heister, Matthias, Investitionsrechnung als empirisches Problem, in: ZfB, 31. Jg. 1961, S. 332 ff., hier S. 332.

Kalkulationszinsfuß angelegt werden, impliziert die Interne-Zinsfuß-Methode eine Anlage zum internen Zinsfuß[89].

„Bei Zugrundelegung gleicher Annahmen liefern ... Kapitalwertkriterium und interner Zinsfuß die gleichen Ergebnisse."[90] Obwohl der Kapitalwert eine Gewinngröße, der interne Zinsfuß dagegen eine Rentablität darstellt, ist diese Aussage richtig, weil gleiche Annahmen die Konstanz des Kapitaleinsatzes einschließen, bei der bekanntlich Gewinn- und Rentabilitätsvergleich zu gleichlautenden Ergebnissen führen. Die Zugrundelegung gleicher Annahmen ist aber nur möglich, wenn man die Verfahren modifiziert, wie noch zu zeigen sein wird.

Die mit dem ersten Punkt angesprochene Problematik ist aber insofern noch weitreichender, als nicht nur Kapitalwert und interner Zinsfuß als Wirtschaftlichkeitsmaßstäbe in der Literatur zu finden sind. Friedrich und Vera Lutz[91] haben vielmehr „vier mögliche Kriterien der Gewinnmaximierung" im Rahmen der Investitionstheorie festgestellt. Nach der von ihnen gegebenen Zusammenstellung plädieren für die Differenz zwischen abgezinsten Einzahlungen und Auszahlungen, also für den Kapitalwert, unter anderen Irving Fisher, Keynes, Hicks, Samuelson und auch Erich Schneider. Der interne Zinsfuß wird benutzt von Böhm-Bawerk, Wicksell, Åkerman, Knight und Boulding. Allen schlägt den Quotienten aus abgezinsten Einnahmen und Ausgaben vor, während Carlson die Rendite des unternehmerischen Eigenkapitals verwendet[92].

Von Lutz ist im einzelnen nachgewiesen worden, unter welchen Bedingungen sich die Kriterien entsprechen und unter welchen sie zu divergierenden Resultaten führen[93]. Soweit die Abweichungen nicht von den unterschiedlichen, in den Verfahren enthaltenen Annahmen herrühren, handelt es sich um verschiedene sachliche Zielsetzungen, über deren Bedeutung, wie gezeigt, nur empirische Untersuchungen des Unternehmerverhaltens Aussagen erlauben.

Ebenfalls auf methodischer Ebene liegt der dritte Diskussionspunkt der finanzmathematischen Vergleichsverfahren. Speziell gegen die Interne-Zinsfuß-Methode wird nämlich zweierlei eingewandt. Einmal führe sie zu mehrdeutigen Ergebnissen, da es vorkommen könne, daß für eine bestimmte Investition ein interner Zinsfuß überhaupt nicht

---

[89] Vgl. Albach, Horst, Wirtschaftlichkeitsrechnung bei unsicheren Erwartungen, a.a.O., S. 21—41; vgl. auch Moxter, Adolf, Die Bestimmung des Kalkulationszinsfußes bei Investitionsentscheidungen. Ein Versuch zur Koordination von Investitions- und Finanzierungslehre, in: ZfhF, NF, 13. Jg. 1961, S. 186 ff., hier S. 194/195.

[90] Albach, Horst, Wirtschaftlichkeitsrechnung bei unsicheren Erwartungen, a.a.O., S. 28.

[91] Lutz, Friedrich und Vera, The Theory of Investment of the Firm, a.a.O., S. 16—48, bes. S. 16 und Lutz, Friedrich, The Criterion of Maximum Profits in the Theory of Investment, in: Quarterly Journal of Economics, 1945, S. 56 ff.

[92] Die entsprechenden Literaturangaben finden sich bei Lutz, Friedrich und Vera, The Theory of Investment of the Firm, a.a.O., S. 16, Fußnote 1.

[93] Vgl. ebd., S. 16—48.

existiert oder daß mehrere interne Zinsfüße ermittelt werden, darunter auch negative. Zum anderen bereite die Ermittlung interner Zinsfüße in komplizierteren Fällen erhebliche Schwierigkeiten.

Der erste Einwand ist deshalb berechtigt, weil die zur Bestimmung des internen Zinsfußes zu lösende Gleichung ganz allgemein eine Gleichung n-ten Grades mit einer Unbekannten ist, deren Lösungen sowohl reell, positiv wie negativ, als auch imaginär als auch konjugiert-komplex sein können. Man kann aber durch die Definition von Normalinvestitionen[94] als solchen mit einem einzigen positiven internen Zinsfuß im relevanten Bereich, die sicherlich auch die „Mehrzahl aller in der Praxis geplanten Investitionen" bilden[95], die Fälle mehrerer oder nicht existierender interner Zinsfüße ausschalten. Zwar schaltet man damit gleichzeitig möglicherweise auch einige praktisch denkbare Investitionen von einer Beurteilung nach der Internen-Zinsfuß-Methode aus[96]. Doch werden diese Fälle nicht häufig vorkommen.

Der zweite Einwand ist bedingt berechtigt. Denn der interne Zinsfuß läßt sich nur in Sonderfällen leicht errechnen, z. B. dann, wenn Zahlungen höchstens um zwei Perioden auseinanderliegender Zeitpunkte und damit quadratische Gleichungen gegeben sind, oder wenn Investitionen mit gleichen, regelmäßig erfolgenden Ein- und Auszahlungen verbunden sind und demnach Formeln und Tabellen der Finanzmathematik angewandt werden können. Für Investitionen einer längeren Laufzeit als zwei Perioden und betragsmäßig schwankender Zahlungsgrößen sind kompliziertere und umständliche Lösungsalgorithmen anzuwenden, wie das Newtonsche Näherungsverfahren, die Regula falsi oder ein von Boulding speziell entwickeltes Iterationsverfahren[97]. Doch sind Lösungen auch auf einfacherem Wege möglich über approximative Rechnungen, wie Albach sie vorgeschlagen hat[98].

Das Hauptstreitobjekt der finanzmathematischen Verfahren stellt wohl der Kalkulationszinsfuß[99] dar. In den Diskussionen um die rich-

---

[94] Vgl. Schneider, Erich, Wirtschaftlichkeitsrechnung, a.a.O., S. 10—15 und S. 20/21.

[95] Ebd., S. 20; vgl. auch Albach, Horst, Wirtschaftlichkeitsrechnung bei unsicheren Erwartungen, a.a.O., S. 41. Nach Albach hat Boulding auf den Vorwurf, daß zwei interne Zinsfüße existieren, „mit Recht geantwortet, daß mit größter Wahrscheinlichkeit nur einer dieser Sätze im relevanten Bereich liegt, während der andere negativ oder imaginär sei, so daß er keine ökonomische Bedeutung habe".

[96] Vgl. Heister, Matthias, Investitionsrechnung als empirisches Problem, a.a.O., S. 333/334.

[97] Vgl. Boulding, K. E., Time and Investment, in: Economica, Band 3 1946, S. 196 ff. und S. 440 ff., hier S. 215 ff.

[98] Albach, Horst, Wirtschaftlichkeitsrechnung bei unsicheren Erwartungen, a.a.O., S. 41.

[99] Zur Diskussion um den Kalkulationszinsfuß in der amerikanischen Literatur vgl. Albach, Horst, Wirtschaftlichkeitsrechnung bei unsicheren Erwartungen, a.a.O., S. 37 ff., besonders die in Fußnote 81 angegebene Literatur. Zur deutschen Literatur vgl. die folgenden Zitate.

tige Wahl dieser Größe zeigt sich deutlicher noch als bei den beiden anderen Kritikpunkten, daß auch im Rahmen der finanzmathematischen Verfahren die elementare Bedingung der Anwendung Vergleichbarkeit heißt.

Die Bedeutung des Kalkulationszinsfußes wird nicht nur von der Tatsache beleuchtet, daß unterschiedliche Kalkulationszinsfüße zu einander widersprechenden Wirtschaftlichkeitsurteilen führen[100], sondern ist ebenso offensichtlich, wenn man die verschiedenartigen Aufgaben betrachtet, die der Kalkulationszinsfuß erfüllen soll.

Die offenkundig erste Aufgabe des Kalkulationszinsfußes besteht darin, der unterschiedlichen Wertschätzung zeitlich differenzierter Größen Ausdruck zu geben, anders gesagt, Größen verschiedener Zeitpunkte auf eine gemeinsame Wertbasis zu stellen und sie damit vergleichbar zu machen[101]. Zum zweiten soll der Kalkulationszinsfuß eine Aussage darüber machen, zu welchen Sätzen Beträge, die noch nicht investiert oder schon zurückgeflossen sind, angelegt werden können, er soll Anhaltspunkte dafür liefern, welche Verzinsung für Reininvestitionen gilt[102]. Eng damit zusammen hängt die dritte Aufgabe, nach der in dem Kalkulationszinsfuß die Finanzierungsmöglichkeiten der Investitionen berücksichtigt werden sollen[103]. Viertens soll der Kalkulationszinsfuß sowohl in der Investitionsrechnung als auch in der Unternehmensbewertung das Risiko miterfassen und deshalb einen angemessenen Risikozuschlag enthalten[104].

---

[100] Vgl. dazu etwa die Beispiele bei Schneider, Erich, Wirtschaftlichkeitsrechnung, a.a.O., S. 41—43; Albach, Horst, Wirtschaftlichkeitsrechnung bei unsicheren Erwartungen, a.a.O., S. 21—41 und Heister, Matthias, Rentabilitätsanalyse von Investitionen, a.a.O., passim.

[101] Man kann zwar wie Jonas sagen, daß der Kalkulationszinsfuß damit zum Ausdruck bringen soll, „daß ein Ertrag für die Unternehmung um so weniger wert ist, je weiter er in der Zukunft liegt“. Dafür aber die Begründung anzugeben: „denn je weiter der Ertrag in der Zukunft liegt, desto länger wird er der Unternehmung vorenthalten“, und von diesem Tatbestand als dem „Risiko des Zinsverlustes“ zu sprechen, stellt wohl ebenso eine Fehlinterpretation der Diskontierungsfunktion des Kalkulationszinsfußes dar wie generell die Aufgabe des Abzinsungsfaktors in der Messung von Risiken zu sehen, und zwar der Risiken der Unrentierlichkeit, der Minderrendite und des Zinsverlustes. Vgl. Jonas, Heinrich H., Zur Methode der Rentabilitätsrechnung beim Investitionsvergleich, in: ZfB, 31. Jg. 1961, S. 1 ff., hier S. 4/5.

[102] Vgl. z. B. die der Kapitalwertmethode zugrundeliegende Prämisse der Verzinsung der Differenzinvestition zum Kalkulationszinsfuß.
Vgl. Schneider, Erich, Wirtschaftlichkeitsrechnung, a.a.O., S. 33—35.

[103] Vgl. z. B. Schneider, Erich, Wirtschaftlichkeitsrechnung, a.a.O., S. 66—68 oder auch Moxter, Adolf, Die Bestimmung des Kalkulationszinsfußes bei Investitionsentscheidungen. Ein Versuch zur Koordination von Investitions- und Finanzierungslehre, a.a.O.; Bouffier, W., Einheitliche oder unterschiedliche Zinssätze für Eigen- und Fremdkapital bei langfristigen Wirtschaftlichkeitsrechnungen, in: Der Österreichische Betriebswirt, 15. Jg. 1962, S. 15 ff.

[104] Zur Berücksichtigung des Risikos im Kalkulationszinsfuß im Rahmen der Investitionsrechnung vgl. z. B. Albach, Horst, Wirtschaftlichkeitsrechnung bei unsicheren Erwartungen, a.a.O., S. 37 ff.; Gutenberg, Erich, Planung

Je nachdem, welche der Aufgaben nun im Vordergrund stehen, wird der Kalkulationszinsfuß an den verschiedenartigsten Zinsarten bemessen. Sie reichen vom Marktzins in seinen vielfältigen Erscheinungsformen über branchenübliche und betriebsindividuelle Zinskosten oder Renditen zu subjektiven Werten, beziehen sich ausschließlich auf Fremdkapital oder beziehen auch die Verzinsung des Eigenkapitals ein, meinen Durchschnitts- oder Mindestverzinsungen, mittlere oder Grenzrenditen, beinhalten Risikozuschläge oder nicht, werden als wechselnde oder konstante Größen betrachtet, kurz sind so vielfältig wie die mannigfachen Beiträge zur Investitionstheorie. Das sich bietende Bild ist also uneinheitlich.

Man könnte nun mit Heister[105] vermuten, daß alle die genannten Unklarheiten, Widersprüche und daraus resultierenden Schwierigkeiten, betreffen sie nun den Kalkulationszinsfuß, die Interne-Zinsfuß-Methode oder die Widersprüche zwischen Interner-Zinsfuß- und Kapitalwertmethode, letztlich daher rühren, daß die genannten Modelle zur Analyse unternehmerischer Investitionen ungeeignet seien. Das hieße also, daß sie in ihrer Formalstruktur nicht die erforderliche Isomorphie zu der Problemstruktur unternehmerischer Investitionen aufweisen.

Nach Heister gelten die genannten Verfahren nämlich nur für Finanzinvestitionen, für die sie ursprünglich entwickelt wurden. Sie können aber nicht automatisch auch auf Realinvestitionen übertragen werden, die sich nicht wie Finanzinvestitionen so „modellieren" lassen, daß sie der mathematischen Behandlung zugänglich sind. Realinvestitionen

---

und Kontrolle betrieblicher Investitionen, a.a.O., S. 564; Hax, Herbert, Der Kalkulationszinsfuß in der Investitionsrechnung bei unsicheren Erwartungen. Besprechungsaufsatz zu Barges, Alexander, The Effect of Capital Structure on the Cost of Capital, A Test and Evaluation of the Modigliani and Miller Propositions, Prentice-Hall, Inc., Englewood Cliffs, N. J., 1953, in: ZfbF, 16. Jg. 1964, S. 187 ff.; Preiser, Erich, Investition und Zins, in: Jahrbücher für Nationalökonomie und Statistik, Band 1958, S. 100 ff., hier S. 104; Schneider, Erich, Wirtschaftlichkeitsrechnung, a.a.O., S. 67/68; Schneider, H. K., Aufgabenstellung und Verfahren der Investitionsrechnung, in: Beiträge zur Wirtschaftsrechnung in der Energieversorgung, Tagungsbericht 7 des Energiewissenschaftlichen Institutes an der Universität Köln, München 1955, S. 73 ff.; Virkkunen, H., Zur Frage der Investitionskalküle und der optimalen Lebensdauer von langlebigen Produktionsmitteln — Erörterungen über die Habilitationsschrift von J. Honko, in: Ifo-Studien 1957, S. 109 ff., hier S. 116. Zum Kalkulationszinsfuß im Rahmen der Unternehmungsbewertung vgl. Gutenberg, Erich, Artikel: „Geschäftswert", in: Handwörterbuch der Betriebswirtschaft, 2. Aufl., 1. Band, Stuttgart 1938, Spalte 2040 ff., hier Spalte 2049; Busse von Colbe, Walther, Der Zukunftserfolg, a.a.O., S. 86 ff., bes. S. 107 ff.; Münstermann, Hans, Artikel: „Bewertung ganzer Unternehmen", in: Handwörterbuch der Betriebswirtschaft, 3. völlig neu bearbeitete Aufl., Band I, Stuttgart 1956, Spalte 1059 ff., hier Spalte 1066; Schmalenbach, Eugen, Die Beteiligungsfinanzierung, Band 2 der Finanzierung der Betriebe, 7. verbesserte Aufl., Köln und Opladen 1949, S. 50 ff.

[105] Heister, Matthias, Rentabilitätsanalyse von Investitionen, a.a.O., S. 25 bis 29; derselbe, Investitionsrechnung als empirisches Problem, a.a.O., S. 336 bis 338.

müssen vielmehr in der Einmaligkeit ihrer „historischen Bedingungen“ betrachtet werden. Die etwa der Kapitalwertmethode zugrundeliegende Annahme, daß die Differenzbeträge zum Kalkulationszinsfuß angelegt werden, läßt aber gerade jene Einmaligkeit der für eine Realinvestition gültigen historischen Gegebenheiten außer Acht[106].

Unterstellt man mit Heister, daß finanzmathematische Verfahren sich nicht auf Realinvestitionen anwenden lassen, dann muß man für Realinvestitionen nach anderen Möglichkeiten ihrer ökonomischen Beurteilung suchen, die man in dem Vorteilsvergleich auf der Basis des ökonomischen Prinzips, in der sogenannten „ökonomischen Investitionstheorie“ findet. Jede Realinvestition ist gekennzeichnet durch Auszahlungen, Einzahlungen und Zeiten. Alle drei Größen können nach Heister als Maßstäbe der Vorteilhaftigkeit herangezogen werden. Zwei oder mehrere Investitionen sind aber zunächst nur dann miteinander vergleichbar, wenn sie sich höchstens in einem der Maßstäbe unterscheiden. Unter der Ceteris-paribus-Bedingung ist jeweils die Investition mit den niedrigsten Auszahlungen (Minimumprinzip), den höchsten Einzahlungen (Maximumprinzip) oder der kürzesten Kapitalbindungsdauer (Minimumprinzip) zu wählen[107].

Realinvestitionen unterscheiden sich indes selten nur in einer einzigen Größe. Vielmehr divergieren meist Aus- und Einzahlungen ebenso wie die Zeiten. Um in solchen Fällen die Vergleichbarkeit zu sichern, führt Heister sogenannte Supplementinvestitionen ein. Supplementinvestitionen sind Ergänzungsinvestitionen, die Aussagen über diejenigen Größen machen, in denen die zu vergleichenden Investitionen nicht übereinstimmen. Sie können Zeit- und Zahlungssupplemente sein. Ihre Verzinsung muß sich jeweils aus den konkreten Bedingungen ergeben, denen diese Supplementinvestitionen unterliegen[108]. Die Kapitalwertmethode stellt in diesem Zusammenhang dann einen Spezialfall dar, weil sie unterstellt, daß alle Supplemente zum Kalkulationszinsfuß angelegt werden[109].

Vergleicht man den „Vorteilsvergleich auf der Basis des ökonomischen Prinzips“ nach Heister mit den finanzmathematischen Verfahren,

---

[106] Derselbe, Investitionsrechnung als empirisches Problem, a.a.O., S. 338 bis 340.

[107] Ebd., S. 340—345; vgl. auch denselben, Rentabilitätsanalyse von Investitionen, a.a.O., S. 30—36.

[108] Man kann natürlich in diesem Zusammenhang auch ganz ohne Diskontierung und Zinsfuß auskommen. Vgl. Moxter, Adolf, Lineares Programmieren und betriebswirtschaftliche Kapitaltheorie, Besprechungsaufsatz zu Albach, Horst, Investition und Liquidität, a.a.O., in: ZfhF, NF, 15. Jg. 1963, S. 285 ff., hier S. 298 und denselben, Die Bestimmung des Kalkulationszinsfußes bei Investitionen, a.a.O.

[109] Vgl. Heister, Matthias, Rentabilitätsanalyse von Investitionen, a.a.O., S. 36—47 und denselben, Investitionsrechnung als empirisches Problem, a.a.O., S. 345—350.

so kann daraus nur der Schluß gezogen werden, daß die Kapitalwert- und die Interne-Zinsfuß-Methode einen höheren Abstraktionsgrad aufweisen. Damit ist aber nicht gesagt, daß diese Verfahren nicht die erforderliche Isomorphie zu unternehmerischen Investitionen besitzen. Denn um Modelle handelt es sich in beiden Fällen und Modellbetrachtungen abstrahieren grundsätzlich. Die Frage des geeigneten Abstraktionsgrades ist nicht so sehr ein Problem der Isomorphie als vielmehr der Wirtschaftlichkeit der Untersuchung. Dabei aber zeigt es sich, daß die Forderung, wie Albach sagt, „die Verwendungsmöglichkeiten jeder Differenz im Ertrag jeder einzelnen Zeitperiode zu prüfen und in die Rechnung einzubauen", „für die zu lösenden Fälle in der Praxis nicht erhoben werden" kann[110]. Soll freilich die Kapitalwertmethode oder die Interne-Zinsfuß-Methode angewandt werden, so bleibt zu prüfen, ob in den konkreten Fällen die in den Verfahren enthaltenen Annahmen sachlich gerechtfertigt sind. Durch die einheitlichen Annahmen werden die Verfahren aber für die Praxis leichter überschaubar als der Vorteilsvergleich auf der Basis des ökonomischen Prinzips, der eine Fülle von Supplementinvestitionen einbeziehen muß und dadurch unübersichtlich wird.

Zudem hat dieser Vorteilsvergleich auf der Basis des ökonomischen Prinzips im Sinne Heisters den großen Nachteil, daß eben durch die bei praktischen Problemen notwendige Einbeziehung vieler Supplementinvestitionen die für einfache Vergleichsverfahren zu erfüllende Bedingung vollständiger Alternativen gefährdet ist, weil sich die Fragestellung derart ausweitet, daß sie nur als Suche nach dem optimalen Investitionsprogramm verstanden werden kann. Ein optimales Investitionsprogramm unter Einbeziehung der Finanzierung kann auf dem Wege der Supplementinvestition[111] allerdings nur schwierig exakt bestimmt werden[112].

Dann aber gilt es der Isomorphie finanzmathematischer Verfahren zu unternehmerischen Maßnahmen weiter nachzugehen. Wie bereits festgestellt, besteht der gedankliche Kern der Verfahren in irgendeiner Form der Diskontierung (oder Aufzinsung). Die Diskontierung ist aber nur anwendbar, wenn sie sich ökonomisch begründen läßt. Fußen wir auf dem als gültig erachteten Böhm-Bawerkschen Gesetz der Minder-

---

[110] Albach, Horst, Wirtschaftlichkeitsrechnung bei unsicheren Erwartungen, a.a.O., S. 33. Er beruft sich dabei auf Thuesen, H. G., Engineering Economy, New York 1957, S. 237 und 240. Vgl. auch Albach, Horst, Investition und Liquidität, a.a.O., S. 80/81.

[111] Vgl. dazu die beiden Kapitel „Kombinationsprobleme im Alternativvergleich" und „Fremdkapital im Vorteilsvergleich" bei Heister, Matthias, Rentabilitätsanalyse von Investitionen, a.a.O., S. 47—61.

[112] Vgl. Albach, Horst, Investition und Liquidität, a.a.O., S. 60, besonders Fußnote 29.

schätzung zukünftiger Bedürfnisse[113], so können Einwände gegen die Diskontierung, die diese Gesetzmäßigkeit nicht berühren, abgelehnt werden. Der Einwand etwa, Diskontierungen über fünf oder sechs Jahre seien bedeutungslos, oder auch der Einwand, Zahlungen der Zukunft könnten durch Konkurrenz z. B. verschwinden[114], tangieren ebenso wenig die Diskontierung finanzmathematischer Art wie die Behauptung, eine einfache Zinsrechnung reiche aus[115].

Anders ist dagegen der Einwand Kochs[116] zu werten, der aus einer Kritik an Böhm-Bawerk zu einer Ablehnung der Diskontierung gelangt, weil er eine *„homogene Zukunftsvorstellung"* annimmt, die nach seiner Ansicht gleich hohe Periodengewinne impliziert und eine Diskontierung zur Vergleichbarmachung deshalb überflüssig macht: „Es kann somit festgestellt werden, daß die Praxis bei ihren Planungsüberlegungen in aller Regel mit Gewinnströmen gleicher Struktur zu rechnen hat. Der Grundsatz der Rationalität des Rechnungswesens legt es daher nahe, im allgemeinen das Prinzip der Gewinnmaximierung als Entscheidungskriterium zu benutzen und auf die Diskontierung der Jahresgewinne zu verzichten. Der Diskontierung scheint daher praktische Bedeutung kaum zuzukommen"[117]. Selbst unter der Voraussetzung gleicher Periodengewinne kann dieser Argumentation für die Wirtschaftlichkeitsrechnungen nicht zugestimmt werden; denn auch der zeitliche Umfang einzelner Alternativen einer zu betrachtenden Maßnahme kann unterschiedlich sein. Dann aber ist Vergleichbarkeit nur auf dem Wege der Diskontierung zu erreichen.

Erkennt man die grundlegende Bedeutung der Diskontierung an, dann entsteht die Frage, ob sie in Form der Internen-Zinsfuß-Methode oder der Kapitalwertmethode durchgeführt werden soll. Die Interne-Zinsfuß-Methode ist insofern das allgemeinere Verfahren, als sie keines Kalkulationszinsfußes bedarf, der nur scheinbar objektiv bestimmt werden kann[118]. Andererseits ist die der Internen-Zinsfuß-Methode zugrundeliegende Annahme einer Verzinsung der Differenzbeträge zum internen Zinsfuß wohl wirklichkeitsfremder als die Annahme einer Verzinsung dieser Beträge zum Kalkulationszinsfuß; denn bei beson-

[113] Zur Gültigkeit dieses Gesetzes vgl. unter anderen von Stackelberg, Heinrich, Grundlagen der theoretischen Volkswirtschaftslehre, 2. Aufl., Bern 1948, S. 139 ff. und Preiser, Erich, Konsumtivzins und Minderschätzung zukünftiger Bedürfnisse, in: Bildung und Verteilung des Volkseinkommens, Göttingen 1957, S. 217 ff., bes. S. 233.

[114] Vgl. z. B. Lohmann, Martin, Kapitalbildung und Kapitalverwendung in der Unternehmung, in: Band 5 der Neuen Folge der Schriften des Vereins für Socialpolitik, Berlin 1953, S. 169 ff., hier S. 178 f. und Schindler, Heinz, a.a.O., S. 50 ff.

[115] Vgl. z. B. Dürr, Karl, a.a.O., S. 70.

[116] Koch, Helmut, Betriebliche Planung, a.a.O., S. 83—90.

[117] Ebd., S. 90.

[118] Vgl. Albach, Horst, Wirtschaftlichkeitsrechnung bei unsicheren Erwartungen, a.a.O., S. 39.

ders günstigen Investitionen z. B. ist es unwahrscheinlich, daß auch die Differenzbeträge zu dem hohen internen Zins der Primärinvestition angelegt werden können.

Im Gegensatz zur Internen-Zinsfuß-Methode weist die Kapitalwertmethode im Kalkulationszinsfuß eine näher zu bestimmende Größe auf, deren Problematik aber nicht so weitreichend ist, wie sie etwa Moxter sieht, der fast alle Probleme der Investitionsrechnungen am Kalkulationszinsfuß aufhängen möchte[119]. Die Schwierigkeit, den Kalkulationszinsfuß zu bestimmen, rührt wohl daher, daß man ein eindeutiges Maß für die unterschiedliche Wertschätzung verschieden weit in der Zukunft liegender Größen nicht kennt. Aus diesem Grunde muß man den Kalkulationszinsfuß an Ersatzgrößen messen. Dabei kann man von Finanzierungszinssätzen ausgehen. Doch sollte man den Kalkulationszinsfuß nicht an die Finanzierung knüpfen, weil letztere in dem Zins nicht erschöpfend berücksichtigt werden kann. Deshalb wird man den Kalkulationszinsfuß von den Anlagemöglichkeiten der Differenzbeträge her bestimmen. Ist man sich bewußt, daß einfache Vergleichsverfahren vollständige Alternativen voraussetzen und daß alle außer den betrachteten Größen der Ceteris-paribus-Bedingung unterliegen, dann wird man als Kalkulationszinsfuß denjenigen Satz ansehen, der die Verzinsung im Rahmen der übrigen unternehmerischen Maßnahmen wiedergibt. „Der Kalkulationszinsfuß kann demzufolge nur aus der individuellen betrieblichen Situation gewonnen werden."[120] Seine Bestimmung im einzelnen ist ein Bewertungsproblem, dessen Lösung am besten im Sinne eines Betriebswertes Schmalenbachs erfolgt[121].

Gleichgültig, ob nun die Diskontierung in Form der Internen-Zinsfuß-Methode oder der Kapitalwertmethode erfolgt, sie erlaubt es letztlich, Größen verschiedener Perioden in die Rechnung einzubeziehen. Die einfachen Vergleichsverfahren auf finanzmathematischer Basis eignen sich also zur Beurteilung von Maßnahmen, deren Wirkungen sich über mehrere Perioden erstrecken, handle es sich dabei um Investitionen, im Sonderfall um einen Unternehmenskauf, um Standortüberlegungen oder sonstige langfristige Maßnahmen.

Da es sich aber auch bei den finanzmathematischen Methoden um einfache Vergleichsverfahren handelt, arbeiten die Verfahren mit einem hohen Abstraktionsgrad. Weder werden funktionale Abhängigkeiten berücksichtigt, noch gelingt es, dem später näher zu erörternden Simultaneitätsgedanken der betrieblichen Planung Rechnung zu tragen.

---

[119] Vgl. Moxter, Adolf, Lineares Programmieren und betriebswirtschaftliche Kapitaltheorie, a.a.O.; derselbe, Die Bestimmung des Kalkulationszinsfußes bei Investitionsentscheidungen, a.a.O.

[120] Albach, Horst, Wirtschaftlichkeitsrechnung bei unsicheren Erwartungen, a.a.O., S. 38.

[121] Ebd., S. 38.

Insbesondere ist es nicht möglich, die Bedingungen der Maßnahmen in den Kalkül aufzunehmen, der allein auf die Wirkungen ausgerichtet ist.

2. Optimalkalküle

Optimalkalküle zielen auf Bestgrößen. Während auch einfache Vergleichsverfahren der Findung einer in einem bestimmten Sinne besten Alternative dienen, hat man wohl allein den im folgenden zu skizzierenden Verfahren den Namen Optimalkalküle verliehen, weil nur sie dazu geeignet sind, von vornherein den gesamten Variationsbereich einer Handlung zu umspannen und in ihrer Lösung eine oder mehrere Größen anzugeben, die eine der in Frage stehenden Alternativen als in einem bestimmten Sinne bestmögliche kennzeichnen, ohne dabei auf den zweistufigen Ansatz der einfachen Vergleichsverfahren zurückgreifen zu müssen.

Die Optimierung besteht darin, daß durch den Kalkül eine oder mehrere Größen festgelegt werden, meist die Maximal- oder Minimalwerte einer Funktion. Doch nicht nur Maximierung oder Minimierung von Funktionen meint Optimierung in dem hier verstandenen Sinne. Vielmehr ist jeder Kalkül ein Optimalkalkül, der Größen festlegt, die unter einer bestimmten Zielsetzung optimal sind[122].

Welche Bedeutung der Bestimmung von Optimalgrößen zukommt, macht das Anliegen Kochs deutlich, die Aufgabe der betriebswirtschaftlichen Theorie in Optimalbestimmungen zu sehen. Denn nach Koch läßt sich die betriebswirtschaftliche Theorie auch so kennzeichnen, „daß die optimalen Varianten der verschiedenen Merkmale der unternehmerischen Verhaltensweise bestimmt werden sollen. Damit wird herausgestellt, daß die betriebswirtschaftliche Theorie in Optimalbestimmungen besteht“[123].

Im Rahmen der Optimumbestimmungen hat aber ganz sicher die Bestimmung von Maxima und Minima eine überragende Bedeutung. Im Bereich der Wirtschaft sind die Anwendungsmöglichkeiten der Mathematik von Maxima und Minima so zahlreich, daß man mit Frisch sagen kann: „Pour un peu, il serait plus facile de citer les cas où l'on ne se trouve *pas* en présence de problèmes de maximum et de minimum que d'entreprendre d'énumerer tous les cas où tels problèmes viennent à se poser.“[124]

Sowohl von den ökonomischen Anwendungen her als auch von den mathematischen Grundlagen aus ist es sinnvoll, Optimalkalküle danach

[122] Vgl. Kosiol, Erich, Modellanalyse als Grundlage unternehmerischer Entscheidungen, a.a.O., S. 323.

[123] Koch, Helmut, Über einige Grundfragen der Betriebswirtschaftslehre. Eine Studie zum 60. Geburtstag von Erich Gutenberg, in: ZfhF, NF, 9. Jg. 1957, S. 569 ff., hier S. 583.

[124] Frisch, Ragnar, Maxima et Minima, a.a.O., S. 3.

zu unterscheiden, ob sie es erlauben, Nebenbedingungen zu berücksichtigen oder nicht. Es werden deshalb im folgenden zunächst Optimalkalküle ohne Nebenbedingungen untersucht, um im Anschluß daran auf die Anwendbarkeit von Optimalkalkülen mit Nebenbedingungen einzugehen.

a) Optimalkalküle ohne Nebenbedingungen

Die von Leibniz und Newton begründete und den Siegeszug der Naturwissenschaften und Technik begleitende Infinitesimalrechnung, insbesondere Differentialrechnung, hat auch in den Wirtschaftswissenschaften eine derartige Bedeutung erlangt, daß heute die Marginal- oder Grenzanalyse[125] eines der wichtigsten Verfahren der ökonomischen Theorie darstellt und daß eine Fülle volks- wie betriebswirtschaftlicher Begriffe auf sie zurückzuführen ist. Die wichtigen Instrumente aller Arten von Grenzbegriffen, seien es nun Grenzkosten, Grenzerlöse, Grenzproduktivitäten, Grenzpreise, Grenzgewinne, Grenzrenditen, Grenzerträge oder was auch immer, sind zwar zum Teil ursprünglich ohne Rückgriff auf die Differentialrechnung entwickelt[126], für die theoretische und praktische Analyse aber gerade durch die mathematische Formulierung präzisiert worden.

Im Rahmen der Verfahren der Wirtschaftlichkeitsrechnungen ist vornehmlich die Differentialrechnung unter dem Gesichtspunkt von Interesse, daß sie ein Instrument zur Bestimmung von Extremalwerten darstellt. Mit Hilfe des Differentialquotienten lassen sich nämlich totale und partielle, absolute und relative Maxima und Minima von Funktionen einer oder mehrerer Veränderlicher bestimmen, sofern Funktionen vorliegen, die differenzierbar sind und die ein oder mehrere Maxima oder Minima aufweisen[127].

Die Bestimmung von Extremalwerten ist deshalb für die Beurteilung betrieblicher Maßnahmen von entscheidender Bedeutung, weil der Gedanke der Maximierung oder Minimierung bereits im ökonomischen

---

[125] Vgl. Müller, J. Heinz, Artikel: „Marginalanalyse", in: Handwörterbuch der Sozialwissenschaften, 7. Band, Stuttgart—Tübingen—Göttingen 1961, S. 121 ff. und Krelle, W., Die Grenzanalyse in der Nationalökonomie, in: Studium generale, 1952, S. 594 ff.

[126] Mit Schumpeter könnte man sagen, „daß die Ökonomie den Begriff des Differentialquotienten selbständig gefunden und für ihre Zwecke mühevoll herausgearbeitet hat und umgekehrt, daß die Mathematik jene fundamentalen Begriffe der Ökonomie bereits fertig enthält". Schumpeter, J. A., Über die mathematische Methode der theoretischen Ökonomie, in: Schumpeter, J. A., Aufsätze zur ökonomischen Theorie, Tübingen 1952, S. 529 ff., hier S. 538.

[127] In bezug auf die mathematischen Fragen muß auf das mathematische Schrifttum verwiesen werden. Vgl. unter anderen Allen, R. G. D., Mathematik für Volks- und Betriebswirte, a.a.O.; derselbe, Basic Mathematics, a.a.O.; Courant, R., Vorlesungen über Differential- und Integralrechnung, 2 Bände, 3. Aufl., Berlin—Göttingen—Heidelberg 1955; vgl. Mangoldt, H. und Konrad Knopp, Einführung in die höhere Mathematik, 3 Bände, 11. verbesserte Aufl., Stuttgart 1958.

Prinzip vorgegeben ist. Machlup hat das so ausgedrückt: „Marginalism, as the logical process of ‚finding a maximum', is clearly implied in the so-called economic principle — striving to achieve with given means a maximum of ends."[128] Ist das aber der Fall, dann gilt es zu prüfen, inwieweit die Formalstruktur der Infinitesimalrechnung der Problemstruktur ökonomischer Maßnahmen entspricht.

Die erste Voraussetzung der Anwendbarkeit differential-analytischer Verfahren besteht darin, daß Funktionen gegeben sein müssen. Man kann den Funktionsbegriff, wie in der modernen Mathematik üblich, mengentheoretisch definieren[129] oder in der althergebrachten Weise festlegen[130]. Ohne auf die mengentheoretische Formulierung einzugehen, genügt es hier, die Funktion als eine Zuordnungsvorschrift zu verstehen, nach der jedem Wert einer Veränderlichen x, der zu dem Wertbereich dieser Veränderlichen gehört, eindeutig ein bestimmter Zahlenwert y zugeordnet ist[131]. Man sagt dann, y sei eine Funktion der Veränderlichen x oder kürzer, y sei eine Funktion von x. *„Den Wertbereich der Veränderlichen x bezeichnet man dann auch als den Definitionsbereich dieser Funktion. Die Gesamtheit der Werte y, die dabei den Werten x zugeordnet werden, nennt man den Wertevorrat der betreffenden Funktion, und von jedem einzelnen Werte derselben sagt man, er werde von dieser Funktion angenommen."*[132]

Schaltet man zunächst Treppenfunktionen von der Untersuchung aus und betrachtet man allein analytische Funktionen, d. h. solche, die sich in Symbolen mit Hilfe einer einzigen Formel ausdrücken lassen, einer Formel, „die die Veränderlichen miteinander verbindet", „die das ‚allgemeine Gesetz' hinter der Funktion darstellt"[133], dann wird man Funktionen zwischen betrieblichen Größen annehmen können, wenn ökonomisch relevante naturwissenschaftliche Gesetze oder ökonomische Gesetzmäßigkeiten die in Frage stehenden Größen miteinander verbinden.

Solche Gesetze oder Gesetzmäßigkeiten bestehen aber im Rahmen des betrieblichen Geschehens in großer Fülle. Man denke nur an die folgenden, allgemein bekannten Beispiele: Den Verbrauchsfunktionen und den darauf aufbauenden Kostenfunktionen liegen technische Produktivitätsbeziehungen zugrunde; konjunkturale Preisabsatzfunktionen drücken in irgendeiner Form die vom Unternehmer vermuteten Gesetz-

---

[128] Machlup, F., Marginal Analysis and Empirical Research, in: The American Economic Review, Vol. 36 1946, S. 519 ff., hier S. 519.

[129] Vgl. z. B. Allen, R. G. D., Basic Mathematics, a.a.O., S. 177 ff.

[130] von Mangoldt, H. und Konrad Knopp, Einführung in die höhere Mathematik, Band 1, a.a.O., S. 336 ff.

[131] Durch diese Definition sind mehrdeutige Funktionen ausgeschlossen. Man zerlegt diese für die Untersuchungen meist in eindeutige Teile. Vgl. Allen, R. G. D., Basic Mathematics, a.a.O., S. 178, Fußnote.

[132] von Mangoldt, H. und Konrad Knopp, Einführung in die höhere Mathematik, Band 1, a.a.O., S. 337.

[133] Allen, R. G. D., Mathematik für Volks- und Betriebswirte, a.a.O., S. 39.

mäßigkeiten aus, die nach seiner Ansicht zwischen den von ihm zu setzenden Preisen und den bei diesen Preisen abzusetzenden Erzeugnismengen eines Produktes bestehen; die Funktion der Lagerkosten gibt im wesentlichen der einfachen Zinsbeziehung Ausdruck; die Kostenfunktionen im Rahmen der Warteschlangenprobleme bauen auf den entsprechenden Wahrscheinlichkeitsfunktionen auf; die Kostenfunktionen zur Bestimmung einer optimalen Ersatzpolitik von Anlagen, die in ihrer Leistungsfähigkeit plötzlich ausfallen, gehen vornehmlich von den Absterbeordnungen des Gesamtanlagenbestandes aus; die Produktionskostenfunktionen zur Ermittlung optimaler Losgrößen geben der Auflagendegression Ausdruck; und so weiter und so fort. Es gibt also eine Fülle von Beziehungen im betrieblichen Geschehen, die sich in ein funktionales Gewand kleiden lassen.

Will man nun die Differentialrechnung anwenden, so gilt es zunächst einmal zu prüfen, ob sich im konkreten Falle für die jeweiligen Einflußgrößen im Rahmen der zu betrachtenden Maßnahmen funktionale Beziehungen finden lassen und um welche Beziehungen es sich im einzelnen handelt. In der Art der Funktionen, die einer differential-analytischen Betrachtung zugänglich sind, liegt dann das eigentliche Isomorphieproblem.

Denn um einen Differentialquotienten ableiten und auf seine Ermittlung eine Bestimmung von Maxima oder Minima aufbauen zu können, müssen differenzierbare Funktionen gegeben sein. Eine eindeutige Funktion einer stetigen Veränderlichen $y = f(x)$ ist dann differenzierbar, wenn das Zuwachsverhältnis $\frac{1}{h}\,[f(x + h) - f(x)]$ nach einem bestimmten Grenzwert strebt, wenn der Wert von h durch positive oder negative Werte nach Null strebt. Dann hat die Funktion in dem Punkte x eine Ableitung[134].

In dieser Voraussetzung der Differenzierbarkeit und Stetigkeit[135] von Funktionen als Bedingung der Bildung von Differentialquotienten liegt aber zunächst die größte Hürde für die Anwendbarkeit der Differentialrechnung. Denn diese Voraussetzung ist prima facie meist nicht erfüllt, weil die zu betrachtenden Größen selten beliebig teilbar sind, die relevanten Funktionen demnach nicht stetig, sondern unstetig verlaufen.

Doch ist das damit aufgeworfene Problem keineswegs so schwerwiegend, wie es zunächst aussehen mag. Denn man hat beim Vorliegen von

---

[134] Vgl. z. B. Allen, R. G. D., Mathematik für Volks- und Betriebswirte, a.a.O., S. 144/145.

[135] Es bleibt zu beachten, daß nicht alle stetigen Funktionen auch in allen Punkten des Definitionsbereichs differenzierbar sein müssen, weil sie, wenn sie stetig sind, nicht notwendig auch „glatt" sind. Ist aber eine Funktion differenzierbar, dann ist sie auch stetig. Vgl. Allen, R. G. D., Mathematik für Volks- und Betriebswirte, a.a.O., S. 106 ff.

sogenannten Treppenfunktionen zwei Möglichkeiten. Entweder kann man den Differentialquotienten durch den Differenzenquotienten oder die vorliegende unstetige Funktion durch eine differenzierbare, stetige Funktion approximieren. Doch darf man nicht bei allen ökonomischen Beziehungen auf eine solche Approximation zurückgreifen. Vielmehr gilt es, in jedem konkreten Fall die Zulässigkeit solcher Näherungen zu prüfen. Sie wird um so eher gegeben sein, je größer der Definitionsbereich der entsprechenden Funktion ist und je kleiner die Sprünge sind, die diejenige Funktion aufweist, die den realen Sachverhalt abbildet. Läßt sich letztere nicht durch eine stetige Funktion approximieren und treten die Sprünge so unregelmäßig auf und sind sie so groß, daß auch der Differenzenquotient nicht zu einer sinnvollen Aussage führt, dann ist die Differential- bzw. Differenzenrechnung eben nicht anwendbar. Sofern quantitative Probleme betriebswirtschaftlicher Art vorliegen, wird man aber häufig approximierbare Funktionen unterstellen können.

Sind differenzierbare Funktionen gegeben, so ist die Differentialrechnung besonders deshalb zur Bestimmung optimaler Handlungsalternativen geeignet, weil sie als die systematische Betrachtung der Zunahme- oder Abnahmeraten, also der Änderungsraten von Funktionen (Whitehead)[136], dem ökonomischen Denken in Änderungen besonders gut entspricht. Deshalb hat auch die auf der Differentialrechnung aufbauende Marginalanalyse in den Wirtschaftswissenschaften eine solche Bedeutung erlangt, daß Schneider sagen kann: „Die Fruchtbarkeit und zentrale Stellung der Marginalanalyse in der ökonomischen Theorie ergeben sich unmittelbar aus dem Wesen dieser Denkform. Marginales Denken ist ja ein Denken in Änderungen von ökonomischen Variablen und Relationen zwischen solchen Änderungen, woraus sofort folgt, daß es sich hier um ein dem Wirtschaftsdenken der Praxis unmittelbar konformes analytisches Instrument handelt.“[137]

Wie sehr auch die Kritik sich im einzelnen an der Anwendung der Differentialrechnung im ökonomischen Bereich entzündet haben mag[138], über ihre grundlegende Bedeutung für die Bestimmung betrieblicher Maximal- oder Minimalgrößen kann nicht gestritten werden. Das beweisen die vielen Optimalgrößen, die sich mit Hilfe der Differentialrechnung errechnen lassen. Optimale Losgröße, optimale Bestellmenge und optimale Liefermenge sind sicherlich die bekanntesten. Aber auch die Errechnung optimaler Nutzungsdauern, optimaler Ersatzzeit-

---

[136] Vgl. Allen, R. G. D., Mathematik für Volks- und Betriebswirte, a.a.O., S. 141.

[137] Schneider, E., Der Realismus der Marginalanalyse in der Preistheorie, in: Weltwirtschaftliches Archiv, 73. Band 1954 (II), S. 38 ff., hier S. 38/39.

[138] Einen Überblick über die Diskussion bietet Grube, Hans Hermann, Die Grenzanalyse als Methode der betriebswirtschaftlichen Theorie, Diss. Köln 1962.

punkte[139], optimaler Beschäftigung, optimaler Angebotsmenge im Cournotschen Preisbildungsmodell gehören ebenso hierher wie die Fülle von Modellen zur Bestimmung einer optimalen Lagerpolitik[140] oder die Bestimmung von kostenminimalen Größen bei Warteschlangenproblemen[141] oder auch Sonderfragen, wie die Bestimmung der optimalen Vorbereitungszeit[142].

Wie unterschiedlich hoch der Abstraktionsgrad und damit die Wirklichkeitsnähe oder -ferne der einzelnen Modelle auch sein mag, fast allen ist gemeinsam, daß in ihnen nur eine einzige Veränderliche betrachtet wird. In der volkswirtschaftlichen Literatur wird deshalb auch meist von der Annahme der Einproduktunternehmung ausgegangen. Für eine Unternehmung, die nur ein Produkt herstellt, läßt sich dann aus der Erlös- und Kostenfunktion nach den Regeln der Differentialrechnung die gewinnmaximale Angebotsmenge bestimmen.

Für einige, mit Hilfe von Wirtschaftlichkeitsrechnungen zu beantwortende Fragen reicht die Betrachtung einer einzigen Variablen sicherlich aus. Bei sehr vielen Maßnahmen aber kann man nicht annehmen, daß nur eine wesentliche Einflußgröße variiert wird, vielmehr werden es deren meist mehrere sein, die eigentlich simultan erfaßt werden müßten. Nun kann man zwar mit dem Instrument partieller Ableitungen auch die Maxima oder Minima von Funktionen mehrerer Veränderlichen errechnen. Doch ist ein solches Vorgehen sehr umständlich.

Wichtiger aber noch ist, daß man im Rahmen der Differentialrechnung, klammert man die Anwendung Lagrangescher Multiplikatoren hier aus, keinerlei Bedingungen der Maßnahmen in den Kalkül aufnehmen kann. Deshalb bleiben alle Optimalkalküle auf der Basis der Differentialrechnung auf die Einbeziehung der Wirkungen zu beurteilender Maßnahmen beschränkt. Damit erfassen sie ebensowenig wie die einfachen Vergleichsverfahren die einschränkenden Bedingungen, denen alle betrieblichen Maßnahmen unterliegen können.

Zu welchen Schwierigkeiten es führen kann, wenn man die betrieblichen Interdependenzen außer Acht läßt, zeigt das Beispiel der optimalen Losgröße. Bei der Anwendung der Losgrößenformel wird die kostenoptimale Auflegungszahl eines Erzeugnisses ohne Berücksichtigung der Lose der anderen Sorten ermittelt. Dann aber kann es sich

---

139 Vgl. etwa Schneider, Dieter, Die wirtschaftliche Nutzungsdauer von Anlagegütern, a.a.O. und von Briel, Hansrudolf, Die Ermittlung der wirtschaftlichen Nutzungsdauer von Anlagegütern, Zürich 1955.

140 Vgl. unter anderen Churchman, C. West, Russel L. Ackoff und E. Leonard Arnoff, a.a.O., S. 185—235 und Vazsonyi, Andrew, a.a.O., S. 263—338.

141 Vgl. z. B. Kaufmann, A. et R. Cruon, Les phénomènes d'attente. Théorie et application, Paris 1961.

142 Vgl. Ellinger, Theodor, Ablaufplanung, a.a.O., S. 97 ff.

nach Gutenberg ergeben, „daß die Berechnung der optimalen Losgrößen nach der ... Formel zu einem Produktionsrhythmus führt, der x Wochen umfaßt; es stehen jedoch für das Produktionsprogramm nur y, also weniger als x Wochen zur Verfügung. Eine Produktion unter voller Berücksichtigung der optimalen Losgrößen ist deshalb in diesem Fall nicht möglich“[143].

Will man die mit der Anwendung der herkömmlichen Losgrößenformel möglicherweise verbundenen Widersprüche beseitigen, die Frage der optimalen Sortenschaltung in die Untersuchung einbeziehen und soll damit „das Problem der Losgröße wieder in dem Zusammenhang der Fertigungsplanung eines Mehrproduktunternehmens erscheinen, von dem es seinen Ausgang nahm“[144], dann muß man neue Modelle auf der Basis der mathematischen Programmierung entwickeln, wie sie Dinkelbach formuliert hat[145].

Sofern also Interdependenzen in die Wirtschaftlichkeitsrechnungen einzubeziehen sind, reichen die Verfahren der Differentialrechnung nicht aus. Da es aber Maßnahmen gibt, bei denen Beschränkungen und Interdependenzen vernachlässigt werden können, ist der Anwendungsbereich der Differentialrechnung als eines Optimalkalküls ohne Nebenbedingungen so weit, daß man diese Kalkülform als ein bedeutendes Verfahren der Wirtschaftlichkeitsrechnungen ansehen kann.

Versteht man unter Optimalkalkülen nicht nur solche Verfahren, die es erlauben, Maxima und Minima zu bestimmen, sondern alle Kalküle, die eine in einem bestimmten Sinne optimale Größe festlegen, so kann man auch die Errechnung kritischer Größen in diesem Rahmen sehen, weil auch ihre Ermittlung funktionale Abhängigkeiten voraussetzt. Als kritische Größen kennen wir etwa die kritische Menge zweier fertigungstechnischer Verfahren[146], den kritischen Umsatz zweier Absatzmethoden[147], den toten Punkt[148] oder den break-even-point[149], die Amor-

---

[143] Gutenberg, Erich, Artikel: „Sortenproblem und Losgröße“, a.a.O., Spalte 4905. Da dieser Artikel Gutenbergs bereits im Jahre 1958 erschien, irrt Orth, wenn er 1961 behauptet: „Unbeachtet blieb dagegen im deutschen Schrifttum die Tatsache, daß durch Anwendung der Losgrößenformel für jedes einzelne Produkt das Kostenminimum unabhängig von den Losen der anderen Produkte des Unternehmens ermittelt wird.“ Orth, Ludwig, Die Eignung der Losgrößenformel als Instrument der Produktionsplanung, in: ZfhF, NF, 13. Jg. 1961, S. 738 ff., hier S. 743.

[144] Gutenberg, Erich, Artikel: „Sortenproblem und Losgröße, a.a.O., Spalte 4905.

[145] Dinkelbach, Werner, Zum Problem der Losgröße und des Sortenwechsels bei der Produktionsplanung, a.a.O.

[146] Vgl. Gutenberg, Erich, Die Produktion, a.a.O., S. 292 ff.

[147] Vgl. Gutenberg, Erich, Der Absatz, a.a.O., S. 130 ff.

[148] Vgl. Schär, Johann Friedrich, Allgemeine Handelsbetriebslehre, I. Teil, 3. neu bearbeitete Aufl., Leipzig 1918, S. 167—169.

[149] Die Break-even-analysis ist in den Vereinigten Staaten von Amerika sehr verbreitet und literarisch stark diskutiert worden. Vgl. dazu Geertman, J. A., Wirtschaftlichkeitsrechnung im Einzelhandel, in: ZfhF, NF, 6. Jg. 1954, S. 542 ff.

tisationszeit[150], den kritischen Wert in der Investitionsrechnung[151], den toten Punkt beim Vorrichtungseinsatz[152] und ähnliche mehr.

Im Rahmen dieser kritischen Größen lassen sich zwei Gruppen unterscheiden. Einmal gibt die kritische Größe eine Schwelle oder Grenze an, von der ab eine bestimmte Handlungsalternative A unter einer bestimmten Zielsetzung vorteilhafter wird als eine Alternative B, während vor dieser Schwelle die Alternative B günstiger ist als die Alternative A. So kann man etwa die kritische Leistungsmenge zweier Anlagen als diejenige Produktmenge bestimmen, bei der die Stückkostenkurve der Anlage A die Stückkostenkurve der Anlage B schneidet und dabei die Bedingung erfüllt ist, daß im Bereich kleinerer Produktmengen als der kritischen die Kurve der Anlage A (oder B) über den Stückkosten der Anlage B (oder A) verläuft, im Bereich größerer Produktmengen dagegen umgekehrt[153].

Zum anderen spricht man von kritischen Größen dann, wenn eine bestimmte Mindestforderung im Rahmen einer einzigen Handlungsalternative erfüllt ist. So gibt etwa die Amortisationszeit die Zeitdauer an, innerhalb deren die Kostenersparnisse durch die Anschaffung einer neuen Maschine gerade den Anschaffungspreis dieser Anlage amortisieren[154], oder der tote Punkt in der alten Schärschen Formulierung diejenige „Umsatzgröße, bei welcher der Bruttogewinn durch sämtliche Betriebsspesen aufgezehrt wird, so daß Gewinn und Verlust gleich Null ist und das Eigenkapital leer ausgeht“[155].

Gleichgültig, ob nun kritische Werte Vorteilsgrenzen beim Vergleich mehrerer Alternativen meinen oder die Erreichung einer Mindestforderung im Rahmen einer einzigen Handlungsalternative, sie ergänzen andere Wirtschaftlichkeitsrechnungen und werden besonders deshalb errechnet, weil man durch diese Ergänzung im Sinne einer Eventualplanung dem Problem der Ungewißheit im gewissen Sinne begegnen kann.

b) Optimalkalküle mit Nebenbedingungen

Alle Kalküle der mathematischen Programmierung[156] zeichnen sich dadurch aus, daß sie es erlauben, Beschränkungen in die Rechnung auf-

---

[150] Mit der Problematik der „kurzen Liquidationsperiode“ oder „Pay-off-period“ tiefgehend auseinandergesetzt hat sich Terborgh, George, a.a.O., S. 62—67.

[151] Vgl. Schneider, Erich, Wirtschaftlichkeitsrechnung, a.a.O., S. 62—66.

[152] Vgl. von Kortzfleisch, Gert, Betriebswirtschaftliche Arbeitsvorbereitung, a.a.O., S. 164—169.

[153] Vgl. Gutenberg, Erich, Die Produktion, a.a.O., S. 293.

[154] Vgl. Gutenberg, Erich, Untersuchungen über die Investitionsentscheidungen industrieller Unternehmen, a.a.O., S. 196/197.

[155] Schär, Johann Friedrich, a.a.O., S. 167.

[156] Die Fülle der englischsprachigen Literatur zur mathematischen Programmierung ist schon relativ früh in Bibliographien zusammengefaßt wor-

zunehmen. Denn in ganz allgemeiner Form handelt es sich um Verfahren, die Zielfunktionen unter Einhaltung von Nebenbedingungen maximieren oder minimieren.

Am bekanntesten ist sicherlich die Lineare Programmierung[157] in ihrer Grund- oder Standardform, sei es in ihrer primalen oder dualen Fomulierung, sei es als Maximum- oder Minimummodell, die es ermöglicht, den Extremwert einer linearen Zielfunktion mehrerer Veränderlicher unter Einhaltung von linearen Nebenbedingungen, denen die Variablen unterliegen, mit bestimmten Lösungsalgorithmen, z. B. der Simplex-Methode, festzulegen.

Neben der Grundform ist eine Fülle von Varianten, Erweiterungen und Sonderformen des Standardmodells bekannt, wie etwa die Varianten der Transport-, Zuweisungs- und Mischungsmodelle und die Erweiterungen des Grundmodells mit beschränkten, interdependenten oder fiktiven Variablen, Lineare Programme mit Gleichungen statt Ungleichungen, Lineare Programme mit sogenannten M-Koeffizienten, die ganzzahlige und gemischt ganzzahlige Programmierung und ähnliche mehr[158].

Über die Lineare Programmierung hinaus sind auch schon Forschungen auf dem Gebiet der Nichtlinearen Programmierung unternommen worden. Während aber die Lineare Programmierung in relativ geschlossener Form vorliegt, kann man von einer abgeschlossenen Theorie der Nichtlinearen Programmierung noch nicht sprechen. Die Entwicklung auf diesem Gebiete der angewandten Mathematik ist im Fluß. Die meisten

---

den. Vgl. z. B. Riley, V., and S. I. Gass, Linear Programming and Associated Techniques. A Comprehensive Bibliographie of Linear, Nonlinear and Dynamic Programming, Baltimore 1958 oder Rohde, F. V., Bibliography on Linear Programming, in: Operations Research, Vol. V 1957, S. 45 ff.

[157] Aus der umfangreichen Literatur soll auf die folgenden allgemeinen Werke hingewiesen werden:

Beckmann, Martin, J., Lineare Planungsrechnung. Linear Programming, Ludwigshafen, o. J.; Krelle, Wilhelm und Hans Paul Künzi, Lineare Programmierung, Zürich 1958; Kromphardt, Wilhelm, Rudolf Henn und Karl Förstner, Lineare Entscheidungsmodelle, Berlin—Göttingen—Heidelberg 1962; Churchman, C. West, Russel L. Ackoff und E. Leonard Arnoff, a.a.O.; Danø, Sven, Linear Programming in Industry, Theory and Applications. An Introduction, Wien 1960; Dorfman, Robert, Paul A. Samuelson and Robert M. Solow, Linear Programming and Economic Analysis, New York—Toronto —London 1958; Ferguson, Robert O., and Lauren F. Sargent, Linear Programming: Fundamentals and Applications, New York—Toronto—London 1958; Gass, Saul I., Linear Programming. Methods and Applications, New York—Toronto—London 1958; Vajda, Steven, Lineare Programmierung, Beispiele, aus dem Englischen übertragen von Hans P. Künzi, Zürich 1960; Vaszonyi, Andrew, a.a.O. Einen guten Überblick verschafft der Aufsatz von Hax, Herbert, Lineare Planungsrechnung und Simplex-Methode als Instrumente betriebswirtschaftlicher Planung, a.a.O.

[158] Vgl. die übersichtliche Darstellung dieser Varianten und Erweiterungen der Standardform bei Bohmer, Reinhard, a.a.O., S. 40—94.

bisher entwickelten und sehr umständlichen Verfahren sind an quadratische Zielfunktionen und lineare Nebenbedingungen gebunden[159].

Gleichgültig, ob es sich um Verfahren der Linearen oder Nichtlinearen Programmierung handelt, es taucht die Frage auf, ob das formale Gerippe dieser Algorithmen, also die Maximierung oder Minimierung einer Zielfunktion mehrerer Veränderlicher unter Einhaltung von Nebenbedingungen, denen diese Variablen unterliegen, der Problemstruktur unternehmerischer Maßnahmen entspricht. Zur Beantwortung dieser Frage kann man von der grundlegenden Tatsache ausgehen, daß eben in dieser Formalstruktur der mathematischen Programmierung zwei Kardinalprinzipien allen Wirtschaftens eingefangen werden können: „die Knappheit an Hilfsquellen und das Streben nach möglichst großem Nutzen im weitesten Sinne des Wortes."[160]

Indem die mathematische Programmierung diesen Grundtatbeständen wirtschaftlichen Geschehens Rechnung tragen kann, ist sie grundsätzlich zur Lösung aller möglichen ökonomischen Probleme berufen. seien diese nun betriebswirtschaftlicher oder volkswirtschaftlicher Art. Speziell für die Beurteilung betrieblicher Maßnahmen zeigt sich ganz deutlich, daß das Kernstück der Formalstruktur genau der Problemstruktur betrieblicher Aktionen entspricht.

Es entspricht ihr einmal deshalb besonders gut, weil betriebliche Maßnahmen selten nur eine veränderliche Größe betreffen, z. B. nur ein Produkt, meist vielmehr mehrere, z. B. die Erzeugnisse eines Produktionsprogramms. Zum anderen, weil die ökonomisch besten Größen im Rahmen der unternehmerischen Aktivität nie getrennt voneinander, sondern immer nur gleichzeitig, d. h. simultan bestimmt werden können; denn als Ausdruck der betrieblichen Interdependenz sind sie in ihrer Festlegung voneinander abhängig. Schließlich, weil die optimalen Größen nie im luftleeren Raum gefunden werden können, vielmehr die Beschränkungen zu berücksichtigen sind, denen die Maßnahmen unterliegen.

Damit offenbaren sich die Verfahren als geeignete Instrumente, um dem Prinzip der Simultaneität der Planung[161] zu genügen, dessen Beachtung die Interdependenz des betrieblichen Geschehens fordert. Sieht man zunächst von den übrigen Erfordernissen der Anwendbarkeit ab, dann sind die genannten Verfahren als Simultanverfahren allen anderen Algorithmen der Wirtschaftlichkeitsrechnungen über-

---

[159] Vgl. Künzi, Hans Paul und Wilhelm Krelle, Nichtlineare Programmierung, unter Mitwirkung von Werner Oettli, Band I der Monographien zur Unternehmensforschung, Berlin—Göttingen—Heidelberg 1962, Vorwort.

[160] v. Mering, Otto, Artikel: „Lineare Programmplanung", in: Staatslexikon, 6. völlig neu bearbeitete und erweiterte Aufl., 5. Band, Freiburg 1960, Spalte 396 ff., hier Spalte 400.

[161] Vgl. Gutenberg, Erich, Der Absatz, a.a.O., S. 101—106.

legen. Sie ermöglichen zum ersten die simultane Erfassung aller Handlungsalternativen. So kann man mit ihrer Hilfe z. B. das optimale Produktionsprogramm bestimmen[162] und nicht nur das vielleicht nach seinem Deckungsbeitrag günstigste Erzeugnis oder nicht nur die günstigste unter mehreren Investitionsmöglichkeiten, sondern das optimale Investitionsprogramm aus allen zur Wahl stehenden Investitionsmöglichkeiten[163].

Simultaneität kennzeichnet die Verfahren auch in dem Sinne, daß sie es erlauben, die verschiedenen Bereiche oder Funktionskreise des Unternehmens in den Kalkül einzubeziehen und damit dem Ausgleichsgesetz der Planung[164] Rechnung zu tragen. Bei der Bestimmung des Produktionsprogrammes kann man neben dem Fertigungs- und Absatzbereich auch vielleicht den Beschaffungsbereich oder die Lagerhaltung in die Überlegungen aufnehmen. Die Investitionsplanung kann den Finanzierungsbereich einbeziehen und damit die Aufrechterhaltung des finanziellen Gleichgewichtes gewährleisten[165].

Und schließlich kann insofern von Simultaneität gesprochen werden, als die Programmierungsverfahren nicht nur die Wirkungen, sondern auch die Bedingungen der Maßnahmen in den Kalkül aufnehmen und gleichzeitig Wirkungen und Beschränkungen der verschiedensten Art im Ergebnis berücksichtigen. Für viele Maßnahmen aber ist gerade die Einbeziehung der sie begrenzenden Schranken wesentlich.

Nur bei simultaner Berücksichtigung mehrerer Alternativen, mehrerer Bereiche und der Wirkungen und Beschränkungen der Aktionen kann unter der jeweiligen Zielsetzung eine wirklich optimale Lösung gefunden werden. Denn eine einzelne Bestgröße ist im größeren Rahmen vielleicht keine mehr, besonders dann nicht, wenn die Beschränkungen nicht berücksichtigt werden.

Man kann zwar auch bei einfachen Vergleichsverfahren Beschränkungen in Form eines einfachen Durchrechnens berücksichtigen, wie es etwa Kilger[166] bei der Programmplanung auf der Basis der Brutto-

[162] Vgl. z. B. Paulsson Frenckner, T., Bestimmung des Produktionsprogramms als Anwendungsbeispiel der Linearplanung, in: ZfhF, NF, 10. Jg. 1958, S. 565 ff. oder Käfer, K., Die Planungsrechnung als Mittel zur Gestaltung des Produktionsprogramms, in: Planungsrechnung und Unternehmensführung in europäischer Sicht, Wiesbaden 1957, S. 9 ff.

[163] Vgl. z. B. Albach, Horst, Investition und Liquidität, a.a.O.; derselbe, Lineare Programmierung als Hilfsmittel betrieblicher Investitionsplanung, in: ZfhF, NF, 12. Jg. 1960, S. 526 ff.; Massé, P., Le choix des Investissements, Paris 1959; Massé, P., and R. Gibrat, Application of Linear Programming to Investments in the Electric Power Industry, in: Management Science, 1957, S. 149 ff.

[164] Vgl. Gutenberg, Erich, Die Produktion, a.a.O., S. 123 ff. und derselbe, Der Absatz, a.a.O., S. 96 ff.

[165] Vgl. Albach, Horst, Investition und Liquidität, a.a.O., S. 60/61.

[166] Vgl. Kilger, Wolfgang, Kurzfristige Erfolgsrechnung, Beitrag 36 der Reihe A der Reihe „Die Wirtschaftswissenschaften“, Wiesbaden 1962, S. 98

gewinnanalyse bei Vorliegen einer einzigen fertigungstechnischen Beschränkung oder Moxter[167] bei der Bestimmung optimaler Investitionsprogramme für den Fall der Kapitalbeschränkung getan haben. Sachlich handelt es sich in diesen Fällen aber um eine Programmierungsaufgabe. Und warum sollte man ein rechnerisches Verfahren nicht anwenden, wenn es in seiner Grundstruktur so vollkommen der Fragestellung entspricht.

Man müßte es nur dann ablehnen, wenn neben der Grundstruktur andere Bedingungen der Anwendbarkeit zu berücksichtigen wären. Unter diesem Gesichtspunkt sei zunächst die Lineare Programmierung in ihrer Standardform betrachtet. Das mathematische Grundmodell wird als bekannt vorausgesetzt, weil es in diesem Rahmen nicht auf die Schilderung der Verfahren, sondern auf die Prüfung ihrer Anwendbarkeit ankommt.

Das neben der Grundstruktur der Programmierung zweite bestimmende Merkmal der Linearen Programmierung ist die Linearität von Zielfunktion und Nebenbedingungen. Linearität der Zielfunktion und der Nebenbedingungen meint unter anderem Konstanz der Koeffizienten der Variablen in der Zielgleichung und den Ungleichungen der Nebenbedingungen.

Welche Bedeutung dieser Konstanz der Koeffizienten zukommt, wird sofort deutlich, wenn man an betriebswirtschaftliche Beispiele denkt. Im Rahmen der Anwendung Linearer Programmierung zur Bestimmung eines optimalen, d. h. gewinnmaximalen oder kostenminimalen Produktionsprogramms bedeutet Konstanz der Koeffizienten der Variablen in der Zielfunktion, daß konstante Stückgewinne, Deckungsbeiträge oder konstante Stückkosten gegeben sind, unabhängig davon, wieviel Produkte der einzelnen Erzeugnisarten jeweils hergestellt werden. Eine solche Annahme ist aber nur gerechtfertigt, wenn weder die Preise der Produkte mit der Stückzahl variieren noch andere Gesamtkostenverläufe als proportionale gegeben sind. Konstanz der Koeffizienten in den Nebenbedingungen im Rahmen des allgemeinen Produktionsmodells bedeutet z. B. konstante Produktionskoeffizienten.

Wendet man, um ein anderes Beispiel zu nennen, die Lineare Programmierung auf die Bestimmung des optimalen Investitionsprogramms an, so bedeutet Konstanz der Koeffizienten der Zielfunktion, daß die Höhe des Kapitalwertes der einzelnen Anlagen unabhängig ist von der Zahl der angeschafften Aggregate, mit anderen Worten, daß die Einnahmen- und Ausgabenströme der einzelnen Investitionen durch die Anschaffung weiterer Anlagen der gleichen Art nicht beeinflußt werden,

---

bis 102; derselbe, Flexible Plankostenrechnung, a.a.O., S. 622 ff.; derselbe, Die Erfolgsanalyse im Industriebetrieb, in: ZfhF, NF, 12. Jg. 1960, S. 299 ff.

[167] Vgl. Moxter, Adolf, Lineares Programmieren und betriebswirtschaftliche Kapitaltheorie, a.a.O., S. 289 ff.

oder, allgemeiner gesagt, daß es für Investitionen im Unternehmen keine abnehmenden Renditen gibt. Linearität der Nebenbedingungen bedeutet etwa, daß der Anschaffungspreis der Anlagen mit der Zahl der zu kaufenden Maschinen nicht variiert, daß also z. B. keine Mengenrabatte gewährt werden.

Bei vielen betrieblichen Maßnahmen wird man lineare Funktionen unterstellen können, und zwar immer dann, wenn die den zu betrachtenden Kosten-, Erlös-, Einnahmen- oder Ausgabenfunktionen zugrundeliegenden naturwissenschaftlichen Gesetze oder ökonomischen Gesetzmäßigkeiten keine Progressionen oder Degressionen implizieren, und wenn dies auch für die beschränkenden Bedingungen gilt.

Überall dort aber, wo Progressionen und Degressionen irgendwelcher Art alleine das richtige Abbild des realen Sachverhaltes zeigen, ist die Lineare Programmierung zunächst nicht anwendbar. Man könnte in solchen Fällen zu Verfahren der Nichtlinearen Programmierung übergehen. Doch sind diese bisher nur für Sonderfälle entwickelt und ihre Anwendung so umständlich und zeitraubend, daß man aus Gründen der Wirtschaftlichkeit der Rechnung auf das praktikable Instrument der Linearen Programmierung zurückgreifen wird. Will man diese aber anwenden, dann müssen lineare Funktionen und damit konstante Koeffizienten gegeben sein.

Für die theoretische Analyse voll befriedigend ist ein Vorgehen, wie es im Rahmen der Produktions- und Investitionstheorie von Albach[168] vorgeschlagen wurde. Durch die Einbeziehung speziell definierter Produktionsprozesse oder Faktoreinsatzfunktionen[169] erhält man für den Planungsansatz konstante Koeffizienten in den einzelnen Gleichungen. Für die praktische Analyse ist ein solcher Ansatz allerdings nur unter einfachen Bedingungen anwendbar, weil die Fülle der sich aus den Verbrauchsfunktionen ergebenden Faktoreinsatzfunktionen nur sehr schwer erfaßt werden kann.

Im Rahmen praktischer Untersuchungen wird man vielmehr mit einer Linearisierung der nichtlinearen Funktionen arbeiten. Die Methoden der Linearisierung der Funktionen und der Einbeziehung der linearisierten Funktionen oder Funktionsstücke in den Programmansatz können hier im einzelnen nicht aufgezeigt werden[170]. Wichtig ist nur,

[168] Vgl. Albach, Horst, Produktionsplanung auf der Grundlage technischer Verbrauchsfunktionen, in: Heft 105 der Arbeitsgemeinschaft für Forschung des Landes Nordrhein-Westfalen, Köln und Opladen 1962, S. 45 ff.; derselbe, Zur Verbindung von Produktionstheorie und Investitionstheorie, in: Zur Theorie zur Unternehmung, a.a.O., S. 137 ff.

[169] Vgl. Kilger, Wolfgang, Produktions- und Kostentheorie, Beitrag 13 der Reihe A der Reihe „Die Wirtschaftswissenschaften", Wiesbaden 1958, S. 63 ff.

[170] Vgl. dazu unter anderen Bohmer, Reinhard, a.a.O., S. 82—93; Graef, Rudolf, Die Kostenmatrix der Energiewirtschaft eines Hüttenwerkes. Ein Beispiel für die Anwendbarkeit der linearen Programmierung, in: Archiv für

daß die Linearisierung als eine Näherung nicht zu einem Zerrbild des wirklichen Geschehens führt.

Neben der Beachtung der Linearitätsbedingungen erfordert die Formalstruktur des Linearen Programmierungskalküls noch die Erfüllung einiger anderer Voraussetzungen[171]. So dürfen in den Gleichungen des Modells keine Widersprüche und lineare Abhängigkeiten enthalten sein. Eine sinnvolle Modellformulierung dürfte dies ausschließen.

Darüber hinaus muß die Lösung endlich sein, d. h. die Variablen der Zielfunktion müssen durch Nebenbedingungen begrenzt werden, weil sonst für eine lineare Funktion überhaupt kein Maximum oder Minimum zu finden wäre. Da man die Lineare Programmierung immer nur anwenden wird, wenn Beschränkungen vorliegen, ist diese Bedingung von vorneherein erfüllt.

Außerdem müssen die Größen des Kalküls addierbar sein und zwar müssen die Produkte aus den Koeffzienten und den Variablen addiert werden können. Das ist aber nur der Fall, wenn diese Produkte in der Zielfunktion oder den Nebenbedingungen die gleichen Maßeinheiten aufweisen. Für ökonomische Größen ist der Geldwert einzige Maßeinheit. Bei technischen Größen müssen unter Umständen Umrechnungen der Maßeinheiten vorgenommen werden. Bei sinnvoller Modellformulierung läßt sich diese Bedingung aber leicht erfüllen.

Schließlich dürfen im allgemeinen die Variablen keine negativen Werte annehmen. Diese Forderung versteht sich betriebswirtschaftlich von alleine.

Sind die Voraussetzungen ihrer Anwendbarkeit erfüllt, so ist die Lineare Programmierung bereits in ihrer Standardform ein wertvolles Verfahren der Wirtschaftlichkeitsrechnungen. Durch die Varianten und Erweiterungen des Grundmodells wird der Anwendungsbereich größer und auch die Analyse wirklichkeitsnäher. Speziell die ganzzahlige und gemischt ganzzahlige Programmierung bietet große Vorteile: die ganzzahlige Programmierung[172] deshalb, weil sie ganzzahlige Lösungen ermittelt, die für betriebswirtschaftliche Probleme oft alleine Bedeutung haben; die gemischt ganzzahlige Programmierung[173] des-

---

das Eisenhüttenwesen, 39. Jg. 1963, S. 253 ff. und S. 307 ff., hier S. 308 ff.; Jacob, Herbert, Produktionsplanung und Kostentheorie, in: Zur Theorie der Unternehmung, a.a.O., S. 205 ff.; Shephard, R. W., Nonlinear Programming, in: Zeitschrift für wirtschaftliche Fertigung, 55. Jg. 1960, S. 450 ff. und S. 486 ff.

[171] Sie hat Bohmer übersichtlich zusammengestellt und im einzelnen geprüft. Vgl. zum folgenden Bohmer, Reinhard, a.a.O., S. 100—110.

[172] Vgl. z. B. Albach, Horst, Lineare Programmierung als Hilfsmittel betrieblicher Investitionsplanung, a.a.O. und das dort dargestellte Lösungsverfahren von Gomory, das allerdings sehr umständlich zu handhaben ist, sowie Gutenberg, Erich, Der Absatz, a.a.O., S. 195 und die dort angegebene Literatur.

[173] Vgl. Dinkelbach, W. und F. Steffens, Gemischt ganzzahlige lineare Programme zur Lösung gewisser Entscheidungsprobleme, in: Unternehmensfor-

halb, weil sie nur für einige Variable die Ganzzahligkeitsbedingung fordert, damit aber die Einbeziehung betriebswirtschaftlich so bedeutender Größen wie der fixen Kosten erlaubt. Da schon viele Fälle praktischer Anwendungen irgendeines Modells der Linearen Programmierung in der Literatur dargestellt wurden[174], muß man auch den praktischen Nachweis ihrer zweckmäßigen Anwendung als erbracht betrachten.

Wenn aber von der Programmierung wegen der iterativen Lösungsverfahren als von Mutatis-Mutandis-Modellen im Gegensatz zu den auf der Differentialrechnung aufbauenden Ceteris-paribus-Modellen gesprochen wird[175], so darf das nicht darüber hinwegtäuschen, daß auch bei der Programmierung die Ceteris-paribus-Bedingung gilt, weil kein Modell, auch kein Programmierungsmodell, das gesamte betriebliche Geschehen erfassen kann.

Deshalb stellt jedes Ergebnis einer Wirtschaftlichkeitsrechnung, wurde es nun mit den sehr leistungsfähigen Optimalkalkülen mit oder ohne Nebenbedingungen oder mit Hilfe einfacher Vergleichsverfahren ermittelt, immer nur eine Grundlage der zu fällenden Entscheidungen dar. Im Rahmen der Entscheidung selbst muß es gewertet und in den betrieblichen Gesamtzusammenhang eingeordnet werden. Das aber geht über die Rechnung hinaus.

---

schung, Band 5 1961, S. 3 ff. und Dinkelbach, W. und H. Hax, Die Anwendung der gemischt ganzzahligen linearen Programmierung auf betriebswirtschaftliche Entscheidungsprobleme, in: ZfhF, NF, 14. Jg. 1962, S. 179 ff.

174 Vgl. Hax, Herbert, Lineare Programmierung und Simplex-Methode als Instrumente betriebswirtschaftlicher Planung, a.a.O., S. 579.

175 Vgl. Mattessich, Richard, Unternehmensforschung, in: ZfhF, NF, 13. Jg. 1961, S. 411 ff., hier S. 420.

Literaturverzeichnis

I. Bücher

Adam, A., Messen und Regeln in der Betriebswirtschaft, Würzburg 1959.

— Systematische Datenverarbeitung bei der Auswertung von Versuchs- und Beobachtungsergebnissen, Einzelschrift Nr. 3 der Reihe: Unternehmensforschung für die Wirtschaftspraxis, Würzburg 1963.

Albach, Horst, Wirtschaftlichkeitsrechnung bei unsicheren Erwartungen, Band 7 der Beiträge zur betriebswirtschaftlichen Forschung, Köln und Opladen 1959.

— Investition und Liquidität. Die Planung des optimalen Investitionsbudgets, Wiesbaden 1962.

Allen, R. G. D., Mathematik für Volks- und Betriebswirte. Eine Einführung in die mathematische Behandlung der Wirtschaftstheorie. Aus dem Englischen übersetzt von Erich Kosiol, Berlin 1956.

— Basic Mathematics, London 1962.

AMA — Schriftenreihe, Band III: Die Vorausberechnung des Absatzes, Düsseldorf 1959.

Anderson, Oskar, Probleme der statistischen Methodenlehre in den Sozialwissenschaften, 3., wesentlich umgearbeitete und erweiterte Aufl., Würzburg 1957.

Angermann, Adolf, Entscheidungsmodelle, Frankfurt am Main 1963.

Beckmann, Martin J., Lineare Planungsrechnung. Linear Programming, Ludwigshafen o. J.

Bender, Karl, Die Führungsentscheidung im Betrieb, Stuttgart 1957.

Beste, Theodor, Die Verrechnungspreise in der Selbstkostenrechnung industrieller Betriebe, Berlin 1924.

— Die optimale Betriebsgröße als betriebswirtschaftliches Problem, Leipzig 1933.

— Die Entflechtung der Eisen schaffenden Industrie, Köln und Opladen 1949.

— Die kurzfristige Erfolgsrechnung, 2. erweiterte Aufl., Köln und Opladen 1962.

Bierfelder, Wilhelm, Wege und Irrwege mathematischen Denkens in Wirtschaftstheorie und Unternehmungspolitik, Band 8 der Reihe: Marktwirtschaft und Verbrauch, Nürnberg 1958.

Bleicher, Knut, Unternehmungsspiele. Simulationsmodelle für unternehmerische Entscheidungen, Baden-Baden 1962.

Bochénski, I. M., Formale Logik, Freiburg—München 1956.

— Die zeitgenössischen Denkmethoden, Band 304 der Dalp-Taschenbücher, München 1959.

Böhm, Hans-Hermann, Dynamische Kostensenkung im Betrieb, München 1960.

— Operationenforschung, Berlin—Baden-Baden 1961.

Böhm, Hans-Hermann und Friedrich *Wille,* Direct Costing und Programmplanung. Moderne Kalkulationsverfahren für gewinnoptimale Produktions- und Verkaufsprogramme, München 1960.

von Böhm-Bawerk, Eugen, Kapital und Kapitalzins, zweite Abteilung: Positive Theorie des Kapitals, 4. Aufl., 1. Band, Jena 1921.

Böhrs, Hermann, Erwin *Bramesfeld* und Hans *Euler,* Einführung in das Arbeits- und Zeitstudium, Band I der Reihe: Grundlagen und Praxis des Arbeits- und Zeitstudiums, München 1948.

Bonhoeffer, Friedrich Otto, Langfristige Branchenprojektion, Methoden und Probleme, Nr. 34 der Schriftenreihe des Ifo-Instituts für Wirtschaftsforschung, Berlin—München 1963.

Bonhoeffer, K. F., Über physikalisch-chemische Modelle von Lebensvorgängen, Berlin 1948.

Bowman, Edward H., and Robert B. *Felter,* Analysis for Production management, Homewood, Illinois 1957.

Brandt, Horst, Investitionspolitik des Industriebetriebes, Wiesbaden 1959.

von Briel, Hansrudolf, Die Ermittlung der wirtschaftlichen Nutzungsdauer von Anlagegütern, Zürich 1955.

Busse von Colbe, Walther, Der Zukunftserfolg. Die Ermittlung des künftigen Unternehmungserfolges und seine Bedeutung für die Bewertung von Industrieunternehmen, Wiesbaden 1957.

Bussmann, Karl F., Das betriebswirtschaftliche Risiko, Band 4 der Schriften zur Wirtschaftswissenschaftlichen Forschung, Meisenheim am Glan 1955.

Carnap, Rudolf, Induktive Logik. Logik und Wahrscheinlichkeit. Bearbeitet von Wolfgang Stegmüller, Wien 1959.

Chapin, Ned, Einführung in die elektronische Datenverarbeitung, Wien und München 1962.

Churchman, C. West, Russel L. *Ackoff* and E. Leonard *Arnoff,* Introduction to Operations Research, New York—London 1957.

— Operations Research. Eine Einführung in die Unternehmensforschung, deutsche Übersetzung von Elvine Schlecht und Franz Ferschl, Wien und München 1961.

Churchman, C. West, and Philburn *Ratoosh* (Herausgeber), Measurement, Definitions and Theories, New York—London 1959.

Comittee on Measurement of the British Association for the Advancement of Science, Final Report, London 1940.

Courant, R., Vorlesungen über Differential- und Integralrechnung, 2 Bände, 3. Aufl., Berlin—Göttingen—Heidelberg 1955.

Danert, Günter, Betriebskontrollen. Ein Beitrag zur Erhöhung der Wirtschaftlichkeit industrieller Betriebe, Band VI der Reihe A der Betriebswirtschaftlichen Bibliothek, Essen 1957.

Danø, Sven, Linear Programming in Industry. Theory and Applications. An Introduction, Wien 1960.

Dorfman, Robert, Paul A. *Samuelson* and Robert M. *Solow,* Linear Programming and Economic Analysis, New York—Toronto—London 1958.

Ducrocq, Albert, Die Entdeckung der Kybernetik. Eine Einführung in die Regelungstechnik, Frankfurt a. M. 1959.

Dürr, Karl, Investitionsrechnung, Band I: Allgemeine Investitionsrechnung und Grundlagen der Wirtschaftsmathematik, Bern 1958.

Eddison, M. A., K. *Pennycuick* and B. H. P. *Rivelt,* Operations Research in Management, London 1962.

Eisler, Rudolf, Wörterbuch der philosophischen Begriffe, 4. völlig neubearbeitete Aufl., 3 Bände, Berlin 1927—1930.

Ellinger, Theodor, Ablaufplanung. Grundfragen der Planung des zeitlichen Ablaufs der Fertigung im Rahmen der industriellen Produktionsplanung, Stuttgart 1959.

Engelmann, Konrad, Die Lehre von der Einzelwirtschaft. Ein Beitrag zur Entwicklung neuer theoretischer Grundlagen, Köln und Opladen 1962.

Engels, Wolfram, Betriebswirtschaftliche Bewertungslehre im Licht der Entscheidungstheorie, Band 18 der Beiträge zur betriebswirtschaftlichen Forschung, Köln und Opladen 1962.

Ferguson, Robert O., and Lauren F. *Sargent*, Linear Programming: Fundamentals and Applications, New York—Toronto—London 1958.

Ferschl, F., Zufallsabhängige Wirtschaftsprozesse. Grundlagen und Anwendungen der Wartesysteme, Würzburg und Wien 1964.

Fettweis, Ewald, Wie man einstens rechnete, Band 49 der Mathematisch-Physikalischen Bibliothek, Leipzig und Berlin 1923.

Fischer, Johannes, Otto *Heß* und Georg *Seebauer*, Buchführung und Kostenrechnung, Leipzig 1942.

Flaskämper, Paul, Allgemeine Statistik, 2. Aufl., Hamburg 1949.

Forker, Hans-Joachim, Das Wirtschaftlichkeitsprinzip und das Rentabilitätsprinzip, ihre Eignung zur Systembildung, Band 6 der Reihe: „Die Unternehmung im Markt“, Berlin 1960.

Forrester, Jay W., Industrial Dynamics, New York—London 1961.

Frisch, Ragnar, Maxima et Minima. Théorie et applications économiques, Volume VIII de la collection: Finance et Economie Appliquée, Paris 1960.

Gäfgen, Gérard, Theorie der wirtschaftlichen Entscheidung. Untersuchungen zur Logik und ökonomischen Bedeutung des rationalen Handelns, Tübingen 1963.

Gale, David, The Theory of Linear Economic Models, New York—Toronto—London 1960.

Gass, Saul I., Linear Programming. Methods and Applications, New York—Toronto—London 1958.

Gerbel, B. M., Die Rentabilität industrieller Anschaffungen. Fehlinvestitionen, ihre Ursache und ihre Verhütung, Wien 1947.

Giersch, Herbert, Allgemeine Wirtschaftspolitik, Erster Band: Grundlagen, in: Die Wirtschaftswissenschaften, Wiesbaden 1960.

von Gottl-Ottlilienfeld, Fr., Wirtschaft und Technik, 2. neubearbeitete Aufl., II. Teil der II. Abteilung des Grundrisses der Sozialökonomik, Tübingen 1923.

Grochla, Erwin, Betrieb und Wirtschaftsordnung. Das Problem der Wirtschaftsordnung aus betriebswirtschaftlicher Sicht, Berlin 1954.

Günther, Sigmund, Geschichte der Mathematik, I. Teil: Von den ältesten Zeiten bis Cartesius, Leipzig 1908.

Güntsch, Fritz Rudolf, Einführung in die Programmierung digitaler Rechenautomaten, 2. erweiterte und neubearbeitete Aufl., Berlin 1963.

Guilbaud, What is Cybernetics?, London—Melbourne—Toronto 1959.

Gutenberg, Erich, Die Unternehmung als Gegenstand betriebswirtschaftlicher Theorie, Berlin—Wien 1929.

— Einführung in die Betriebswirtschaftslehre, 1. Beitrag der Reihe A der Reihe „Die Wirtschaftswissenschaften“, Wiesbaden 1958.

— Untersuchungen über die Investitionsentscheidungen industrieller Unternehmen, Köln und Opladen 1959.

— Unternehmensführung. Organisation und Entscheidungen, Beitrag Nr. 2 der Reihe A der Reihe „Die Wirtschaftswissenschaften", Wiesbaden 1962.
— (Herausgeber), Absatzplanung in der Praxis, Wiesbaden 1962.
— Grundlagen der Betriebswirtschaftslehre
Erster Band: Die Produktion, 8./9. Aufl., Berlin—Göttingen—Heidelberg 1963.
Zweiter Band: Der Absatz, 4. neubearbeitete Aufl., Berlin—Göttingen—Heidelberg 1962.

Halberstädter, H., Die Problematik des wirtschaftlichen Prinzips, Berlin und Leipzig 1925.
Hall, Rüdiger, Das Rechnen mit Einflußgrößen im Stahlwerk, Band 5 der Beiträge zur betriebswirtschaftlichen Forschung, Köln und Opladen 1959.
Haller-Wedel, Ernst, Multimoment-Aufnahmen in Theorie und Praxis. Ein statistisches Verfahren zur Durchführung von Arbeits- und Zeitstudien in Industrie, Wirtschaft und Verwaltung, in Werkstatt, Büro und Lager, München 1962.
Hart, Gilbert Gailord, Anticipations, Uncertainty, and Dynamic Planning, Chicago 1940.
Heinen, Edmund, Betriebswirtschaftliche Kostenlehre, Band I: Grundlagen, Wiesbaden 1959.
Heiner, Heinz-August, Die Rationalisierung des Förderwesens in Industriebetrieben, Heft 14 der Abhandlungen aus dem Industrieseminar der Universität zu Köln, Berlin 1961.
Heister, Matthias, Rentabilitätsanalyse von Investitionen. Ein Beitrag zur Wirtschaftlichkeitsrechnung, Band 17 der Beiträge zur betriebswirtschaftlichen Forschung, Köln und Opladen 1962.
Hermes, Hans, Aufzählbarkeit, Entscheidbarkeit, Berechenbarkeit, Einführung in die Theorie der rekursiven Funktionen, Berlin—Göttingen—Heidelberg 1961.
Hertlein, Adolf, Die Kapital- und Erfolgsrechnung als Grundlage der Wirtschaftlichkeitsrechnung, Stuttgart 1929.
Heyn, Wolfgang, Stichprobenverfahren in der Marktforschung, Würzburg 1960.
Hicks, I. R., Value and Capital, 2. Aufl., Oxford 1946.
Hill, W., Betriebswirtschaftslehre als Wissenschaft, Zürich und St. Gallen 1957.
Höhn, Reinhard, Die Führung mit Stäben in der Wirtschaft, Band 1 der Buchreihe „Menschenführung und Betriebsorganisation", Bad Harzburg o. J.
Hoffmeister, Johannes (Herausgeber), Wörterbuch der philosophischen Begriffe, 2. Aufl., Hamburg 1955.

Johnston, J., Statistical Cost Analysis, New York—Toronto—London 1960.

Kade, Gerhard, Die logischen Grundlagen der mathematischen Wirtschaftstheorie als Methodenproblem der theoretischen Ökonomik, Berlin 1958.
— Die Grundannahmen der Preistheorie. Eine Kritik an den Ausgangssätzen der mikroökonomischen Modellbildung, Berlin und Frankfurt a. M. 1962.
Kaminsky, G. und H. *Schmidtke*, Arbeitsablauf- und Bewegungsstudien, Band V der Reihe: Grundlagen und Praxis des Arbeits- und Zeitstudiums, München 1960.
Kaufmann, A. et R. *Cruon*, Les phénomènes d'attente. Théorie et application, Paris 1961.

Kellerer, Hans, Übertragung einiger in der Bevölkerungsstatistik gebräuchlicher Begriffe und Methoden auf das Wirtschaftsleben, Nr. 1 der Einzelschriften der Deutschen Statistischen Gesellschaft, München 1951.

— Theorie und Technik des Stichprobenverfahrens, Nr. 5 der Einzelschriften der Deutschen Statistischen Gesellschaft, München 1953.

— Statistik im modernen Wirtschafts- und Sozialleben, Hamburg 1960.

Kilger, Wolfgang, Produktions- und Kostentheorie, Beitrag 13 der Reihe A der Reihe „Die Wirtschaftswissenschaften", Wiesbaden 1958.

— Flexible Plankostenrechnung. Einführung in die Theorie und Praxis moderner Kostenrechnung, Band 31 der Veröffentlichungen der Schmalenbach-Gesellschaft, Köln und Opladen 1961.

— Kurzfristige Erfolgsrechnung, Beitrag 36 der Reihe A der Reihe „Die Wirtschaftswissenschaften", Wiesbaden 1962.

Knight, Frank H., Risk, Uncertainty, and Profit, 8th edition, London 1957.

Koch, Helmut, Betriebliche Planung. Grundlagen und Grundfragen der Unternehmungspolitik, Beitrag Nr. 4 der Reihe A der Reihe „Die Wirtschaftswissenschaften", Wiesbaden 1961.

— (Herausgeber), Zur Theorie der Unternehmung. Festschrift zum 65. Geburtstag von Erich Gutenberg, Wiesbaden 1962.

von Kortzfleisch, Gert, Die Grundlagen der Finanzplanung, Heft 5 der Abhandlungen aus dem Industrieseminar der Universität zu Köln, Berlin 1957.

— Betriebswirtschaftliche Arbeitsvorbereitung, Heft 15 der Abhandlungen aus dem Industrieseminar der Universität zu Köln, Berlin 1962.

Kosiol, Erich und Mitarbeiter, Einkaufsplanung und Produktionsumfang. Erhebungen und Studien zur Einkaufspolitik industrieller Unternehmungen, Berlin 1956.

— (Herausgeber), Organisation des Entscheidungsprozesses, Band 4 der Veröffentlichungen des Instituts für Industrieforschung der Freien Universität Berlin, Berlin 1959.

Krelle, Wilhelm, Preistheorie, Band 13 der St. Galler Wirtschaftswissenschaftlichen Forschungen, Tübingen—Zürich 1961.

Krelle, Wilhelm und Hans Paul *Künzi*, Lineare Programmierung, Zürich 1958.

Kromphardt, Wilhelm, Rudolf *Henn* und Karl *Förstner*, Lineare Entscheidungsmodelle, Berlin—Göttingen—Heidelberg 1962.

Künzi, Hans Paul und Wilhelm *Krelle*, Nichtlineare Programmierung, unter Mitwirkung von Werner Oettli, Band I der Monographien zur Unternehmensforschung, Berlin—Göttingen—Heidelberg 1962.

Kulhavy, Ernest, Operations Research. Die Stellung der Operationenforschung in der Betriebswirtschaftslehre, Wiesbaden 1963.

Kurtz, Edwin B., The Science of Valuation and Depreciation, New York 1937.

Landolt, Max, Größe, Maßzahl und Einheit, Erster Band, 2. Aufl., Zürich 1952.

Lange, Oscar, Price Flexibility and Employment, Bloomington 1944.

Lesourne, J., Technique économique et gestion industrielle, 2ème edition, Paris 1960.

Löffler, Eugen, Ziffern und Ziffernsysteme, I. Teil: Die Zahlzeichen der alten Kulturvölker, 3., durchgesehene Aufl., Band 1 der Mathematisch-Physikalischen Bibliothek, Leipzig und Berlin 1928.

Loitlsberger, Erich, Das Wirtschaftlichkeitsprinzip (Analyse und Erscheinungsformen), Wien 1955.

Luce, Duncan R., and Howard *Raiffa*, Games and Decisions, introduction and critical survey, third printing, New York 1958.

Lueger, Lexikon der Technik, 4. vollständig neu bearbeitete und erweiterte Aufl. in 17 Bänden, herausgegeben von Alfred Ehrhardt und Hermann Franke, Band 2: Grundlagen der Elektrotechnik und Kerntechnik, Stuttgart 1960.

Lutz, Friedrich und Vera, The Theory of Investment of the Firm, Princeton 1951.

Mackenrodt, Gerhard, Methodenlehre der Statistik, Band 24 des Grundrisses der Sozialwissenschaft, Göttingen 1949.

Magee, S. F., Production Planning and Inventory Control, New York 1958.

v. Mangoldt, H. und Konrad *Knopp*, Einführung in die höhere Mathematik, 3 Bände, 11., verbesserte Aufl., Stuttgart 1958.

Massé, P., Le choix des Investissements, Paris 1959.

McCloskey, Joseph, and Florence N. *Trefethen*, Operations Research for Management, Baltimore 1954.

Menges, Günter, Stichproben aus endlichen Gesamtheiten. Theorie und Technik. Ein Beitrag zur Methodenlehre der Statistik, Band 17 der Rechts- und Wirtschaftswissenschaftlichen Reihe der Frankfurter Wissenschaftlichen Beiträge, Frankfurt a. M. 1959.

Meyer, Gerhard, Elektronische Rechenmaschinen und ihr Einsatz in der kaufmännischen Verwaltung von Industriebetrieben, Würzburg 1960.

Morse, Philipp M., and George E. *Kimball*, Methods of Operations Research, London 1951.

Moxter, Adolf, Methodologische Grundprobleme der Betriebswirtschaftslehre, Band 4 der Beiträge zur betriebswirtschaftlichen Forschung, Köln und Opladen 1957.

Müller, Heinrich, Die elektronische digitale Rechenmaschine und Grundlagen ihrer Anwendbarkeit unter besonderer Berücksichtigung betriebswirtschaftlicher Aufgabenstellungen, Berlin 1959.

von Nell-Breuning, Oswald, Wirtschaft und Gesellschaft, Band I Grundfragen, Freiburg 1956.

Nowak, Paul, Kostenrechnungssysteme in der Industrie, Band 21 der Veröffentlichungen der Schmalenbach-Gesellschaft, Köln und Opladen 1954.

Oberhoff, Eugen, Kleines Praktikum der Zeit- und Arbeitsstudien mit Arbeitsschauuhr, Stuttgart 1953.

Ohse, Hermann, Wirtschaftliche Probleme industrieller Sortenfertigung, 2 Bände, Nr. 1159 der Forschungsberichte des Landes Nordrhein-Westfalen, Köln und Opladen 1963.

Pack, Ludwig, Betriebliche Investition, Begriff — Funktion — Bedeutung — Arten, Wiesbaden 1959.

Pfanzagl, J., Die axiomatischen Grundlagen einer allgemeinen Theorie des Messens, Nr. 1 der Neuen Folge der Schriftenreihe des Instituts der Universität Wien, Würzburg 1959.

— Allgemeine Methodenlehre der Statistik, Band I: Elementare Methoden unter besonderer Berücksichtigung in den Wirtschafts- und Sozialwissenschaften, Berlin 1960.

Poletajew, J. A., Kybernetik. Kurze Einführung in eine neue Wissenschaft, Berlin 1962.

Poppe, Kurt, Zeitmeßgeräte für die Industrie, herausgegeben von der Energie- und Betriebswirtschaftsstelle des Vereins Deutscher Eisenhüttenleute, Düsseldorf 1955.

Poppelreuter, W., Zeitstudie und Betriebsüberwachung im Arbeitsschaubild, München und Berlin 1929.

Preiser, Erich, Gestalt und Gestaltung der Wirtschaft, Tübingen 1934.

Refa-Bücher, Band 1: Arbeitsgestaltung. Mit einer Einführung in das Arbeitsstudium, 7. unveränderte Aufl., München 1957.
Band 2: Zeitvorgabe, 8. unveränderte Aufl., München 1958.
Band 4: Arbeitsunterweisung, von Johannes Riedel unter Mitwirkung von Beyerle, 6. überarbeitete und erweiterte Aufl., München 1961.

Riley, V., and S. I. *Gass*, Linear Programming and Associated Techniques. A Comprehensive Bibliographie of Linear, Nonlinear and Dynamic Programming, Baltimore 1958.

Ries, Clemens, Normung nach Normzahlen, Heft 16 der Abhandlungen aus dem Industrieseminar der Universität zu Köln, Berlin 1962.

Riesen, Adam, Rechenbuch / Auff Linien und Ziphern / in allerley Handthierung / Geschäfften und Kauffmanschaft, 1574.

Rittershausen, Heinrich, Wirtschaft, Band 8 des Fischer-Lexikons, Frankfurt a. M. 1958.

RKW, Direct Costing — Das Rechnen mit Grenzkosten —, Frankfurt a. M. 1960.

Rüschenpöhler, Hans, Der Standort industrieller Unternehmungen als betriebswirtschaftliches Problem. Versuch einer betriebswirtschaftlichen Standortlehre, Heft 6 der Abhandlungen aus dem Industrieseminar der Universität zu Köln, Berlin 1958.

Sampter, H. C., Bewegungsstudium und Arbeitsgestaltung, Sonderheft der fortschrittlichen Betriebsführung, Berlin—Köln—Frankfurt a. M. 1961.

Samuelson, Paul Anthony, Foundations of Economic Analysis, Cambridge 1955.

Sandig, Curt, Die Führung des Betriebes, Betriebspolitik, Stuttgart 1953.

Sasieni, Maurice, Arthur *Yaspan* und Lawrence *Friedman*, Methoden und Probleme der Unternehmensforschung. Operations Research, aus dem Englischen übertragen von Hans P. Künzi, Würzburg 1962.

Schär, Johann Friedrich, Allgemeine Handelsbetriebslehre, I. Teil, 3. neubearbeitete Aufl., Leipzig 1918.

Scheffler, Hans Eberhard, Investitionen und ihre Wirtschaftlichkeit. Die Wirtschaftlichkeit der Investitionstätigkeit und ihre Prüfung, Bremen 1961.

Scherhorn, Gerhard, Bedürfnis und Bedarf. Sozialökonomische Grundbegriffe im Lichte der neueren Anthropologie, Heft 1 der Beiträge zur Verhaltensforschung, herausgegeben von Günter Schmölders, Berlin 1959.

Schindler, Heinz, Investitionsrechnungen in Theorie und Praxis, Meisenheim/Glan 1958.

Schlaifer, Robert, Probability and Statistics for Business Decisions, New York—Toronto—London 1959.

Schmalenbach, Eugen, Dynamische Bilanz, 4. Aufl., Leipzig 1926.

— Dynamische Bilanz, 8. Aufl.,
Band 1, Bremen-Horn 1947
Band 2, Bremen-Horn 1948.

— Pretiale Wirtschaftslenkung,
Band 1: Die optimale Geltungszahl, Bremen-Horn 1947
Band 2: Pretiale Lenkung des Betriebes, Bremen-Horn 1948.

— Die Beteiligungsfinanzierung, Band 2 der „Finanzierung der Betriebe", 7. verbesserte Aufl., Köln und Opladen 1949.

— Über Dienststellengliederung im Großbetriebe, Köln und Opladen 1959.

— Über die exakte Wirtschaftslenkung, vervielfältigtes Manuskript o. J.

Schmidt, Karl Ulrich, Graphisch-mathematische Methoden der Wirtschaftswissenschaften, Meisenheim am Glan 1964.

Schmith, Eugen und Helga *Krämer*, Absterbeordnung für Kraftfahrzeuge, ihre Problematik, Berechnung und Anwendung, Nr. 13 der Neuen Folge der Schriftenreihe des Rheinisch-Westfälischen Instituts für Wirtschaftsforschung, Essen 1958.

Schmölders, Günter, Konjunkturen und Krisen, Hamburg 1955.

Schneider, Dieter, Die wirtschaftliche Nutzungsdauer von Anlagegütern als Bestimmungsgrund der Abschreibungen, Band 14 der Beiträge zur betriebswirtschaftlichen Forschung, Köln und Opladen 1961.

Schneider, Erich, Wirtschaftlichkeitsrechnung, Berlin—Tübingen 1951.

— Industrielles Rechnungswesen, 2. Aufl., Tübingen 1954.

— Einführung in die Wirtschaftstheorie, II. Teil: Wirtschaftspläne und wirtschaftliches Gleichgewicht in der Verkehrswirtschaft, 6. verbesserte Aufl., Tübingen 1960.

Schröder, Roland, Sosthenes, 10 Jahre Möbel im Bundesgebiet, Schriftenreihe des Ifo-Instituts für Wirtschaftsforschung Nr. 29, München 1957.

Seyffert, Rudolf, Über Begriff, Aufgaben und Entwicklung der Betriebswirtschaftslehre, 4. neubearbeitete Aufl., Stuttgart 1957.

Shackle, G. L. S., Expectation in Economics, Cambridge 1949, 2. Aufl., Cambridge 1952.

— Uncertainty in Economics and other Reflections, Cambridge 1955.

— Decision, Order, and Time in Human Affairs, Cambridge 1961.

Simon, Herbert A., Das Verwaltungshandeln. Eine Untersuchung der Entscheidungsvorgänge in Behörden und privaten Unternehmen, Stuttgart 1955.

— The New Science of Management Decision, New York 1960.

Sommer, Friedrich, Einführung in die Mathematik für Studenten der Wirtschaftswissenschaften, Berlin—Göttingen—Heidelberg 1962.

Späth, Wilhelm, Zahl — Maß — Bild. Grundfragen der Meßtechnik, Stuttgart 1960.

Spann, Ottmar, Fundament der Volkswirtschaftslehre, 4. Aufl., Jena 1929.

von Stackelberg, Heinrich, Grundlagen der theoretischen Volkswirtschaftslehre, 2. Aufl., Bern 1948.

Stadler, Max, Studien aus der Theorie des Risikos, Wien 1932.

Stavenhagen, Gerhard, Geschichte der Wirtschaftstheorie, Band 2 des Grundrisses der Sozialwissenschaft, Göttingen 1951.

Stevens, Hans, „Einflußgrößenrechnung". Die Erfassung funktionaler Zusammenhänge in der industriellen Technik unter Anwendung mathematischer Formeln, schaubildlich-rechnerischer Hilfsmittel und ihre Darstellung in Diagrammen und Nomogrammen, Düsseldorf 1939.

Szyperski, Norbert, Zur Problematik der quantitativen Terminologie in der Betriebswirtschaftslehre, Band 16 der Betriebswirtschaftlichen Forschungsergebnisse, Berlin 1962.

Terborgh, George, Leitfaden der betrieblichen Investitionspolitik. Deutsche Übersetzung und Bearbeitung von Horst Albach, Wiesbaden 1962.

Vaihinger, A., Die Philosophie des Als ob, 3. durchgesehene Aufl., Leipzig 1918.

Vajda, Steven, Lineare Programmierung. Beispiele. Aus dem Englischen übertragen von Hans P. Künzi, Zürich 1960.

Vazsonyi, Andrew, Die Planungsrechnung in Wirtschaft und Industrie. Deutsche Übersetzung von Willi Riedler, Wien 1962.

VDI-Dokumentation, Fachbibliographie Nr. 4: Förderwesen, Materialfluß — Untersuchungen und — Kosten, Düsseldorf 1959.

Viel, Jakob, Betriebs- und Unternehmungsanalyse, 2. vollständig neu bearbeitete Aufl., Köln und Opladen 1958.

Virkkunen, Henrik, Das Rechnungswesen im Dienste der Leitung, Helsinki 1956.

Walb, Ernst, Finanzwirtschaftliche Bilanz, 2. Aufl., Duisburg (1946/47).

Whitin, T. M., The Theory of Inventory Management, Princeton 1953.

Wieleitner, H., Der Begriff der Zahl in seiner logischen und historischen Entwicklung, 3. durchgesehene Aufl., Band 2 der Mathematisch-Physikalischen Bibliothek, Leipzig und Berlin 1927.

Wiener, Norbert, Cybernetics, New York and London 1961.

Winter, Arno, Das wirtschaftliche Prinzip — ein Vorurteil, Jena 1931.

Witthoff, J., Der kalkulatorische Verfahrensvergleich, insbesondere die Wirtschaftlichkeitsrechnung, Das Refa-Buch, Band V, München 1956.

Wittmann, Waldemar, Der Wertbegriff in der Betriebswirtschaftslehre, Band 2 der Beiträge zur betriebswirtschaftlichen Forschung, Köln und Opladen 1956.

— Unternehmung und unvollkommene Information. Unternehmerische Voraussicht — Ungewißheit und Planung, Köln und Opladen 1959.

Wöhe, Günter, Methodologische Grundprobleme der Betriebswirtschaftslehre, Meisenheim am Glan 1959.

Wright, Wilson, Forecasting for Profit. A technique for business management, 4th printing, New York—London 1950.

Zimmermann, Hans-Jürgen, Mathematische Entscheidungsforschung und ihre Anwendung auf die Produktionspolitik, Berlin 1963.

II. Beiträge in Sammelwerken und Festschriften, Zeitschriftenaufsätze

Agthe, Klaus, Stufenweise Fixkostendeckung im System des Direct-Costing, in: ZfB, 29. Jg. 1959, S. 403 ff.

— Zur stufenweisen Fixkostendeckung, in: ZfB, 29. Jg. 1959, S. 742 ff.

Åkerman, J., Zeitsymmetrie der Erfahrungen und Erwartungen, in: Archiv für mathematische Wirtschafts- und Sozialforschung, Band 8 1942, S. 20 ff.

Albach, Horst, Investitionspolitik in Theorie und Praxis. Zu dem neuen Werk von George Terborgh „Business Investment Policy", in: ZfB, 28. Jg. 1958, S. 766 ff.

— Zur Theorie der Unternehmensorganisation, in: ZfhF, NF, 11. Jg. 1959, S. 238 ff.

— Die Berechnung der Wirtschaftlichkeit betrieblicher Investitionen, in: ZfB, 29. Jg. 1959, S. 419 ff.

— Lineare Programmierung als Hilfsmittel betrieblicher Investitionsplanung, in: ZfhF, NF, 12. Jg. 1960, S. 526 ff.

— Rentabilität und Sicherheit als Kriterien betrieblicher Investitionsentscheidungen, in: ZfB, 30. Jg. 1960, S. 583 ff. und S. 673 ff.

— Produktionsplanung auf der Grundlage technischer Verbrauchsfunktionen, in: Heft 105 der Arbeitsgemeinschaft für Forschung des Landes Nordrhein-Westfalen, Natur-, Ingenieur- und Gesellschaftswissenschaften, Köln und Opladen 1962, S. 45 ff.

— Artikel: „Wirtschaftlichkeitsrechnung", in: Handwörterbuch der Sozialwissenschaften, Band 12, Stuttgart—Tübingen—Göttingen 1962, S. 73 ff.

— Die Prognose im Rahmen unternehmerischer Entscheidungen, in: Diagnose und Prognose als wirtschaftswissenschaftliche Methodenprobleme,

Band 25 der Neuen Folge der Schriften des Vereins für Socialpolitik, Berlin 1962, S. 201 ff.

— Zur Verbindung von Produktionstheorie und Investitionstheorie, in: Zur Theorie der Unternehmung, a.a.O., S. 137 ff.

Albrecht, Gottfried, Diskussion zu Vortrag von Koch, Helmut, Probleme unternehmerischer Prognose, in: Wirtschaftsprognose und Wirtschaftsgestaltung, herausgegeben von Hans Bayer, Berlin 1960, S. 232 f.

Bedorf, Heinz, Betriebswirtschaftliche Bedeutung von Arbeits- und Zeitstudien, in: ZfhF, NF, 6. Jg. 1954, S. 172 ff.

Bellinger, Bernhard, Versuch eines Gliederungssystems betrieblicher Funktionen, in: ZfB, 25. Jg. 1955, S. 228 ff.

Bertram, Hans, Karl *Dietzler* und Günter *Scheven*, Absatzplanung in der Nähmaschinenindustrie, in: Gutenberg, Erich, Absatzplanung in der Praxis, a.a.O., S. 9 ff.

Beste, Theodor, Buchhaltungsrichtlinien und Planung, in: ZfhF, 32. Jg. 1938, S. 460 ff.

— Planung in der Unternehmung, in: Kongreß-Archiv 1938 des Internationalen Prüfungs- und Treuhandkongresses, Band B, Fachthema 2, S. 63 ff.

— Über die echten Wege der Rationalisierung, in: Festschrift der Arbeitsgemeinschaft für Forschung des Landes Nordrhein-Westfalen für Carl Arnold, S. 395 ff.

— Eugen Schmalenbach. Gedenkrede, gehalten bei der Akademischen Trauerfeier der Universität zu Köln am 10. Mai 1955, in: ZfhF, NF, 7. Jg. 1955, S. 203 ff.

— Artikel: „Fertigungsprogramm", in: Handwörterbuch der Betriebswirtschaft, 3. völlig neu bearbeitete Aufl., Band I, Stuttgart 1956, Spalte 1749 ff.

— Über die Schätzung des Erfolges, in: ZfhF, NF, 9. Jg. 1957, S. 1 ff.

— Artikel: „Fertigungswirtschaft und Beschaffungswesen", in: Handbuch der Wirtschaftswissenschaften, herausgegeben von Karl Hax und Theodor Wessels, Band I: Betriebswirtschaft, Köln und Opladen 1958, S. 125 ff.

— Eugen Schmalenbachs Lebenswerk, in: ZfbF, 16. Jg. 1964, S. 1 ff.

— Möglichkeiten und Grenzen der Preispolitik in der Unternehmung, in: ZfbF, 16. Jg. 1964, S. 122 ff.

Bidlingmaier, Johannes, Die Ziele der Unternehmer. Ein Beitrag zur Theorie des Unternehmerverhaltens, in: ZfB, 33. Jg. 1963, S. 409 ff. und S. 519 ff.

Böhm, Hans-Hermann, Was soll maximiert werden: Gewinn, Rentabilitätskoeffizient oder kalkulatorischer Betriebserfolg?, in: ZfB, 32. Jg. 1962, S. 669 ff.

Böhm, Hans-Jürgen, Die Maximierung der Kapitalrentabilität, in: ZfB, 32. Jg. 1962, S. 489 ff.

— Schlußwort zum Thema „Rentabilitätsmaximierung", in: ZfB, 32. Jg. 1962, S. 674 f.

Bombach, Gottfried, Über die Möglichkeit wirtschaftlicher Voraussagen, in: Kyklos, Vol. XV 1962, S. 29 ff.

Bouffier, W., Einheitliche oder unterschiedliche Zinssätze für Eigen- und Fremdkapital bei langfristigen Wirtschaftlichkeitsberechnungen, in: Der Österreichische Betriebswirt, 15. Jg. 1962, S. 15 ff.

Boulding, K. E., Time and Investment, in: Economica, Bd. 3 1936, S. 196 ff. und S. 440 ff.

— Samuelson's Foundations: The Role of Mathematics in Economics, in: The Journal of Political Economy, Vol. 56 1948, S. 187 ff.

— A Note on the Theory of Investment of the Firm, in: Kyklos, Band 6 1953/54, S. 77.

Bramesfeld, Erwin, Artikel: „Bewegungs- und Zeitstudien“, in: Handwörterbuch der Betriebswirtschaft, 3. völlig neu bearbeitete Aufl., Band I, Stuttgart 1956, Spalte 1055 ff.

Castan, Edgar, Artikel: „Wirtschaftlichkeit und Wirtschaftlichkeitsrechnung“, in: Handwörterbuch der Betriebswirtschaft, 3. völlig neubearbeitete Aufl., IV. Band, Stuttgart 1961, Spalte 6366 ff.

Churchman, C. West, Phases of Operations Research, in: Research Operations in Industry, Papers delivered at the third annual Conference on Industrial Research, June 1952, New York 1953, S. 337 ff.

Curley, Richard, A Tool for Management Control, in: Harvard Business Review, 1951, S. 48 ff.

Danert, Günter, Zur Vorbereitung unternehmerischer Entscheidungen, in: ZfhF, NF, 10. Jg. 1958, S. 311 ff.

Dinkelbach, Werner, Unternehmerische Entscheidungen bei mehrfacher Zielsetzung, in: ZfB, 32. Jg. 1962, S. 739 ff.

Dinkelbach, W. und F. *Steffens*, Gemischt ganzzahlige lineare Programme zur Lösung gewisser Entscheidungsprobleme, in: Unternehmensforschung, Band 5 1961, S. 3 ff.

Dinkelbach, W. und H. *Hax*, Die Anwendung der gemischt ganzzahligen linearen Programmierung auf betriebswirtschaftliche Entscheidungsprobleme, in: ZfhF, NF, 14. Jg. 1962, S. 179 ff.

Engelmann, K., Einwände gegen den pagatorischen Kostenbegriff, in: ZfB, 28. Jg. 1958, S. 558 ff.

— Vom „Gelddenken“ in der Betriebswirtschaft, in: ZfB, 29. Jg. 1959, S. 166 ff.

Euler, Hans, Die betriebswirtschaftlichen und die begrifflichen Grundlagen des Arbeits- und Zeistudiums, in: Böhrs, Hermann, Erwin Bramesfeld und Hans Euler, Grundlagen und Praxis des Arbeits- und Zeitstudiums, Band I: Einführung in das Arbeits- und Zeitstudium, München 1948, S. 52 ff.

Euler, Hans und Hans *Diercks*, Beispiele für Wirtschaftlichkeitsrechnungen, in: Archiv für das Eisenhüttenwesen, 10. Jg. 1936/37, S. 275 ff., S. 327 ff. und S. 525 ff.

Fähndrich, Henner, Die Aufgaben der industriellen Anlagenwirtschaft, in: Industrielle Organisation, 32. Jg. 1963, S. 23 ff.

Fettel, Johannes, Ein Beitrag zur Diskussion über den Kostenbegriff, in: ZfB, 29. Jg. 1959, S. 567 ff.

Frisch, R., Propagations Problems and Impulse Problems in Dynamic Economics, in: Economic Essays in Honour of Gustav Cassel, London 1933, S. 171 ff.

Gaube, Herbert, Die Verwendung von Tabellen und Nomogrammen bei Wirtschaftlichkeitsrechnungen, in: Der Betrieb, 9. Jg. 1956, S. 1161 ff.

Geertman, J. A., Wirtschaftlichkeitsrechnung im Einzelhandel, in: ZfhF, NF, 6. Jg. 1954, S. 542 ff.

Gerbel, Bernhard M., Rentabilität und Investition, in: Industrielle Organisation, 27. Jg. 1958, S. 461 ff.

Gerfin, Harald, Einige Probleme mittel- und langfristiger Marktprognosen, in: Schweizerische Zeitschrift für Volkswirtschaft und Statistik, 97. Jg. 1961, S. 45 ff.

Graef, Rudolf, Die Kostenmatrix der Energiewirtschaft eines Hüttenwerkes. Ein Beispiel für die Anwendbarkeit der Linearen Programmierung, in: Archiv für das Eisenhüttenwesen, 39. Jg. 1963, S. 253 ff. und S. 307 ff.

Grochla, Erwin, Artikel: „Planung, betriebliche", in: Handwörterbuch der Sozialwissenschaften, 8. Band, Stuttgart—Tübingen—Göttingen 1962, S. 314 ff.

— Das Problem der optimalen Unternehmungsplanung, in: Gegenwartsfragen der Unternehmung. Offene Fragen der Betriebswirtschaftslehre. Festschrift zum 70. Geburtstag von Fritz Henzel, herausgegeben von Bernhard Bellinger, Wiesbaden 1961, S. 65 ff.

Gümbel, Rudolf, Nebenbedingungen und Varianten der Gewinnmaximierung, in: ZfhF, NF, 15. Jg. 1963, S. 12 ff.

Gutenberg, Erich, Die Struktur der Bilanzwerte, in: ZfB, 3. Jg. 1926, S. 497 ff. und S. 598 ff.

— Artikel: „Geschäftswert", in: Handwörterbuch der Betriebswirtschaft, 2. Aufl., 1. Band, Stuttgart 1938, Spalte 2040 ff.

— Zur neueren Entwicklung der Wirtschaftlichkeitsrechnung, in: Zeitschrift für die gesamte Staatswissenschaft, 108. Band 1952, S. 630 ff.

— Zum „Methodenstreit", in: ZfhF, NF, 5. Jg. 1953, S. 327 ff.

— Der Stand der wissenschaftlichen Forschung auf dem Gebiet der betrieblichen Investitionsplanung, in: ZfhF, NF, 6. Jg. 1954, S. 557 ff.

— Die gegenwärtige Situation in der Betriebswirtschaftslehre, in: ZfhF, NF, 12. Jg. 1960, S. 118 ff.

— Artikel: „Sortenproblem und Losgröße", in: Handwörterbuch der Betriebswirtschaft, 3. völlig neu bearbeitete Aufl., Band III, Stuttgart 1960, Spalte 4897 ff.

— Die Investitionspolitik industrieller Unternehmungen, in: Management International, 1961, S. 31 ff.

— Die Absatzplanung als Mittel der Unternehmungspolitik, in: Absatzplanung in der Praxis, a.a.O., S. 285 ff.

Hasenack, Wilhelm, Artikel: „Funktionenlehre, betriebswirtschaftliche", in: Handwörterbuch der Betriebswirtschaftslehre, 3. völlig neu bearbeitete Aufl., Band II, Stuttgart 1957, Spalte 2095 ff.

Hauptmann, Julius, Die Absatzwege als Bestandteil der Absatzplanung, in: Gutenberg, Erich, Absatzplanung in der Praxis, a.a.O., S. 83 ff.

Hax, Herbert, Lineare Programmierung und Simplex-Methode als Instrumente betriebswirtschaftlicher Planung, in: ZfhF, NF, 12. Jg. 1960, S. 578 ff.

— Rentabilitätsmaximierung als unternehmerische Zielsetzung, in: ZfhF, NF, 15. Jg. 1963, S. 337 ff.

— Der Kalkulationszinsfuß in der Investitionsrechnung bei unsicheren Erwartungen. Besprechungsaufsatz zu Barges, Alexander, The Effect of Capital Structure on the Cost of Capital, A Test and Evaluation of the Modigliani and Miller Propositions, Prentice-Hall, Inc., Englewood Cliffs, N J., 1963, in: ZfbF, 16. Jg. 1964, S. 187 ff.

Hax, Karl, Betriebswirtschaftlicher Erfolg und Wirtschaftlichkeitsmessung, in: Die Wirtschaftsprüfung, 1. Jg. 1948, S. 4 ff.

— Stand und Aufgaben der Betriebswirtschaftslehre in der Gegenwart, in: ZfhF, NF, 8. Jg. 1956, S. 133 ff.

— Buchbesprechung zu Loitlsberger, Erich, Das Wirtschaftlichkeitsprinzip, a.a.O., in: ZfhF, NF, 11. Jg. 1959, S. 38.

Heine, Peter, Direct Costing — eine anglo-amerikanische Teilkostenrechnung —, in: ZfhF, NF, 11. Jg. 1959, S. 515 ff.

Heinen, Edmund, Zum Begriff und Wesen der betriebswirtschaftlichen Investition, in: BFuP, 9. Jg. 1957, S. 16 ff. und S. 85 ff.

Heister, Matthias, Investitionstheorie auf Abwegen? Zu einem Aufsatz von Adolf Moxter, in: ZfB, 30. Jg. 1960, S. 408 ff.

— Investitionsrechnung als empirisches Problem, in: ZfB, 31. Jg. 1961, S. 332 ff.

Held, Georg, Traditioneller oder pagatorischer Kostenbegriff, in: ZfB, 29. Jg. 1959, S. 170 ff.

Henzel, Fritz, Neuere Tendenzen auf dem Gebiete der Kostenrechnung, in: ZfhF, NF, 14. Jg. 1962, S. 347 ff.

Hermes, Hans und Werner *Markwald,* Grundlagen der Mathematik, in: Grundzüge der Mathematik, herausgegeben von H. Behnke, K. Fladt und W. Süss, Band I: Grundlagen der Mathematik, Arithmetik und Algebra, Göttingen 1958, S. 1 ff.

Hertlein, Adolf, Zur Problematik der Wirtschaftlichkeit, in: Fragen der Technik in Einzeldarstellungen. Festschrift zum 25jährigen Bestehen des Oskar-v. Miller-Polytechnikums, herausgegeben von Fritz Westrick, S. 71 ff.

Hertz, David B. und David M. *Miller,* Operations Research bei der Zuteilung von Betriebsmitteln, in: Operations Research, Mittel moderner Unternehmensführung, herausgegeben von der American Management Association, Inc., Deutsche Ausgabe W. Elwenspoek, Essen 1958, S. 59 ff.

Jacob, Herbert, Das Ersatzproblem in der Investitionsrechnung und der Einfluß der Restnutzungsdauer alter Anlagen auf die Investitionsentscheidung, in: ZfhF, NF, 9. Jg. 1957, S. 131 ff.

— Produktionsplanung und Kostentheorie, in: Zur Theorie der Unternehmung, a.a.O., S. 205 ff.

Jonas, Heinrich H., Zur Methode der Rentabilitätsrechnung beim Investitionsvergleich, in: ZfB, 31. Jg. 1961, S. 1 ff.

Käfer, K., Die Planungsrechnung als Mittel zur Gestaltung des Produktionsprogrammes, in: Planungsrechnung und Unternehmensführung in europäischer Sicht, Wiesbaden 1957, S. 9 ff.

Kellerer, Hans, Die Berechnung der mittleren Verweildauer, erläutert an betriebswirtschaftlichen Vorgängen, in: ZfhF, NF, 10. Jg. 1958, S. 141 ff.

von Kempski, Jürgen, Artikel: „Mathematische Theorie (II). Mathematische Sozialtheorie", in: Handwörterbuch der Sozialwissenschaften, 7. Band, Stuttgart—Tübingen—Göttingen 1961, S. 252 ff.

Kern, Werner, Rentabilitätsanalyse, in: ZfhF, NF, 12. Jg. 1960, S. 17 ff.

— Gestaltungsmöglichkeit und Anwendungsbereich betriebswirtschaftlicher Planungsmodelle, in: ZfhF, NF, 14. Jg. 1962, S. 167 ff.

Kilger, Wolfgang, Die Erfolgsanalyse im Industriebetrieb, in: ZfhF, NF, 12. Jg. 1960, S. 299 ff.

— Die quantitative Ableitung polypolistischer Preisabsatzfunktionen aus den Heterogenitätsbedingungen atomistischer Märkte, in: Zur Theorie der Unternehmung, a.a.O., S. 269 ff.

Klinger, Karl, Über den Schätzungscharakter einer Ertragsvorschau. Zur Problematik der Voraussage des Zukunftsertrages, in: Neue Betriebswirtschaft, 11. Jg. 1958, S. 66 ff.

Kloidt, Heinrich, Hans-Achim *Dubberke* und Jürgen *Göldner,* Zur Problematik des Entscheidungsprozesses, in: Kosiol, Erich und Mitarbeiter, Organisation des Entscheidungsprozesses, a.a.O., S. 9 ff.

Koch, Helmut, Das Wirtschaftlichkeitsprinzip als betriebswirtschaftliche Maxime, in: ZfhF, NF, 3. Jg. 1951, S. 160 ff.

— Artikel: „Absatzplanung", in: Handwörterbuch der Sozialwissenschaften, Band 1, Stuttgart—Tübingen—Göttingen 1956, S. 15 ff.

— Über einige Grundfragen der Betriebswirtschaftslehre. Eine Studie zum 60. Geburtstag von Erich Gutenberg, in: ZfhF, NF, 9. Jg. 1957, S. 569 ff.
— Zur Diskussion über den Kostenbegriff, in: ZfhF, NF, 10. Jg. 1958, S. 355 ff.
— Zur Frage des pagatorischen Kostenbegriffes. Bemerkungen zum Beitrag von K. Engelmann, in: ZfB, 29. Jg. 1959, S. 8 ff.
— Probleme unternehmerischer Prognose, in: Wirtschaftsprognose und Wirtschaftsgestaltung, herausgegeben von Hans Bayer, Berlin 1960, S. 57 ff.
— Zur Diskussion der Ungewißheitstheorie, in: ZfhF, NF, 12. Jg. 1960, S. 49 ff.
Kolbinger, Josef, Leistungs- und kostentheoretische Korrelationen, in: Gegenwartsfragen der Unternehmung, a.a.O., S. 107 ff.
Koopmans, Tjalling C., The Interaction of Tools and Problems in Economics, in: Three Essays on the State of Economic Science, New York—Toronto—London 1957, S. 167 ff.
von Kortzfleisch, Gert, Untersuchungen über die Sortenvielfaltkosten und Auswerten ihrer Ergebnisse für unternehmerische Entscheidungen, in: Rationalisierung, 9. Jg. 1958, S. 240 ff.
— Wirtschaftliche Produktion durch plangerechten Materialfluß, in: VDI-Zeitschrift, Band 102 1960, S. 1783 ff.
— Kostenquellenrechnung in wachsenden Unternehmungen, in: ZfbF, 16. Jg. 1964, Heft 4/5, gewidmet Theodor Beste zur Vollendung des 70. Lebensjahres, S. 318 ff.
Kosiol, Erich, Grundlagen der Organisationsanalyse, in: Grundlagen und Methoden der Organisationsforschung, Band 3 der Veröffentlichungen des Instituts für Industrieforschung der Freien Universität Berlin, Berlin 1959, S. 13 ff.
— Artikel: „Rentabilität", in: Handwörterbuch der Betriebswirtschaft, Band III, Stuttgart 1960, Spalte 4641 ff.
— Erkenntnisgegenstand und methodologischer Standort der Betriebswirtschaftslehre, in: ZfB, 31. Jg. 1961, S. 129 ff.
— Modellanalyse als Grundlage unternehmerischer Entscheidungen, in: ZfhF, NF, 13. Jg. 1961, S. 318 ff.
Krelle, W., Die Grenzanalyse in der Nationalökonomie, in: Studium Generale, 1952, S. 594 ff.
— Unsicherheit und Risiko in der Preisbildung, in: Zeitschrift für die gesamten Staatswissenschaften, Band 113 1957, S. 632 ff.

Latendorf, Heinz, Grundfragen der Betriebsanalyse, in: BFuB, 8. Jg. 1956, S. 144 ff.
Lehmann, M. R., Wirtschaftlichkeit, Produktivität und Rentabilität (I), in: ZfB, 28. Jg. 1958, S. 537 ff. und S. 614 ff.
— Wirtschaftlichkeit, Produktivität und Rentabilität (II), in: ZfB, 28. Jg. 1958, S. 671 ff. und S. 746 ff.
Lehnert, P. R., Rationeller Kapitaleinsatz, in: Die Kapitalausstattung der Unternehmung, Band 6 der Schriftenreihe des Instituts der Wirtschaftsprüfer, Duisburg-Ruhrort 1952, S. 85 ff.
Löffelholz, Der Terminus „Operations Research" und seine deutschen Übersetzungen. Eine Umfrage der Zeitschrift für Betriebswirtschaft, in: ZfB, 32. Jg. 1962, S. 363 ff.
Lohmann, Martin, Kapitalbildung und Kapitalverwendung in der Unternehmung, in: Kapitalbildung und Kapitalverwendung, Band 5 der Neuen Folge der Schriften des Vereins für Socialpolitik, Berlin 1953, S. 169 ff.
Lücke, Wolfgang, Investitionsrechnungen auf der Grundlage von Ausgaben oder Kosten?, in: ZfhF, NF, 7. Jg. 1955, S. 310 ff.

— Wirtschaftlichkeitsrechnungen im Werkverkehr, in: ZfB, 26. Jg. 1956, S. 159 ff.

— Wesen und Bedeutung der kalkulatorischen Zinsen, in: ZfhF, NF, 13. Jg. 1961, S. 353 ff.

Lutz, Friedrich A., The Criterion of Maximum Profits in the Theory of Investment, in: Quarterly Journal of Economics, 1945, S. 56 ff.

Machlup, F., Marginal Analysis and Empirical Research, in: The American Economic Review, Vol. 36 1946, S. 519 ff.

Mahr, Alexander, Hans Mayer — Leben und Werk, in: Zeitschrift für Nationalökonomie, Band XVI 1956, S. 3 ff.

Manfras, Walfried, Möglichkeiten und Durchführung der Zentralisierung von Rechenarbeiten, in: Bürowirtschaftliche Forschung, herausgegeben von Erich Kosiol, Band 13 der Veröffentlichungen des Instituts für Industrieforschung der Freien Universität Berlin, Berlin 1961, S. 197 ff.

Massé, P., and R. *Gibrat*, Application of Linear Programming to Investments in the Electric Power Industry, in: Management Science, 1957, S. 149 ff.

Materna, Hans, Absatzplanung für starkstromtechnische Serienfabrikate unter besonderer Berücksichtigung eines umfangreichen Produktionsprogrammes, in: Gutenberg, Erich, Absatzplanung in der Praxis, a.a.O., S. 207 ff.

Mattessich, Richard, Messung, Vorausberechnung und Buchhaltungsmodelle, in: ZfhF, NF, 11. Jg. 1959, S. 179 ff.

— Unternehmensforschung, in: ZfhF, NF, 13. Jg. 1961, S. 411 ff.

Meller, F., Investitionen — Begriffsfragen und rechnerische Kontrollprobleme, in: BFuP, 10. Jg. 1958, S. 76 ff.

Menges, G., Ökonometrische Diskussion eines Produktionsmodells — Betriebswirtschaftliche Anwendungsmöglichkeiten ökonometrischer Methoden, in: ZfhF, NF, 10. Jg. 1958, S. 297 ff.

v. Mehring, Otto, Artikel: „Lineare Programmplanung", in: Staatslexikon, 6. völlig neu bearbeitete und erweiterte Aufl., 5. Band, Freiburg 1960, Spalte 396 ff.

Möller, Hans, Die Rationalität der wirtschaftlichen Handlungen, in: Jahrbücher für Nationalökonomie und Statistik, Band 156 1942, S. 241 ff.

Moxter, Adolf, Der Einfluß der Amortisationsgeschwindigkeit auf die unternehmerische Investitionsentscheidung, in: ZfhF, NF, 11. Jg. 1959, S. 541 ff.

— Die Bestimmung des Kalkulationszinsfußes bei Investitionsentscheidungen. Ein Versuch zur Koordination von Investitions- und Finanzierungslehre, in: ZfhF, NF, 13. Jg. 1961, S. 186 ff.

— Lineares Programmieren und betriebswirtschaftliche Kapitaltheorie, Besprechungsaufsatz zu Albach, Horst, Investition und Liquidität, in: ZfhF, NF, 15. Jg. 1963, S. 285 ff.

Müller, Adolf, Kostenauswertung in Stahlwerken, in: Archiv für das Eisenhüttenwesen, 15. Jg. 1941/42, S. 156 ff.

Müller, Herbert, Beitrag zur Schematisierung von Wirtschaftlichkeitsrechnungen, in: Archiv für das Eisenhüttenwesen, 11. Jg. 1938, S. 345 ff.

Müller, J. Heinz, Artikel: „Marginalanalyse", in: Handwörterbuch der Sozialwissenschaften, 7. Band, Stuttgart—Tübingen—Göttingen 1961, S. 121 ff.

Müller-Merbach, H., Operations Research als Optimalplanung, in: ZfhF, NF, 15. Jg. 1963, S. 191 ff.

— Buchbesprechung zu Kulhavy, Ernerst, Operations Research, a.a.O., in: ZfbF, 16. Jg. 1964, S. 54.

Münstermann, Hans, Artikel: „Bewertung ganzer Unternehmen", in: Handwörterbuch der Betriebswirtschaft, 3. völlig neu bearbeitete Aufl., Band I, Stuttgart 1956, Spalte 1059 ff.
Munz, Max, Die Monte-Carlo-Methode, in: ZfhF, NF, 11. Jg. 1959, S. 615 ff.

Niehans, Jürg, Ein neues Werk über ungewisse Erwartungen, in: Schweizerische Zeitschrift für Volkswirtschaft und Statistik, 86. Jg. 1950, S. 365 ff.

Orth, Ludwig, Die Eignung der Losgrößenformel als Instrument der Produktionsplanung, in: ZfhF, NF, 13. Jg. 1961, S. 738 ff.

Pack, Ludwig, Rationalprinzip und Gewinnmaximierungsprinzip, in: ZfB, 31. Jg. 1961, S. 207 ff. und S. 283 ff.
— Maximierung der Rentabilität als preispolitisches Ziel, in: Zur Theorie der Unternehmung, a.a.O., S. 73 ff.
— Optimale Bestellmenge und optimale Losgröße — Zu einigen Problemen ihrer Ermittlung —, in: ZfB, 33. Jg. 1963, S. 465 ff. und S. 573 ff.
Paulsson Frenckner, T., Betriebswirtschaftslehre und Verfahrensforschung. Operations Research, in: ZfhF, NF, 9. Jg. 1957, S. 65 ff.
— Bestimmung des Produktionsprogramms als Anwendungsbeispiel der Linearplanung, in: ZfhF, NF, 10. Jg. 1958, S. 565 ff.
Pfanzagl, Johann, Über die Zerlegung statistischer Reihen, in: Metrika, Band 1 1958, S. 130 ff.
— Artikel: „Wahrscheinlichkeitstheorie", in: Handwörterbuch der Sozialwissenschaften, 11. Band, Stuttgart—Tübingen—Göttingen 1961, S. 485 ff.
Philipp, F., Unterschiedliche Rechnungselemente in der Investitionsrechnung, in: ZfB, 30. Jg. 1960, S. 26 ff.
Preiser, Erich, Konsumtivzins und Minderschätzung zukünftiger Bedürfnisse, in: Bildung und Verteilung des Volkseinkommens, Göttingen 1957, S. 218 ff.
— Investition und Zins, in: Jahrbücher für Nationalökonomie und Statistik, 169. Band 1958, S. 100 ff.

Reichardt, Helmut, Artikel: „Mathematische Theorie (I), mathematische Wirtschaftstheorie", in: Handwörterbuch der Sozialwissenschaften, 7. Band, Stuttgart—Tübingen—Göttingen 1961, S. 233 ff.
Rich, R. P., Simulation as an aid in model building, in: Journal of the Operations Research Society of America, Vol. 3 1955, S. 15 ff.
Riebel, Paul, Das Rechnen mit Einzelkosten und Deckungsbeiträgen, in: ZfhF, NF, 11. Jg. 1959, S. 213 ff.
— Das Rechnen mit relativen Einzelkosten und Deckungsbeiträgen als Grundlage unternehmerischer Entscheidungen im Fertigungsbereich, in: Neue Betriebswirtschaft, 14. Jg. 1961, S. 143 ff.
Rößle, Karl, Artikel: „Funktionen, betriebswirtschaftliche", in: Handwörterbuch der Betriebswirtschaft, 3. völlig neu bearbeitete Aufl., Band II, Stuttgart 1957, Spalte 2091 ff.
Rohde, F. V., Bibliographie on Linear Programming, in: Operations Research, Vol. V 1957, S. 45 ff.
Rummel, Kurt, Wirtschaftlichkeitsrechnung, in: Archiv für das Eisenhüttenwesen, 10. Jg. 1936/37, S. 73 ff.

Samuelson, Paul A., Economic Theory and Mathematics — An Appraisal, in: The American Economic Review, Vol. XLII 1952, S. 56 ff.
Schäfer, Erich, Die Funktionalbetrachtung in der Betriebswirtschaftslehre, in: Gegenwartsprobleme der Betriebswirtschaft, Festschrift zum 70. Geburtstag von Le Coutre, herausgegeben von Friedrich Henzel, Baden-Baden—Frankfurt a. M. 1955, S. 11 ff.

— Artikel: „Marktforschung", in: Handwörterbuch der Sozialwissenschaften, 7. Band, Stuttgart—Tübingen—Göttingen 1961, S. 147 ff.

Schams, Ewald, Wirtschaftslogik, in: Schmollers Jahrbuch für Gesetzgebung, Verwaltung und Volkswirtschaft im Deutschen Reiche, 58. Jg. 1934, II. Halbband, S. 513 ff.

Schilling, Heinrich, Die Wirtschaftlichkeit von Maßnahmen der Anlagenunterhaltung, in: ZfhF, NF, 12. Jg. 1960, S. 196 ff.

Schindler, Heinz, Investitionsrechnungen auf der Basis neuer theoretischer Erkenntnisse, in: ZfhF, NF, 8. Jg. 1956, S. 462 ff.

Schmalenbach, E., Selbstkostenrechnung I, in: ZfhF, 13. Jg. 1919, S. 257 ff. und S. 321 ff.

— Neue Aufgaben der Betriebswirtschaftslehre, in: Betriebswirtschaftliche Beiträge, Bremen—Hamburg—Hannover 1947, S. 3.

Schneeweiß, H., Zur Theorie der Warteschlangen, in: ZfhF, NF, 12. Jg. 1960, S. 471 ff.

Schneider, Dieter, Zur Theorie unternehmerischer Investitionsentscheidungen bei unsicheren Erwartungen, Rezension zu Albach, Horst, Wirtschaftlichkeitsrechnung bei unsicheren Erwartungen, a.a.O., in: ZfhF, NF, 12. Jg. 1960, S. 85 ff.

Schneider, E., Der Realismus der Marginalanalyse in der Preistheorie, in: Weltwirtschaftliches Archiv, 73. Band 1954 (II), S. 38 ff.

Schneider, H. K., Aufgabenstellung und Verfahren zur Investitionsrechnung, in: Beiträge zur Wirtschaftsrechnung in der Energieversorgung, Tagungsbericht 7 des Energiewissenschaftlichen Instituts an der Universität zu Köln, München 1953, S. 73 ff.

Schumpeter, J. A., Über die mathematische Methode der theoretischen Ökonomie, in: Schumpeter, J. A., Aufsätze zur ökonomischen Theorie, Tübingen 1952, S. 529 ff.

Schwarz, Horst, Neuere Gesichtspunkte in der Kostenrechnung von Industrie- und Handelsbetrieben. Problematik und Möglichkeiten einer Berücksichtigung in vereinfachter Form, in: Neue Betriebswirtschaft, 15. Jg. 1962, S. 145 ff. und S. 169 ff.

Seicht, Gerhard, Die stufenweise Grenzkostenrechnung. Ein Beitrag zur Weiterentwicklung der Deckungsbeitragsrechnung, in: ZfB, 33. Jg. 1963, S. 693 ff.

Seidenfus, Hellmuth Stefan, Zur Theorie der Erwartungen, in: Schmölders, Günter, Rudolf Schröder und Hellmuth Stefan Seidenfus, John Maynard Keynes als „Psychologe", Berlin 1956, S. 97 ff.

Seischab, Hans, Produktivität und Wirtschaftlichkeit der Betriebe, in: ZfB, 23. Jg. 1953, S. 501 ff.

— Über Wirtschaftlichkeit und Wirtschaftlichkeitsrechnung, in: Aktuelle Betriebswirtschaft, Festschrift zum 60. Geburtstag von Konrad Mellerowicz, Berlin 1962, S. 103 ff.

Shackle, G. L. S., Expectations in Economics, in: Carter C. F., G. P. Meredith and G. L. S. Shackle, Uncertainty and Business Decision, Liverpool 1957.

Shephard, R. W., Nonlinear Programming, in: Zeitschrift für wirtschaftliche Fertigung, 55. Jg. 1960, S. 450 ff. und S. 486 ff.

Sieber, E. H., Wirtschaftlichkeit und Wirtschaftlichkeitsmessung, in: Die Unternehmung im Markt, Festschrift für Wilhelm Rieger zu seinem 75. Geburtstag, Stuttgart und Köln 1953, S. 170 ff.

Steffens, Franz E., Zum Wissenschaftsprogramm der betriebswirtschaftlichen Theorie der Unternehmung, in: ZfB, 32. Jg. 1962, S. 748 ff.

Stevens, S. S., On the Theory of Scales of Measurement, in: Science, Vol. 103 1946, S. 677 ff.

Tinbergen, J., Ein Problem der Dynamik, in: Zeitschrift für Nationalökonomie, Band III 1931, S. 169 ff.

— The Notions of Horizon and Expectancy in Dynamic Economics, in: Econometrica, Vol. 1 1933, S. 247 ff.

Ulrich, H., Betrachtungen zur funktionalen Organisation, in: ZfhF, NF, 2. Jg. 1950, S. 11 ff.

Virkkunen, H., Zur Frage der Investitionskalküle und der optimalen Lebensdauer von langlebigen Produktionsmitteln — Erörterungen über die Habilitationsschrift von J. Honko, in: Ifo-Studien, 3. Jg. 1957, S. 109 ff.

Vormbaum, Herbert, Zur Praxis der Wirtschaftlichkeitsrechnung, in: ZfB, 23. Jg. 1953, S. 154 ff.

— Die Zielsetzung der beschäftigungsbezogenen Absatzpolitik erwerbswirtschaftlich orientierter Betriebe, in: ZfhF, NF, 11. Jg. 1959, S. 624 ff.

Walb, Ernst, Geldhaftes und güterhaftes Wirtschaftsdenken, in: ZfhF, 35. Jg. 1941, S. 197 ff.

Weber, Wilhelm, Hans *Albert* und Gerhard *Kade*, Artikel: „Wert", in: Handwörterbuch der Sozialwissenschaften, 11. Band, Stuttgart—Tübingen—Göttingen 1961, S. 637 ff.

Weber, Wilhelm und Erich *Streißler*, Artikel: „Erwartungen, Unsicherheit und Risiko", in: Handwörterbuch der Sozialwissenschaften, 3. Band, Stuttgart—Tübingen—Göttingen 1961, S. 330 ff.

Wesemann, Friedrich, Grundsätzliche Betrachtungen zur Durchführung vergleichender Wirtschaftlichkeitsrechnungen für die Verarbeitung eisenarmer Inlandserze, in: Archiv für das Eisenhüttenwesen, 12. Jg. 1939, S. 223 ff.

Wille, Friedrich, Direktkostenrechnung mit stufenweiser Fixkostendeckung? Eine kritische Stellungnahme, in: ZfB, 29. Jg. 1959, S. 737 ff.

Winckelmann, Hans, Wirtschaftlichkeit in der öffentlichen Verwaltung, in: ZfhF, NF, 8. Jg. 1956, S. 557 ff.

von Wissmann, Claus H., Das Erkenntnisobjekt der Lehre von Betrieb und Unternehmung im historischen Licht, in: Festschrift zum 70. Geburtstag von Carl Ruberg, Beiträge zur Betriebswirtschaftslehre, zusammengestellt aus Dissertationen seiner Schüler, Bern o. J., S. 9 ff.

Wittmann, Waldemar, Betriebswirtschaftslehre und Operations Research, in: ZfhF, NF, 10. Jg. 1958, S. 285 ff.

— Ungewißheit und Planung, in: ZfhF, NF, 10. Jg. 1958, S. 499 ff.

— Lineare Programmierung und traditionelle Produktionstheorie, in: ZfhF, NF, 12. Jg. 1960, S. 1 ff.

Wolters, Alfons M., Das Problem der Wirtschaftlichkeit bei der optimalen Sortenproduktion, in: ZfhF, 31. Jg. 1937, S. 340 ff., S. 356 ff. und S. 371 ff.

Wuttke, K. W., Kosten-Einflußgrößenrechnung, in: ZfB, 28. Jg. 1958, S. 385 ff.

Zoll, Walter, Kostenbegriff und Kostenrechnung. Zur Diskussion über den pagatorischen Kostenbegriff, in: ZfB, 30. Jg. 1960, S. 15 ff. und S. 96 ff.

Zumsteg, Eugen, Die Wirtschaftlichkeitsrechnung als Hilfsmittel der Anlagen-Erneuerung, in: Industrielle Organisation, 23. Jg. 1954, S. 272 ff.

III. Dissertationen

Ballmann, Werner, Beitrag zur Klärung des betriebswirtschaftlichen Investitionsbegriffes und zur Entwicklung einer Investitionspolitik der Unternehmung, Diss. Mannheim 1954.

Blömer, Karl-Heinz, Grundfragen der Wirtschaftlichkeitsrechnung bei der Investitionsplanung in der öffentlichen Elektrizitätsversorgung, Diss. Köln 1955.

Bohmer, Reinhard, Die Anwendbarkeit der Linearen Programmierung auf betriebswirtschaftliche Planungsprobleme, Diss. Köln 1963.

Brinkmann, Ursula, Die Grenzleistungsfähigkeit des Kapitals bei Keynes unter betriebswirtschaftlichen Gesichtspunkten, Diss. Köln 1955.

Büchner, Siegfried, Die Auswertung der Kostenrechnung in der Eisen schaffenden Industrie, Diss. Köln 1958.

Castan, Edgar, Wirtschaftlichkeit und Wirtschaftlichkeitsrechnung industrieller Betriebe, Diss. Hamburg 1956.

Dinkelbach, Werner, Zum Problem der Losgröße und des Sortenwechsels bei der Produktionsplanung, Diss. Köln 1963.

Grube, Hans Hermann, Die Grenzanalyse als Methode der betriebswirtschaftlichen Theorie, Diss. Köln 1962.

Haehling von Lanzenauer, Bernhard, Das Zeitmoment in der nationalökonomischen Modellbetrachtung, Diss. Köln 1962.

Knopik, Heinrich, Die Wirtschaftlichkeit des Betriebes und die Rentabilität der Unternehmung, Diss. Erlangen 1948.

Kuhn, H., Die Methodik des Verfahrensvergleichs, Diss. Hamburg 1954.

Linke, Wolfgang, Über den Begriff der Wirtschaftlichkeit, Diss. Köln 1928.

Maas, René, Die Auswertung des betrieblichen Rechnungswesens, Diss. Berlin 1935.

Meyer, Werner, Das optimale Produktionsprogramm, Diss. Köln 1959.

Petry, Wolfgang, Stabsstellen in industriellen Großunternehmungen, Diss. Köln 1959.

Popp, Werner, Bestimmung von kostenoptimaler Mindestlosgröße und Lagererneuerungsgrenze, Diss. München 1960.

Schnötzinger, Franz, Die Auswertung der Selbstkosten im Industriebetrieb unter besonderer Berücksichtigung der Betriebskontrolle, Diss. Dresden 1942.

Weber, Claus-Michael, Der Verfahrensvergleich, Diss. Köln 1958.

Widmer, Hans Ulrich, Kostenprognosen mit mathematisch-statistischen Methoden für Angebotskalkulation und Budget, Diss. Zürich 1962.

Kolibri 360 GmbH
Ferdinand-Jühlke-Straße 7
99095 Erfurt, Deutschland
produktsicherheit@kolibri360.de

Druck:
CPI Druckdienstleistungen GmbH
im Auftrag der
Kolibri 360 GmbH
Ferdinand-Jühlke-Str. 7
99095 Erfurt